Anaïs Nin

Ich suche das Leben

Die frühen Tagebücher
1927–1929

Aus dem Englischen von
Barbara Scriba-Sethe

Mit einem Vorwort von
Gunther Stuhlmann

nymphenburger

Titel der Originalausgabe:
The Early Diary of Anaïs Nin. Volume Four 1927–1931.
Die deutsche Ausgabe erscheint in zwei Bänden.

Schutzumschlag: Wolfgang Heinzel
Satz: Schaber Datentechnik, Wels
Gesetzt aus 10,2/11,7 Punkt Stempel Garamond
auf Macintosh mit Quark XPress
Druck: Jos. C. Huber, Dießen
Binden: R. Oldenbourg, München
Printed in Germany
ISBN 3-485-00823-0

Was mich anzieht, mich ständig in Versuchung führt,
ist die Gelegenheit, ein neues Selbst auszuleben...
Frauen sehen sich wie in einem Spiegel
in den Augen von Männern, die sie lieben.
Ich habe in jedem Mann eine andere Frau gesehen –
und ein anderes Leben.

Vorwort

Im Sommer 1927 kehrten Anaïs Nin und ihr Mann Hugh (Hugo) Guiler, die einen Monat in New York verbracht hatten, nach Frankreich zurück. Sie hatten 1923 geheiratet, und ein Jahr später zogen sie nach Paris, wo Hugh eine Stellung in der Zweigstelle einer amerikanischen Bank angenommen hatte. Die Geschichte ihrer komplizierten Liebe und schließlichen Heirat, die sich in New York und in Havanna abspielte, lieferte den Hintergrund für die beiden vorausgehenden Bände der *Frühen Tagebücher von Anaïs Nin;* sie umfaßten die Jahre 1921-1923 und 1923-1927. Von den handgeschriebenen Manuskripten hatte Anaïs Nin den ersten Band *Journal d'une Fiancée* (Tagebuch einer Verlobten) und den zweiten *Journal d'une Épouse* (Tagebuch einer Ehefrau) genannt.

»Wie die vorhergehenden Bände«, schrieb Rupert Pole, der Verwalter des Anaïs Nin Trust, in der »Anmerkung des Herausgebers« für die amerikanische Originalausgabe des vorliegenden Bandes, »wurde auch dieser Band aus Anaïs' maschinegeschriebenem Manuskript vorbereitet, das sie fast gleichzeitig mit der handgeschriebenen Version fertigstellte und das komplett und ohne Selbstzensur wiedergegeben wurde. Die Chronologie des Textes ist wieder fortlaufend; er wurde nur insoweit redigiert, als Wiederholungen und Passagen von zweifelhaftem Interesse für den Leser gestrichen wurden.«

Die Eintragungen für diesen Band, der die Zeit von Juli 1927 bis November 1929 umfaßt, stellen, chronologisch und ungekürzt, etwa die Hälfte des vierten und letzten Bandes der amerikanischen Ausgabe der *Frühen Tagebücher von Anaïs Nin* dar.[1] Sie beruhen auf den vierundzwanzig bis achtundzwanzig numerierten Originaltagebüchern. In den vorherge-

[1] Die deutsche Ausgabe des zweiten Teils, der am 19. Oktober 1931 endet, ist in Vorbereitung.

henden zwei Bänden der *Frühen Tagebücher* hatte Anaïs Nin angefangen, diesen Bänden eigene Titel zu geben. Hier benutzte sie »John« für den Band siebenundzwanzig und »Das Haus« für den Band achtundzwanzig.

Nach zehn Jahren oft schmerzlichen »Exils« in Amerika, das auf den traumatischen Verlust des Vaters folgte – er hatte die Familie verlassen, als sie elf Jahre alt war –, war Anaïs Nin im Jahr 1924 zum erstenmal in die Stadt zurückgekehrt, wo sie 1903 im Vorort Neuilly geboren wurde. Damals hatte sie Paris schmutzig, verkommen widerwärtig in seiner freien Zurschaustellung von Sinnlichkeit und offener Sexualität gefunden. Doch im Juli 1927, nachdem die *S.S. de Grasse* in Le Havre gelandet war und die Guilers im Zug saßen, um in ihre Wohnung, 11, rue Schoelcher, zurückzukehren, war Anaïs bereit und begierig, sich »Paris, den Freunden, dem Leben und mir selbst zu stellen«. Paris war, wie sie nun meinte, »weich, klein, ruhig, herrlich«, und »unser Leben wurde immer wunderbarer«.

»Nach ihrem anfänglichen Widerstand gegen das Pariser Leben«, schrieb Joaquin Nin-Culmell, ihr jüngerer Bruder, im Vorwort zur amerikanischen Ausgabe, »wurde Anaïs schließlich von dem, was Paris in den späten Zwanzigern zu bieten hatte, erobert. Sie verschlang buchstäblich zeitgenössische französische Literatur, so wie nur Anaïs Bücher ›kauen‹ und sich einverleiben konnte.

Schon bevor sie Proust las, hatte sie ihre eigene Fähigkeit entdeckt, Menschen mit einem Röntgenblick zu erfassen. Bevor sie Colette las, war ihr klargeworden, daß sie nicht mehr die unbeugsame Puritanerin war, für die sie sich gehalten hatte. Bevor sie *Rimbaud* von Jacques Rivière las, hatte sie begonnen, die verborgenen Tiefen des Unbewußten zu erforschen.«

»Anaïs«, schrieb ihr Bruder, »war Frankreich nun dankbar wegen der intellektuellen Entwicklung dessen, was sie intuitiv schon wußte, und wegen der kulturellen Atmosphäre, die diese Entwicklung möglich machte. Andrerseits erlag sie nie der Versuchung, eine französische Schriftstellerin zu werden. Sie war eine in Frankreich geborene ›Ausländerin‹, die sich dafür entschied, auf Englisch zu schreiben.«

Französisch war natürlich Anaïs' erste Sprache gewesen. Auf der Reise nach Amerika 1914 hatte sie ihr lebenslanges Tagebuch auf Französisch begonnen. Zu Anfang hatte sie gehofft, sie könne die Liebe ihres nun fernen Vaters, der nur wenig oder gar kein Englisch konnte, wiedererobern, indem sie ihre neuen amerikanischen Erfahrungen mit ihm teilte. Als sie jedoch mit siebzehn zu Englisch überwechselte, das die Sprache ihres Tagebuchs und ihrer ganzen nachfolgenden literarischen Arbeit wurde, war das vielleicht auch ein Zeichen dafür, daß sie sich von ihrem Vater abwandte, mit dem sie nicht mehr ihre intimen Gedanken oder ihre literarischen Ambitionen teilen wollte.

»Das Tagebuch«, schrieb Joaquin Nin-Culmell 1984, »war weiterhin ihr Beichtstuhl, ihre einzige, etwas eingeschränkte Vertraute, die Quelle ihrer frühen literarischen Versuche und der einzige greifbare Beweis für den Wert ihres Schreibens. Sie erkannte, daß es ihre Rettungsleine der Kommunikation mit der Welt war, selbst wenn sie sich allein, besonders und anders fühlte. Sie schrieb: ›Nie hat eine Frau hat je mit soviel kalter Kritik in sich selbst hineingeschaut, hat ihre Gedanken und Handlungen sorgfältiger analysiert, hat mehr an sich gezweifelt, sich mehr selbst herabgesetzt, sich mehr vor Heuchelei gefürchtet, mehr die Lügen verabscheut und war mehr auf Wahrheit bedacht als ich. Du allein, mein Tagebuch, weißt das.‹«

Im Laufe der Zeit hielt Anaïs Nin es jedoch für nötig, ihr Tagebuch zu »einer etwas weniger offenen Vertrauten« zu machen (wie ihr Bruder schrieb) und es gelegentlich vor ihrem Mann zu verbergen, da sich in dem gewaltigen Idealismus, mit dem sie anfangs ihre Heirat mit dem von ihr liebevoll »Bankier-Dichter« genannten Mann angegangen war, ein paar Sprünge aufzutun begannen. Sie erlebte ein, wie man es nennen könnte, verspätetes sexuelles Erwachen, und zum erstenmal in ihrer Heirat hatte sie sich ernsthaft in einen Freund der Familie verliebt: den früheren Literaturprofessor ihres Mannes an der Columbia University. Ihre Beziehung zu John Erskine, etwa fünfundzwanzig Jahre älter als sie, ein bekannter Pianist und Autor eines Bestsellers von 1925 *The Private Life of Helene of Troy* [Das Privatleben der Helena von Troja], verheiratet, zwei Kinder und eine offizielle Geliebte, ging offenbar nie über einige flüchtige Fummelei und ein paar gewagte Küsse hinaus. »›Ihre schmerzliche Klarsicht‹ (ein Lieblingsausdruck)«, schrieb ihr Bruder, »wurde zum Teil wiederhergestellt, als Erskine die zeitgenössischen Werte angriff, die sie sehr zu schätzen begonnen hatte. Er drückte auch seine Besorgnis aus über den weiteren Kurs ihres Lebens. Diese beiden Standpunkte setzten Erskine gleich mit dem kritischen, beherrschenden Vaterbild, das Anaïs so glühend verabscheute.«

Doch die beunruhigende Verwicklung mit Erskine, die sie schließlich in einem nie zu Ende geführten Romanprojekt zu bewältigen versuchte, war offenbar ein Symptom für ihre wachsende körperliche Unruhe, die auch eine Umstellung ihrer Ansicht über die Ehe mit sich brachte. »Ich habe eingekauft, genäht, gekocht, getanzt, Päckchen gepackt, Briefe und Karten geschrieben, miese Launen und eine Erkältung bekämpft«, notierte sie ein paar Tage vor Weihnachten, am 22. Dezember 1927, »und bin von äußerster Selbstzufriedenheit zu tiefster Selbstherabsetzung übergeschwenkt und habe mehr als über irgend etwas anderes über den Kater, den Herrn und Meister und Bankier [Hugh] nachgedacht.

Ja, diese Woche ist mir klargeworden, ich wäre nichts ohne ihn; und auch er wäre weniger wert, wenn wir einander nicht gefunden hätten. Es ist unsere Verbundenheit ... Allein ist jeder von uns zögernd, demütig, zu leicht verletzt, getäuscht oder überredet. Zusammen können wir jeder die eingebildeten Ängste oder Selbstzweifel des anderen überwinden; ... Betrug, Enttäuschung können uns nichts anhaben, da wir eine Festung in unserer Liebe haben.« Doch nur einen Tag später vertraute sie ihrem Tagebuch an: »Inmitten von allem steckt ein fortwährender Schmerz. Mein Leben ist reich, schön, kreativ, doch ich leide weiter. Seine Süße stumpft nicht meine Sinne, meinen Körper ab, noch hemmt sie meine Fragen, meine Unruhe und mein Grübeln.«

In seinem Vorwort äußerte ihr Bruder die Ansicht, Anaïs habe »mit dem spanischen Tanz begonnen, weil sie ihr körperliches Erwachen und ihren glühenden Wunsch, in der Öffentlichkeit zu glänzen, auszudrücken versuchte, vielleicht sogar, um sich mit ihrem Vater zu messen oder seine Anerkennung zu gewinnen. Und Hugh wurde ihr höchst williger Partner. Trotz ihrer Zartheit tanzte sie mit einer ungeheuren Vitaliät und glich technische Beschränkungen mit feuriger

Intensität aus. Obwohl sie sehr bei gesellschaftlichen und halbprofessionellen Zusammenkünften gefragt war, wurde ihr bald klar, daß sie, um eine professionelle Tänzerin zu werden, körperlich stärker und mehr darauf konzentriert sein müßte. Schließlich war jedoch ihre Liebe zum Schreiben größer als alles andere, die wichtigste Rechtfertigung ihres Lebens. Sie entwuchs bald dem Tanzen, so wie sie anderen zeitweiligen Begeisterungen in der Vergangenheit entwachsen war.«

Da Hugh seine Stellung in der Trust-Abteilung der amerikanischen Bank immer weiter ausbaute, nahmen ihn zunehmend die Finanzgeschäfte in Anspruch, und das gesellschaftliche Leben der Guilers wurde auch von »geschäftlichen« Verpflichtungen überschattet. Schließlich war er der einzige Brötchenverdiener in der Familie. Sein Einkommen ermöglichte Anaïs nicht nur ihre künstlerischen Bestrebungen, es unterhielt auch ihre Mutter und den Musikstudenten Joaquin, die dem jungen Paar nach Paris gefolgt war.

Nur die Tatsache, daß Hughs bescheidenes Gehalt in amerikanischen Dollars ausgezahlt wurde, einer mächtigen Währung gegenüber dem wackligen Franc, ermöglichte den Guilers eine gewisse Wohlhabenheit vor Ort. Hughs vorrangige Beschäftigung mit der Arbeit wirkte sich jedoch häufig auf Anaïs' Stimmungen aus.

Bei einem Abendessen in Paris im August 1928 schien eine junge Frau sehr erpicht darauf zu sein, mit ihr zu sprechen. Danach schrieb Anaïs in ihr Tagebuch: »Ich fühlte mich alt, weil ich zum erstenmal jemandem begegnet war, der eifriger war und mehr Träume hatte als ich selbst. Sie ist jetzt so, wie ich einmal war. Sie ist in dem Alter, als ich über *Jean Christophe* [Romain Rolland] weinte und gegen die ganze Welt ankämpfte, arbeitete und durch die Hölle ging, während ich die Häßlichkeit entdeckte.«

Der Wall-Street-Zusammenbruch im November 1929 erschütterte Hugh tief und brachte Anaïs' kämpferische Kraft zum Vorschein. »Er macht sich übermäßige Sorgen«, schrieb sie, »wir könnten unser Kapital verlieren. Statt mir mit ihm zusammen Sorgen zu machen, war ich von einem tiefen Mut erfaßt, den ich versuchte, auf ihn zu übertragen. Was, wenn das Schlimmste passiert? (...) Worauf es ankommt, ist unser anderes Leben. Außerdem, was bist du eigentlich, Dichter oder Geschäftsmann?«

Hughs Angst und Verzweiflung, schloß sie, »ist nur durch den Einfluß der Männer um ihn herum gediehen; ich verstehe ihre Ängste, weil sie *nichts anderes* haben, wofür sie leben«. Sie, die sich nie an materielle Werte geklammert hat, scheint unfähig, ihm genügend Mut einzuflößen, um dem bloßen Gedanken, Geld zu verlieren, ins Auge zu sehen. »Nichts anderes zählt. Nicht ich, nicht unsere Liebe, nicht die Reichtümer unseres Lebens. Wo ist die Vergangenheit? Er ist in die Werte einer anderen Welt untergetaucht ... Ich spüre, daß ich allein die anderen Schätze trage. Eines Tages spreche ich eine andere Sprache, die er vielleicht nicht mehr versteht.«

Wie sich jedoch herausstellt, gefährden weder finanzielle Umwälzungen noch wachsende Unruhe ernsthaft ihr gegenseitiges Band. Joaquin Nin-Culmell, der seinem Schwager immer nahe blieb, faßte ihre Beziehung in seinem Vorwort angemessen zusammen: »Nach jeder Krise, jedem gefährlichen Abenteuer kehrte sie zu Hugh als ihrem einzigen Freund zurück. Nur Hugh hielt sie für aller Dinge fähig; und wenn sie das fertigbrachte, was sie sich vorgenommen hatte, war dies zum großen Teil auf seinen unerschütterlichen Glauben und seine Liebe zurückzuführen. Anaïs konnte noch so viel mit ihrem ältlichen Tanzlehrer flirten und sich nach einer körperlichen Beziehung mit einem schon verheirateten amerikanischen Schriftsteller sehnen, es war Hugh, den sie anbetete, Hugh hatte den Schlüssel zu ihren vielen seelischen Kammern und konnte meist ganz genau ihre vielen, wenn nicht alle Verwandlungen interpretieren. Trotz Anaïs' gelegentlichem Ärger über seine ausschließende Konzentration auf geschäftliche Dinge, war sie stolz auf sein stetiges berufliches Weiterkommen. Sie war der Überzeugung, daß er die Phantasie und die Sicht eines Künstlers auf das Bankgeschäft anwandte, daß er ›ein Dichter des Handelns ist, der mit Kräften arbeitet, die dunkel für mich, aber von den kreativen Menschen ebenbürtiger Größe sind‹.«

Bei ihrem ungestümen Streben nach dem, was sie als wesentliche Träume betrachtete, denen gemäß man handeln mußte, verlor Anaïs Nin nie ganz das aus den Augen, was sie als wesentliche Wahrheiten erkannte. So konnte sie, bevor John

Erskine und sie den ersten Kuß ausgetauscht hatten, das aufzeichnen, was er in jenem Moment zu ihr gesagt hatte: »Sie sehen nach Abenteuer aus, aber Ihr Tagebuch enthüllt einen anderen Charakter. Es ist wirklich ein trauriges Tagebuch, weil die wirklichen Werte Sie umtreiben.« Und am 24. Januar 1929 vertraute sie ihrem Tagebuch an: »Ich spüre, daß meine Träume von einem phantastischen Schicksal sich als unvermeidlich stärker erweisen als meine ruhigen Pläne für ein weises Leben.«

Becket, Massachusetts
April 1999 *Gunther Stuhlmann*

1927

(?) Juli, Paris
Hugh[1] sagte neulich zu Recht: »In uns allen steckt genügend Schlechtes; wir sollten nicht versuchen, es zum Keimen zu bringen.« Irgend etwas hat das Schlimmste in mir zum Keimen gebracht. Ich muß früher eine falsche Asketin gewesen sein, denn mir kommt jetzt jegliche Geistigkeit abhanden, ich lebe mit meinem Körper, ich werde von vielen Empfindungen geleitet, die ich so bisher noch nicht gekannt habe, und ich bin voller Wärme und Gelüste und Sehnsüchte. Um mich selbst zu bestrafen, widme ich mich dem Haus, meiner Familie und meinen Freunden. Ich habe mich pflichtschuldig um unsere Post, Aufträge, Einkäufe, die Neuorganisation des Haushalts, die Einstellung eines neuen Dienstmädchens, Saubermachen und die Vermietung von Mutters Wohnung gekümmert.
Dennoch bin ich mir ständig bewußt, daß mit mir irgend etwas nicht stimmt. Es ist, als ob das Körperliche seinen Platz zurückzuerobern versuchte, während ich mich zu voller Blüte entfalte. Ich bin emotional härter. Ich bin hellwach, stark, intensiv lebendig, aber weniger idealistisch, und die Augenblicke höchster geistiger Redlichkeit sind dahin.
Auch die Angst, andere zu verletzen – vielleicht der Schlüssel zu meinem ganzen Leben –, hat mich verlassen. Folglich bin ich grausam geworden, weil ich nicht mehr unterwürfig bin. Die einzige Grausamkeit, derer ich noch nicht schuldig geworden bin, ist, etwas zu schreiben, was andere verletzen könnte, und deshalb fange ich an, nach fünfzehn Jahren unverbrüchlichen absoluten Vertrauens meinem Tagebuch nicht mehr die ganze Wahrheit mitzuteilen. Ich hoffe, zu einer Lösung zu gelangen, herauszufinden, daß meine Schlechtigkeit nur vorübergehend ist, eine Lebensform zu finden, ohne anderen Schmerzen zuzufügen. Diese plötzliche absolute intellektuelle und physische Freiheit betrübt mich und berauscht mich zugleich.

19. (?) Juli
Ich hatte meine Freude an der »wirtschaftlichen« Zusammenfassung unserer zweimonatigen Reise in meinem dicken

[1] Anaïs Nins Ehemann Hugh Parker Guiler.

Haushaltsbuch. War froh, daß uns noch ein paar Franc übriggeblieben sind, so daß ich Richard Maynards Gemälde [von A. N.] rahmen lassen kann. Pussy [Hugh] hat mir ein Kostümkundebuch gekauft, und ich habe versucht, das zu ersetzen, was er in dem verlorengegangenen Koffer hatte. Und dann will ich ein neues Tagebuch kaufen.
Unsere Reise nach New York gab mir Vertrauen, Mut, Lebensfreude und eine klare Vorstellung von dem, was wir hier haben. Ich weiß nicht, was mir die Kraft gegeben hat, die mir vorher fehlte, die Klarheit und das Selbstvertrauen. Meine Phantasie, die mich nur an der Nase herumführte, ist mir jetzt eine Stütze. Ich sollte nun in der Lage sein, die großen Dinge zu tun, von denen ich geträumt habe.
All diesem liegt mein ewiger Kummer, mein ewiges Nachtrauern über das, was vergangen ist, zugrunde – das alte Haus in Richmond Hill, die einsame Veranda, der Friede, die Unschuld, die Süße, die Reinheit der Gedanken und die Empfindsamkeit der Sinne. Was ist dieses brutale Erwachen gegen diesen Frieden?

20. (?) Juli

Sitze allein im Speisesaal von Le Bon Marché. Hätte mein großes Tagebuch nicht hierher bringen können, doch dieses Notizbuch fällt nicht auf und ist von Vorteil. Bin hergekommen, um ein Tagebuch zu kaufen, ein Adreßbuch, einen Wecker, eine Schere und eine Haarbürste. War glücklich und voller Ideen, obgleich der Teufel lärmend in mir erwacht. Aber niemand kann behaupten, ich hätte nicht zweieinhalb Jahre gegen die europäische Toleranz, Menschlichkeit (eine andere Art, Schwäche zu sagen), gegen jene satanische Flexibilität, den Mangel an Gewissen, Skrupeln und Demut gekämpft.

21. (?) Juli

Irving Schwerke [der Musikkritiker] schenkte uns zwei wunderbare Abende: einen für uns allein, als er unseren Ohren die Schönheit und den Klang des Klaviers offenbarte; und den Ernst, die Intensität und den Idealismus seines eigenen Charakters, welche gewöhnlich durch sein verbindliches Lächeln verborgen bleiben.

Am zweiten Abend feierte er seinen Geburtstag und stellte uns seinen Freunden vor.
Er ist freundlich, liebenswürdig, überschwenglich und macht keinen Hehl aus seinem Geltungsbedürfnis. Er droht, ein Buch mit dem Titel zu schreiben: »Große Männer, die mich gekannt haben«. Währenddessen kommt in einem Monat ein Buch von ihm über Musik und Musiker heraus. Manuel de Falla sagte an dem Abend ihrer Begegnung zu Joaquin[1]: »Irving ist doch dein Freund, nicht wahr? Bewahre dir die Freundschaft – du weißt nicht, was du da hast.«
Er ist ein Mann, der das Recht hat, geltungsbedürftig zu sein, wegen allem, was er ist und was er vollbracht hat, wegen seiner Schriften, seiner Fähigkeit zur Kritik, seines Einflusses auf junge Leute, seiner Freundschaft mit großen Musikern, seiner wunderbaren Kenntnis der Musik und seiner Begabung für das Klavier. Mutters Eifersucht macht seine Freundschaft zu Joaquin zu einer unbefriedigenden, unebenen und stürmischen Beziehung, die ich zu schützen versuchen muß, weil ich jetzt an ihn glaube.

3. August
Die Bank[2] gibt und nimmt wie ein Gott aus alter Zeit. Unsere Opfergaben sind vergeudete Stunden, mit Bankleuten verbracht – Einladungen zum Tee, Mittagessen, Abendessen, nutzlose Abende der Mittelmäßigkeit und Langeweile. Doch wie sehr werden wir gelegentlich auch entschädigt! Dies ist eine umständliche Einführung für unser Auto – einen Citroën für vier Personen, ohne Zögern aus einer Ausstellung herausgepickt wegen seines Schicks und seiner Vornehmheit. Er ist von einem vollen warmen Schwarz und das »capote« [Verdeck] ist dunkelrot. Wir brauchen ein Jahr, um ihn abzubezahlen. Aber der Wagen ist es wert. Eine Woche lang konnte ich an nichts anderes denken – und der Kater [Hugh] auch nicht.
Ich bin stolz auf unser äußerlich schönes Leben, denn unser geistiges Leben ebnet dem Ganzen den Weg. Es ist kein leeres Schneckenhaus – es ist der Ausdruck all unserer Gedanken,

[1] Der inzwischen siebzehnjährige jüngere Bruder Anaïs Nins.
[2] National City Bank, Hughs Arbeitgeber.

unserer Neigungen, unseres Geschmacks und unserer Wünsche. Ich glaube, daß jede neue Macht, die uns in die Hände gelegt wird, gut genutzt wird. Und jede Macht, die uns gegeben wurde – Ehe, Haus, Gehalt, Jugend, Einheit – war etwas, das wir erobern, verstehen, beherrschen, halten, verteidigen und mit dem wir arbeiten mußten.
Unser Fortschritt vollzog sich in einem schönen Gleichgewicht. Jeder sichtbaren Ergänzung ging eine geistige voraus oder mit ihr einher. Ich fürchte den Reichtum nicht. Unsere Hände sind fest und stark. Wir haben beide fähige, sensible und intelligente Hände. Liebes Tagebuch, du wirst sicherlich in diesem Auto mitreisen – selbst wenn es für vier Personen gedacht ist. Keine Busse mehr, keine Züge, Straßenbahnen oder Taxis. Ich hoffe, du bist dem Humorvollen Bankier [Hugh] genauso dankbar wie ich.

4. August
Ich sitze in dem tiefen Lehnsessel und warte auf Hugh und Emilia Quintero. Meine alten Tagebücher müssen voll von Emilia sein, als sie bei uns in der 75. Straße West, Nummer 158 [in New York] wohnte. Sie gehörte mit zur Familie, war freundlich, romantisch, schmeichlerisch und interessant mit ihren zahllosen Manierismen, ausgedehnten Unterhaltungen, fortwährenden Ausrufen und Superlativen, ihren langen Briefen, ihrer Liebe und ihrer Sehnsucht nach Hübschheit, ihrem Klavierspiel, ihrer Sentimentalität, ihrem Festhalten an flüchtigen Dingen. Ich glaube, sie hat mir beigebracht, bei jeder wichtigen Gelegenheit Photos zu machen; sie hat mir eines meiner Tagebücher geschenkt; sie war eine unserer besten, treuesten und mühsamsten Freundinnen.
Sie kam neulich kurz vorbei, bewunderte alles, küßte Hugh wie einen alten Freund, erinnerte mich, als ich sie zum Abendessen einlud, daß sie nur Fisch essen könne, und ließ sich nach Hause fahren. Sie führt ein einsames Leben in Madrid – ihre einzigen Verwandten leben hier –, und ich habe mich häufig gefragt, was aus ihrem Tagebuch geworden ist, das auf mich einen großen Eindruck machte, als ich klein war. Sie liebte den Komponisten Pablo Sarasate, eine hoffnungslose Liebe, und gerade dies ließ sie mich lesen, aber damals waren mir solche Gefühle fremd, und ich verstand nicht.

Emilia ist noch nicht da, und deshalb habe ich Zeit, die Party von gestern abend zu beschreiben. Mr. und Mrs. John Gunther sind Untermieter in Mutters Wohnung. John Gunther hat zwei Romane geschrieben und ist Korrespondent der *Daily News* in Chicago. Seine kleine krausköpfige Frau war einst Presseagentin fürs Theater. Da ich beide interessant fand, half ich ihnen beträchtlich, und wir wurden gute Freunde. Gestern hatten sie uns zu ihrer Einweihungsparty eingeladen, und zu den Gästen gehörten ein amerikanischer Pianist, ein Maler, ein Designer, ein Zeitungsmann usw. Der Pianist, Richard Buhlig, interessierte mich am meisten.

Er pickte mich heraus, und wir haben fast den ganzen Abend miteinander geredet. Er ist ein großer Leser, Linguist und ein intellektueller Musiker. Kannte die Kompositionen von Vater[1] und fand sie elegant und kalt. Wir verglichen Sprachen miteinander, Paris und Wien und kritisierten den modernen Tanz, redeten über den jungen Menuhin und seine Eltern, über Joaquin und die französische Kultur etc. Mein Beitrag zu solchen Abenden ist (oder erscheint den meisten Leuten) rein dekorativ. Ich werde unweigerlich mit dem Porträt von Mme. Récamier oder irgendeinem anderen Gemälde verglichen. Einige Männer hören gar nicht auf das, was ich sage, sondern starren nur. Der Gedanke, daß mir eine Ähnlichkeit mit den altmodischen Gesichtern, mit von Malern ausgewählten Gesichtern anhaftet, rührt mich. Nach Tagen der Selbstkritik, der Selbstherabsetzung, tröstet es mich und hilft es mir, daß ich offenbar eine Freude für die Augen anderer bin.

5. August

Wir sind mit Emilia in die Oper gegangen, um *Thaïs* zu hören. Mich haben die Musik bewegt und das Spielen und Tanzen angewidert. Ich fürchte, ich fange an, die Oper zu hassen. Die afrikanische Trommel erregte mich und ließ wieder meine Sehnsucht nach Algerien, Ägypten und Indien in mir wachwerden.

Thaïs Spiel war unglaublich – Mannequin, Kokotte, Gesell-

[1] Joaquin Nin, Komponist und Konzertpianist.

schaftsdame, alles in einem. John Brownlee hat wunderbar gesungen, selbst wenn Stimmen mich noch nie gerührt haben. Der heutige Morgen ist wieder eine Opfergabe an die Bank, der Morgen und der Nachmittag. Aber morgen bekommen wir das Auto!
Ich glaube, meine Selbstkritik wird zu einer Krankheit, und ich muß einen Weg der Heilung finden. Gestern abend hat mich meine Eitelkeit beunruhigt. Ich wollte nicht das Opernfoyer durchqueren, weil ich nicht elegant genug angezogen war. Nach einem inneren Kampf demütigte ich mich und spazierte gemächlich hindurch.
Wie würde Erskine[1] darüber lachen. Aber schließlich passiert mir das nicht häufig, und abgesehen von solch moralischen Kämpfen, vergeude ich nicht eine Minute. Ich denke zuviel – ich denke Tag und Nacht. Nur die Musik und die Liebe haben mich vom Denken abgehalten. Und Enric.[2] Mein Verstand kritisiert ihn, sieht ihn, wie er ist, unrühmlich, faul, nicht intellektuell, und doch fühle ich mich zu ihm hingezogen, wenn er hier ist. Ich habe kein Hirn mehr – nur Gefühle.

9. August
Riesiger Spaß mit dem Auto, Samstag und Sonntag. Gestern habe ich mit Fahrstunden begonnen und war überglücklich, weil ich so schnell lernte. Am Abend fuhren wir gemächlich zu Irvings Atelier. Er spielte wieder für uns; ich war noch nie so bewegt von einem Klavierspiel, und das habe ich ihm auch gesagt. Jetzt bin ich wieder im Hochstand[3] zum Schreiben gegangen; Briefe – an Coqui, Joaquin und Erskine. Coqui ist in Schwierigkeiten und sorgenvoll – weil sein Vater vor seinen Problemen geflohen ist – und kommt nächsten Dienstag.[4] Ich werde alles tun, um sein junges Leben, seine Träume und seine Arbeit zu verteidigen. Joaquin schreibt nachdenklich und als wenn ihm seine mangelnde Unabhängigkeit zu Bewußtsein käme.

---

[1] John Erskine, amerikanischer Schriftsteller und Erzieher.
[2] Enric Madriguera, ein junger Geiger, der Anaïs Nin liebt.
[3] Eines der typischen Pariser Dienstmädchenzimmer mit Balkon, das Anaïs Nin als Arbeitszimmer benutzte.
[4] Anaïs Nins Vetter Gilbert Chase. Sein Vater hatte Eheprobleme.

11. August
Einer der Bankfreunde braucht nur zu leiden, und sofort ändert sich meine Haltung. Normalerweise langweilen, ersticken sie mich; ich bekomme fast hysterische Anfälle der Verzweiflung und Rebellion, wenn ich einen langen Abend mit ihnen verbracht habe. Wenn einer von ihnen jedoch in Schwierigkeiten gerät, ist durch mein Mitgefühl alles wie weggewischt, und ich helfe ihnen in aller Aufrichtigkeit. Gerade ist Mrs. W. gekommen und hat etwas geweint, weil sie durcheinander ist und ein Baby bekommt. Arme Mrs. W. Gestern haßte ich sie. Heute ist alles anders. Wenn ich diesen Leuten vielleicht nützlich, ihnen eine Quelle des Glücks und der Inspiration sein könnte, wäre meine Zeit nicht vergeudet; unsere Beziehungen wären nicht künstlich und unergiebig. An den seltenen Tagen, an denen ich in der Stimmung bin, den Nutzen meiner Existenz zu sehen, wird mir klar, wieviel ich sogar aus dem scheinbar leeren Teil meines Lebens gemacht habe. In dieser engen kleinen Welt habe ich schon einen Maßstab für oberflächliche Schönheit gesetzt, zumindest bei der Inneneinrichtung, der Kleidung usw. Bei kleinen praktischen Problemen habe ich einen maßgeblichen Einfluß und bin eine Hilfe. Es haben sich wirklich ein paar aufrichtige Beziehungen entwickelt. Ich halte nach den kleinsten Spuren von Talenten Ausschau und bringe sie zum Vorschein. Ich fördere die Liebe am Zeichnen, der Musik, am Reisen und lerne eine Menge über Babys und Kochen und die Ehe. Die meiste Zeit nur muß ich den Fuß auf der Bremse halten. Ich beziehe aus diesem vorsichtigen Fahren keine Freude, und wenn ich nach Hause komme, allein, platze ich.

19. August
Zuviel zu tun. Ein weiterer Wechsel der Dienstmädchen, Putzmacherin, Schneiderin, Reinigung, Fahrstunden, Besuche in Irvings Atelier, Mrs. Gunther helfen bei ihren praktischen Problemen, Briefe schreiben, lesen von John Gunthers vielversprechenden beiden Romanen. Keine Zeit für den Hochstand. Wir hatten die Gunthers zum Abendessen, hatten Spaß an John Gunthers Geplauder; fuhren dann zu ihren Freunden, den Child-Munros, in einem hübschen

friedlichen Haus mit Garten in der Nähe der École Militaire. Die Mutter singt, die Tochter zeichnet und ist mit einem Geschäftsmann verheiratet, die beiden gutaussehenden Söhne sind Künstler – der eine malt, der andere schnitzt Holz und lehrt. Wir lernten ihre Freunde kennen. Ich hatte Kopfschmerzen und fand die Unterhaltung schwierig, mir wurde jedoch klar, daß niemand die meine vermißte. Ich machte auch ohne sie Eindruck. Ohne ein Wort, ohne eine einzige intelligente Geste. Man sagte Hugh, ich sei schön, daß ich wie ein Gemälde von Dulac aussähe – Dulac, den ich so liebe. Ein beunruhigender Erfolg!

23. August
Drei Tage Heiterkeit. Brachte Horace[1] an einem Sonntag nachmittag bei der Besichtigung von Malmaison zum Lachen; brachte gestern abend einen zutiefst schläfrigen Kater dazu, sich vor Fröhlichkeit zu schütteln und sich behaglich zusammenzurollen, und brachte ihn heute morgen erneut zum Lachen. Was für ein Rekord! Gestern abend fühlte ich mich, wie ich ihm sagte, »brillant«. Er war zu müde, um meine Einfälle zu würdigen, so erstarb nach einer Weile meine Brillanz.
Alles, woran ich mich erinnere, ist, daß ich *durch* Horace *hindurch*sah. Er glaubt an die Erfahrung, daran, alles vom Leben sehen und alle Leute unterschiedslos beobachten zu können, wenn sie einem über den Weg laufen und auch wenn man nach draußen geht, um ihnen zu begegnen. Wie ich ihm gesagt habe, bin ich vielen »gefährlichen« Menschen begegnet – und einem gefährlichen, aber so interessanten Mann –, bei Expeditionen, die direkt von seiner Theorie angeregt waren. Und ich sei bereit, mehr von ihnen kennenzulernen. Horace hatte Angst um mich, nicht um meinen Intellekt, sondern um meine Stellung als Frau. Er sagte, ich sei so »feminin«, und bei solchen Beziehungen könnten sich Männer um mich scharen, die mit mir flirten würden, daß man als Frau in solchen Welten – nun, es war nicht recht.
Ich dachte, die Spanier machten nur Gesetze für Männer. Es ist riskant, weil ich so »feminin« bin. Lassen wir den Intel-

[1] Horace Guicciardi, ein Bankkollege Hughs.

lekt darben. Na ja, Männer wie Horace sind keineswegs klüger bei den vielen Experimenten und Erfahrungen, die sie unbeeinträchtigt hinter sich bringen. Ich werde einen Ersatz finden.

Natürlich erschien mir zu der Zeit die Diskussion nicht so wichtig wie der Ort – ein Restaurant, das zu der neuen Moschee gehörte. Weiche vielfarbige Lampen; Teppiche an den Decken, Wänden und auf den Fußböden: Sofas an den Wänden entlang, niedrige Kupfertabletts als Tische, niedrige Stühle, heißes Essen, glutäugige Algerier, um uns zu bedienen, und die aufregendste Musik, die ich je gehört habe. Dulacs Illustrationen zu *Rubáiyát*[1] ohne Blässe und Unbestimmtheit. Dulacs Menschen, lebendig, ohne brennende Augen.

Die Musik, ihr Rhythmus, der Singsang und die Trommel, die Saiteninstrumente waren wie alter Wein, der einem durch die Adern perlte. Ich sehne mich danach, es wieder zu hören, in jenem Raum meiner Träume zu sitzen oder in dem Garten unter den niedrigen, spärlich beblätterten Bäumen – diesem exotischen Innenhof, diesem unglaublichen Ort inmitten einer Stadt wie Paris.

Der Orient zieht mich an, wie kein anderer Teil der Welt es je getan hat. Ich empfinde darin meinen innigsten Freund und meinen schlimmsten Feind. Einen Feind für jene Energie und Klarheit des Geistes, die ich nach langen Kämpfen erreicht habe, einen Feind für meinen Mut und meine Aktivität und meine Hartnäckigkeit. Einen Freund für meinen Hunger nach Schönheit, Sehnsucht, Frieden, ein Leben der Gefühle, Farbigkeit, Sich-Fallenlassen.

24. August

Ich lerne Auto fahren. Das paßt zu meinem Drang nach Entscheidung und Kontrolle. Ich überrasche Horace und andere. Sie halten mich der Erregung der Sinne für unfähig, ebenso der Liebe zum Sport, des Zorns, der Herrschaft, der Selbständigkeit – und nun des Autofahrens! Wie täuschend ist meine Ruhe und Dünnheit, meine Sanftheit und Geistigkeit. Was

---

[1] Die berühmte Gedichtsammlung des persischen Dichters Omar Chajjam. (Anm. d. Ü.)

kann ich tun, um ganz zum Ausdruck zu bringen, was ich wirklich bin? Frances[1] dachte, ich könnte keine spanischen Tänze tanzen, weil sie provozierend, sinnlich und feurig seien. Ich habe auch meinen Tanzlehrer überrascht. Allein Hugh traut mir alles zu, deshalb kann ich auch alles machen. Und ich glaube ganz stark an ihn, und deshalb entwickelt *er* sich weiter.

Geburtstagsbrief an Joaquin:
Ich kann Deinen Geburtstag nicht vorübergehen lassen, ohne Dir zu schreiben, obgleich ich gerade heute das Empfinden habe, daß meine Phantasie nicht ganz auf das Ereignis eingestimmt ist, da ich inmitten von trivialen Beschäftigungen vor mich hingelebt und unruhige und uninteressante Tage hinter mir habe. Ich hatte nicht einmal Zeit zum Lesen, noch weniger zum Denken oder mir eine beeindruckende Grußform zum Jahrestag Deiner Geburt auszudenken, den ich jeden Tag als einen Segen erkenne und als ein Geschenk, für das ich zutiefst dankbar bin. Vielleicht sollte ich Dir sagen, warum ich für Deine Geburt dankbar bin. Also zunächst einmal ist es sehr tröstlich, einfach einen ganz normalen Bruder zu haben. Am Anfang schafft es eine Menge Mühe und selbst noch später, doch man bekommt auch etwas dafür. Wie, zum Beispiel, wenn dieser Bruder sich an einem regnerischen Tage ans Fußende meiner Couch setzt und mich fragt, was ich mache, und mir anbietet, mich zum Eingang der Untergrundbahn zu begleiten. Gelegentlich bringt er mir die Bücher in der Bibliothek durcheinander, dann weiß er jedoch auch, was in diesen Büchern steht. Aber das beste daran ist, daß Du, außer ein gewöhnlicher Bruder zu sein, ein außergewöhnlicher Mensch bist. Ich meine, Du kannst alles. Du kannst freundlich sein, du kannst intellektuell, kreativ, phantasievoll, literarisch sein. Du hast viele Begabungen und viele Möglichkeiten. Ich weiß noch nicht, für welche Du Dich entschieden hast, oder ob Du versuchen willst, alles zu sein. Mein Glaube an Dich ist grenzenlos. Du bist intelligent, weitsichtig, willensstark und aufrichtig. Ich bin froh, daß Du geboren wurdest, und bin froh, daß Du als

[1] Wahrscheinlich Frances Hyde, eine amerikanische Bekannte.

mein Bruder geboren wurdest. Ich entschuldige mich dafür, daß ich am ersten Tag, als ich mich über Deine Wiege beugte, gedacht habe, du seist rot und häßlich; vergiß nicht, ich war klein, und meine künstlerische Urteilskraft war damals nicht sehr ausgebildet.
Es tut mir leid, wenn ich Dich jemals verprügelt habe. Und wenn Du mich manchmal verprügelt hast, war es wohl berechtigt. Alle diese Sätze bedeuten jedoch nichts, wenn sie nicht irgendwie sichtbar umgesetzt werden. Selbst die alten Weisen, die losstürzten, um den Erlöser zu begrüßen, gaben uns ein fühlbares Beispiel dafür, wie geistige Bewunderung übertragen werden sollte. Deshalb schenke ich Dir einen Scheck. Und liebe Grüße von Deinem Bruder und Deiner Schwester.

27. August
Dieser Hochstand, wo ich schreibe, ist ein Segen, eine Zuflucht, ein Turm, von dem ich ungestört auf mein Leben herabblicken kann, ein Ort der Meditation, der Konzentration, wo ich meine zersprengte Kraft und fasrige Selbstbeherrschung wieder sammeln kann. Unten schrubbt Clémentine Töpfe und Pfannen; der Eismann kommt herein, um ein paar Worte über aktuelle Themen zu wechseln; die Näherin bringt mir einiges Genähte; die Reinigung holt Hughs Hosen ab. Hier Frieden, Einsamkeit. Meine Schriften stehen aufgereiht auf dem Bücherbrett. Meine Schreibmaschine auf dem grünen Gartentisch mit weißem Papier und Kohlepapier. Ich genieße das Leben. Besonders an den Morgen, wenn ich anfange, einen neuen und festen Entschluß umzusetzen. Ich habe erkannt, daß ich die Kunst zu sehr liebe oder zu viele Bereiche von ihr. Ich werde von jedem gespalten und gleichzeitig angezogen: Zeichnen, Bildhauern, Kostüme, Schauspielerei, Tanzen etc. etc., nun habe ich jedoch etliche Themen gebündelt und beschlossen, Kostümbildnerin zu werden. Schreiben und Tanzen bleiben getrennt, ich würde keines davon fallenlassen. Nun ist hier endlich eine Kunst, die Künstlerisches und Nützliches miteinander verbindet. Kein Dahintreiben und keine Experimente mehr. Hier gibt es eine Möglichkeit, meine Einfälle in Kostümen zu verwirklichen, mein Interesse in ihrer Geschichte, meine Liebe dazu und

meine Leichtigkeit im Erschaffen. Hier ist ein Gefäß für Farben, wenn sie mich überkommen, für Ideen, wenn sie mich wachhalten.
Ich habe gestern angefangen. Als Hugh nach Hause kam, dachte er, mein »Lehrer« habe Zeichnungen für mich angefertigt. Die Entdeckung, daß ich sie selbst gemacht hatte, entzückte ihn – mich auch. Ich werde weiterhin die Zeichenklasse von »La Grande Poussière«[1] besuchen. Etwas ist geregelt, und dadurch fühle ich mich glücklicher.

Mein Geist beschäftigt sich mit Politik, Anarchie, Antiamerikanismus, Hinrichtungen, Ungerechtigkeit, Demonstrationen. In Paris haben wir in den letzten Tagen Gewaltätigkeiten erlebt, weil zwei anarchistische Mörder [Sacco und Vanzetti] in Boston hingerichtet wurden. Die *American Legion* bekommt bei einem Besuch die ganze Bitternis der Franzosen zu spüren und sieht sich einem Haß gegenüber, über den sie sich nicht im klaren war. Die Zeitungen sind widerwärtig. Frankreich mit seiner Toleranz ist keineswegs besser als das unwissende Rußland. Jemand hat zu Recht behauptet, daß Frankreichs Toleranz gegenüber allen Ideen damit zusammenhänge, daß es sich weigere, eine Wahl zu treffen. Da das Land selbst kritisch ist, vermeidet es, klare Positionen zu beziehen, so daß es nicht von anderen kritisiert werden kann. Während Frankreich mutmaßt, nachdenkt, toleriert, verzehren die Anarchisten sein Herz. Wir kehren zu dem Gedanken zurück, daß ein offener Geist ein zu schwacher Geist ist, als daß er sich gewissen Vorstellungen verschließen würde, zu feige, um sich für jene seiner Wahl einzusetzen. Dies ist längst mein Verdacht bei Männern wie Horace. Wir werden sehen.
Meine eigene Toleranz ist der Niederlage entsprungen, der Schwäche der Sinne und der Zuneigungen und einer Müdigkeit des Kämpfens, das ich zwei Jahre lang betrieben habe. Wie viele meiner toleranten Ideen sind der Überzeugung entsprungen? Sie wären in Kürze abgehakt, doch heute ist Samstag, ein Feiertag, und ich muß mir meinen

[1] »Der große Staub«, Anaïs Nins Bezeichnung für die Académie de la Grande Chaumière.

Glauben an mich bewahren – den Glauben an diesen armseligen Säugling Kostümbildnerin, der erst gestern geboren wurde.

29. August
Ein wundervolles Wochenende hat meinen Kopf mit Bildern von Hügeln, Bäumen, Heide, blauem Himmel, weißen Straßen, verschlafenen Dörfern gefüllt. Wir sind durch das Tal der Chevreuse – die kleine Schweiz gefahren.
Gestern morgen haben wir bei Mr. R. Tennis gespielt. Das heißt, Hugh spielte, und ich sah zu. Ich sah erneut die Dame, die mir vor zwei Jahren so gut gefallen hatte – aber wie verändert sie ist! Vom Haushalt, drei Kindern und Problemen mit ihren Dienstboten verzehrt und mitgenommen. Ich kenne drei Fälle von »ständigen« Hausfrauen, die aus keinerlei ersichtlichem Grund zerbrachen. Es hat nichts mit Launen, Gemüt oder dergleichen zu tun. Ich kann es nur mit einem plötzlichen Empfinden für die Leere in ihrem Leben, mit Ersticken erklären. Ein regelmäßiges Leben, wie sie es führen, Haushalt, Obst einmachen, nähen, im Garten arbeiten, sich um Kinder kümmern, würde mich ins Irrenhaus treiben. Jene Frauen werden reizbar und ruhelos. Sie haben niedere Arbeiten zu einem finsteren Gott erhoben; sie haben sich von diesen Pflichten beherrschen und austrocknen lassen, und dann erwarten sie auch noch Mitgefühl von ihren Ehemännern, Dankbarkeit von ihren Kindern, Liebe als Gegengabe für ihre Selbstaufopferung, doch wie schockierend wäre die Entdeckung, daß sie auch nicht ein Fitzelchen davon verdienten? Eingemachtes Obst bedeutet einem Mann nicht soviel wie ein lebendiges fröhliches Gesicht. Einige Frauen schaffen es, Obst einzukochen und ihren Körper schön und ihren Geist wach zu halten, da die meisten dies jedoch nicht können, sollten sie lieber das Einkochen aufgeben. In all diesen Fällen leidet der Ehemann. Der Haushalt ist eine Last; der Mann sieht die Anstrengung, das Getriebe, die Falten, das Ausgelaugtsein. Ihm dies anzubieten, bedeutet nicht, ihm ein Zuhause zu schaffen. Ein Zuhause sollte eine stille, sanfte, alles andere als bedrückende Sache sein, eine sich selbst zurücknehmende, geheimnisvolle, Behaglichkeit spendende Maschine.
Wenn ich recht habe, ist es das einzige Heilmittel, diese

Frauen aus dem Trott herauszulösen, ihre Phantasie, ihr Interesse am Leben zu wecken, daß man sie zwingt, dem »Haus« einen angemessenen Platz zuzuweisen, als einen *Lebenshintergrund.* Ich werde es mit Mrs. R. versuchen. Ich werde sie meinen »Fall« nennen und mein Möglichstes tun, um ihr zu helfen.
Die Rebellion gegen gesellschaftlichen Verkehr ist eines der Dinge, die ich fast in den Griff bekommen habe, indem ich soviel von meinem richtigen Leben hineinbringe, wie in der Gesellschaft zugelassen ist. Ich versuche, einen Charakter zu verstehen, sie zu entwickeln; und wenn ich es geschafft habe, bin ich gelangweilt. Ich brauche so wenig Zeit, um alles zu entdecken, und dann möchte ich wieder davonrennen, nach Hause zu meinen Gedanken und meinen Beschäftigungen. Wenn ich mit jüngeren Menschen zusammen bin, lerne ich (in einem geistigen Sinn) gar nichts. Das macht mich ungeduldig und traurig. Wenn ich allein bin oder mit »älteren« Menschen zusammen, versuche ich die verlorene Zeit einzuholen, aber es ist schwierig. Erskine sagt: »Bestellen Sie Ihren eigenen Garten.« Warum sollte ich mich um den Garten der Bank kümmern?

1. September
Ich bewundere Sherwood Anderson. Ich mag die sanfte Art, wie er Leute einschätzt, dieses einfache und doch tiefe Verständnis für Leiden, Widrigkeiten, Schicksalsschläge, Träume, die Qualen der Phantasie. Mir gefiel *Dunkles Lachen,* aber *Das Ei triumphiert* ist sogar noch schöner. Erskine hegt keine Bewunderung für ihn. Ihn beschäftigen Intelligenz und Philosophie. Anderson geht es um Impulse, Instinkte, Gefühl, Emotionen, Schmerzfähigkeit, Krankheit, geistige Verstrickungen. Anderson legt verstehende Finger auf Wunden. Er hat wundervoll zarte und mitleidvolle Finger, und seine Zärtlichkeit für die Dinge, die er entdeckt, ist wie eine doppelte Vision, die mehr beinhaltet, als er vielleicht selbst bemerkt, die die nebelhaften, unbenennbaren Dinge enthüllt, die wie jene Geschichte sind, die er »nicht erzählen kann«, jene wunderbare Geschichte, die zu erzählen ihm unmöglich ist.

3. September
Richard Buhlig kam gestern abend. Ich erwartete einen intellektuellen, gelehrten Mann, nicht einen glühenden Mystiker. Er ist ein außergewöhnlicher Mann. Unsere Unterhaltung begann konventionell und wandte sich dann der Würdigung der Musik zu. »Am größten ist sie in Deutschland«, sagte er, »und in Österreich. Dann in England. In Amerika ist es eine aufgepfropfte Wertschätzung. Die Leute möchten die Musik gern verstehen und lieben, doch sie können gut ohne sie leben, wohingegen sie in Wien ihr Leben ausmacht.«
Und dann die Bücher. Er ging hoch, als wir Erskine erwähnten. »*Helena (Das Privatleben der Helena von Troja)* ist schrecklich, schrecklich«, sagte er so ernst, daß wir erschrocken waren.
Und dann brachte er dieselbe Kritik vor wie ich, als ich zu erklären versuchte, warum Erskine den Franzosen nicht viel bedeuten konnte. »Ihn beschäftigen im wesentlichen angelsächsische Probleme, Benimm- und Moralfragen, örtliche Auseinandersetzungen. So jung, so müßig, so unwichtig für den Europäer. Selbst wenn er den Amerikanern so alt, so ungemein rational, ja zynisch erscheint, benutzt er aus Sicht der Europäer seine Intelligenz für Probleme der Kindheit.«
Obgleich Buhlig jedoch einräumte, daß Erskine Amerika half, sich von Spinnweben zu befreien, gab er nicht zu, daß das Benehmen durch witzige Diskussionen, Paradoxe, Sophismen und Studien über antike oder moderne Situationen verbessert werden könnte. Nein, da war noch etwas anderes. Nein, man begann nicht auf der niederen Stufe des Benehmens, sondern mit einer höheren geistigen Sicht, einer zentralen Verehrung oder Glauben, etwas, das alle die kleinen, belanglosen Probleme automatisch regelte.
In jenem Augenblick hatte ich das Gefühl, daß Buhlig einen Schlüssel hat, nicht eine intellektuelle, philosophische Lösung oder Erklärung des Lebens – sondern eine mystische.
»Ich bin immer mehr geneigt, katholisch zu werden«, sagte er. »Es bedeutet mir soviel, daß es mich erschreckt. Allein der Gedanke, hinzugehen und die Heilige Kommunion in einem unwürdigen Zustand zu empfangen. Und außerdem bin ich so voll von Intellektualität, so zerfressen von Intellektualität, davon, daß es intellektuelle Fragen gibt, die mit meiner In-

tuition, mit meinem spontanen Glauben in Einklang gebracht werden müssen.«

Er hatte Jacques Maritains *Kunst und Scholastik* gelesen, Leben und Schriften der Heiligen Theresa, die ganze katholische Theologie und Philosophie. Sonntags geht er zu einem kleinen Dominikanerkloster, um die von gregorianischen Gesängen begleitete Messe zu hören.

Am Ende sagte er zu uns, gerade *zu uns,* die wir bis gestern unflexibel, intolerant, von unserer geistigen Vision erfüllt waren: »Seid nicht opportunistisch. Bücher wie die von Erskine sind opportunistisch.«

Ich protestierte: »Aber Europa, das alte weise Europa hat nach Kompromissen, Nachdenklichkeit, Toleranz als der ersten Pflicht der Intelligenz verlangt. Es hat nach Flexibilität, Aufgeschlossenheit verlangt. Es sagt: Versteht alles, seht alles, seid für alles offen. Et à force de tout vouloir comprendre, ils ne comprennent rien.« [Und weil sie alles verstehen wollen, verstehen sie überhaupt nichts.]

Und da standen wir nun, inmitten unseres Triumphes, endlich zur Toleranz gelangt zu sein (die wir erst vor einem Monat gefeiert haben), ertappt durch die scharfsinnigen Augen und das grauhaarige Wissen Buhligs. Da standen wir und drückten einem Mann fest die Hand, der den Mont St. Michel und Chartres hätte erbauen können. Einem lebendigen Mann, während wir, in Ermangelung eines solchen, andere Jahrhunderte heimsuchten und in feuchten Schloßhallen und Verliesen Phantome jagten.

7. September

Ein Gefühl von Kontrolle, Behagen und Macht. Ich laufe summend durch die Straßen. Ich spüre, daß ich jetzt arbeiten kann, weil ich Vertrauen habe und soviel zu sagen. Merkwürdig, wie ich das Schreiben meine »Arbeit« genannt habe, nachdem ich ein Jahr damit verbracht hatte, »Schreiben« aus meinem Bewußtsein zu löschen. Schließlich ist Schreiben mehr als Tanzen, mehr als Zeichnen. Mais je ne dois me laisser distraire [Ich sollte mich nicht ablenken lassen] – indem ich immer über »Arbeit« rede, meine Schreibmaschine öle, ja, und mir die Tagebücher von anderen anhöre, die mich, ich schwöre es, mehr interessieren als meine eigenen. Ich habe noch eine Stunde, bis Gilbert mit *seinem* Tagebuch zu Besuch kommt.

»Sie verfügte über die wahre kritische Begabung, das heißt, sie hatte die Kraft, ständig ihren Geist zu erweitern, ihre Aufnahmefähigkeit zu vergrößern, und all *ihre Vorurteile* im Keim *zu zerstören,* und hielt sich somit in fortwährender Bereitschaft zu verstehen.« Aus *Immigrantenliteratur* von Georges Brandes über Mme. de Staël. Ein Ideal, dem gemäß man leben sollte. Ich bin keine gute Kritikerin, nicht einmal bei der Literatur, auf die ich alle Intelligenz anwende, die ich habe. Ich bin emotional und persönlich – das heißt, ich kann nicht ohne Gefühl lesen: Wenn sie sinnlich ist, bin ich angewidert; wenn sie vulgär ist, lese ich nicht weiter; wenn sie schön ist, hebe ich ab; wenn sie schwach ist, verachte ich sie; wenn sie stark ist, bin ich begeistert und eifrig – alles *persönliche*, keine literarischen Gesichtspunkte.

Ich erkenne, daß ich zu persönlich *bin* – daß alles, was ich schreibe, aus meinem Ich entspringt. Sobald ich objektiv schreibe, sobald ich in der dritten Person rede, gefriert mein Schreiben. Meine »dritte Person« ist immer lächerlich. Sie ist eine Vogelscheuche, die ich mit meinen Gedanken und meinen Emotionen ausstatte. Sie ist nie *jemand anders,* da ich nie jemand anderen so genau kenne wie mich selbst. Warum sollte ich außerdem in anderen Hirnen herumstochern, wenn meines so voll ist; warum sollte ich beiseite stehen und einem Schatten zum Gehen zu verhelfen, wenn all mein Handeln so wirklich und lebendig ist? Bei der Kritik weiß ich nicht, welche Bedeutung eine Sache im Verhältnis zu einem riesigen Ganzen hat – ich habe eine Philosophie, nach der ich bemesse, und Emotionen, nach denen ich urteile. Alles falsch – ich weiß.

8. September

Die Sonne scheint mäßig, und ich habe den Tisch und die Schreibmaschine hinaus auf die Terrasse geschoben. Doch kann ich nicht anfangen, weil ich in Erskinesche Prosa verfalle, reine Nachahmung, oder wieder in die Fänge meines Tagebuchs gerate, das über die Jahre jedes Thema, das ich angepackt habe, verschlungen hat. Bei meiner Imitation von Erskine bringe ich viel Lebendigkeit und Individualität mit ein, ich spüre jedoch seine Einflüsse, und obwohl ich das, was ich schreibe, mit einem Lächeln begleite, kann ich es nicht ernst nehmen. Bleibt das ewige Problem – das Tagebuch in einen Roman umwandeln? Das Tagebuch so, wie es ist, abschreiben?

12. September

Gilbert ist in einem Zustand des Überschäumens; er entdeckt die Welt; er wendet einen kritischen, analytischen Geist auf Literatur und Musik an. Wir haben lange interessante Diskussionen. Er hat eine solide Wissensbasis, eine gesunde, eher förmliche Art, sich auszudrücken, Wesensgrundsätze und liebt Spanien über alles. Er hat die beiden ewigen Schwächen der Jugend: höchstes Interesse an sich selbst und die Neigung, über aussichtslose Reformen zu reden. Er braucht nur einen Zuhörer, keinen Erfahrungsaustausch, und einige seiner Gewehre sind auf den Mond gerichtet.

Durch ihn wird mir klar, wie weit ich mich von einer bestimmten Art Gespräch entfernt habe, weil ich lebe und nicht erst anfange zu leben, und so viele Schlußfolgerungen kommen durch Leben, nicht durch Argumentieren zustande. Ich weiß nicht warum, aber ich fühle mich alt, älter als Eduardo[1] und Gilbert. Mein Hirn sucht schwierigeren Gedanken zu folgen; ich suche das »dénouement«, die Auflösung der Dinge; ich kann weitschweifigem Gerede nicht folgen; ich habe das Gefühl, ich bin schon im Zentrum, und ich kann es kaum abwarten, von da aus vorwärtszugehen: Ich suche alte Leute, weise Leute. Die Jugend hat mir nichts zu geben. Ich bin selbst voller Energie, voller Schöpfungskraft, voller Begeisterung. Immer hat mich Entwicklung interessiert. Es ist der Wunsch nach einem tiefgründigeren Leben. Oder vielleicht meine alte, schmerzliche, unerklärliche Ruhelosigkeit. Ich könnte, wenn ich es zuließe, die kapriziöseste, launischste, unnahbarste Person sein. Statt dessen bin ich milde und zugänglich und interessiert. Und nach einstündigem Bemühen erhebe ich mich dann und trommle gegen die Wände meines Gefängnisses. Ja, ich bin in mieser Laune, das ist alles.

[1] Anaïs Nins Vetter Eduardo Sánchez.

16. September
Ein wundervoller Abend – mit Gustavo Morales, dem jungen cubanischen Komponisten, den ich im Hause Irvings kennengelernt habe. Er ahmte mit solchem Humor die »Klavier spielenden Systeme« von New York nach, daß wir Tränen gelacht haben. Er kennt und liebt die orientalischen Philosophien. Er schreibt gerade eine Oper über die alte ägyptische Religion und Geschichte; er hat schon ein »Royal Fandango« in New York produziert. Er ist ein brillanter Gesprächspartner, voller Ironie, Enthusiasmus und Offenheit. Er springt von seinem Stuhl auf, explodiert, wenn etwas erwähnt wird, was ihm mißfällt, geht umher, um seine Beschreibungen zu illustrieren, beherrscht perfekt die Kunst, zur Unterstreichung seiner Gedanken sein ganzes Gesicht zu benutzen. Und er ist reich an Ideen, Erfahrung und Meinungen. Er liebt Albéniz; Granados ist der spanische Grieg – und er haßt Grieg; er glaubt nicht, daß an Falla etwas Geniales ist. Er hat sich die Oper *Louise* angehört, mit dem Ziel, über sie herzufallen, und fand sie charmant. Er hat eine englische Freundin mit rotgoldenem Haar und grünen Augen. Es war Mitternacht, als er nach Hause ging. Genau wie wir hat Morales einen Brief von Irving mit der Nachricht erhalten, daß er am 22. zurückkomme. Joaquin ist nicht begeistert. Er hat zu schnell Feuer gefangen und schmeckt nun die Asche.

19. September
Wir sind sechseinhalb Stunden zweihundertfünfzig Kilometer gefahren, um uns eine Statuette der griechischen Stadt Tanagra anzusehen. Wir hatten eigentlich vor, Schlösser zu besichtigen, doch nachdem wir drei Stunden am Samstag nachmittag in zornigem Regen und bösartigem Wind gefahren und alle Hotels in Orléans besetzt waren, gaben wir auf und kamen Sonntag abend zurück nach Hause zu unserem Herd und unseren Büchern und unserem eigenen sauberen Bett. Aber Orléans gefiel mir, obwohl ich es vor lauter Regen kaum sehen konnte. Wir sind nicht weggefahren, bevor wir nicht seine Museen, seine alten Häuser und Straßen und seine Kathedrale gesehen hatten. Im Musée Historique sahen wir eine höchst interessante Kollektion von geschnitzten Truhen, ägyptischer

Kleidung und Glaskrügen, und die Statuette aus Tanagra – ausnehmend schön.
Heute sah ich zufällig (wir wollten ins Kino gehen) eine idiotische Frontkämpferparade. Unbeholfene, ahnungslose, taktlose, dümmliche, infantile Amerikaner, die sich bei einer Parade ergötzten, die die Franzosen nur verletzen konnte, denn die haben die Nase voll von militärischen Aufmärschen, sind genervt von den gewöhnlichen, täglichen amerikanischen Invasionen, und wenn überhaupt, so sollten sie es sein, die Paraden abhalten. Ich stand da in einer Menge, die höflich zu bleiben suchte; hörte die schnellen umgangssprachlichen Bemerkungen der Arbeiter, das Witzeln der Leute, *fühlte mich* vor dieser aufschneiderischen, unsensiblen, idiotischen Parade *wie eine Französin.* »Bitte, bring mich nach Hause«, flehte ich. Und wir kehrten heim an den häuslichen Herd, und so wie ich anfangs, als ich die Stadt nicht verstand, an manchen regnerischen Abenden Paris haßte, hasse ich heute die Amerikaner.
Hugh las gerade einige Bankabhandlungen über Testamentsvollstrecker, Erbsachen usw., als ich zu ihm sagte: »Wenn ich stürbe, würdest du meinen Kleidernachlaß bekommen, und du könntest davon in aller Behaglichkeit bis ans Ende deiner Tage leben.«

20. September
Joaquin wendet zu Recht ein, daß ich reines und modernes Englisch miteinander vermische. Jetzt benutze ich blumiges Englisch mit liebevollem Humor; ich kann nicht vergessen, daß ich es einmal verehrt habe, direktes, lebendiges Englisch paßt jedoch besser zu meiner Art zu denken.
Autofahren war etwas, das erobert werden mußte, und ich habe gelitten. Es erfordert Konzentration, die mir schwerfällt. Ich muß aufhören, an etwas anderes zu denken als die Straße vor mir und ihre Probleme. Was für eine Anstrengung für jemanden, der es gewohnt ist, ungehemmt und zu jeder Zeit in Untergrundbahnen zu träumen, in Bussen nachzudenken. Und dann mußte ich bestimmte wissenschaftliche Tatsachen lernen, die ich hasse, und Gesetzen gehorchen, meine Furcht, meine Nerven, meine Ungeduld und meine Distanz zu irdischen Maschinen beherrschen und unterdrücken. Abends

habe ich vor Zorn und Mutlosigkeit geweint. Ich wache früh auf, um zu meiner Folter zurückzukehren. Hartnäckig gehe ich immer wieder und wieder die Sache an. Ich zwinge meine Hände, meine Augen, meine Nerven und meinen Geist, versklave sie. Ich habe das Autofahren gehaßt. Wenn ich dann gut fahre, juble ich und bin stolz und zufrieden, als hätte ich ein Ungeheuer gezähmt – nicht so sehr den Wagen als vielmehr mich selbst, dieses Selbst, das nur die leichten Aufgaben zu wählen pflegte.

23. September

Ich hatte eine Stunde lang mit drei alten Gräfinnen in einem formellen französischen Salon zusammengesessen. Das Dienstmädchen hatte gerade das Tablett weggetragen. Ich gab mich sehr gedämpft, sehr konventionell. Ich war mit einem hellblauen Kleid und Hut bekleidet, und sie trugen Schwarz, Braun und Marineblau. Ich machte der einen Gräfin Komplimente über ihren Tee und erhielt ein Kompliment über meinen Hut; ich erkundigte mich nach der Malerei der anderen Gräfin (sie malte Pfirsiche und Glockenblumen). Die dritte hatte ein Buch erwähnt, das Leben eines Heiligen. Eine halbe Stunde lang redeten wir über Religion. Die Gräfin zu meiner Rechten hatte einen apostolischen Gesichtsausdruck und eine Tasche voller Reliquien.

Plötzlich beugte sich die eine Gräfin zu mir herüber und fragte sehr langsam: »Haben Sie dieses Jahr Marmelade eingekocht?«

Mir war, als würde ich ganz klein und mein Blumenhut ganz groß und als glänzte mein mittelalterlicher Ring unerträglich. Ich wünschte, meine Hände wären weniger glatt und vom Obstsaft fleckig. Ich blickte demütig zu den drei alten Gräfinnen auf und sagte: »Nein, aber ich würde gern ...«

»Nun, elf Pfund Pflaumen und fünf Pfund Zucker, eine Stunde kochen lassen ...«

Ich hörte ernst zu. Ich hatte den Eindruck, mein Hut und mein Ring seien vergeben. Das Gespräch wandte sich der Parade zu. Die drei Gräfinnen waren dort gewesen.

Eine sagte: »Es wird die wunderschöne Freundschaft zwischen den beiden Ländern festigen.«

»Es war wunderbar!« sagte eine andere. »Ich weinte, als ich

sie sah. Man sollte solche Emotionen suchen. Sie waren natürlich da?« Die drei Gräfinnen sahen mich an.
»Nein, ich glaube nicht.« Und ich sagte ihnen, was ich wirklich glaubte. Stille. Niemand verstand.
»Sie waren nicht bei der Parade?«
Gerade in dem Augenblick kam Hugh herein, küßte anmutig die Hand der Gastgeberin, verbeugte sich vor den beiden anderen Damen, setzte sich, nahm das heikle Gespräch wieder auf und versuchte, durch unbestimmte, allgemeine, bedeutungslose Aussagen die Wirkung meiner Offenheit wiedergutzumachen. Dann verließen wir das Schlachtfeld.
Im Auto rechnete ich schnell nach. »Ich war anderthalb Stunden da, bevor du kamst, und ich war brav bis zum letzten Augenblick. Das heißt, ich kann genau anderthalb Stunden taktvoll und idiotisch sein, aber keine Sekunde länger, und das darfst du auch nicht von mir erwarten.«
Zu Hause schäumte ich über vor Komik. Ich bin sogar umhergetrippelt, um meinen mumifizierten Körper und meinen vermarmeladisierten Kopf aufzuwärmen. Ich gab phantastische Beschreibungen von dem Nachmittag von mir. Ich ging zu Mutter, um ihr Gute Nacht zu sagen.
»Mutter, Mutter, hast du dieses Jahr Marmelade eingekocht?«
Mutter guckte mich mit runden Augen an. Heute morgen ging ich in die Küche, wo Eugénie Kartoffeln schälte.
»Eugénie, kannst du Marmelade machen?«
»Ja, Madame.«
»Kauf elf Pfund Pflaumen und fünf Pfund Zucker und koch Marmelade.«
»Ja, Madame.«
»Und wenn jemand nach mir fragt, vor zwölf bin ich nicht zu Hause. Ich geh in meine Zeichenstunde.« Ich bin keine Gräfin.
Der Winter naht. Wir essen schon bei Kerzenlicht zu Abend. Ich habe einen blauen Samtmantel mit Eichhörnchenbesatz für die kalten Tage. Auch Disraeli, dessen Leben mich so bewegt hat, liebte Samt und Spitze. Er hätte den wahren Aspekt der Parade erkannt, nicht ihr sentimentales oder naives Äußeres. Er hätte offen darüber gesprochen. Ich fühle mich kleinlich im nachhinein, überkritisch, überzynisch. Ganz in Blau zwischen drei harmlosen, konventionellen Gräfinnen sitzend,

sehe ich mich als gefällig verkleideten Teufel, der den Pfirsichen, Pflaumen, Marmeladen und Paraden die Pracht nimmt. Wovor mir immer graut, ist, daß ich mich selbst lahmlege, daß die Marmelade meine Lebendigkeit und Spontaneität bremsen könnte. In Künstlichkeit kann ich nicht leben. In den Augen von Menschen wie den Gräfinnen sehe ich Gedanken, die anders sind als diejenigen, über die sie sprechen, die durch eine lange Gewohnheit der Zurückhaltung abgeschwächt, manchmal völlig ausgelöscht sind. Es bleibt nichts als ein lauernder Wächter, der auf jene Gedanken von anderen angesetzt ist, die sie nicht ertragen können. Hugh sagte zu Recht, daß Krieg für sie die einzige echte Emotion ist, daß sie sich in ihrem öden, toten Leben an diese Emotion klammern, begierig, sie wiederzubeleben und zu bewahren.
P. S. Die Marmelade war sehr gut.

24. September
Wie wenig gibt es, das mich nicht interessiert. Ich nutze alles, jedermann, jeden Ort und jede Stunde. Wenn ich mit einer Hausfrau einkaufen gehe, studiere ich andere Einkäufer und Verkäufer. Ich sammle Gesichtsausdrücke und kleine Vorfälle. Förmliche Besuche von höchst tödlicher Natur haben humoristische Seiten in meinem Tagebuch hervorgebracht. Kleine Ausflüge in die Stadt verschaffen mir Einfälle und zahllose Phantasien. Eine Fahrt mit der Straßenbahn bietet mir Gesichter und Ahnungen vom Charakter der Leute. Wenn ich ein Kleid anprobiere, entdecke ich das Leben meiner Näherin. Nur ein paar Bankfreunde, schlechte Filme und Tennismatchs haben es fertiggebracht, mich zu langweilen. Tatenlosigkeit, wenn ich nichts beobachten kann, langweilt mich. Jeden Tag interessieren mich das Leben selbst, das Wesen der Menschen und die Intensität des Lebens mehr. Folglich lese ich weniger Gedichte, die vom Leben handeln und nicht selbst das Leben sind.

27. September
Gerade als ich die Zeile über die Dichtung geschrieben hatte, wurde ich von dem größten heute lebenden Dichter gerettet – Armand Godoy. Wir suchten ihn gestern abend auf, Joaquin, Hugh und ich. Er war ganz in Schwarz mit einer weichen

Baudelaireschen Krawatte. Nachdem wir seine Frau und seine Kinder begrüßt hatten, folgten wir ihm in die Bibliothek, einen riesigen Raum, ein Heiligtum, »die schönste Bibliothek der Welt« (Zitat aus einer Widmung an ihn). Dort hatte er uns vor zwei Jahren Manuskripte von Baudelaire und Victor Hugo und anderen gezeigt.
Er las uns aus seinem Gedichtmanuskript mit musikalischen Titeln vor, die von der Musik angeregt waren; las mit einer leisen, klaren, bewegenden Stimme, einfach und schön. Es brachte mich zum Weinen.

3. Oktober
Samstag abend hatten wir Irving Schwerke zum Essen. Nach dem Essen saßen wir alle im Kreis, und jeder von uns las aus seinem Tagebuch. Irving begann mit einer Beschreibung seines Besuchs bei einer Sängerin, die eine brillante Karriere hatte und nun blind, alt und arm ist. Er hat mit Gefühl über sie geschrieben; mit Sarkasmus über einige Tee-Einladungen, die er besuchte; geistvoll über berühmte Leute. Es waren ein paar gescheite Aporismen und Epigramme dabei.
Joaquin las eine Beschreibung über das Meer, die schön und poetisch und byronhaft war (obgleich er nie Byron gelesen hat), einen Kommentar über *Don Quijote,* der von romantischer Einsicht war, und eine Beschreibung über einen Spaziergang, die uns wie beste Poesie rührte. Hugh sagte: »Ich weiß nicht, ob du erkennst, was du geschrieben hast!« (Er schrieb später in sein Tagebuch, daß er für Hugh und mich gelesen habe, daß er gespürt habe, daß *wir* ihn verstehen; Irving war zu sehr damit beschäftigt, die Spuren *seines* Einflusses auf Joaquin zu suchen.)
Boussie[1] ist zurück. Antonio[2] ist heute gekommen. Morales geht für einen Monat nach Spanien. Wir haben ein indisches Buch über die Liebe entdeckt. Ich habe Kastagnetten gekauft und einen Lehrer gefunden. Eduardo hat geschrieben! Ich habe eine Mandelentzündung, ein guter Vorwand, um den ganzen Tag zu schreiben, wenn ich will. Hugh, den das Lob eines Außenseiters ermutigt hat, wendet sich wirklich wieder

[1] Hélène Boussinescq, eine Lehrerin für englische Literatur.
[2] Antonio Valencia, ein junger Pianist.

seinem Schreiben zu. Was wir alle Samstag abend begriffen hatten, war, daß Joaquin, der in der Kunst des Schreibens weniger geübt ist als irgendeiner von uns, direkt und spontan das Wesen der Kommunikation erfaßt hat. Hugh ist selbstverständlich ein natürlicher Dichter, aber auch ein dazu ausgebildeter (von Erskine!) Was meine »Haltung zum Schreiben« angeht, so schreibe ich, weil ich fühle und nur weil ich fühle. Aber ich habe in Joaquins Alter wohl nicht oft Zeilen geschrieben, hinter denen man das Rumpeln des tiefen inneren Lebens spürt. Uns beiden hat eigentlich Godoy die Poesie offenbart; durch das Wunder seines eigenen *Seins;* durch die Erkenntnis, daß er selbst ein reiner Poet ist und deshalb als einziger poetisches Verständnis weitergeben kann.
Ich verdanke meinem geliebten [Henri Frédéric] Amiel eine Angewohnheit, die den Poetischen Bankier dazu bringt, unendliche Schimpfkanonaden über mein Haupt zu schütten. Zu häufig hat er jetzt gesagt, wobei er verärgert auf das von mir Geschriebene sah: »Du benutzt zu viele Adjektive!« Wenn ich ihm etwas gebe, was ich geschrieben habe, zieht er wie ein Metzger eine weiße Schürze an, ergreift ein blutiges Messer und stößt es vehement in meine Adjektive. Dennoch bestehe ich darauf, daß jedes von mir benutzte Wort eine andere »Nuance« und in meinem Satz einen Sinn hat. Doch damit kann ich den Poetischen Bankier nicht hinters Licht führen. Amiel hatte keinen solchen Wachhund. Armer Amiel!
Männer wie Horace, Eduardo, Enric etc. haben die Macht, jeder Frau das Gefühl zu geben, sie sei die einzige. Ich lasse mich jetzt jedoch nie mehr foppen, und neulich abend (obgleich Frances [Hyde] auf jedem Foto war, das Horace während ihres Urlaubs in Griechenland gemacht hatte) sprach Horace sanft und sanftäugig und richtete Blicke und Worte den ganzen Abend nur auf mich. Ich ging dem nicht auf den Leim! Ich verstehe jetzt, ich bin nur die Erscheinung einer Frau. Machen sie wirklich Unterschiede zwischen Frauen? Sehen sie wirklich andere Unterschiede als in Kleidern, Nasenformen oder Stimmen?

4. Oktober
Förmliches Abendessen gestern abend bei Durand in einem Privatraum – alles in Gold und rotem Brokat, steife Stühle

und zu viele Lampen. Fasan aufgetischt, mit Flügeln und allem, gleichsam bereit, davonzufliegen. Gastronomisch ein interessantes Essen, doch von der Konversation her langweilig. Und meine Grippe, die mit jeder Minute schlimmer wurde, so daß ich kaum reden, sehen, hören oder schmecken konnte. Stützte mich ganz auf meine oberflächlichen Qualitäten, die mir treu zu Diensten waren. Ich glaube, die höchste Auszeichnung bekam ich für meine Kleidung: ein engsitzendes dunkelblaues Samtkleid mit riesigen mittelalterlichen, aufgeschlitzten Ärmeln, so daß der halbe Arm zu sehen war, Mont-St.-Michel-Armreif und Ringe, Samtturban, der weich, doch genau den Kopf umschloß, Mantel aus demselben saphirblauen Samt, ganz auf Taille geschnitten, unten weit und mit Eichhörnchen besetzt. Ich brauchte nicht zu reden.

Verbringe den Tag im Bett, schreibe Briefe, um alle meine »Verpflichtungen« bis Donnerstag abzusagen, wo ich hoffe, wieder soweit hergestellt zu sein, daß ich zu Godoys Empfang gehen kann. Ich glaube fast, ich führe ein konventionelles Leben. Ich kann nicht krank sein, ohne die Pläne einiger Leute durcheinanderzubringen. Was für ein Sklavendasein. Ich könnte nicht einfach verschwinden, mit meinem Tagebuch nach Italien oder Indien reisen, ohne Kommentare und Neugierde auszulösen. Das ist alles, was gesellschaftliches Leben bedeutet, ein sorgfältiges Weben eines Netzes. Wir spüren, daß wir leben, weil wir spüren, wie das Netz *zerrt,* und wir spüren, daß wir nur *wichtig* sind, weil unsere Abwesenheit das Netz zerreißt. Für die meisten Leute ist dieses Netz eine Rechtfertigung ihres Lebens, und es ist verantwortlich für ihre Illusionen. Für mich bedeutet es nichts, außer es kommuniziert auch mit Außenseitern. Es ist amüsant, sich zu überlegen, daß das Telefon, die Rohrpost und der Verabredungskalender, all die Netzstützen, zwei völlig verschiedenen Vorstellungen dienen können; und tragisch zu erkennen, daß es nur ein Netz gibt – wenn man drinnen ist, ist man mit den Idioten und den Außenseitern drinnen – wenn man außerhalb ist, ist man allein und hat nichts von beidem. Wir haben gewählt, im Netz zu sein. Nur die Grippe oder eine Reise rettet vor seinen Tentakeln.

Ein trauriger Tag – Kopf zu schwer, um irgend etwas anderes als Biographisches aufzunehmen. Ich habe nichts dagegen, mit einem klaren Kopf krank zu sein, doch dies ist schrecklich. Joaquin ist gekommen und hat eine Weile bei mir gesessen. Wir haben über seine Arbeit geredet. Das letzte Jahr war in vielerlei Hinsicht enttäuschend. Er gibt es ohne Umschweife zu. Mangelt es ihm wirklich an *Kraft,* Willen, Hartnäckigkeit? Er *sieht* weicher *aus* als ich, unsrer beider Gesichter können jedoch täuschen – ich kenne es von mir. Bevor ich erwachte, war ich verträumt, ließ mich treiben, kümmerte mich nicht um die äußere Richtung meines Lebens. Vielleicht ist es bei ihm genauso. Ich warte darauf, daß er ganz erwacht, denn ich glaube an ihn.

Er interessiert viele Leute – Leute, die seine intensive Musikalität, seine schöpferische Kraft, seine Sensibilität und seine Intuition spüren. Frauen sind immer seine Verbündeten. Ihnen gefallen seine Augen, seine Manieren, sein Romantizismus. Er ist aufrichtig, gut, leicht begeisterungsfähig und genauso schnell desillusioniert – deshalb meinen viele Leute, er sei launisch. Er ist nicht launisch – er ist seinem glühenden unkritischen Wesen treu, seinen spontanen Emotionen und seinem großen Fundus an Zärtlichkeit. Sein einziger Fehler ist, daß er schlecht argumentiert. Er macht stolze und widersinnige Aussagen; er wird von dunklen unlogischen Zu- und Abneigungen geleitet; sein Verstand schwankt. Bei Auseinandersetzungen wirkt er entweder anmaßend und allzu selbstsicher oder wie ein in die Falle gegangenes Tier. Jeder Gedanke wird von seinem Herzen aufgenommen, nicht von seinem Verstand, und er ist bei jedem Angriff oder einer bloßen Bemerkung verletzt. Doch zeigt er in dem, was er schreibt, und bei ruhigem Beisammensein zu zweit eine Neigung zur Philosophie, und er erkennt schnell die Wahrheit, das könnte am Ende den Sieg davontragen. Ich habe jedoch Angst, ihn in den Händen von Feinden zu sehen. Ich habe Angst vor seinen Kopfentscheidungen in Augenblicken der Leidenschaft. So wenige werden mein kleines »in die Falle geratenes Tier« verstehen, so wenige werden den sanften Weg in seinen Kopf finden, so wenige werden die Worte, die er nicht meinte, von den wahren unterscheiden, so viele eitle Leute werden an seinem Stolz Anstoß nehmen, der ein so rührend dünner Schild gegen seine Empfindsamkeit ist.

Zum Glück wird jetzt sein Tagebuch seine liebste Vertraute

sein. Es bringt ihn zum Nachdenken und Meditieren – indem es all die wunderbaren Eigenschaften des Tagebuchschreibens veranschaulicht, die ich in pedantischen Aufsätzen, in Reden und höchst wirksam in meinem eigenen Tagebuch beschrieben habe (habe ich mich nicht selbst überzeugt?).

6. Oktober

»Mache etwas gründlich oder gar nicht!« Daran glaube ich, und ich habe dies getreu befolgt, indem ich gründlich und verzweifelt krank wurde, Bronchitis, Kehlkopfentzündung, Fieber etc. Gestern abend konnte ich nicht einmal lesen oder atmen oder hören oder sprechen. Was für eine Strafe für einen Menschen wie mich. Ich glaube, daß dies tatsächlich eine biblische Rache für meine Eitelkeit ist, für die es in meinem Tagebuch genügend Beweise gibt. Das einzige, was ich heute bedauert habe, war, Godoys Empfang zu versäumen, wo ich den berühmten Maler Beltran Massès kennenlernen sollte.

Boussie hat mich eine Stunde besucht. Redete über New York, Chartres, [Louis] Jouvet, neue Bücher, Godoy, [Waldo] Frank, [Sherwood] Anderson, Erskine, Theaterstücke. Sie hat mir wieder Leben eingehaucht. Ich bot ihr *Eglantine* an. »Oh, ich kann ohne Giraudoux leben«, sagte sie. Ich auch. Ich lasse mich von ihm nicht blenden. Ich weiß ganz genau, daß er nichts zu sagen hat, daß er herumschwafelt, was jeder Franzose kann, vor, während und nach dem Essen, so daß man, wenn man sich einen seiner Romane vornimmt, am Ende nichts als Luft in den Fingern hält. Eglantine liebte zwei alte Männer; man könnte zahllose Frauen wie sie ausfindig machen, die die Boulevards hinunterwandern oder durch den Bois de Boulogne. Die beiden alten Männer waren nicht außergewöhnlich. Alles in dem Buch ist wirklich absolut banal – die Menschen, die Orte (und dieses Juwelengeschenk von Moise), Restaurants, Büros, Häuser. Doch die einfache törichte Geschichte wird mit wunderbaren Worten, mit erlesener Finesse erzählt. Eloquenz wird über Banalitäten gestülpt. Ich mache Giroudoux zwei Dinge zum Vorwurf: daß er nicht ein paar außergewöhnliche Frauen entdeckt hat, die nicht nur Betten schmücken, sondern auch gut reden können, und daß er seine intelligenten Männer darauf reduziert, für solch kleine Anlässe zu leben.

Aufgeheitert werden meine Tage durch die »Kostümgeschichte«, durch den Geruch von Eukalyptus, mein Buch mit Zeitungsausschnitten und mein Haushaltsbuch; dennoch ärgere ich mich, weil die Sonne draußen scheint und ich Godoys Empfang versäume. Ich habe keine Angst mehr vor Empfängen. Ich suche die Gelegenheit, einen interessanten Menschen kennenzulernen. Schüchternheit kümmert mich kaum noch, obwohl diese alte Krankheit immer wieder unerwartet und ärgerlich zurückkehrt. Ich muß lernen, mit meinem Humorvollen Banker mitzuhalten, der im letzten Jahr soviel Anmut und Takt gelernt hat. Er hat jetzt neben den tiefgründigen Eigenschaften des Angelsachsen den ganzen Charme eines Südländers.
Neulich abends saß er auf meinem Bett und sagte ein paar liebevolle Worte, das Gesicht strahlend, Augen und Lächeln warm und ausdrucksvoll. Ich sagte ihm, daß er in jenem Augenblick das habe, was einen Spanier unwiderstehlich mache. Er redet viel mehr, überaus flüssig und erlesen. Ich frage mich wirklich manchmal, wieviel in der Tat von dem Mann geblieben ist, den ich vor vier Jahren geheiratet habe – schweigsam, ausdruckslos, zögerlich, unbestimmt in seinen Wünschen. Seine Arbeit und seine Verantwortung haben ihn auf männliche, weltliche Weise reifen lassen. Ich höre ihm gerne zu, wenn er mit anderen Männern redet; er ist redegewandt, hat Energie, Verstand, Überzeugungs- und Urteilskraft. Er hat alle möglichen unerwarteten Intuitionen, die von dem Dichter in ihm kommen. Er hat jene Eigenschaft, die bei wenigen Männern seines Berufs vorhanden ist: Aristokratie. Alles, was er berührt, wird schön.

10. Oktober
Langsame Rückkehr zum Leben. Am Samstag habe ich meinen ersten Spaziergang gemacht. Den Sonntag hat der Kater mir gewidmet und mich hinaus aufs Land mitten in die Heide gefahren. Unser schottischer Hügel (Chevreuse) war schön. Wir haben dort eine Stunde lang gesessen. Der Sonnenschein heilte mich, ebenso die Gerüche, die Farben, die trockene Luft.
Heute morgen habe ich freudig dagesessen und meine Woche methodisch und mit einer Sorgfalt organisiert, die mich plötzlich an Vater erinnerte. Natürlich ist mir klar, daß man nicht

nur die schlechten Eigenschaften erbt. Wie Vater liebe ich ein aufgeräumtes Haus, geordnete Papiere, Ordnung in der Bibliothek etc. Rechnungen werden bezahlt, Briefe beantwortet, Budget und Ausgabe ausgeglichen, Verabredungen getroffen. Kein *Durcheinander* bei irgendeinem Detail. Dasselbe Prinzip gilt für die Kleidung. Die Französin tut sich durch Gepflegtheit hervor, durch die *Perfektion des Details,* und da liegt ihr Geheimnis.
Ich fange mit einer Moralpredigt an – ein gutes Zeichen, da es zeigt, daß mich meine Krankheit nicht im geringsten verändert hat.
Bin ich in einem würdigen Zustand, um ein wichtiges Gespräch zwischen dem Kater und mir heute morgen wiederzugeben, während wir wie üblich im Bett frühstückten? Der Kater sagte zu jenem indischen Buch über die Liebe: »Fändest du es richtig, wenn solche Bücher unterdrückt würden?«
»Sie können eine Menge Schaden bei denen anrichten, die das Wissen falsch anwenden.«
»Und was macht es, wenn die Schwachen Schaden nehmen, wenn es auf der anderen Seite soviel Gutes bewirken kann?«
»Das stimmt.«
»Ich glaube, daß solches Wissen notwendig und schön ist.«
»Bis jetzt«, meinte ich, »war es offenbar vor allem in den Händen von lasterhaften Menschen ...«
»In sich ist es ein edles Wissen. Vergleiche diese wunderschöne indische Vorstellung von der Ehe mit unserer eigenen – zehn Tage statt ein paar Stunden vor dem körperlichen Ausdruck der Vereinigung; zehn Tage zarter Aufmerksamkeiten, des Werbens, der Vorbereitung, poetischen Schmeichelns ...«
Sie haben für alles schöne Namen; eine tiefe Kenntnis von Gefühlen, Instinkten, körperlichen Emotionen; tiefe Weisheit in der Liebe, ihren geistigen und körperlichen Raffinessen. Warum wird solch absolutes Wissen immer in etwas Häßliches verkehrt? Wie Hugh sagt, es sollte allen zugänglich sein. Der mächtigste Zauber der Welt wurde von ein paar prüden alten Männern den Teufeln überlassen.
Die schönste Kunst – die Kunst der Liebe – ist heute in die Hände niedriger Männer und Frauen gelegt worden, die sie weiterhin als ihre eigene ausgeben können. Von heute an gehört das Wissen uns.

Hugh gleicht meine literarischen Erfolge mit seinem finanziellen Genie aus; baut mit seiner Energie die Bank weiter aus; nagelt unsichere Kunden auf gewaltige Versprechen fest; blufft durch Schwierigkeiten hindurch; setzt sich über das eigene angeborene Temperament hinweg, das ruhig, zurückhaltend, nachdenklich, aristokratisch, ja snobistisch ist; überwindet Schüchternheit und Zögerlichkeit; überzeugt »große Männer«; gewinnt Sympathie und Geld; überrascht seine Mitarbeiter und seine Frau; bringt den Manager in Schwung, der ihn einst für einen pessimistischen Kreditmann hielt, der nur Urteile fällen, jedoch kein Geschäft machen konnte. Ein Triumph von Charakter, Willen und Phantasie. Selbst ich habe nicht soviel erwartet. Ohne Bedauern oder Traurigkeit erkannte ich an, daß Johnnie und Thorvald[1] solche Dinge vollbringen konnten; mein Bankier hingegen war ein Poet und ein Humorist, und mehr verlangte ich nicht. Daß er dazu auch noch ein brillanter Bankier sein würde, das ist nicht nur verblüffend, sondern wunderbar.

11. Oktober
Ich schreibe am besten und aufrichtigsten, solange es unbekannt, unbewertet und unveröffentlicht bleibt. Danach werden Befangenheit, Eitelkeit, Schmeichelei und wie im Fall von Anderson und Erskine materieller Komfort kommen. Und dann? Anderson hat aufgehört, umherzuwandern und hat sich in einem Haus aus Stein zur Ruhe gesetzt, er ist weniger naiv. Auch Erskine hat sich in einem Steinhaus niedergelassen und schreibt *Adam und Eva* statt Poesie. Nein, ich glaube nicht ans Schreiben für *irgend jemanden*. Ich habe es nie getan und werde es nie tun.

12. Oktober
Joaquins Klavierspiel unterstreicht meine dunkle Stimmung. Es ist nicht die Grippe; es ist Sherwood Anderson. Bei seinem neuesten Buch habe ich dasselbe Empfinden wie in den Tagen in New York, als ich vierzehn Jahre alt war und verzweifelt weinte, wenn ich Musik hörte. Boussie und ich haben gestern über ihn geredet. All das blödsinnige Zeug, das über ihn ge-

[1] Hughs Bruder John Guiler und Anaïs Nins ältester Bruder.

schrieben wird, macht uns zornig. Wir lieben und verstehen, was er schreibt.

13. Oktober
Die Emotionen, die Andersons neuestes Buch aufgerührt hat, werden in einem Brief an die *Literary Review* zusammengefaßt. Ich sitze in einer Ecke des Ateliers und werde von meinem »Mittleren Westen«-Ofen gewärmt (in amerikanischen Filmen zu sehen als eine Fußbank für den Sheriff der Stadt und die alten Klatschmäuler des Gemischtwarenladens). Ich schreibe am Teetisch, der diesem Symbol langweiliger Freundschaften einen neuen Charakter gibt. Und dann gebe ich eine Menge an und tue gar nichts! Aber wie gewöhnlich platze ich vor Gedanken: sinnlosen Gedanken, phantastischen Gedanken, unlogischen und unglaublichen Gedanken. Wie zum Beispiel: Warum mein Tagebuch nicht zu einem Buch machen? Ich bin es leid, immer nur für mich zu schreiben. Es ist so, als rede man gegen eine Wand, als rauche man im Dunkeln. Ich weiß, daß ich andere zum Weinen bringen könnte, und dazu, unendlich, verzweifelt, göttlich lebendig zu werden. Ich weiß, daß ich das sage, was sie sagen möchten und nicht können. Und wenn meine Schriften sie erreichten, all dies, was ich im Alleingang geschrieben habe, würden manche wissen, daß es einige von uns gibt, die allein gehen, und daß es gut ist, dies zu wissen.

15. Oktober
Erskine war der erste, der den Schlüssel zu meinem Schreiben und meinem Charakter fand: Er sagte, ich sei »zurückhaltend«. Ein Jahr lang habe ich mit dieser Zurückhaltung gekämpft. Gelegentlich habe ich sie überwunden. Erskines eigene Schriften befreiten meine Intelligenz von Skrupeln und Zögern. Dann befreite Sherwood Anderson meine Gefühle und Träume von Scheu und Befangenheit. Ich hatte so viele Ängste, Angst, Menschen zu verletzen, Angst vor Häßlichkeit, Angst, böse, unrein zu sein, nicht aristokratisch, nicht ideal. Jetzt ist meine Freiheit vollkommen. Ich schreibe genau, was ich denke. Tanzen hat meinen Körper befreit. Zum erstenmal bin ich fast fortlaufend ich selbst. Letztes Jahr kam solche Freiheit nur in Schüben. Ich schreibe noch immer

zurückhaltende Briefe. Kein Zweifel, ich habe noch immer Angst vor Erskine.
Wenigstens habe ich keine Angst mehr vor Boussie. Wir hatten gestern einen wunderbaren Abend zusammen. Wir hatten sie und ihre liebe alte Mutter zum Essen eingeladen. Wärme des roten Ofens, Kerzenlicht, erlesenes Essen, Wasser in blauen Gläsern, ein Nachtisch, von dem Boussie sich zweimal nahm – all diese Dinge gefielen ihnen. Hugh unterhielt sich gelöst in seinem weichen Französisch. Joaquin schaute nach dem Essen herein, und wir setzten uns in die Bibliothek und zündeten die Kerzen an, die die Bücher beleuchteten. Ein Maler hätte Boussies Mütterchen sehen sollen – so winzig, mit einer schwarzen Mütze und einem taillierten schwarzen Kleid und einem roten Wollschal. Ihr Gesicht ist olivenfarbig, ihre Nase groß, der des Adlers gleich, und hundert Falten verlaufen gleichmäßig vom Kinn zu den Augen. Sie hat kleine glänzende Augen, die alles aufnehmen.

17. Oktober
Einsamkeit: denn Hugh mußte Geschäfte halber für zwei Nächte und einen Tag ins Elsaß. Wir lachten gestern abend über unsere eigene Sentimentalität, als wir uns wie für eine lange Trennung küßten. Ich habe nicht gut geschlafen.
Die Atmosphäre in der Kunstschule deprimierte mich. Das Modell hatte eine wunderschöne Figur, jedoch ein bestialisches Gesicht; niedrige Stirn, großer dicker Mund, flache runde Nase. Sie lief völlig grundlos nackt im Raum umher, und diese Pausenabschnitte riefen in mir Gefühle des Ekels hervor. Die Männer in der Klasse konnten nicht umhin, sie zu beobachten. Wenn ich ihren Blick auffing, änderte sich ihr Gesichtsausdruck nicht; und ich hatte den Eindruck, mit der anderen Frau in einen Topf geworfen zu werden, vom selben Fleisch zu sein und dieselbe rohe Neugierde hervorzurufen.
Ohne einen Kuß wurde ich wach, nahm das Frühstück allein zu mir, zog mich wortlos an; ich hatte niemanden, den ich hätte bürsten, dem ich hätte einen Abschiedskuß geben können; ich esse mit Mutter zu Mittag, und heute nacht werde ich wieder allein schlafen. Bin ich froh, allein zu sein? Gab es irgend etwas, was ich in Hughs Abwesenheit machen wollte, was ich nicht machen kann, wenn er nicht hier ist? Nein. Er

fehlt mir entsetzlich. Ich habe keine Wünsche, empfinde keine Freude über meine Unabhängigkeit; mir ist, als wäre ich nur halb lebendig. Dieses wunderbare Leben, das ich so häufig preise, scheint heute hohl und töricht. Ich könnte ohne Spiegel, ohne hübsche Kleider, ohne Sonnenschein auskommen – all diese Dinge sind nicht notwendig, wenn ich allein bin. Ich tat einiges, um mein Alleinsein zu nutzen, schlief auf der linken Seite des Bettes, die ich der rechten vorziehe, und trug Handschuhe mit einer kühlenden Hautcreme. Und dann war ich natürlich froh, das Badezimmer für mich allein zu haben. Gewöhnlich muß ich an der Tür kratzen und verzweifelt »miauen«, um eingelassen zu werden, und selbst dann bekomme ich oft einen Schuh oder eine Kleiderbürste auf den Kopf. Außerdem schlief ich eine Viertelstunde länger als sonst.

21. Oktober
Mein lieber Schotte erhielt den folgenden Brief von seinem Onkel George: »Es scheint eine lange Zeit her zu sein, seit ich Deinen Brief vom letzten Jahr erhielt, aber die Zeit rast dahin, besonders wenn sie zum Teil mit Reisen und den damit verbundenen Folgen ausgefüllt ist, und ein verlegter Brief ist nutzlos. Dein Brief drückte aufrichtig Deine Gefühle und Deinen Kummer wegen vergangener Fehler aus, und ohne daß ich sie noch mehr vergrößern oder unterstreichen möchte, ist es mir ein Anliegen zu sagen, daß mir Dein offenes Kundtun des Bedauerns gefiel. Du weißt, wieviel Achtung ich vor Dir habe, und so wünsche ich mir natürlich, daß Du weiterhin auf dem Pfad der Pflicht und des rechten Benehmens in lebenslangem Bemühen an Kraft und Mut gewinnen mögest. Mit Grüßen von Deinem Dir zugetanen Onkel George.«[1]
Was kann man dazu sagen? Jeder kann sehen, daß es passender ist zu lachen – und deshalb sagte ich zu meinem Schotten: »Geh und pinne diesen Brief an die Anschlagtafel mit verlorengegangenen Briefen des American Express. Richte ihn an einen ›Umherwandernden Neffen‹, und du wirst sehen, alle angelsächsischen Jugendlichen werden Schlange stehen. Er ist

[1] Hughs Familie widersetzte sich seiner Ehe mit einer Katholikin.

ein richtiger Naseweis«, fügte ich hinzu, »er steckt schon mehr als ein Jahr lang seine Nase in jeden Dreck.«
Mein großzügiger Kater verdiente einen besseren Onkel. Möge dieser unbeholfene und edle Mann in Frieden ruhen, nachdem er seinen »würdigen« Brief geschrieben hat (er kam natürlich aus London). Wie kann mein Kater aus einer solchen Familie kommen? An meinen »aristokratischen« Tagen verachte ich sie im geheimen. Hugh erklärt einleuchtend, wann immer Männer seines Schlags in der Familie auftauchten, wurden sie bald von der Macht der »öffentlichen Meinung« der Familie ausgerottet. Er ist der einzige Überlebende; er war stark und hat gegen sie rebelliert, ist ihnen entkommen. Was für ein Wunder einsamer Entwicklung sind seine Offenheit, seine Menschlichkeit, seine Wärme, seine Weite des Geistes und des Herzens.
Ich möchte sein Porträt malen. Er hat ein wundervolles Profil, eine hohe Stirn, eine gemäßigte Adlernase, einen großen, schön geschwungenen Mund, vollkommene Zähne und ein entschlossenes Kinn. Die Festigkeit seines Mundes verbirgt seine Empfindsamkeit, so wie die klare Offenheit seiner Augen Weichheit. Die Intonationen seiner Stimme, voll und unterschiedlich, sind ansprechend, aber fest. Es gibt zwei Dinge, die mir besonders gefallen: seine Hände mit den pelzigen Handgelenken und den langen sensiblen Fingern, und das kleine Tal hinten auf seinem Nacken, gerade tief genug für einen Kuß, Ausdruck für eine namenlose Eigenschaft, die rar bei Männern ist – eine Art gemeißelter Zartheit – das Gegenteil von dicken Stier- oder nur Wabbel-Nacken. Genug für heute – ein solches Porträt führt immer zu Sentimentalität.

22. Oktober
Zum Glück hat Hugh die Angewohnheit, zu spät zu kommen, was häufig der Grund für mein vieles Schreiben ist. Wenn er früh nach Hause käme, würde mein Tagebuch auf die Hälfte reduziert. Gestern war ein wichtiger Tag; wir erhielten am Morgen Godoys neues Buch *Le Carnaval de Schumann,* mit einer schönen Widmung, und am Nachmittag einen liebevollen Brief von Erskine.
Ich schreibe und tanze. Wenn ich des Maschineschreibens müde werde, ergreife ich meine Kastagnetten und studiere

vor dem Spiegel die »Arme« ein, oder ich gehe noch einmal ganz meine Sevillana durch. Es entspannt mich von der Dösigkeit, auf einem Stuhl zu sitzen und mich nicht zu bewegen; es entspannt mich vom Denken, und vom Rhythmus erfrischt, kann ich mit mehr Kraft zu meiner Schreiberei zurückkehren.

24. Oktober

Meine erste Tanzstunde bei Señor Paco Miralles, einem Lehrer für professionellen spanischen Tanz. Ich zog mich in einem dunklen Raum wie in den Ankleideräumen billiger Theater um (siehe Beschreibungen von Colette). Der Spiegel hat eine bläuliche Färbung, die Wände sind mit einer Reihe Haken versehen, an denen Ballettkleider, Trikots, Mäntel, Pelzkragen und Strümpfe hingen. Ich zog meinen weiten Kretonne-Rock an, dessen Volants mit schwarzem Samt eingefaßt sind, und mein enges schwarzes Samtoberteil und schwarze Samtschuhe. Dann ging ich zum Studio, wo Mr. Miralles gerade eine Stunde beendete. Er ist ein kleiner schwarzhaariger Mann um die Vierzig, agil und anmutig, mit kleinen Händen und Füßen. Er hat das Gesicht eines »homme du peuple«, eines Mannes aus dem Volk. Bestimmt kann er nicht gut schreiben, doch was für ein Tänzer er ist!

Sofort hatte er meine Unerfahrenheit und meine Fehler heraus: den Mangel an Biegsamkeit etc. Ich spürte, ich würde etwas bei ihm lernen, und ich bewunderte seine Strenge und seine Ernsthaftigkeit.

Der Raum ist lang und breit, und die Wand am Ende besteht ganz aus Spiegeln, mit Seitenlampen wie für eine Bühne. Am anderen Ende des Raums steht ein Klavier, das eine Französin gleichgültig bespielt, wobei sie Hut und Mantel anbehält. Auf der langen Bank, auf der sie sitzt, stapeln sich die Noten. Zwischen jedem Tanz wühlt Miralles in all den Noten und findet nie das Stück, das er sucht. Neben dem Klavier stehen zwei Strohstühle mit Löchern. Auf einem liegt Miralles Jackett, weil er in Hemdsärmeln und Pullover unterrichtet. Auf dem anderen liegen gewöhnlich Kastagnetten. Dort saß ich, als ich zum erstenmal bei einer seiner Stunden zusah. Es fiel mir schwer, dort zu sitzen, während die anderen tanzten. Nach meiner Stunde am Montag sah ich bei der eines spanischen

Mädchens zu, das den Fandango und den Valenciana tanzte. Ich war maßlos aufgeregt.

27. Oktober
Zwei Tage durch Grippe ruiniert. Erstickungsanfälle verursachten mir nachts richtig Angst. Sie sind mir ein Rätsel, weil ich nie in einem besseren Gesundheitszustand war. Schniefend und hustend ging ich zu meiner Tanzstunde und habe besser getanzt denn je. Miralles ist ein Zauberer. Mit einem leichten Schlag seines Fingers biegt er meine Taille, mit einem Zeichen seines Kopfes läßt er mich den verlorenen Rhythmus finden; seinen klaren sauberen Schritten kann man leicht folgen; er ist geduldig und sehr genau. Ich fühle mich wendig und schnell und voller Elan. Ich werde nie müde. Nichts, wozu er mich antrieb, tat mir weh, und ich war glücklich. Am Ende sah er erfreut aus und sagte: »Ha adelantado mucho!« [Sie haben große Fortschritte gemacht.] Es ist ein Tag reiner physischer Freude und Arbeit – eine Ruhepause für den Geist. Ich putze mich dafür heraus: Ich bemale mir dick die Augen und die Lippen röter als an gewöhnlichen Tagen, lege meine Haare sorgfältig in Locken. Wenn ich nach Hause komme, fühle ich mich wirklich müde, angenehm müde. Ich lege mich mit einem Buch hin. An anderen Tagen habe ich mit den Worten Colettes »le mouvement ralenti par la pensée« [die vom Denken verlangsamte Bewegung]. An meinen Tanztagen ma pensée est étouffée par le mouvement [wird mein Denken durch die Bewegung unterdrückt]. Ohne die beiden Bewegungen erstirbt das Leben. Ich will beide Bewegungen – schnell und schön.

28. Oktober
Ich habe mein Leben, so weit wie es menschenmöglich ist, gesteuert, eine schwache Gesundheit ringt mich jedoch jedesmal nieder. Je mehr ich sie herausfordere, desto mehr foltert sie mich. Trinke Milch, nehme Wundermalz zu mir, mache Mittagsschläfchen etc., alles nutzlos. Kurz: nach vier schlimmen Nächten und vier traurigen Tagen bin ich entmutigt. Endlich kann das Leben über mich lachen; die höchst demütigenden physischen Schwächen haben mich bezwungen. Am Ende des zweiten Tages solcher Tyrannei verliere ich meinen Sinn für

Humor; am dritten Tag stehe ich auf und nehme eine hinreißende Tanzstunde; am vierten Tag gebe ich humor- und schwunglos auf und nehme die konventionellen biblischen Klagen auf: »O Herr, blicke herab auf deinen leidenden Diener.«

Nein, es ist nicht das Leiden, das mich stört. Es ist die Tatsache, daß die Krankheit mich vom Leben abhält, daß sie so mein Hirn beeinträchtigt, daß ich nicht lesen kann, mein Schreiben verändert, meine Beine weich werden läßt, so daß ich nicht tanzen kann, meine Hände schwächt, so daß ich nicht modellieren kann. Die ganze Kraft, durch die mir die Freude genommen wird – Augen, Hände, Füße – alle Sinne betäubt und zerschmettert von diesem Schmerz, einem Schmerz, von dem ich nichts lernen kann. Wenn wenigstens ein Ohrenschmerz mir Barmherzigkeit offenbarte, wenn ein den Körper zerreißender Husten mir den Sinn des Lebens enthüllte, wenn eine fiebrige, schlaflose Nacht, ein Wundsein von Kopf bis Fuß mich Philosophie lehrte – da würde ich zumindest nicht klagen. Nein. Ein besseres Gebet wäre: »Herr, erlöse mich von nutzlosem Leiden.« Der Kater hat vier Tage frei. Endlich verstehe ich den Sinn eines Harems. Man kann nicht von einer einzigen Frau abhängig sein. Hugh könnte mit einer Frau ohne Grippe wegfahren, und wenn diese sich beim Aussteigen aus dem Auto ein Bein bräche, könnte eine dritte Frau aufgetan werden, die die wartenden Bankfreunde nächste Woche unterhalten könnte. Mrs. G. würde fragen: »Und wo ist Ihre erste Frau?«

»Sie wird gerade wiederhergestellt. Sie hatte ihre Stimme verloren, und ihr Husten war entsetzlich nervig.«

»Und Ihre zweite Frau?«

»Sie läßt sich im Krankenhaus ihr Bein auswechseln.«

»Reden wir über heitere Dinge«, wird die dritte sagen. »Gefällt dir mein neuer Pelzmantel?«

Wenn es dann den beiden Frauen wieder gutgeht, werden sie auch Pelzmäntel brauchen. Vermutlich hat dies meinen lieben Schotten davon abgehalten, sich einen Harem anzuschaffen. Eine einzige Frau, selbst wenn sie Grippe hat, ist ökonomischer.

Joaquin hat einen wunderschönen spanischen Tanz von reiner Empfindung komponiert. Er hat ihn uns gestern abend vorgespielt. Zwei Tage lang hat er nicht viel getan, und gestern war er außer sich vor Freude, weil er erklären konnte, daß dies auf »les douleurs de la maternité« [Geburtsschmerzen] zurückzuführen war.

1. November
Vier glückliche Tage: zwei Nachmittage auf dem Land verbracht, zwei Abende mit Jouvet in *Léopold le Bien Aimé* [Geliebter Leopold] und *Maya,* einen regnerischen Nachmittag im Kino, den anderen ruhig mit Lesen eines weiteren Buchs über die orientalische Liebe. Die Grippe erforderte ein- oder zweimal Aufmerksamkeit, aber im ganzen besiegten wir sie mit frischer Luft, dem Geruch von Heidekraut, einem Tennismatch und einer großzügigen Dosis an Zuneigung. Oh, der Heidegeruch! Wir machen Pläne für ein Haus inmitten der Heide. Ein Haus aus Stein mit einem Turm und einem wilden Garten (Pinien, Zypressen und Heide). Unser Traumhaus, für das meine Pläne seit Jahren fertig daliegen.
Abends. Miralles Augen glänzen humorvoll und freundlich. Er macht sich die Mühe, mir zu zeigen, wie lächerlich ein schlecht ausgeführter Schritt aussieht, so daß ich lachen muß. Meine Güte, ist mir heiß! Und mein Kopf dreht sich vom Herumwirbeln. Nein, ich bin nicht so biegsam, wie ich sein sollte; es gibt soviel zu lernen – die Beine unabhängig von der Taille unter Kontrolle zu haben und die Brust 'raus und die Füße spitz und den Kopf hoch zu halten. »Biegen Sie sich! Biegen Sie sich! Mehr, mehr ...« Ich gucke auf den Boden, aber auf den Kopf gestellt. Meine Haare berühren und fegen ihn. Ich prickle von Kopf bis Fuß von der Musik. Das Dröhnen der Kastagnetten vermittelt mir herrliche Schauer. Wie kann ich Fehler machen! Und doch passiert es mir, und wenn ich einen mache, verliere ich den Kopf und mache zwei und drei. Und ich komme sogar aus dem Rhythmus, jenem Rhythmus, den ich in ruhigen Augenblicken so klar empfinde.
Ich weiß jetzt, warum ich besonders den Stil von La Argentina bewundere. Sie erzählt, wie durch eine Überbetonung der Blicke zur Seite und aufreizende Hüftposen die Vulgarität vom spanischen Tanz Besitz nahm, wie er zur Unterhaltung in Kabaretts wurde, weil er Sinnlichkeit und Aufforderung und Koketterie ausdrückte. Sie hat ihn gereinigt, ihn von den

konventionellen, begrenzten und vulgären Formen befreit. Und jetzt verläßt sie Paris, um nach New York zu gehen. Keine Falla-Ballette mehr, keine *Danza del Fuego* mehr.

4. November
Nach der Tanzstunde verließ Miralles das Studio mit mir und bat mich, mit ihm eine Tasse Kaffee zu trinken. Wir setzten uns in ein Café, und er sagte folgendes: »Ich mache Pläne für Sie – ich weiß, was für Sachen Sie machen werden – Sie werden eine hübsche Maja sein, ein vornehme. Wir werden gut zusammen arbeiten, weil ›me cae simpática‹ [wir passen zusammen]. Das erfordert jedoch eine Menge Arbeit. Sehen Sie sich mein Repertoire an (in einem Notizbuch, vier Seiten mit Namen von ihm einstudierten und arrangierten Tänzen). Eines Tages nehmen wir eine Komposition von Ihrem Vater, und ich werde Ihnen beibringen, was damit zu tun ist. Aber arbeiten, arbeiten!«
Dann gibt es Hoffnung, sagte ich zu mir selbst. Miralles dippte seinen Biskuitkuchen in den Kaffee und redete weiter übers Tanzen und was er mit mir tun werde. Dann begleitete er mich zur Bushaltestelle. Ich unternahm übermenschliche Anstrengungen, um meine Aufregung und meine Begeisterung für meinen Lehrer im Zaum zu halten, aber während der ganzen Busfahrt bewegte sich meine Faust geheimnisvoll, und ich lächelte so häufig, daß man mich zweimal zu einer weiteren Tasse Kaffee einlud.

6. November
Während Hugh und Joaquin miteinander Tennis spielten, ging ich zu Miralles' Sonntagsklasse, um seine Schüler zusammen tanzen zu sehen – zehn Mädchen und vier Jungen. Drei Mädchen waren interessant, aber die Atmosphäre war deutlich theatralisch und billig. Die Mädchen machten ihre »Show« für die Jungen. Die Luft war schlecht. Miralles tanzte etwas mit einer Schülerin, tanzte natürlich absolut vollkommen. Und ich beschloß, mich nicht unter das Ensemble zu mischen.
Als ich nach Hause kam, hatte Hugh das Fieber gepackt – er hantierte mit meinen Kastagnetten herum! Er wird es auch lernen und mein Partner werden.

9. November
Trübsinniger Regen feiert den Beginn eines neuen Tagebuchs. Ich bin nicht entmutigt. Ich habe Godoy zu seinem *Carnaval de Schumann* geschrieben. Joaquin ist für kurze Zeit hereingekommen und las ein paar von meinen Beschreibungen über das New Yorker Leben, gluckste über das, worüber man glucksen sollte, und meinte, meine Ehe mit Hugh habe mir zu Humor verholfen. Stimmt das? Sicher. Horace brachte mir Weihrauch aus Griechenland mit. Eine Aussage, die wenige moderne Frauen machen können. Es amüsiert mich, im Jahre 1927 einen solchen Tatbestand schriftlich festhalten zu können, der einen entschieden antiken Beigeschmack hat.

(?) November
Gestern abend Essen für Horace und Frances, um Frieden mit Frances zu schließen, die Hugh nie leiden mochte. Ich war verblüfft, wie sie meine Art, mich anzuziehen, imitierte. Ich machte mir jedoch noch immer meine Zweifel ihretwegen zum Vorwurf, beteuerte mir selbst, wenn ich nach jenem Abend in Horace' Wohnung aufgehört hatte, sie zu mögen, dann nur, weil Horace sie gern hatte und sie in ihm die Seite herausbrachte, die mir mißfällt.
Wie auch immer, der Abend erschien lang und mühselig. Horace erzählte uns von seiner Reise nach Griechenland. Sie wiederholte seine Sätze, ohne etwas hinzuzusetzen. Sie redete eine Menge, machte viele Gesten und Äußerungen, die mir unaufrichtig vorkamen, aber eigentlich – traute ich meinem Urteil nicht. Mal sehen, was der Humorvolle Bankier meint.
Später, als Hugh sich auszog, um zu Bett zu gehen, sagte er: »Frances ist nur eine sehr gute Schauspielerin. Sie hat sich in Szene gesetzt, um Horace zu gefallen, und sie macht es auf skrupellose Weise: schauspielern, so tun als ob, imitieren, was sie bei dir bewundert, ist schnell im Begreifen und Tun, was er will.«
Wie gut hat sie mich an der Nase herumgeführt! Bis zu dem Abend bei Horace, als ich sie dabei ertappte, wie sie sich über Horace' Vater lustig machte und sich dann verstellte, als Horace sie ansah, hatte ich sie für einfach, fröhlich und uncharmant gehalten. In einem Augenblick impulsiver Zunei-

gung hatte ich sie Horace vorgestellt. Wie naiv ich war; wie reuig wegen meiner Zweifel an ihr! Ich, die ich mich auch für eine gute Schauspielerin hielt (eine emotionale und aufrichtige Schauspielerin); die ich meinte, Frauen beurteilen zu können. Nun, ich habe eine Menge gelernt.

Hughs Scharfsinn erstaunt mich. Er hat, im weltlichen Sinn, so wenig Erfahrung mit Frauen. Als er im College war, träumte er von den Prinzessinnen aus *Tausendundeine Nacht*, redete jedoch nie mit seinen Klassenkameradinnen oder ging zu Tanzveranstaltungen. Einmal hat er ein Mädchen aus Washington geküßt und dann sofort begriffen, daß er sie nicht liebte. Er schrieb ihr einen Brief, um ihr das zu sagen. Er jagte immer hinter Phantasien her, nie hinter einer realen Sache. Und dann, wie ich ihm mit einem Lächeln sagte, heiratete er mich und wurde seitdem zu Hause gehalten und vor jeder anderen Erfahrung geschützt. Seine Kenntnis rührt also nicht von der Praxis, sondern vom Nachdenken und von der Intuition.

Joaquins Tanzkomposition machte großen Eindruck auf Antonio, der sie bei einem Konzert spielen will. Irving gefiel sie weniger, und er brachte linkisch mit einer Autorität und Taktlosigkeit Kritik vor, gegen die Joaquin sich auflehnte. Kurz, er versuchte, ihn zu beherrschen, indem er ihm seinen Elan nehmen wollte, und scheiterte. Er erinnerte ihn: »Du hast doch immer gesagt, ich verstünde dich besser als irgend jemand sonst.«

»Nein«, sagte Joaquin, »wenn ich das gesagt hätte, wäre ich gegenüber etlichen Menschen illoyal gewesen.«

Irving ist entsetzlich, unglaublich eingebildet. Ich glaube, er ist ein weiterer, der mich eine Zeitlang hinters Licht geführt hat. Zum Glück kann niemand Hugh und mich zur selben Zeit täuschen. Zusammen sind wir unbesiegbar.

All dies dunkle Sprudeln und Sieden, das mich nach meiner Rückkehr aus New York beunruhigte, hat zu keinen schlechten Ergebnissen geführt. Es war ein Augenblick in meiner Entwicklung, als alles wie in einem Strudel durcheinander war, und ich sah in dem düsteren Durcheinanderwirbeln des Wassers Zeichen des Bösen. Es ist alles vorübergegangen wie all die anderen Krisen, obwohl diese wirklich schlimmer war als die anderen. Ich habe mir nur den Glauben, die Haltung,

den Mut und etwas Eitelkeit bewahrt, der ich nun heftig an den Kragen gehe.
Eitelkeit! Wie habe ich mir *die* bei meinem Umherschweifen zugelegt? Ich, die ich so gut in meiner Kindheit dagegen gewappnet war, als ich mich selbst so herabsetzte. Was verdreht mir den Kopf? Hughs Liebe, Joaquins Vertrauen, Mutters, Thorvalds – allgemeine Komplimente, vor allem solche wie die von Miralles, der mich »Guapa« [Hübsche] nennt. Es wird vorübergehen. Ich habe keine Angst mehr vor solchen Gespenstern. Ich habe mein ganzes Leben gegen meinen Charakter gekämpft; ich bin jetzt gut trainiert und habe viel Erfahrung.
Mit dem Tanzen geht es gut – zu gut, denn es nimmt im Augenblick fast mein ganzes Interesse in Anspruch. Die Musik stimuliert mich. Ich lerne die Schritte schnell. Ich habe ein paar Schwierigkeiten, selbst wenn ich gebeten werde »Camine, asi, despacio, como hacen las gitanas, y con mucho descaro« [gehen Sie, so langsam wie die Zigeunerinnen, ziemlich keck]. Wie soll ein Mensch, der die Eitelkeit bekämpft, »descaro« darstellen!

(?) Dezember
Ein neues Dienstmädchen: Jeanne. Mrs. G hat ein Baby bekommen, was mich damit beschäftigt hält, ins Krankenhaus zu rennen und Mutter beim Nähen von Sachen für die arme Dame zuzusehen, die keine Mutter hat. Kein Bedürfnis zu schreiben. Fühle mich ziemlich müde wie meist in der Weihnachtszeit. Doch mit dem Tanzen geht es gut, und ich bewundere meinen Lehrer gewaltig. Wenn wir um halb fünf aufhören – das heißt einmal pro Woche –, lädt er mich immer zu einem Kaffee ein. Jedesmal sagt er mir, daß ich ihn immer mehr interessiere. Ich sehe, daß es nicht wegen meines Tanzens ist, das unter seinen Schülern keinesfalls am besten ist, auch nicht wegen meines Aussehens, das vielleicht an zehnter Stelle kommt, sondern es ist etwas *Persönliches* und Unerklärliches. Ich kann es nicht rechtfertigen, ich akzeptiere es, indem ich ihm seine Komplimente, seine Blicke, seine Vertraulichkeiten durch eine aufrichtige Bewunderung seines Talents, seiner Anmut und seiner Ernsthaftigkeit erwidere.
Heute hat er mir erzählt, daß er als Zehnjähriger in Valencia

in einer Fabrik gearbeitet habe. Er war sehr ehrgeizig und arbeitete gut, und seine Hände waren kräftig. Abends lernte er tanzen. Ziemlich bald wurde seine besondere Begabung offenbar, und er begann, seine Kameraden zu unterrichten. Sein Lehrer war, wie er sagte, der beste in Spanien. Er ist vor sechs Monaten gestorben. Ich habe einen Artikel über Miralles gelesen, in dem es hieß, er sei der einzige, der die reinen klassischen Formen des spanischen Tanzes bewahre.
Wir saßen in einem großen, grell erleuchteten Café und redeten. Dann begleitete er mich zur Bushaltestelle und küßte mir die Hand, als er mich verließ. Kein Zweifel, so dachte ich, seine Galanterie ist die eines Tanzlehrers, die er jedem seiner Schüler beweist – und ich bin eine Frau –, und er ist ein Mann, der noch nicht zu alt ist, um Phantasien zu haben …

(?) Dezember
Depression – Nebel draußen und drinnen, bei dem das Tanzen das einzige Licht ist – ein rein körperliches Licht, das mich berauscht, mich jedoch nicht heilt. Mutters fortwährendes Widersprechen reizt mich. Es gibt Tage, an denen sie zu allem, was man sagt, »nein« sagt. Was ist dies jedoch für eine Kleinigkeit im Verhältnis zu ihrer Kraft der Selbstaufopferung, der Arbeit und Hingabe. Manchmal wäre ich gern freundlicher und sanfter, doch ihre Streitlust verhärtet mich. Ich weiß, daß sie gut ist, versuche, mich mit ihr auseinanderzusetzen, und genau dann beginnt unsere Tragödie.
Nun ist die Jahreszeit frostiger Freuden und roter Bänder und der Geschenke; es ist die Zeit des Jahres, um fröhlich zu sein und sich selbst zu vergessen! Dafür bin ich nicht gerüstet.
Seit zehn Tagen oder so ist dies heute mein erster Tag zu Hause. Ich habe aufgeräumt und Briefe geschrieben, meinen Granados-Tanz geübt, mit Joaquin am Klavier. Jetzt sitze ich hier zitternd und brütend. All diese rätselhaften Stimmungen werden leicht von der Wissenschaft erklärt: »Werden Sie dicker«, sagt der Arzt, »und Sie werden sich wunderbar fühlen.« Deshalb esse ich jede Menge Butter und lege mich hin, wann immer ich kann. Und ich verhalte mich selbst bei Partys ruhig, auch Samstag abend im Egoistenstudio [Irvings], wo wir Jan Hambourg kennenlernten, einen großen Musik-Förderer und selbst Musiker. Sein Geigenspiel ließ mich an

Enric denken und sein erbärmliches Leben und meiner Sanftheit mit ihm. Die Musik enthält für mich das Wesen des Lebens, genau die Rätsel, die Worte nicht lösen, die Bilder, die Worte nie erfassen können. In dem, was sie sagt, was nie gesagt werden kann, geht die Musik über die Literatur hinaus, und sie birgt alle Stimmungen und Aspekte des Lebens manchmal in einer Note. Weil ich die Musik verehre, jedoch eine Sklavin der Worte bin, folge ich den Bedeutungen der Musik mit Worten, ich suche nach Worten, um die Gefühle neu zu schaffen, die mich erheben und aus der Fassung bringen. Godoy gelingt dies mit Poesie. Ich bin keine Dichterin mehr. Ich werde mich mit ihrer Wertschätzung zufriedengeben – und damit zu tanzen.

Gewöhnlich ist Miralles mit seinen Schülern geduldig, sehr fleißig und gründlich. An manchen Tagen ist er in keiner so guten Stimmung. Dies stellte ich letzten Freitag fest. Doch am Schluß meiner Stunde hatte ich ihn »entfaltet«, und er lächelte wieder mit glühenden Augen. Mir fiel dabei etwas anderes auf, was ich schon vermutet hatte, nämlich, daß ich nicht die einzige bin, die seine Galanterie inspiriert. Diese vielen kleinen Gesten und Blicke der Anerkennung werden als freundliche Ermutigung erteilt, wie einst [Charles Dana] Gibsons häufiges »Mann, bist du ein gutaussehendes Mädchen«, als ich Modell stand. Jeden Tag habe ich mehr das Gefühl, durch meine physischen Merkmale, meine Koketterie, meine Lust zu gefallen und mein Tanzen zu einer Art »Universalfrau« zusammenzuschmelzen. Ich bin nicht mehr so naiv, daß ich mich für ein von den anderen separates Geschöpf halte. Nur gelegentlich, in Augenblicken, in denen ich mich als einzigartig, als besonders empfinde: Wenn ich nachdenke und durch mich und andere Frauen hindurchsehe und wenn ich schreibe und Philosophie lese oder mich intelligent unterhalte – das alles ist ein Geistesprodukt, das zufällig in einem weiblichen Umschlag steckt.

(?) Dezember

Mehr Kaffee mit Miralles. Er ist ein schlichter, großzügiger, schwärmerischer Mann, alles andere als geschickt im Umgang mit seinem materiellen Leben und seiner Arbeit ergeben. Wie er sagt, ist er nicht kühn beim Geldverdienen; er ist eigentlich bei allem schüchtern, außer auf den Brettern. Wieder wünschte ich, ich hätte ihn auf der Bühne gesehen. »Ich sehe zwanzig Jahre jünger aus.« Er sprach wie ein Junge über seine Erfolge. Ich würde gern sein ganzes Leben kennen. Er ist ein ungebildeter Mann mit Feinheiten, die ich kaum erfassen kann. In Gelddingen, zum Beispiel, meine ich praktischer und zupackender zu sein. Ich mußte den Preis für meine Unterrichtsstunden erhöhen, nachdem wir uns hingesetzt und seine Ausgaben für das Studio und den Pianisten errechnet hatten. Er hatte schon seit langem den Eindruck, nicht genug zu verdienen, er wolle von Frauen jedoch nicht viel nehmen; er nahm etwas mehr von Männern.

»Sie verdienen lächerlich wenig«, sagte ich. »Ich werde versuchen, Ihnen mehr Schüler zu besorgen, und ich werde ihnen sagen, daß Sie sechzig Franc haben wollen.«

»Sechzig Franc für einen Mann – für eine Frau fünfzig Franc.«

Ich wußte jedoch, wenn er diesen Preis forderte, würde er nicht dabei bleiben. Er macht eine ganze Stunde lang ohne Pause Unterricht, er beeilt sich und hängt meist fünf oder zehn Minuten dran. Letzten Mittwoch brauchte ich einen Hut für den Tango, und er wollte unbedingt mit mir zu dem Laden gehen, den er empfohlen hatte. So marschierten wir von der Place Clichy zur Place Pigalle. Mir fiel auf, daß er darauf achtete, im Gleichschritt zu gehen. Dann verließ er mich an der Bushaltestelle, nachdem er meine Hand eleganter geküßt hatte, als manch ein Aristokrat aus meiner Bekanntschaft.

Ich komme immer hochgestimmt und begeistert von meiner Tanzstunde zurück. Gestern abend habe ich für die Familie getanzt: Tango, España Cañi, den Sevillana und die Hälfte des Granados-Tanzes. Ich sollte mich an alles zu erinnern versuchen, was mir Miralles über spanische Tänze erzählt, denn man weiß nur wenig darüber, und fast nichts ist darüber geschrieben worden. Er ist überzeugt davon, daß man in Spanien zu nachlässig tanzt, zuviel Improvisation, während die echten alten Schritte allmählich verschwinden.

Ich fragte ihn, ob es stimme, daß die Zigeuner gut tanzen. »Nein, nein«, sagte er. »Sie übertreiben, sie erfinden, sie haben eine Menge Feuer und Energie, aber sie haben eigentlich keine Ahnung vom Tanzen.« Nicht einmal La Argentina, deren

Technik mit den Kastagnetten wunderbar ist, nicht einmal La Argentina ist ganz den alten Tänzen treu, die sie manchmal verspricht, neu zu erschaffen.
Ich habe mir ein spanisches Kleid gekauft, das einer professionellen Tänzerin gehörte. Sein Glanz ist etwas verblaßt, doch hat es seine unnachahmliche Form bewahrt. Es betont die Figur, und dann bauscht es sich zu tausend Wogen, die mich faszinieren. Es ist mit Pailletten und farbigen Steinen und gemalten Blumen bedeckt und fängt das Licht in vielfarbigen Spiegelungen ein. Es ist ein Kleid für die Bühne, eher prunkvoll als klassisch, und kann meine verschiedenen Stimmungen ausdrücken – meine unbändige Liebe zu Farbe und Großartigkeit.
Der Tanzabend der Bank war viel erfreulicher, als wir erwartet hatten. Es mangelt der Pariser Zweigstelle nicht an Aristokratie, und fast jeder Tanz, den ich tanzte, war interessant. Und dann sah Hugh so stolz aus, daß ich ungemein glücklich war. Horace bat um einen Tanz, und ich neckte ihn und brachte ihn zum Lachen und gab ihm keine Chance, meine Gefühle zu verletzen. Ich habe mich einmal sehr für sein Schicksal interessiert; jetzt ist diese Anteilnahme überwunden.

8. Dezember
Miralles ist immer interessant, gelegentlich ein bißchen zu freizügig mit seinen Händen, was ich seinem Bühnenleben zurechne. Da ist der Mann, der kleine Fabrikjunge, der Tänzer und der Lehrer. Der Mann ist wie alle Männer, der Fabrikjunge ist schlicht und freundlich, der Tänzer mit Recht eitel, der Lehrer anregend. Ich akzeptiere diese Mischung ebenso wie alle anderen um mich herum. Ich fange an zu begreifen, daß jeder eine Mischung ist, daß ich selbst die schlimmste bin und daß man daran nichts ändern kann.
Mein oberflächliches Leben – tanzen, mich anziehen, flirten – scheint alles zu beherrschen. Durch dieses Leben bin ich jedoch zu meiner geistigen und intellektuellen Unabhängigkeit gelangt. Durch eine Bewegung mit den Hüften und das Tragen eines exzentrischen Hutes habe ich mir geistige Sicherheit verschafft. In zwei Monaten habe ich mehr Intelligenzprobleme gelöst, nicht indem ich fleißig über meiner Schreibmaschine gebrütet, sondern indem ich Miralles ausdrucksvolle Hände

beobachtet, das Ensemble der Sonntagmorgenklasse studiert habe, hin und zurück zum Bus geeilt, bei Tee-Einladungen kurz und spät aufgetaucht bin und mit meiner Lebendigkeit Unruhe hineingebracht habe – ich setze meine Mosaiksteinchen zusammen, ohne zu verstehen, was sie bedeuten, außer in Augenblicken, seltenen Augenblicken der Weitsicht. Ich weiß jetzt allerdings, daß ich mehr verstehe, seit ich mehr lebe.

(?) Dezember
Mutter hat zu ihrem 57. Geburtstag zum Tee geladen. Antonio hat gespielt, die Damen haben sich unterhalten. Strahlend kam ich von der Tanzstunde dazu. Mutter sah genau wie vierzig Jahre alt aus, mit ihrem ordentlich gewellten Haar, ihrem lebhaften Teint und ihrem vollkommenen Lächeln. Mrs. Varela meinte, ich hätte einen andalusischen Gang und die andalusische Gestik angenommen und mich in einem Jahr beträchtlich verändert. Ja, von einer grauen Maus zu einer Andalusierin! Ich war stolz auf Mutter, und sie hatte ihre Freude an mir. Niemand mag eine Maus, nicht einmal eine Mutter, die alles gern haben sollte, was sie hervorgebracht hat. Ich denke oft an Enric. Jemand, der mich liebt, ohne mich zu verstehen, der mein Tagebuch haßt, der nie liest, der nur emotional lebt und beseelt wird von der einzigen keuschen Liebe in seinem Leben – zu was? Der Maus, der dünnen kalten Maus von Richmond Hill? Die ist tot. Ich möchte wissen, warum er mich liebt, und er weiß es nicht. Ich akzeptiere Mischungen, doch kann ich nichts ohne Grund, ohne einen Sinn oder eine Bedeutung akzeptieren.
Vor Jahren habe ich Gedanken analysiert, und heute analysiere ich Gefühle, weil dieses neue, aus körperlichen Impulsen bestehende Leben meiner puritanischen Seele widerstrebt. Ich fühle mich schlecht, weil ich mit meinem Körper lebe, weil ich nicht nur mit meinem Geist, sondern mit meiner Haut, meinem Blut, meinen Nerven das Leben ertaste. Dieser physische Kontakt mit dem Leben beglückt mich und widert mich zugleich an. Er ist voller Schatten und Abgründe, voller Erniedrigungen.
Um Miralles zu verstehen, muß ich Miralles' Hände verstehen, weil ich sie gefühlt habe. Vorher hatte ich nur einen geistigen Widerwillen gegen die Vorstellung dieser Hände. Mein

Körper empfand nichts. Er rannte immer weg, rannte weg und schleppte all mein Verständnis mit. Heute bleibe ich. Ich spüre, wie das ganze Leben durch meinen Körper strömt. Es vergeht nicht wie eine Sternschnuppe am Himmel. Es beißt mich, es besudelt mich, es schröpft mich. Da ich jetzt nicht weglaufe, verdächtige ich mich der Schwäche. Ich habe keine Angst mehr; bin ich also schlecht?
Sah einen der außerordentlichsten Filme der Welt: *Metropolis.* Eine ungemein geistreiche, phantasievolle und symbolische Vorstellung einer Stadt, für die New York nur das Saatgut war – all das, was das wissenschaftliche Hirn eines Menschen sich ausdenken kann, bis an die Grenze der Einbildungskraft. Ideen von Menschen gegen die Maschine, von Hirn gegen Hände, von Macht gegen Mitleid.
Ich verstehe nun den Schrecken, die Schönheit und die Macht der Maschinen. *Metropolis* gibt nicht vor, Propaganda zu machen; der Film setzt sich von jeglicher sozialistischen Idee ab. Er geht von dem Gedanken aus, daß Arbeit und Verstand voneinander abhängen und einander nicht verstehen und daß ungerechte Gesetze sie beherrschen und natürliche Instinkte sie zu Brüdern machen. Der Gedanke des »Bösen« wird meisterhaft von einer Frau verkörpert, ebenso der Gedanke des Guten. Religion erscheint als Trost. Die »Hände« werden vom Gehirn unterdrückt. Das »Gehirn« ist ein tyrannischer, mächtiger Mann, der über die Arbeiter herrscht. Das Gefühl für soziale Ungerechtigkeiten, für die zermürbende Unterdrückung des Mannes durch die Maschine etc. ist jedoch verhältnismäßig unwichtig. Es sind die riesigen Phantasiesprünge, die poetischen, mystischen, übernatürlichen Eigenschaften der Wissenschaft, die mich beeindruckt haben. Ich hatte gestern abend den Eindruck, daß Wirklichkeit und Unwirklichkeit, Poesie und Wissenschaft voll erreicht und sichtbar gemacht werden können. Es fehlen nur Farbe und Ton, und die werden irgendwann kommen.

21. Dezember

Mitternacht nach einer Oper. Den ganzen Abend über träumte ich, während ich der Musik lauschte, von mir selbst, von Schönheit, von intellektuellen Leistungen, Anmut, ausdrucksvollem Tanzen, von leidenschaftlichem, heftigem Leben. Ich hatte das Gefühl, in wahnhaftem Fieber zu brennen; ich sah mich zu Hause, bei Tee-Einladungen, auf der Bühne, in verschiedenen Ländern, schreibend, tanzend, mich bewegend, mich verändernd, verändert. Ich war überall, war alles, jedermann. Mein Leben hatte keine Beschränkungen, keine Grenzen, kein Ende. Je mehr ich träumte, um so stärker wurde mein Fieber, bis ich plötzlich erkannte, daß ich mich mit mir selbst blendete.

22. Dezember
Von dem, was ich gestern abend geschrieben habe, möchte man meinen, ich sei damit beschäftigt einen Diwan zu zieren und mein schönes Gesicht zu fächeln. Statt dessen habe ich eingekauft, genäht, gekocht, getanzt, Päckchen gepackt, Briefe und Karten geschrieben, miese Laune und eine Erkältung bekämpft und bin von äußerster Selbstzufriedenheit zu tiefster Selbstherabsetzung übergeschwenkt; und habe mehr als über irgend etwas anderes über den Kater, den Herrn und Meister und Bankier nachgedacht.
Ja, diese Woche ist mir klargeworden: Ich wäre nichts ohne ihn; und auch er wäre weniger wert, wenn wir einander nicht gefunden hätten. Es ist unsere Verbundenheit, die diese brillante Karriere von uns geschaffen hat, der Neid unserer Freunde. Allein ist jeder von uns zögernd, demütig, zu leicht verletzt, getäuscht oder überredet. Zusammen können wir jeder die eingebildeten Ängste oder Selbstzweifel des anderen überwinden; unsere doppelte Beurteilung von Menschen ist unfehlbar. Betrug, Enttäuschung können uns nichts anhaben, da wir eine Festung in unserer Liebe haben.

23. Dezember
Inmitten von allem steckt ein fortwährender Schmerz. Falls es eine Stimmung ist, ist sie ganz schön hartnäckig. Diese geschäftigen Tage löschen sie nicht aus. Ich laufe herum und nehme den Kummer von anderen auf meine Schultern. Ich spüre die kleinlichen Grausamkeiten der Leute in den Läden, die kleinlichen Lügen, die kleinliche Tyrannei. Ich gehe nicht philosophischer mit dem Leiden um als vorher, bin nicht härter, nicht stoischer. Ein schreckliches Zugeständnis am Ende eines wunderbaren Jahres.

Mein Leben ist reich, schön, kreativ, doch ich leide weiter. Seine Süße stumpft nicht meine Sinne, meinen Körper ab, noch bremst sie meine Fragen, meine Unruhe und mein Grübeln. Sieht so aus, als könnte das Leben mich nicht verhätscheln. So weit ich sehen kann, ist das einzige, was mir den Kopf verdreht hat – mein Kopf. Da ich soviel über mein Gesicht höre, bin ich mir schließlich dessen allzu bewußt geworden. Im nächsten Jahr wird der große Kampf gegen die Eitelkeit beginnen.

26. Dezember
Heilig Abend haben wir vier in Mutters Wohnung verbracht und einen fast zwei Meter hohen Baum geschmückt. Joaquin lag in seinem schmalen Bett mit Grippe. Hugh hantierte an der Spitze des Baumes herum, ich in der Mitte und Mutter an den untersten Zweigen.
Als die Kerzen gesetzt und das Papier am Fuß des Baumes ausgelegt waren, brachten wir, einander neckend und scherzend, alle unsere Pakete herein. Mutters Geschenk, eine Frisierkommode, mußte aus dem Keller heraufgebracht werden. Wir holten erst den Hocker, als wäre es das einzige, und als Mutter ziemlich verblüfft entschied, er könne als Pflanzenuntersatz dienen, trugen wir den Tisch herein. (Hugh und ich haben uns unsere großen Geschenke vorher gegeben, wir haben sie zusammen eingekauft. Ich habe für ihn ein schwarzes Lackzigarettenetui erstanden und er für mich eine schwarze Mantilla und den passenden Kamm.) Nach der Geschenkeverteilung gingen wir zu Bett, zu müde für die Mitternachtsmesse. Hugh war so müde, daß er mir nicht mein übliches Weihnachtsgedicht schrieb.
Weihnachtstag: Regen. Mutter war den ganzen Morgen mit dem Abendessen zugange. Ich half. Hugh stand draußen im Regen mit einem Mechaniker, der das Auto einer genauen medizinischen Untersuchung unterzog. Mittags kamen Antonio und die dänischen Cousinen. Der Baum wurde angezündet – weiter Geschenke verteilt. Mutters Abendessen ohne große Eleganz oder Witz weggeputzt – dem dänischen Geist entsprechend. Abgestumpft von der Verdauungsarbeit, saß die ganze Familie im Kreis: Manny wie eine verwelkende Blume; Liska wie eine müde Athletin; Emily mit den Händen

auf dem Bauch und die Knie weit auseinander; Betsy mit hängenden Schultern. Joaquin und Antonio flüsterten sorglos und glücklich in einer Ecke, aber Hugh und ich sahen einander traurig an.
Als dieses »niederländische Gemälde« immer stumpfer und starrer wurde, beschlossen wir, einen verzweifelten Versuch zu machen, es wieder zum Leben zu erwecken. Antonio wurde gebeten zu spielen. Ich ging unbemerkt hinaus, zog mein spanisches Kleid an, das neue – orangefarbene Seide und schwarze Spitzenvolants – mit dem hohen Kamm und der schwarzen Spitzenmantilla. Joaquin sollte sich bereit halten, »España Cañi« zu spielen. Mein erster Tanz wurde durch mein Lampenfieber abgebrochen, das so intensiv war, daß meine Finger gelähmt und ich unfähig war, die Kastagnetten zu spielen, und mein Mund zuckte, als ob ich gleich zu heulen anfinge. Ich bekam mich jedoch wieder in den Griff und machte weiter. Die beiden letzten Tänze waren zufriedenstellend und natürlich. Antonio war zutiefst überrascht und erfreut. Joaquin war besonders von meiner Erscheinung beeindruckt. Hughs Augen glänzten vor Bewunderung. Mutter war begeistert. Die dänischen Cousinen waren beeindruckt, vielleicht schockiert.
Ich hatte während des Tanzens einen Augenblick sehr reiner Freude. Einen Augenblick betrat die Schönheit diesen grauen schwerfälligen Tag. Hugh brachte uns zum Lachen, indem er meine Tänze mit höchst subtilem Humor parodierte. Später fuhren wir im Auto durch den Park, jagten durch die Dunkelheit, atmeten vergnügt die feuchte Luft und schüttelten die Bedrückung dieser »niederländischen Familie« ab.

27. (?) Dezember
Ich habe mich in der Dame getäuscht, von der ich meinte, sie sei von der Monotonie ihres Lebens bedrückt und gereizt. Es war etwas Ernsthafteres. An dem Tag, als wir sie aufsuchten und Hugh mit ihrem Mann Tennis spielte, wohnte ein ferner Verwandter bei ihnen, ein junger Mann, der mir dumm vorkam. Mrs. R. erschien nur mittags zum Essen. Ihr Mann hatte mich schon gebeten, zu sehen, ob ich etwas tun könnte, »denn sie war die ganze Zeit nervös und aufgeregt«. An jenem Tag versuchte ich, sie »wachzurütteln«, vergebens. Beim

Essen saß der Verwandte neben ihr und ich neben ihm. Sie trug ein kurzärmeliges Sommerkleid. Ich weiß nicht, wieso jener nackte Arm und der »Verwandte« in meiner Vorstellung etwas Körperliches zwischen ihnen beschwor – eine Intuition, die mich bestürzte. Ich verscheuchte sie sofort aus meinem Hirn, schämte mich und warf mir vor, mich von französischen Romanen beeinflussen zu lassen. Diese Bücher, die ich lese, regen mich auf, ging mir durch den Kopf, und vergiften meine Vorstellungskraft.

Ein paar Abende zuvor hatte Hugh gesagt: »Weißt du, diese ›Nervosität‹ von Mrs. R., die uns beunruhigt hat?«

»Ich weiß genau, was du sagen willst: Da ist etwas zwischen Mrs. R. und diesem Verwandten, der zu Besuch ist.«

»Woher weißt du?«

»Ich habe es an dem Tag gespürt, als ich da war, ich dachte jedoch, das sei auf meine Leserei zurückzuführen. Was hast du entdeckt?«

»Mr. M. beobachtete kleine Dinge, als er dort war, ich selbst war nicht überzeugt. Jetzt habe ich durch seine scharfsinnigen Augen und dein Empfinden keine Zweifel mehr.«

»Es ist schrecklich.«

An die kleinen Kinder denkend, Mr. R.s Vertrauen, seine Unwissenheit, konnten wir nicht einschlafen und sorgten uns um ihr Schicksal.

An *etwas* mangelte es in ihrem Leben, aber nicht *daran.* Und dennoch, wann immer Frauen eine Leere in ihrem Leben spüren, suchen sie den Grund dafür nicht in sich selbst, in ihrem geistigen und intellektuellen Leben; nein, sie suchen einen Mann, sie wenden sich zerstörerisch gegen den Ehemann, als wäre es seine Schuld, und gegen die Kinder. Sie wenden sich dem rein körperlichem Erleben zu, niederer Täuschung – ich kann es nicht verstehen.

29. Dezember

Ich hatte heute verschiedene Träume – den Wunsch, nahe an Eugene[1] heranzukommen, der merkwürdigerweise die ganze Zeit meine Gedanken besetzt hält, obgleich wir einander nicht schreiben und kaum miteinander in New York geredet

---

[1] Eugene Graves, ein enger Freund Hughs.

haben. Ist es eine Illusion von mir, daß er mehr als die meisten Menschen versteht? Auch, nahe an Erskine heranzukommen. Ich träumte, wie es wäre, wenn ich meine Zurückhaltung durchbrechen und mit Erskine reden oder ihm schreiben könnte, wie ich es innerlich tue. Warum macht er mir solche angst? Mir wird klar, daß ich jetzt nichts anderes tue, als Träume zu verwirklichen, als Bilder umzusetzen, meinen Willen zu gebrauchen, um all meine Wünsche greifbar zu machen. Natürlich habe ich nie all das geträumt, was ich tue. Als ich jünger war, in Richmond Hill, stellte ich mir mein Tanzen, mein Schreiben und meine Ehe vor, obgleich nicht so, wie sie wirklich ist, denn das geht über die Vorstellungen eines Kindes hinaus. Meine Phantasie war immer meine Wunderlampe. Ich brauche nur klug und intensiv etwas zu ersehnen und dies mit meinem Willen zu verwirklichen.

Ist dies eine Illusion, bilde ich mir meine Willensstärke nur ein, die eine solch neue Entdeckung für mich ist, daß ich vielleicht berauscht bin? Es ist so neu für mich, nach Jahren einer nur eingebildeten Aktivität einen aktiven Willen zu haben. Noch letztes Jahr, als ich den Boulevard Montparnasse hinunterwanderte, fragte ich mich, was passieren würde, wenn ich plötzlich genau all das sagte und täte, was ich sagen und tun wollte. Ich sah Katastrophen voraus. Und doch habe ich es versucht. Und das Ergebnis? Niemand verletzt – ein paar vielleicht schockiert; mehr erfreut und stolz; noch mehr sogar beeinflußt und durch meine Aktivität belebt. Jeden Tag fühle ich mich meiner sicherer, meine Wünsche greifen höher, ich fühle Stärke in mir, Überzeugung. Wenn es Einbildung ist, eine riesige leere Blase der Eitelkeit, eine Illusion, die so falsch ist wie meine alte Bescheidenheit, wenn ich mich durch das Feuerwerk meines Lebens habe intellektuell täuschen lassen, wenn sein *Aufstieg* der Aufstieg von Selbstbeweihräucherung ist, wenn es für mein Leben keinen geistigen Wert und keine philosophische Bedeutung gibt, gibt es auch keine Wahrheit und keine Ehrlichkeit in dieser Welt, denn nie hat eine Frau mit soviel kalter Kritik in sich selbst hineingeschaut, hat ihre Gedanken und Handlungen sorgfältiger analysiert, hat nie mehr an sich gezweifelt, sich selbst mehr herabgesetzt, sich mehr vor Heuchelei gefürchtet, mehr Lügen verabscheut und war mehr auf Wahrheit bedacht als ich. Du allein, mein Tagebuch, weißt das.

31. Dezember
»Samstag« hat immer einen festlichen Klang. Dieser leitet ein Neues Jahr ein. Wir haben ihn für uns selbst aufgehoben, sind Coctailpartys und Silvesteressen etc. entflohen und haben einen Abend nach unserem Geschmack geplant. Ich bin nicht in der Stimmung, den Anlaß feierlich zu begehen. Jedes Jahr gebe ich dieselben monotonen Bemerkungen von mir: Kalendarische Marksteine haben mich nicht beeindruckt, und mein Leben ist nie einem konventionellen Plan gefolgt. Ich markiere die Zeit nur mit Erfahrung und Lernen und Leiden. In diesen drei Jahren europäischen Lebens bin ich sehr gealtert. Das ist alles, was ich weiß.

1928

3. Januar
Ich befürchte, ich werde von der Bewegtheit meines Lebens versklavt – das heißt, seine Routine und seine Kette von Aktivitäten fangen an, mich vorwärtszutreiben, wenn ich sie antreiben sollte. Zum Beispiel: Heute wollte ich schreiben. Seit Tagen gärten die Gedanken in meinem Kopf; heute waren sie fertig. Morgen werden sie verdorben sein. Heute morgen Haushalt, weil ich in diesem Monat Geld spare, um unser immer schwankendes Budget zu festigen. Anprobieren, denn ich muß mich ja anziehen – ich kann nicht in Lumpen oder nach der Mode des letzten Monats leben. Dann Mittagessen mit Mutter und Joaquin, das natürlich eine kleine Unterhaltung mit einschließt. Dann das unvermeidliche und absolut notwendige Mittagsschläfchen. Und jetzt um drei Uhr warte ich auf Boussie, und um vier muß ich nebenan sein, um die dänischen Cousinen zu begrüßen, und um sechs Uhr wieder heim zum Abendessen und um mich für einen der musikalischen Abende des Egoisten fein zu machen.
Und ich würde gern schreiben. Wie klug war ich doch, meine Schreiberei beiseite zu legen, sie sich selbst zu überlassen, ihr keine Aufmerksamkeit zu schenken, sie als unwichtig abzutun und die größte Bedeutung dem Tanzen beizumessen. Jetzt bedauert der rebellische, unfaßbare, böse und unbesiegbare Gnom seine Phantasien und Launen. Er sitzt verlassen und verloren da. Und wenn ich schließlich bereit für ihn bin, kommt er gefügig und reuig und unterwirft sich all meinen Wünschen. Die eigentliche Wahrheit ist, daß ich das Schreiben tiefer liebe als alles andere, daß meine Lebensweise, mein Tanzen und alle Aktivitäten wie der Flug der Biene über die Blumen sind. Wenn es den Anschein hat, daß ich mich mehr den anderen Dinge widme, liegt es daran, daß mein Schreiben nicht auf Schmeichelei gedeihen kann. Ich muß es in Ruhe lassen. Das wird mein Plan für das Jahr sein.
Ich habe viele Pläne. Ich suche Toleranz für andere und Vollkommenheit für mich. Ich möchte die einzige Tugend, die ich habe, Mitleid, vertiefen und erweitern. Mitleid ist meine natürlichste und instinktivste Eigenschaft. Ich möchte meine Fehler in den Griff bekommen, die zahlreich sind: ein reizbares Gemüt, Eitelkeit, eine Leichtigkeit des Lügens, Zaudern, Snobismus, gelegentliche Unaufrichtigkeit, Eifersucht, Ruhe-

losigkeit, der Drang zu glänzen, jeden zu überflügeln! Ich möchte mich weiter gegen Schmerz abhärten, so daß mein Verstand nicht von leidenschaftlichen Beurteilungen, von Haß und Zuneigung und schnellen unlogischen Handlungen beeinträchtigt wird. Ich suche Intelligenz und Weisheit.
Ich glaube, die Neujahrswünsche meiner Freunde haben mich beeinflußt. Ich fasse fast schon Vorsätze.
Party bei Irving: zwei Polen, die Brüder Labunski wie aus einem Roman – groß, gutaussehend, romantisch, aber mit etwas Hartem im Gesicht, eine Art unterdrückter Gewalt, und einem falschen Lächeln. Sie haben beide förmliche Manieren, sind aristokratisch und musikalisch etwas anmaßend. Zunächst fühlte ich mich von Felix' undurchdringlichem Gesicht, der hohen Stirn, den unerforschlichen Augen und edlen Manieren angezogen, sobald wir jedoch miteinander zu reden anfingen, fühlte ich mich wie auf Treibsand – diese Mischung aus Sanftheit und Härte, aus Romantik und Zynismus, Stolz und Stille war voller Gefahren. Ich würde gern dieses Rätsel entschlüsseln, selbst wenn meine Instinkte mich davor warnten. Der Pianistenbruder spielte sehr edel, präzise, vollkommen und ein wenig förmlich. Da, wo Emotion gefordert war, gab er uns Gefühl. Felix kannte in seinen Kompositionen nur zwei Extreme: Kälte und Gefühl. Er hat einen »schmachtenden« Tango voll langgezogener Noten komponiert.
Auf den ersten Blick scheinen sie keinen Humor zu haben. Zugleich liegt ihrer Ernsthaftigkeit und Feierlichkeit jedoch keine Aufrichtigkeit zugrunde – Polen, Slawen hatten für mich immer etwas Rätselhaftes an sich – ich verstehe den Orient und Europa, aber nicht diese Rasse in der Mitte, die beides in sich hat.
»Auf Wiedersehen, Monsieur Labunski!«
Er küßte mir die Hand. »Wann werde ich Sie wiedersehen? Wann werden Sie meinen Tango tanzen?«
»Eines Abends kommen Sie in unser Studio, und ich werde Ihren Tango tanzen.«
»Avec grand plaisir.«
»Auf Wiedersehen, Irving. Wie immer war es ein wunderschöner Abend.«
»Wann werde ich dich wiedersehen?«

»Komm Freitag abend zum Essen.«
»Charmé.« Weiteres Handküssen.
»Schreiben Sie Ihre Namen in das Buch, wenn Sie hinausgehen«, sagt Irving.
»Können wir Sie nach Hause bringen?« frage ich eine hübsche italienische Pianistin, die allein zu der Party gekommen war, weil ihr Mann, ein Geschäftsmann, zu müde gewesen war, sie zu begleiten. Die Frauen von Geschäftsleuten tun mir immer leid. Joaquin gefiel der Abend, weil er eine Dame kennengelernt hat, die einmal in der Woche zu einem musikalischen Tee einlädt und die Musiker, die spielen, bezahlt. Er hat sie für sich eingenommen. Entwickelt er einen geschäftlichen Riecher?

5. Januar
Sacrée famille! [Verdammte Familie!] Unlogisch, jähzornig, emotional, streit- und herrschsüchtig – und bis jetzt habe ich mich geweigert zu sehen, daß auch Joaquin dazugehört, versklavt ist, unbewußt. Gestern schließlich mußte ich es erkennen. Er sieht nicht, wie sehr ich unter Mutter leide, seit ich versucht habe, mir mein eigenes Leben aufzubauen; er sieht nicht, daß ich, wenn ich kämpfe, um mein Leben kämpfe, um meine Ideen, mein Zuhause, meine Gewohnheiten, meine Träume, meine Freunde und daß ich allein kämpfe, denn Hugh widerspricht ihr nie, um einen kostbaren Anschein des Verständnisses zwischen sich und Mutter aufrechtzuerhalten. Und Joaquin hilft mir nie, selbst wenn seine *Freunde* unsicher sind. Wie schrecklich mein Ringen ist. Hugh allein weiß es, weil ich *immer noch* von Mutter beherrscht werde, und mir liegt ihre Meinung am Herzen, und wenn sie höchst unsinnig, höchst grausam ist, zweifle ich an mir selbst. Ich gehe von der Überzeugung aus, daß sie nicht *weiß, was sie tut,* und ich habe großes, manchmal verzweifeltes Mitleid mit ihr; doch ist die Gefahr da und muß bekämpft werden. Sie verteilt unheilvolle Schläge gegen alles; vor allem schlägt sie auf das Selbstvertrauen ihrer Kinder ein, so daß sie sich wie Babys wieder in ihren Schutz begeben müssen. Sie ist bereit, die Freuden, die die Kinder außerhalb, weg von ihr finden, zu vernichten; ihre Eifersucht ist größer als ihre Liebe. Dennoch würde sie Tag und Nacht arbeiten, sich umbringen, um ihre Kinder zu

ernähren, sich ihrer Krankheiten anzunehmen; sie opfert sich auf; sie würde alles geben, bloß keine Freiheit.
Es gibt nur eines, was ich aus diesen sinnlosen Klagen folgern kann: Ich muß aufhören, zu leiden und mich zu ärgern. Ich darf Mutter sich nicht durch ständigen Streit, durch die gleiche üble Laune in mir ausweiten lassen. Alle Eltern sind Kannibalen, nur daß sie Seelen- statt Fleischfresser sind. Soll doch die Familie meine Vergnügen zerschmettern, wegen allem, was ich tue, die Stirn runzeln – es ist mir egal. Die ganze Welt sei verflucht – zum Teufel mit Gefühl und töchterlicher Loyalität. Gott hat ein Gebot ersonnen, weil er wußte, solche Sklaverei würde dem Menschen nicht von selbst einfallen.

9. Januar
Ich schreibe törichtes Zeug, um mich selbst zu ermutigen. Im Grund bin ich trauriger denn je. Aller Kampf ist erträglich und nützlich und kreativ, nur nicht innerhalb von Familien. Ich will mein Bestes versuchen, diesen zu unterdrücken.
Und jetzt wieder an die Arbeit! Ich will etwas zum Schreiben für Erskine vorbereiten. An Eugene schreiben. Mich mit Boussie und Godoy im Vieux Colombier treffen. Für Paquito [einen Bildhauer] Modell stehen, den Valenciana vervollkommnen. Haushalt machen und nähen und kochen.
Joaquins Musik begleitet all meine Aktivitäten, beeinflußt meine Stimmungen, unterstreicht meine Traurigkeiten, erregt und besänftigt mich. Jetzt übt er d'Indys *Le Chant de la Montagne* – ich habe selten etwas Schöneres gehört. Ich vergebe ihm alles – er darf es nur nicht wissen. Wir nehmen beide eine würdevolle Haltung ein: Ich bin verletzt und will es nicht zeigen; er weiß, daß er mich verletzt hat, und will es nicht zeigen. In solchen Fällen gebe ich meist als erste nach, komme ihm auf mehr als halbem Weg entgegen, lasse ihn recht haben, und deshalb ist er verwöhnt.
Und in der Zwischenzeit verströmt seine Musik Harmonie in beide Heime, bringt Streit und Mißverständnisse zum Schweigen, lullt mich ein, entzückt mich und macht mich traurig. Ich vergesse das Grau des Himmels, die schrillen Geräusche auf der Straße, das Gesicht des Bösen, das ich gestern gesehen habe. Musik löst das Häßliche, das Böse, das Schrille auf und bringt nur das Gold hervor.

Nachmittags: Miralles ist sehr aufgedreht; sein Denken hat etwas Blitzartiges, und er hat unter anderen die Gabe des vollkommenen Ausdrucks. Sein ganzes Gesicht, sein Körper und seine Hände sind ausdrucksvoll wie bei einem Schauspieler immer im Augenblick eines Höhepunkts. Er ist voller Ideen, birst vor Unabhängigkeit, Humor und Leben. Seine schwarzen Augen sind fast unerträglich scharf und leuchtend; seine Hände könnten eine Frau neidisch machen, sie sind so fein und empfindsam. Er sieht südländisch aus, nicht athletisch, gut proportioniert, mittelgroß, lockiges schwarzes Haar, das oben dünn wird. Seine Stirn ist hoch und gewölbt, seine Nase der eines Adlers gleich, und der untere Teil seines Gesichts etwas massig, wie bei vielen Spaniern, aber Intelligenz schärft und belebt es. Er hat drei hervorragende Sachen komponiert, von denen er uns neulich abends einen Eindruck zu vermitteln suchte. Er hat einen ausgeprägten Sinn für Dramatik, und so ist seine Musik immer auch für die Bühne.
Was ich am meisten an ihm mochte, waren seine ungemeine Aufrichtigkeit und Bescheidenheit und seine glühende Begeisterung. Er ist ein weiterer Mensch, der »brennt«. Seine Natürlichkeit und seine Lebendigkeit beleben die Menschen in seiner Nähe, und ich spüre den Zauber, der von ihm ausgeht. Seine Stimme bleibt noch zu beschreiben, sie ist sehr voll. Bis auf weitere Veränderungen! Ich werde skeptisch.
Irving hat uns so vollständig hinters Licht geführt. Wir haben herausgefunden, daß er ein unheilbarer, unglaublich eingebildeter Egoist ist. Miralles hat ihn innerhalb eines Monats durchschaut, wir brauchten dafür ein Jahr.

16. Januar
Ich werde nie alles aufschreiben können, was passiert. Erst habe ich mit Miralles Kaffee getrunken. Nach der Stunde hat er mir ein Veilchensträußchen geschenkt. Im Café sprach er über seinen Unterricht, über seinen Wunsch, zwei Ballette aufzuführen, die er im Sinn habe, erzählte ihre Inhalte, illustrierte die Tänze mit den Fingern auf dem Tisch. Seine Ideen begeisterten mich, und ich sagte ihm, daß ich soviel Vertrauen zu ihm hätte. Und er erzählte mir alles: Wie er zuerst nach Paris gekommen sei, um an der Oper zu arbeiten, wie Rivalitäten ihn schließlich hinausgezwungen hätten: wie er mit

dem Unterrichten gut seinen Lebensunterhalt verdiene, daß er jedoch nicht ohne die Bühne glücklich sein könne. Das einzige Hindernis für die Aufführung seiner Ballette war Geld und daß er sehr wenige ernsthafte, zuverlässige Schüler habe.
»Wenn ich nur mehr Schüler wie Sie hätte, mit mehr intelligentem Verstehen für das, was sie machen. In meinem Ballett werden Sie tanzen.«
»Nein«, antwortete ich, »ich bin nicht gut genug. Wichtig ist, daß *Sie* tanzen. Darauf warte ich. Ich werde Ihnen mit Reden helfen, so wie jetzt.«
Ich wußte genau, daß wir, indem wir miteinander sprachen, etwas erreichten. Die Hoffnung, das Selbstvertrauen und das Talent des Mannes glühten wieder; während er mein aufmerksames Gesicht beobachtete, wuchsen seine Begeisterung und seine Energie.
Zwischendurch habe ich für Paquito, der sehr schöne Arbeit macht, Modell gesessen. Ich brauche mehr Zeit, um ihn zu beschreiben; sein Atelier, seine Begeisterung und unser Gespräch.
Wir haben Gustavo in die Opéra-Comique eingeladen. Er gefällt uns besser denn je. Er hat eine seltsame Schrulligkeit und eine ungewöhnlich fruchtbare Phantasie. Obwohl sein Gesundheitszustand nicht der beste ist, produziert er ständig Ballette, Lieder, Opern, Romane, Theaterstücke. Er ist beides, weich und stark, humorvoll und romantisch. Wir wollen auch etwas für ihn tun. Als erstes sprachen wir mit Godoy über ihn, und sie werden sich nächsten Mittwoch nachmittag bei uns kennenlernen.
Godoy hat gerade sein stärkstes Werk vollendet: *Colloque de la Joie* [Gespräch über die Freude]. Er hat es uns gestern abend vorgelesen. Ein riesiges Gedankengebilde, das das ganze Leben umfaßt, mit vielen unvergeßlichen Sätzen. Es ist Antonio gewidmet, der die Musik spielte, die ihn dazu angeregt hat.
Sonntag nachmittag gingen wir zu einem Empfang bei ihm zu Hause. Der cubanische Minister war da. Ein M. Bettancourt sang cubanische Lieder. Zwei Mulattinnen tanzten Rumba. Es waren natürlich viele hübsche Damen, einige Diplomaten, eine französische Schriftstellerin, Jean Royère und der Dichter Miriano Brull anwesend. Ich war trotzdem nicht glück-

lich. Ich lag in Fehde mit mir selbst. Die gute Musik zerstörte meine lächelnde Maske und trennte mich von denen, die lachten. In Royère, obgleich höchst intelligent, freundlich, gesprächig, erkannte ich den Wissenschaftler, den Analytiker, den Ästheten. Royère, das Laboratorium der Dichtung. Godoy verehrt ihn. Und Royère stellt Godoy über alle anderen Dichter. Hier gibt es eine Verbindung, die stärker ist als die Welt und mein Verständnis übersteigt. Ich würde so gern verstehen.

Ich habe Angst vor Laboratorien. Hugh sagt, in mir stecke ein kleiner Teufel, ein »kreativer« kleiner Teufel, der manchmal gezähmt werden müsse. Dieser Teufel sieht in der Wissenschaft nur eine Zerlegung von Leichen, keine lebendige Kraft.

»Die Wissenschaft hat für mich«, sagte ich, »das Gesicht von Richard [Maynard], wenn er die Technik des Schreibens erklärt. Sie tötet meine Arbeit. Man sieht es, seit ich in Frankreich bin.«

»Du hast noch nie so gut geschrieben«, unterbrach Hugh.

»Mag sein, doch ich leide.«

Und gleichzeitig vergleicht mich Hugh mit Mélisande, deren Charakter so klar wie Wasser war, die das Böse überraschte, die geheimnisvolle Dinge traurig machten, die immer weit weg war.

»All das ist begraben«, meinte ich, »ich bin nicht mehr ein zartes, flennendes, unirdisches Wesen.«

»Solche Dinge vergehen nie.«

Leider. Nur warum sollten sie bei Godoys Partys erscheinen? Was mich vor der Schande rettete, war meine Aufmachung – schwarzes Samtkleid mit schwarzen Spitzenärmeln und einem schwarzen Hut mit einem Schleier über den Augen – und meine ganzen Florentiner Juwelen, die die Leute zu der Bemerkung veranlaßten, ich sähe aus wie eine »dogaressa« etc. Hugh machte indessen einen sehr angenehmen Eindruck auf Royère, der es Godoy gegenüber erwähnte. Antonios Reaktion auf die ihm erwiesenen Ehren war eine kindische Stimmung und ein Ausbruch von Witzeleien. Warum? War er genervt; ist er einer anhaltenden intellektuellen und emotionalen Anstrengung nicht fähig? Joaquin hat sich großzügig hinter dem älteren Pianisten zurückgenommen. Godoy schreibt noch immer kleine Gedichte für ihn. Er hat ihm all seine

Ideen und Pläne für die nächste Arbeit erzählt, nämlich *Le Poème de la Passion selon St. Mathieu.* Er hat uns sein Photo gegeben.

19. Januar
Madame Culmell a donné un thé à ses amis dans son atelier de la Rue Schoelcher. Il y avait là des personnalités artistiques, cosmopolites et financières.[1] Ja, es war gedrängt voll. Aber selbst ich, die ich keine Gesellschaftskolumnistin bin, konnte hier und da ein paar Freunde erkennen. Gustavo kam zuerst, dann die Familie Godoy ohne ihr Oberhaupt (leider!) und die Familie Varela (selbst der unbezähmbare und jähzornige Paquito) und Mrs. Mahl mit ihrem schüchternen Ehemann (der für seine Schriften ein Pseudonym benutzt, das er nicht einmal seinen Freunden verrät), und Bettancourt, ein Sänger typischer cubanischer Lieder und ein aufstrebender junger cubanischer Arzt, de la Torre. Der Humorvolle Bankier erschien als letzter und nach ihm unerwartet Boussie. (Bei der ich nie gedacht hätte, daß sie sich für cubanische Tee-Einladungen interessiert.)
Während die cubanischen Lieder leise erklangen, ging ich hinaus und zog mein orangeschwarzes spanisches Kleid an. Ich begann mit dem Tango, tanzte mit allem feurigen Elan, dessen ich fähig war. Ich konnte dabei nicht ganz meine Nervosität beherrschen. Der Beifall war spontan. Danach spielte Joaquin wunderschön, während ich mich für Cani und Granados' Fünfte vorbereitete. Mehr Nervosität und dennoch Freude. Die Erfahrung zählte für mich sehr als Ent- oder Ermutigung für meine Studien. Die Meinung von Mrs. Varelas, einer wirklichen malagueña, die selbst viel getanzt hat, machte mich unendlich glücklich. Sie sagte, meine Füße seien wunderschön, ebenso mein Ausdruck, mein Schwung, meine souplesse [Geschmeidigkeit]. Sie hatte mit alldem gar nicht gerechnet, weil sie weiß, daß ich erst seit kurzem daran arbeite, und sie erinnerte mich, daß sie mir absolute Ehrlichkeit versprochen habe. Sie war wirklich begeistert. Gustavo, der davon *weiß*, war überrascht und erfreut. Schließlich war auch

---

[1] Mme. Culmell hat ihre Freunde in ihr Studio in der Rue Schoelcher zum Tee eingeladen. Es waren Künstler, Kosmopoliten und Finanzleute da.

Joaquin gewonnen – vorausgesetzt, ich verspreche, klassische Dinge zu machen. Ihn beeindrucken nicht so sehr meine Füße, sondern mein Gesicht, was mich amüsiert.
Heute habe ich für Paquito Modell gesessen, während er redete. Vertraulichkeiten: seine Vorstellungen von Liebe, Ehe, Frauen, Kunst, dem Leben. Auch Eingeständnisse seiner Mängel ohne jegliches Versprechen, etwas zu ändern, und ich habe wirklich der Versuchung zu predigen widerstanden.
Wie auch immer, er findet mein Gesicht naiv, es drücke sich darin »bonne foi« [Vertrauensseligkeit] aus, der Wunsch, an Gott zu glauben, der Wunsch zu *glauben* – ich widersprach. Verteidigte mich damit, daß ich nicht aussähe, wie ich empfände; daß ich das Leben *kenne.* Ich überzeugte ihn nicht. Vielleicht hat er recht. Ich bin intelligent, und trotzdem lasse ich mir vom Leben und den Menschen etwas vormachen, und ich werde mir immer weiterhin etwas vormachen lassen. Weil ich Vertrauen habe. Voilà!
Ich mache mir sogar selbst etwas vor. An manchen Tagen, wenn ich klar in mich hineinsehe, hasse ich mich. Die meiste Zeit lebe ich jedoch in der Illusion über mich selbst. Heute, zum Beispiel, verbrachte ich den ganzen Tag in der fröhlichen Überzeugung, *tanzen zu können.*
Als ich am ersten Tag zum Modellsitzen kam, zündete Paquito den Ofen an und schob die Möbel beiseite, so daß ich wenigstens meinen Weg zum Modellplatz finden konnte. Als er gerade dabei war, in den Lehm zu hauen, kam ein Freund, um mit ihm zu reden. Die Unterhaltung ist, außer wenn wir allein sind, das, was gewöhnlich von einem Ateliergespräch zu erwarten ist – nämlich Mist.
Paquito ist ein unliebenswürdiger, eigensinniger, verwöhnter junger Mann mit einem guten Herzen – wie er selbst sagt. Genauso ist er. Es ist auch sinnlich, launisch und physisch schwach gegenüber Frauen. Er hat ein paar gute Ideen in seinem Kopf, Talent und Temperament und einen starken Sinn für Unabhängigkeit, was mir gefällt. Er arbeitet unregelmäßig. Er ist nicht ernsthaft und er ist nicht leichtfertig (wie er wieder in seinem Selbstporträt sagt); er meint, er finde es anstrengend, zu lange dasselbe zu sein. Mit anderen Worten, er ist wie ein Korken auf einem Fluß.
Ich habe ihn lieber, wenn wir allein sind, doch das kommt

selten vor. Unentwegt schauen all seine Freunde herein, und wenn sie einmal da sind, gehen sie nicht wieder. Ich beobachte indessen ihre Gesichter. Ich bemerke die leeren Weinflaschen in einer Ecke, die Krawatten unter den Zeichnungen, die Zeichnungen unter den Waschlappen, die Kohle hinter dem kohlegeschwärzten Vorhang, die Büste einer Französin, kurz vor der meinen angefangen – und überall an den Wänden Gemälde vom Sohn des Atelierbesitzers. Paquito ordnet mein Gesicht als halb gotisch, halb florentinisch ein. Er formt mein Porträt, während ich seines mache, von dem er nichts weiß.
Und jetzt übernimmt Boussies Vetter das kleine Theater auf der Place Denfert-Rochereau, und die Höchste Versuchung hat an meine Tür geklopft, als Boussie sagte, ich würde eine dekorative Rolle in *Miguel de Manara* [von Milosz] bekommen. Wenn ich mir ein naives Gesicht bewahre, dann, weil mein Leben im ganzen zu verdammt romantisch und romanhaft ist. *Alles, was ich mir wünsche, geschieht.*

20. Januar
Mein schlimmster Feind ist die »Grippe«. Wann immer ich zu tun habe, zerstört sie mir meine Pläne und meine Energie. Der Kampf gegen sie verbraucht den Großteil meines Muts und meines Elans. Zweimal hat sie mich in diesem Winter erwischt, aber viermal habe ich sie besiegt, meine Beschäftigungen fortgesetzt, sie heftig und ärgerlich mit Portwein, Pillen und heißem Wasser behandelt – und war nach dem Kampf so schwach, als sei ich unterlegen. Seit Mittwoch bin ich mit der letzten Attacke der Grippe beschäftigt. Ich sitze Modell, eile, schreibe wie gewöhnlich, schlotternd, schwitzend, und gebe nicht nach. Heute morgen habe ich Paquito geholfen, nach einem Atelier in der Nachbarschaft zu suchen. Ich sollte Briefe schreiben, aber ich schreibe gerne »lebendige«, und die Grippe »zerquetscht« mich. Statt dessen verstecke ich mich zwischen Verpflichtungen und langweile mein armes Tagebuch mit Klagen.
Könnte ich selbst mit einer Grippe je so langweilig sein wie Tolstoi? Was für ein Tagebuch! »Heute habe ich gebadet. Ich habe mir Geld geborgt. Ich habe einige Prostituierte aufgesucht. O Gott, hilf mir, ein guter Mensch zu werden. Habe

ein weiteres Kapitel für *Kindheit* geschrieben. Habe Mascha gesehen.« »Heute habe ich nicht gebadet. Ich habe B. das Geld zurückgegeben, aber C. schuldet mir etwas. Habe mit Mascha zu Abend gegessen. Habe nicht geschrieben. Habe Karten gespielt. O Herr, bewahre mich vor den Sünden des Fleisches! Mascha flirtet gern! Ich mag sie. Morgen werde ich arbeiten.«

Ich habe ein besseres Tagebuch gefunden, das von Katherine Mansfield – sensibel, durchdringend, fast mystisch – zumindest elfenhaft und kaum menschlich, obgleich voll von menschlichem Leid. Ich liebe es. Das einzige, was mir nicht gefällt, ist seine Nähe zum Tod. Selbst wenn ein Mensch krank und von einem Großteil des Lebens losgelöst ist, kann er in ein anderes Leben eintreten, zwischen Wirklichkeit und Tod, und das ist sogar ein tiefgründigeres Leben. Katherine begibt sich zuweilen hinein, rennt dann schwach in den Tod, in die Zerstörung, in die Angst.

Was für schreckliche Zuneigungen kann ich zu Menschen fassen. Jetzt ist Gustavo dran. Ich verfalle von einer Begeisterung in die andere. Ich nehme alles mit zuviel Feuer in mich auf. Deshalb muß Hugh für uns beide auf der Hut sein. Er *gibt vor,* kritischer zu sein. Im Grunde wird er genauso leicht getäuscht (außerhalb der Bank; innerhalb ist er ziemlich scharfsinnig und vorsichtig). Bei Gustavo ist er auch begeistert. Was kann ich also tun, und wo kann ich Gleichgültigkeit erlernen?

22. Januar

Meine Grippe nicht zur Kenntnis nehmend, habe ich Freitag für Paquito Modell gesessen – und sie besiegte mich. Ich kam nach Hause und ging zu Bett. Doch ich war glücklich, weil der Kopf es wert sein wird. Mir gefiel er von Anfang an, und Hughs Entzücken schließlich Freitag machte die Frage gegenstandslos. Paquito hat eine gewisse Festigkeit und Originalität; und eine ziemlich klare Erkenntnis von Individualität.

Samstag nahm Hugh allein seine Tanzstunde. Der Pianist ergriff die Gelegenheit, ihm eine Menge angenehmer Dinge über mich zu erzählen. Ich lag gerade auf der Couch im Arbeitszimmer, als er mit der Nachricht nach Hause kam, daß

Miralles ihn gut leiden konnte und ihm eine schöne Stunde gegeben hatte.

Jeden Tag liebe ich Spanien mehr – seine Musik, seinen Tanz, seine Schriftsteller, seine Sprache, und jedes Bild, das ich sehe, weckt in mir eine tiefe Sehnsucht. Wir werden es bei unserem nächsten Urlaub sehen. Ich weiß nicht, wie wir so lange warten konnten.

Ruhiger Sonntag, mit Lesen von Erskines neuestem Buch verbracht [*Adam und Eva*]. Er hat »Lebensstationen beleuchtet«, seine Auswahl der »Stationen« ist jedoch enttäuschend. Er begibt sich in häusliche Probleme, in das »Dreieck« mit einem langweiligen Adam, einer unvollkommenen Geliebten und einer ziemlich menschlichen, aber deprimierenden Ehefrau. All dies natürlich mit unübertroffenem Humor, Philosophie etc. Es ist eine amüsante und tiefgehende Parodie. Doch sie macht traurig. Solch offenkundige Verhaltensprobleme. Adam ist einzigartig amerikanisch, ebenso Eva. Lilith ist inkonsequent und nörgelt genausoviel herum wie eine Ehefrau.

Erskine ist gehemmt in puncto Sex, ist von einer Sehnsucht nach Freiheit besessen, verkümmert durch eine lange Gewohnheit des Gegenteils und findet einen Kompromiß, der weder für den puritanischen noch den sinnlichen Mann befriedigend ist. Das Gefühl ist im wesentlichen unterdrückt; der Sinn für Wahrheit ist schrecklich und übermächtig, die Kenntnis der Frau gründlich und dennoch begrenzt. Erskine braucht Europa und hätte es vor *Adam und Eva* haben sollen. Seine Erziehung, Umgebung und Gewohnheiten beschränken seine Entwicklung. Seine Frauen sind »hart«! Sie sind instinktiv klug, aber taktlos. Sie sind liebevoll und dennoch tyrannisch. Solche Paradoxe stimmen nicht immer. Lilith ist manchmal rücksichtslos und unbarmherzig. Am meisten fällt in dem Text die außerordentliche Traurigkeit auf – »Humor und Tragödie, die einander begegnen« –, wie Erskine uns sagte, als wir ihn sahen.

23. Januar

»Ich bin sicher«, sagte einmal der Humorvolle Bankier, »daß du nichts lieber als ein Beichtvater wärst, so daß du alle Vertraulichkeiten der Menschen entgegennehmen könntest.«

»Als Frau«, antwortete ich, »höre ich mehr als ein Beichtvater. Männer erzählen einer Frau nicht nur alles, was sie getan haben, sondern auch das, was sie unbedingt gern tun würden und was sie anstreben, um sich vor ihr von ihrer besten Seite zu zeigen. Ich bekomme *so* ein viel vollständigeres Geständnis.«

Schreiben – um *alles* in kleinen Geschichten zu erzählen: den Abend, an dem wir zwei Mädchen retteten; Künstler heiraten, einen Bankier heiraten. Hier und da Modell sitzen. Die Geschichte des Dienstmädchens. Die Veränderung des Charakters der Concierge. Alarm in Paris. Abenteuer einer naiven Person. Die beiden Sevillanas – Knoblauchgeruch. Die beiden Taxifahrer in New York – einer schleuderte das Wechselgeld zurück; der andere bot an, mich dahin zu fahren, wo ich wollte, obwohl ich kein Geld hatte. Geschichte vom schlechten Tag des Taxifahrers (Maries Ehemann), müßte im Detail beschrieben werden, mit der inneren Bedeutung von allem, ohne nach Konsequenz und Logik zu suchen. Paradox, Widerspruch.

24. Januar

Ich bin ungewöhnlich glücklich, weil Gustavo heute abend kommt. (Ich müßte sechs Monate lang an den Nordpol ins Exil geschickt werden, vielleicht würde auch ein Eisschrank reichen.) Komisch, daß ich ihn, als ich ihn zuerst bei der Party des Egoisten traf, nicht mochte. Weil er sich über die Leute lustig machte. Er ist die Art Mensch, der einen Feuerkreis um sich herum trägt; wenn man in den Kreis eingelassen wird, macht es viel Spaß. Wenn man außerhalb steht, ist es natürlich schmerzhaft. Mir fiel auf, daß er keine unaufrichtigen Sätze benutzte.

Danach erwies er sich als schlau, amüsant und begeistert. Er hatte jedoch keinen besonderen Eindruck hinterlassen, bis wir ihn in der Oper trafen. Er sah mich nicht kommen und stand an einer Säule, ganz in Schwarz, mit einem überbreiten schwarzen Hut. Er sah sehr spanisch aus. Vielleicht kann ich ihn gut leiden, weil er Freunde braucht. Oder vielleicht weil er eine sehr ausdrucksvolle Stimme hat, farbig und veränderbar. Mir gefallen auch seine Arbeit, seine Vorstellungen. Geduld. Und her mit dem Eisschrank!

25. Januar
Gustavo las uns seinen Plan für die ägyptische Oper vor, ein brillantes und philosophisches Werk, sehr lebendig und dramatisch. Unterdessen nahm ich wie üblich andere Dinge wahr. Entdeckte Zeichen von Charakterschwäche, kann jedoch noch nicht sagen, wo sie sich zeigt.
Hugh hatte einen seiner guten Abende. Er redete viel und außerordentlich gut und entfaltete einen tiefen Sinn für Philosophie und eine subtilere Kenntnis der Mystik.
Gestern war ein besonderer Tag für mein Schreiben. Ich entwarf endlich eine Form für meine Gedanken. Ich fing sofort zu schreiben an. Ich hatte eine halbe Stunde vor dem Poesie-Vortrag und schrieb die erste Geschichte hintereinander weg. Ich werde ganz frei dabei sein, schreibe für niemand anderen als für mich selbst. Niemand wird mir Furcht einjagen und mich dazu bringen, das zu ändern, was ich sagen will und sagen muß.
Später. Boussie und ich wählten Seitenrangsitze im Vieux Colombier. Die Poesie-Lesung verlief gut und ruhig, bis Greta Prozor anfing, einige Auszüge von Apollinaire zu lesen. Ein Mann unter den Zuhörern begann mit sehr lauter Stimme, eine andere Passage zu zitieren.
»Warum lesen Sie die nicht vor?« fragte er.
Greta Prozor sah verblüfft und ungehalten aus. »Ich sehe keinen Grund, warum ich das Programm ändern sollte.«
Sie las weiter. Jemand zischte. Ein anderer unterbrach mit: »Widerwärtig.« Private Auseinandersetzungen begannen. Der Schauspieler Henri Verneuil fing an, einige Zeilen zu lesen. Mehr Einwände. Zischen – Beifall. »Werft ihn hinaus!« Es gab mehr als einen Agitator. Sie schlossen sich zu einer Gruppe zusammen. Ein Polizist ging den Gang hinunter und drohte. Verneuil las weiter. Ein Mann lief ebenfalls den Gang hinunter, eilte die Bühne hinauf und zu Verneuil und schlug ihm ins Gesicht. Verneuil sah verängstigt aus und bewegte sich rückwärts an die Wand. Vier oder fünf Männer kamen ihm zu Hilfe. Weitere Gegner begaben sich auf die Bühne. Viele heftige Schläge wurden verteilt. Der einsame Polizist konnte nichts aufhalten, deshalb ging er hinaus, um Hilfe zu holen.
Ein Mann begann, einen Brief zu lesen, von dem er behaup-

tete, er stamme von Apollinaire, der jegliches Vorlesen seiner Dichtung verbot. Inzwischen kämpften alle miteinander, mit Fäusten oder mit Worten. Zwei Polizisten führten die gewalttätigsten Männer ab. Einer der Agitatoren, der Eigentümer des Briefes, ließ einige beleidigende Reden los. Da er von dem Seitenrang herunter sprach, blickten wir ihm über die Schulter auf den Brief, der gedruckt war.
Boussie meinte: »Was ist dabei, wenn man einige Gedichte liest, die veröffentlicht sind?«
»Ich bin sein Freund, und ich verbiete es«, sagte der Mann wütend.
Boussie sagte nichts, sah jedoch amüsiert zu. Es war mir überlassen, Verneuil zu bedauern. Zwei weitere Polizisten höheren Rangs kamen und fragten, was eigentlich los sei. Niemand wußte es. Es gab einen feindseligen Widerstand, nur gegen was? Und warum? Die Polizisten konnten es nicht verstehen.
»Wer macht hier Schwierigkeiten?«
Zwei oder drei Agitatoren klopften sich dramatisch auf die Brust und sagten: »Ich.« Sie wurden abgeführt. Boussie blieb bis zum Ende, das friedlich war. Ich hatte einen Gast zum Abendessen eingeladen und mußte davoneilen. Mir fielen Verneuils Hilflosigkeit und Weiblichkeit auf, Boussies Nonchalance und Gleichgültigkeit und Amüsement, der Zwischenfall mit einem weißhaarigen, weißbärtigen rundlichen kleinen Franzosen, der Verneuil zu Hilfe geeilt war, in das Dickicht des Kampfes hinein und wieder hinaus, nachdem er geschüttelt und mehrere Male halb zerquetscht worden war, ohne etwas anderes tun zu können, als Schläge hinzunehmen und dabei seine Würde zu bewahren.

26. Januar
Einen Nachmittag für einen Besuch vergeudet. Ist irgend etwas für mich vergeudet gewesen? Ich habe über alles geschrieben, und wenn ich heute all meine kleinen Geschichten zusammensetze, finde ich, daß mir die »vergeudeten« Nachmittage zu einigen verholfen haben. Ich bin beim Schreiben sehr glücklich und sehr traurig. Es rührt die Tiefen und Probleme und Zweifel auf. Es läßt den Rest, das übrige Leben und die Menschen um mich herum unwirklich und lästig und nutzlos erscheinen. Essen erscheint als Unterbrechung. Un-

terhaltung ist belastend. Ich bin von meiner Arbeit besessen. Der Tag ist zu kurz.

28. Januar
Endlich habe ich wohl die Form. Es muß in der *ersten Person* sein, die einzige Möglichkeit, in der ich schreiben kann. Es muß bruchstückhaft sein – der zusammenhängende Roman ist zu starr. Da ich meinem Tagebuch jeden Tag kleine Geschichten erzählen kann, kann ich sie auch anderen in der ersten Person erzählen. Wirklichkeit, Unwirklichkeit gemischt. Vollständige Freiheit der Äußerung. Die Menschen werden reden, wie sie reden *wollen*, nicht wie sie *tatsächlich* reden, was bedeutungslos ist. Und ich werde alles erzählen. Ich weiß, daß das Buch niemandem gefallen wird außer Hugh und Eugene. Ich habe schon drei Geschichten geschrieben. Inzwischen scheint alles das gleiche zu sein – das Haus, das Dienstmädchen, die Besorgungen, Nähen, Kleider, Reinigung, Putzfrau, Besuche –, nur ich habe mich verändert.
Gestern fiel mir Miralles' Zärtlichkeit auf, jene Eigenschaft, die ich so sehr in Frankreich vermisse und bei Erskine. Ich habe den Granados-Tanz geübt, der langsam und klassisch ist. Ihm ist eine Stimmung in meinem Gesicht aufgefallen, die er bisher noch nicht kannte. Er stand vor mir, legte mir die Hände auf die Arme und beugte sich vor, um mich anzusehen.
»Está triste? [Sind Sie traurig?]«, fragte er so zart, so liebevoll. Im Verhältnis zu der schrecklich *harten* und *grausamen* Neugierde der Franzosen, die mich zurückweichen läßt, fiel mir dieses Zartgefühl auf. Selbst Boussie ist nie so mitfühlend, obwohl sie sich auf ihre Weise schon kümmert, auf eine schnodderige, metallische Art, bei der man ständig aufpassen muß, daß man nicht zuviel von seinen Gefühlen preisgibt.

3. Februar
Miralles wird bei einem privaten Empfang in Monte Carlo tanzen. Er ist schon unterwegs, während ich schreibe. Als Reisevorbereitung ließ ich seinen seidenen Abendschal zu Hause waschen, und ich kaufte ihm zwei gute Zigarren, weil ich mich erinnerte, ihn schlechte rauchen gesehen zu haben, und weil ich wußte, daß er viele Reisestunden hinter sich

bringen mußte. Meine Achtsamkeit rührte ihn, und er küßte mich unerwartet und herzlich auf beide Wangen und auf den Hals und sagte dann eilig: »Mein Interesse für Sie ist sehr groß – ich wünsche, ich wünsche mir manchmal, ich könnte mein ganzes Tanzwissen an Sie weitergeben.«
Wir verließen das Studio zusammen, und er bat mich, ihn wenigstens auf halbem Weg zum Bahnhof zu begleiten. Ich beschloß, an der Oper auszusteigen, denn er hatte seinen Arm um meine Taille gelegt, und ich dachte, er werde wieder allzu überschwenglich werden. Ich hatte das erste Mal nichts dagegen. Warum jetzt?
Ich war heute versucht, ein Doppeltagebuch zu führen, eines für die Sachen, die passieren, und eines für Phantasievorfälle, die mir durch den Kopf gehen als das Ergebnis eines unbedeutenden Ereignisses, das ich ausschmücke. Ich lebe *doppelt.* Ich werde *doppelt* schreiben.
Ich habe seltsame Tage hinter mir, war besessen von meinem Buch, schrieb in der Metro auf dem Hin- und Rückweg zu Paquitos Atelier, tanzte jeden Tag, beobachtete Miralles und seine Schüler und fühlte mich in zwei Frauen aufgespalten – die eine freundlich, loyal, rein und rücksichtsvoll; die andere ruhelos und unrein, seltsam handelnd, entfesselt, umherwandernd auf der Suche nach Leben und alles auskosten wollend, ohne Angst, ohne Überzeugung, ohne Beschränkung, ohne Prinzip, ein Dämon, den ich »Imagy« nennen will nach dem Ursprung seines Fluchs, Imagination, Phantasie, Vorstellungskraft. Für diesen Dämon bin ich nicht verantwortlich. Ich liebe ihn nicht. Er ist frei und nicht zu kontrollieren. Imagy lebt meist in Bildern und Unwirklichkeiten. Ich werde ihr Tun verfolgen, weil sie *mein Schreiben heimsucht.*
Inzwischen hat mein wirkliches Ich den Haushalt und Besorgungen gemacht, genäht, nach Ateliers für Paquito Ausschau gehalten, allein zu Mittag gegessen, meinem Herzallerliebsten geholfen, einen Brief an die Neue Familie [die Guilers] zu schreiben, die uns wieder mit der religiösen Frage zusetzt.
Heute habe ich, nachdem ich Miralles des Wegs gebracht habe, einen aufgeregten und über sein Engagement glücklichen Miralles, Karten für ein Shaw-Stück besorgt, wo Hugh und ich morgen hingehen werden. Ich hatte ein Bedürfnis nach *Realitäten* – ich freute mich, Regen auf dem Gesicht zu

spüren, zu meinem Bus rennen zu müssen und mit der Russin am Schalter über gute Plätze zu verhandeln. Imagy leitete mich, verwirrte mich, und ich fühlte mich benommen mit heißem Kopf und verloren. Ich wollte in meine Welt zurückkehren. Ich schlug die Tür von Miralles' Taxi fest zu, um mich aufzuwecken. Ich überquerte schnell die Straße und ging in die Bank. Ich wollte Hugh sehen, doch er war nicht da. Die Berührung seiner Hand hat immer alle meine Gespenster verscheucht. Ich ging wieder hinaus in den Regen und spürte, wie das Wasser in meine Satinschuhe drang. Und ich sagte mir: Nichts dergleichen passiert Miralles. Wahrscheinlich genießt er seine Zigarre und denkt, was für eine niedliche Frau ich bin, und fragt sich, warum ich meine Handtasche habe fallen lassen, als er – er küßte Imagy, nicht mich, nicht mich!
Ich liege im Bett. Ich habe den elektrischen Heizofen zu mir hingedreht. Ich habe andere Strümpfe angezogen. Mutter ist gerade von einer Tee-Einladung nach Hause gekommen. Sie erzählte mir davon, und ich konnte ihr nicht zuhören. Ich sagte: »Oh, ja!« Dreimal. Ich bin traurig, und mir ist danach, eine Geschichte zu schreiben. Ich schreibe lieber meine eigene Geschichte, als der von anderen zuzuhören; mir passieren mehr Dinge als tausend Frauen zusammengenommen.

4. Februar
Der Farruca ist lebhaft und voller Hüftschwünge. Er wird zu einem Tamburin getanzt. Jetzt kann ich den Sevillana, Valenciana, España Cañi, den Fünften von Granados und den Tango. Miralles sagt, meine Arme würden wunderschön.

5. Februar
Ein merkwürdiges Ereignis; bin gestern abend im Theaterfoyer Graf Guicciardi, Horace und Frances begegnet. Graf G. war ziemlich überschwenglich. »Wie hübsch Sie aussehen, wie gut Ihnen der Hut steht!« etc. Horace stimmte eifrig zu und schien sehr erfreut, uns zu sehen, nicht so jedoch Frances. Zum erstenmal vergaß sie zu schauspielern und zeigte offen ihr ganzes Mißfallen. Sie konnte kaum reden, und ihr ewig strahlendes Lächeln ließ sie im Stich. Sie tat mir leid, obgleich ich plötzlich begriff, daß dies Horace wahrscheinlich den Winter über von uns ferngehalten hat.

Frances begreift, daß ich kein Kind mehr bin, daß ich ihr entwachse und sie beunruhige. Eine erfahrene Exschauspielerin, einen guten Kumpel und eine Frau ihrer Sicherheit zu beunruhigen, verschafft mir einen Beweis meiner Entwicklung. Ich genieße die Mißbilligung anderer Frauen.
Abends: Meine Liebe zur Bühne wächst jeden Tag. Manchmal schmerzt sie sogar. Heute im Théâtre des Champs-Élysées (dort schönes Tanzen ohne intelligente Bedeutung gesehen) habe ich dieses Begehren und dieses schmerzende Fieber gespürt. Ich habe die Fähigkeit, mehrere Leben zu leben – eines befriedigt mich nicht. Wie komme ich zur Bühne? Was habe ich? Ein Gesicht, ein schlechtes Gedächtnis, eine kleine Stimme, ein *intensives Verständnis* für die Schauspielerei. Zum Kater, der einen Finanzbericht las: »Pussy, bist du noch immer schrecklich dagegen, wenn ich zur Bühne gehe?«
»Was ist das für ein neues Problem? Reicht deine Tanzerei nicht?«
»Nein, sie reicht nicht.«
»Nein, mir gefällt die Idee nicht, daß du zur Bühne gehst« – dies nach einer Weile.
»Es wird früher oder später sein müssen.«
»Laß es später sein.«

6. Februar
Mir tat Frances neulich abend leid, weil mir völlig klar ist, daß Horace sich immer für die andere Frau begeistert. Als wir auf dem Schiff waren, waren seine Augen auf eine kleine französische Schauspielerin geheftet etc. Enfin [nun ja], er ist immer ruhelos, unbeständig, immer auf Abwegen. Es gab eine Zeit, da gehörte seine ganze Aufmerksamkeit mir, und ich bemerkte, daß sie jedesmal neu errungen werden mußte. Jetzt hat er Frances fast ein Jahr, und selbst wenn das eine Dauereinrichtung werden sollte, dreht er schon den Kopf, nimmt andere Frauen wahr, schwärmt ihr gegenüber von mir, schenkt jeder und allen anderen Frauen mehr Aufmerksamkeit als derjenigen, die ihm am nächsten ist. Es amüsiert mich und macht mich zugleich traurig. Was mich angeht, bin ich entschlossen, die andere Frau zu bleiben; es macht mehr Spaß.

Tanze fast jeden Tag. Ich möchte darin Vollkommenheit erreichen. Die Bühnenkarriere kann warten. Tanzen und schreiben *sind genug,* und ich muß daran denken, daß es eine Grenze für meine physische Ausdauer gibt. Für Paquito Modell zu sitzen ist meist mühevoll: Sein Atelier ist eiskalt. Er trinkt viel zu viel, schläft nicht genug, arbeitet ungleichmäßig und ohne Konzentration. Und ich kann seine Freunde nicht leiden. Es gibt einen, der zuviel redet und auch noch Stuß. Die Unterhaltungen der rasanten Mädchen in Forest Hills waren nicht schlimmer als dieser Versuch an Pariser »blagues« [Scherzen] und Zynismus.
Ich liege im Bett in der Hitze des Heizofens und warte auf Hugh. Ich liebe diese Stunde am Ende eines Tages, wenn ich über Dinge nachgrübeln kann. Mein Buch wächst nicht, dafür ich. Ich bin wie ein überquellender *Schwamm.* Habe etliches entdeckt. Daß uns alle sechs Monate die Wanderlust packt. Daß unser Budget nie zufriedenstellend sein wird. Daß wir von Natur aus großzügig sind. Daß ich nie das Ende meiner Sehnsüchte sehe.

16. Februar
Abendessen chez un ménage Français [zu Hause bei einem französischen Paar]. Kleine Wohnung, Holzvertäfelung, gewachste Fußböden, Louis XV.-Stühle, Drucke an den Wänden, Krimskrams, harte Deckenbeleuchtung im Eßzimmer. Zwei Damen, konventionell im *Vogue*-Winterstil angezogen, konservative Modelle, dunkle Farben. Gespräch voller »ma chère«, »ravissant«, »charmant«, »délicieux«, »tordant«, »amusant« ... für alles: Bücher, Bilder, den letzten Mord, neuesten Wagen, Russen etc. So schlimm wie das »How nice!« in Forest Hills – jedoch mit höherem Niveau und einer tiefen Kenntnis der Literatur. In Frankreich ist die Kunst eine Modeerscheinung, ein Sport. Jeder redet darüber, weiß alles und fühlt nichts dabei.
Cocktailpartys sind nun endlich auch in Frankreich eingeführt worden. Sie ersetzen den Apéritif. Ich konnte mich nicht dazu bringen, einen zu probieren.
Gestern abend hat mich zum erstenmal die Angst vor dem Tod gepackt, die schreckliche Angst, das Leben zu verlassen, das ich so verzweifelt liebe, die Angst vor Vernichtung, vor

dem Grab, vor dem Ende von allem, der Auflösung meines Körpers, *meines* in den Spiegeln so strahlenden *Gesichts*, meiner Gefühle, so scharf, so brennend, so außerordentlich. Ich weiß, ich werde nie sterben wollen, mich nicht darein ergeben, alt zu werden.

17. Februar

Tiefsinniges Stück, *Dibbouk*, mit Gustavo und seiner Schwester gesehen. Habe neue Qualitäten und neue Fehler bei Gustavo entdeckt. Er hat die Gabe der Komik und ist völlig gleichgültig gegenüber der Masse. Nur ist er überkritisch und überneugierig; und allzu offen. Ich entschied, daß seine scharfe Beobachtungsgabe mich einschüchtern und ich aus Selbstschutz mit ihm flirten würde.

Und dann eine Dichterlesung von einer Dame, die zu erwähnen ich zu barmherzig bin, außerdem wurde ein Gedicht von Godoy vorgelesen, »Havanna«. Wir gingen alle hin, Mutter, Joaquin, Mme. Varela, Nena de la Torre. Ein schrecklicher Vortrag mit einer schmerzlich korrekten Liste von allen Banalitäten und Belanglosigkeiten der Welt, monoton, endlos, lächerlich. Jedes Gedicht (außer »Havana«) mit gebrochener und schluchzender Stimme vorgetragen. Und was für Gedichte! Wir trösteten uns mit Spott. Nena meinte, es war wie der Grand Guignol. Joaquin sagte andere Dinge, über die ich so sehr lachte, wie man nur in einer Kirche und an anderen abschreckenden Stätten lachen kann.

Wir trösteten uns mit einem Tee an einem schicken Ort auf den Champs-Élysées. Ich war aufgeregt von dem Nachmittag mit meinen ganzen Beobachtungen. Mir machte das Café Spaß, und ich dachte, daß ich die Liebe der Leute zur Frivolität, die Liebe zu Luxus, Müßiggang und süßer Leere gut verstehen kann, die den Anschein einer berauschenden Fülle hat. Ich spürte, wie ich mich selbst betrog und daß ich wirklich glaubte, jener Augenblick in dem Café sei sehr wichtig und schön und des Erlebens wert.

»Ich verstehe euer Vergnügen an solchen Dingen«, sagte ich heimlich zu den Varelas. Und plötzlich wurde mir klar, daß es ihnen *gar nicht* viel Vergnügen bereitete, nicht halb so viel wie mir, und daß selbst Cafés einen Reiz für mich haben, den sie für andere Menschen nicht haben.

20. Februar
Wir versäumen selten etwas Gutes. Mit der *Semaine à Paris* und dem *Guide des Concerts* und Boussie sehen und hören wir alles. Schöne Hindu-Lieder, Hindu-Tänze, jüdisches Theater, La Argentina. Joaquin macht auf Pianisten aufmerksam etc. Wir suchen und beobachten eine Menge selbst. Mit dem, was wir auswählen, und dem, was ein blindes Schicksal und blinde Freunde uns aufzwingen, sind unsere Tage voll.
Ich versuche, den schwarzen Linien geordneter Fakten zu folgen, weil mein Kopf so unstetig und benommen und leicht ist, und meine Phantasie vollführt Sprünge wie ein Zicklein. Ich denke so unzusammenhängend. Daß Miralles eine Menge für Kaffee für seine Schüler ausgibt. Daß die Seine angeschwollen und über die Ufer getreten ist und nun die Bäume umgibt, daß unter den Brücken sehr wenig Platz für die Schiffe ist. Daß Hugh in seinem schwarzen spanischen Samtanzug mit einem orangefarbenen Seidenband und einem orangefarbenen Tuch für seinen Kopf auffallend gut aussieht. Sein Profil und sein Lächeln sind südländisch, nicht schottisch. Ich habe nie verstanden, wie ein solcher Mann aus dem Guiler-Bund kommen kann. Kein Wunder, daß sie ihn nicht anerkennen und ihn ein schwarzes Schaf nennen. Er ist dreißig Jahre alt, und wir sind seit fünf Jahren verheiratet. Sans regrets.

26. Februar
Mittwoch sagte Miralles nach der Tanzstunde zu mir: »Ich muß Freitag abend in der Académie Deauville tanzen; wollen Sie mit mir tanzen?«
»Ich bin noch nicht gut genug«, sagte ich. »Ich bin noch nicht so weit.«
»Doch, das sind Sie. Es ist ein sehr eleganter Ort, wo es für mich gut wäre, zu tanzen und Werbung für mich zu machen. Wir tanzen den Cañi und den Valenciana zusammen, und Sie noch den Tango, und ich den Alegrías, und wenn sie wollen, den España.«
Ich muß natürlich erklären, daß es für ihn nicht in Frage kam, eine seiner professionellen Schülerinnen zu verpflichten, die mit einer Bezahlung gerechnet hätten. Ich war nur unter den Amateuren ausgewählt! Ich war glücklich und dennoch voller Angst. Vier Monate Unterricht erst! Miralles war unklug und

sentimental. Er ging ein ganz schönes Risiko ein, indem er mich wählte. Ich nahm jedoch die Herausforderung an, um ihm zu gefallen und ihm zu helfen, obwohl ich drei Tage mit Magendrücken verbrachte. Wir probten mit Kostümen. Er war von meinem »glitzernden« Kleid beeindruckt, demjenigen, das einer Tänzerin gehört hatte, und meinem orangefarbenen Maja-Kostüm. Ich wies ihn darauf hin, er solle auf meine Füße aufpassen statt auf mein Gesicht, doch alles fand seine Zustimmung, und er zeigte seine Zufriedenheit auf verschiedene Weise.

Freitag nachmittag nahm ich eine letzte Stunde und ging dann nach Hause, um mich auszuruhen. Um neun Uhr fing ich an, mich als Maja zu verkleiden, und steckte mir drei rote Nelken ins Haar, um damit den hohen Kamm zu befestigen. (Gesegnet sei langes Haar!) Wegen des Kamms hatte ich Schwierigkeiten, ins Auto zu steigen, und mußte dann leicht nach vorn gebeugt sitzen. Hugh trug eine riesige Hutschachtel mit meinem anderen Kostüm. Wir fuhren bei Miralles vorbei, der auch gepudert und geschminkt war und eine rote Samtweste, schwarze Hosen, einen schwarzen Hut und einen wunderschön bestickten Umhang trug. Er sah jünger aus. Der Pianist trug die Noten und kam mit uns.

Wir kamen in eine ziemlich edle Wohnung und landeten mitten in einer Party; wir mußten den Salon durchqueren, um ins Schlafzimmer zu gelangen, unsere »Garderobe«. Ich hatte ein flaues Gefühl im Magen, das änderte sich jedoch, als ich merkte, wie die Männer bei meinem Auftauchen »zischten« und mir zulächelten. Mit Details beschäftigt, warteten wir vier in der Garderobe. Man bot uns Champagner an.

Der »patron«, wie Miralles ihn nannte, groß und weißhaarig, sah gut aus. Der Salon war, wie Hugh auskundschaftete, halb voll von jener Menge, die wir so gut kannten und hofften, sie nie wieder zu sehen. Die andere Hälfte waren Franzosen.

Ich wurde als Nina Guilera angekündigt. Wir tanzten unser Programm. Ich sah gleichmütige Gesichter, die mich anstarrten, ohne eine Miene zu verziehen. Ich hatte sie auf jeder Seite. Ich spürte, sie verstanden nicht. Und dann hatte ich Angst. Miralles war vollkommen anders, schrecklich schnell in seinen Bewegungen, voller Improvisationen, Schnörkel und verwirrenden Neuheiten. Ich nahm all meine Kraft zusam-

men, lächelte unentwegt, ließ mich nicht durch einige technische Fehler erschüttern, die ich schnell wettmachte. Ich gab diesen ausdruckslosen Gesichtern alles, was ich hatte.
Sobald wir fertig waren, stürzte ich davon, mit Hutschachtel, Hugh und dem Pianisten, denn Hugh wollte nicht, daß ich blieb. Obwohl meine Ohren sich mit dem Geräusch von Applaus füllten, eilte ich also hinweg, ohne zu wissen, was Miralles dachte.
Ich schlief wie ein Stein in jener Nacht. Hugh hatte gesagt, es sei schön und erfolgreich gewesen, doch ich glaubte ihm nicht. Ich dachte an all meine Fehler und meine Furcht. Am nächsten Tag eilte ich gespannt und beunruhigt eine halbe Stunde eher zu meiner Stunde. Miralles kam mit einem glücklichen Gesicht herein. Der Abend war ein Erfolg gewesen: Er hatte zwei Schüler gewonnen und viele Komplimente für mich bekommen: Ich hätte soviel »Schick«, soviel Anmut, ich sei so hübsch und hielte meine Arme so schön etc.
»Armes Mädchen, Sie hatten solche Angst, und Sie taten mir leid, doch es ist gut für Sie, eine solche Erfahrung zu machen. Sie werden mit mir bei anderen Soirées tanzen – wir werden uns den Erlös teilen.«
Ich war glücklich und so überrascht. Was weitere Engagements angeht, hat Hugh jedoch sogleich seinen schottischen Kopf dagegengesetzt.

27. Februar

Leben ist zumindest für mich wie ein Fieber, das verzehrt und verwüstet. Zuvor fühlte ich dieses Fieber nur in meinem Kopf, und jetzt ist jedes Eckchen in meinem Körper entflammt. Ich erlebe alle Gefühle, die eine Frau überhaupt erleben kann. Miralles Bewunderung und Galanterie, die ich mit hartnäckiger Koketterie weiter anfache, verschaffen meinen Stunden eine verstörende Heftigkeit. Vielleicht lebe ich jetzt nicht genug mit meinem Kopf. Ich habe ihn verloren – und bin glücklich ohne ihn.
Mit Gustavo bin ich fertig. Er ist unbarmherzig und nicht sehr intelligent, voller Begeisterung für seine eigenen Arbeiten und anderen gegenüber kritisch. Und ich, die ich soviel Begeisterung an andere verschwende, werde es leid, ihm Ermutigung, Interesse und Sympathie zukommen zu lassen – ge-

waltige Portionen, die er gefällig und zufrieden zu sich nimmt.
Ein weiterer Fehler! So viele davon in so kurzer Zeit. Ich fange an, meine entflammbare Natur zu fürchten. Ich muß in besagten Eisschrank investieren.

1. März
Ich rauche eine Menge, arbeite unermüdlich an meinen Tänzen, versorge den Haushalt, nähe, träume, lache, flirte mit Miralles. Seine Sätze sind nicht neu für mich, seine Art, sie zu sagen. Er hat Gesten, die schmerzlich vertraut sind. Und mir gefällt es, in seiner Zuneigung auf Lolita, Joselita, Rita etc. zu folgen. Jetzt gerade bin ich die Favoritin. Er redet über mich, stellt mich zu Schau, läßt mich doppelt hart arbeiten, schenkt mir rote Nelken und ist im ganzen unlogischer- und unvernüftigerweise riesig charmant. Wie lange wird das dauern?
So viele Typen bevölkern sein Leben. Ich sehe sie kommen und gehen, ich weiß, wann er sie mag und wann nicht. Ich studiere sie gnadenlos und mit scharfem Interesse. Ihre Gesichter, Körper, Stimmen, Reden, Ausdruck, Charakter. Miralles glaubt, ich beobachte nur ihr Tanzen.
Die meiste Zeit lebe ich von Jubel und Illusionen. Hin und wieder bleiben sie aus. In solchen Augenblicken gelange ich an den Boden der Selbstzweifel und der Selbstherabsetzung. Ich sehe mich genauso klar, wie ich andere sehe. Ich wäre gern jeden Augenblick so klarsichtig, aber dann würde ich mich umbringen.
In dieser künstlichen Welt unter Theaterleuten voll aufgeblasener Persönlichkeiten, Unintelligenz, wo ich wesentliche *Wahrheiten* finde, fühle ich mich manchmal wie ein verlorenes Geschöpf. In meiner Verkleidung rücke ich nahe an sie, mache ihnen etwas vor und gehe ihnen manchmal ins Netz wegen ihrer Gutherzigkeit, ihrer Wärme, Vitalität und Ausdrucksstärke.
Im Bühnenleben ist alles *persönlich.* Man verkauft nicht sein Urteil, seine geschäftlichen Fähigkeiten, seine Ausbildung, seine Tüchtigkeit, sondern etwas Näheres: seine Augen, seine Füße, seine Stimme, seinen ganzen Körper, sich selbst, seinen Charme. Bühnenmänner und -frauen setzen ihre ganze Karriere, ihren Erfolg, ihre Leistung auf physisches Zubehör und

persönliches Talent. Sie verwöhnen dieses Selbst, verhätscheln es, nähren es, entwickeln es; es ist ihr Geschäft. Man sieht also den Bühnenmann oder die Bühnenfrau als eine ausgeprägte und außergewöhnliche Persönlichkeit mit überentwickelter Selbstbewußtheit, mit menschlichen Schwächen und Qualitäten, zweimal so groß wie im Normalfall: Eitelkeit, Eifersucht etc. Man zähle noch einen anormalen Umfang an Unaufrichtigkeit und Biegsamkeit dazu, die aus der Gewohnheit der Verwandlung entstehen, und man erblickt den Schauspieler, den Tänzer.

2. März
Ich schlafe nicht gut, ich weine, wenn ich allein bin und Joaquin spielt, ich empfinde einen fast physischen Schmerz, ein Weh, einen Hunger, eine Leere und ein Brennen, das nichts besänftigt. Durch die Musik, die bewundernden Augen von Männern werde ich aufgewühlt wie die Erde in den Feldern. Es ist Frühling, der neue Saft, das Erwachen einer einst kalten Jungfrau.
Abends. Ich sehe Miralles so deutlich: sein mittleres Alter, sein schwarzes und öliges Haar, seine freundlichen Augen von unbestimmter Farbe, seine verbrauchten Wimpern, seine schweren Züge, seine nervösen feingliedrigen Hände, seine kleine, anmutige Gestalt. Wenn er tanzt, sieht er jünger aus, und alt und müde, wenn er mit seiner Notenmappe unter dem Arm nach Hause geht. Er ist zu gut, zu leicht getäuscht, bescheiden, hart arbeitend, unwissend, großzügig. Sein Mantel ist an den Ärmeln abgeschabt, doch sein Kragen und seine Manschetten sind immer sauber. Wenn ich Geld hätte, würde ich ihn seine Ballette aufführen lassen. Unterdessen bin ich seine ergebenste Schülerin.
»Je mehr ich Sie gern habe, desto besser scheinen Sie zu tanzen«, sagte er.
Und je mehr ich *ihn* gern habe, desto mehr verstehe und lerne ich, desto näher fühle ich mich dem spanischen Tanz.

4. März
Gestern nachmittag, gerade als die Sonne hinter der mit Efeu bedeckten Mauer vor unserem Fenster unterging, begann unsere Party in meinem Arbeitszimmer. Glänzendes Silber, Nel-

ken- und Rosenduft, weiches Licht, Zigarettenrauch, Klappern von Teetassen, blutfarbener Porto, Reden, Gelächter; Paquitos Skulptur wurde geprüft und kommentiert. Boussie war da, die Guicciardis, Mr. Rey von der Philharmonischen Gesellschaft, die Varelas, die Godoys, andere. Um sechs Uhr gingen wir in Mutters Wohnung. Joaquin spielte, während Hugh und ich uns umzogen. Dann tanzten wir mit viel Ausdruck trotz meiner Nervosität den España Cañi. Die Leute wurden aufgeregt. Als wir fertig waren, war der Applaus nicht nur überbegeistert, sondern sie fingen an zu kreischen: »Bis, bis!« [Noch einmal, noch einma]. Hugh und ich waren vollkommen überwältigt. Wir tanzten noch einmal. Hughs Gesicht und Lächeln blendeten.

Joaquin spielte Falla ausgezeichnet. Ich tanzte den Farruca im Paillettenkleid mit weniger Erfolg. Ich hatte Angst, und so kam der Tanz weniger an, weil er subtiler war. Außerdem hatte ich nicht meinen so ansprechenden Partner. Der Valenciana erzeugte weiteren stürmischen Applaus und »bis«; wir mußten ihn noch einmal tanzen. Die Gesichter der Leute strahlten vor Vergnügen und Erregung. Was für Komplimente wir erhielten. Jeder bewunderte Hughs Verwandlung nach zwei Monaten Unterricht. Mrs. Varela hatte Tränen in den Augen und meinte, wir hätten sie an ihr Land erinnert. Graf Guicciardi drückte laut seine Begeisterung aus: »Sie sind eine perfekte Künstlerin«, sagte er zu mir. »Ihre Gesten sind schön, und Sie haben eine angeborene Begabung fürs Tanzen. Es war schön, schön! Und Mr. Guiler! Also, ich war noch nie so überrascht in meinem Leben!«

Horace sagte: »Es war wunderbar! Ich habe immer gewußt, daß du anmutig bist, ich hätte jedoch nie gedacht, daß soviel Feuer und Energie und Ausdruck in dir stecken.«

Hugh hatte Mrs. Godoy durch sein Lächeln gewonnen. Einen Augenblick lang hatte ich einen Kreis Männer um mich geschart, die mir die Hand küßten und alle durcheinander riefen. Joaquin spielte d'Indys *Chant de la Montagne* so wunderbar, daß Hugh und ich fast zusammenbrachen und weinten – nach soviel Anspannung, soviel Emotion. Der ganze Nachmittag war ein unerwarteter und unglaublicher Erfolg. Rey war von Joaquin beeindruckt. Hugh und ich wurden für zwei Auftritte engagiert – bei den Godoys und dem National City

Club. Hugh war endgültig von seinem Talent überzeugt. Die Überraschung, die sein Tanzen bei den Bankiers hervorrief, war eine Quelle der Freude und der Hochstimmung für ihn, die ihn die halbe Nacht am Lachen hielt.

6. März

Mein erster ruhiger Tag zu Hause seit einem Jahr, so scheint es mir. Brauchte unbedingt Ruhe. Ich stopfte Strümpfe, erstellte eine Liste meiner Ausgaben, prüfte meine Garderobe und befand, daß ich neue Frühjahrskleidung brauchte; las die Modezeitschriften, schrieb Briefe, ordnete meine Papiere; bemerkte, daß ich aufgehörte hatte, meine kleinen Geschichten zu schreiben, und entschied, sie für mein Alter aufzubewahren. Ich trank auch mein »Jemalt« (eine nach Schokolade schmeckende Medizin), machte ein Schläfchen und erkannte, daß ich seit langem mein »Energiekontingent« überschritt – ebenso mein Kleiderkontingent und Unterhaltungs- und Amüsementkontingent. Letzteres, weil wir unbedingt La Argentina tanzen sehen wollten.

Sie ist eine schöne Frau, nicht im griechischen Sinne, aber mit Kraft, Ausdruck und Intelligenz. Riesige feurige Augen und ein zu betörendes Lächeln, die Züge einer Zigeunerin, schweres braunes Haar; Arme und Beine nicht schön, dafür lebendig und ausdrucksvoll; auch ihre Schultern sind nicht schön, ihre Büste und Taille sind reif und befriedigend. Sie hat einen lebendigen Charme und Stärke. Ihr Tanzen vermittelt ein emotionales und zutiefst sinnliches Vergnügen. Im einzelnen finde ich, daß die Haltung ihres Kopfes, der Ausdruck ihres Gesichts (»das Gesicht einer wirklichen und wunderbaren Schauspielerin«) das Wesentliche ihres Charmes ausmachen. Und ihre Arme, ihre Kastagnetten, ihre Posen und ihre Drehungen sind unvergleichlich. Nur ihre Füße sind ohne Ausdruck, vage und uninteressant.

Bei allen Tänzen, die Leidenschaft und Intensität, Sehnsucht und Koketterie, Naivität und Einfachheit ausdrücken, war sie vollkommen. Doch ihr fehlten zwei Dinge: Traurigkeit (wie im Córdoba, den sie leicht und fröhlich tanzte) und die sinnlichen Bewegungen der Hüften. Die Wiederholung der Schritte, von denen sie wenige kennt, wurde zum Schluß monoton. Ihr Granados in einem schwarzen Samtkleid war

voller Anmut; der andalusische Tango lässig, heftig und sinnlich. Die anderen waren sich jedoch alle zu sehr gleich, immer fröhlich, immer belebt, immer wild. Trotzdem bin ich überzeugt, daß sie die größte lebende Tänzerin ist und mir die vollkommenste und grundlegende Schönheit des spanischen Tanzes gezeigt hat.
Miralles war da, doch sie bewegte sich jenseits seines Verständnisses. Er sorgte sich zu sehr um die *Wurzeln*, die Füße, und obwohl ich mit ihm übereinstimmte, hatte ich das Empfinden, daß ihr Genie zu feinsinnig für ihn war, zu unabhängig und frei. Ich ziehe ihn als Lehrer vor. Fangen wir mit den Wurzeln an, und der Ausdruck kommt später.
Die eigentliche Geschichte mit Miralles ist, daß er mir leid tut, wegen seiner Güte und Bescheidenheit und Einfachheit und des mangelnden Talents, Geld und Ruhm zu erwerben. Ich würde ihm gerne helfen. Nur sprechen wir nicht immer dieselbe Sprache, und um Mißverständnissen zu entgehen, um die Lücken zu füllen, wähle ich den einfachsten Weg: den der Zuneigung. Ich heile seine verletzten Gefühle, wenn er hört, daß Escudero in der Grande Salle Pleyel tanzen wird. Ich tröste ihn, wenn ein Schüler ihm einen üblen Streich spielt (das tun so viele, gehen weg, ohne zu bezahlen, verkünden, Schüler eines anderen zu sein, betrügen ihn, benutzen ihn für ihre eigenen Zwecke). Armer Miralles, der so sensibel und freundlich ist, daß er weint, wenn ein Erdnußverkäufer in einem Café sich als ein Spanier entpuppt, der schon zu lange von Spanien, seiner Frau und seinen Kindern weg ist. Er empfängt mich immer überschwenglich, erzählt mir von seinen Sorgen und daß er keine »chiquillas« [kleinen Mädchen] mag und daß er sein ganzes Tanzwissen mir zukommen lassen will, weil er mich gut leiden kann; und »hier ist eine Nelke«.
»Haben Sie schon ein Studio gefunden, Miralles?« Ich möchte, daß er sein eigenes Studio hat, damit er für sich werben kann. Jetzt müssen seine Schüler zu den unmöglichsten Zeiten hier und dorthin gehen. Inzwischen hat er dem Verleger Garzon erzählt, welche Fortschritte ich mache und daß ich schon mit ihm getanzt habe, was Garzon, ein Freund meines Vaters, diesem sofort erzählen wird, und es macht mir Spaß, mir Vaters Gesicht vorzustellen.
Ich verwöhne die Menschen mit meinem immer frischen In-

teresse an ihrem Leben und meiner Anteilnahme an ihren Sorgen, und sie verwöhnen mich. Somit ist das Gleichgewicht wieder hergestellt, und mir gefällt das Leben.
Mir gefällt das Leben, doch ich gefalle nicht mir selbst. Hugh meint, ich schade mir selbst, jedesmal wenn ich mich in einem selbstgefälligen Gedanken ergehe. In dem Fall muß mein Körper ganz schön verletzt sein. Wie gern ich Komplimente habe! Irving erzählt mir am Telefon, daß ich neulich bei La Argentinas Konzert schön gewesen sei (er saß in einer Loge mit vier reichen alten Damen) und daß ich spanischer aussähe als irgend jemand sonst dort.
Ich sehe Boussie weniger oft. Ich habe sie ausgelaugt. Ich mag sie sehr, doch läßt sie sich durch die Grenzen des Sozialismus einschränken; und nachdem sie mich zum Atelier, der Comédie der Champs-Élysées, nach Chartres, zu Anderson, Frank, Schauspielern und Dichtern geführt hat, verläßt sie mich dort und weigert sich, weiter zu gehen.
Hugh warnt mich, was ich schriebe, werde »billig« und nachlässig. Im gleichen Atemzug sagt er, ich hätte einiges geschrieben, das alles, was ich bisher geschrieben habe, übertreffe; beide Tatsachen sind auf mein neues Leben zurückzuführen. Meist bin ich in Eile, müde und selten in nachdenklicher Stimmung.

7. März
Ich schlafe wieder gut. Ich bin ruhig und glücklich. Wegen meiner spanischen Kleider müssen wir vielleicht in eine größere Wohnung ziehen. Gestern abend haben wir über Babys gesprochen. Wir verspüren noch nicht den Wunsch nach Kindern. Wir fühlen uns jung und frei und mehr wie ein Liebespaar als wie verantwortliche Eltern. Unser Leben ist erfüllt genug.
Ein trauriger Tag voll von Seufzern, nutzlosem Träumen, Trägheit, Apathie. Miralles war schlecht gelaunt, der Pianist hatte die Grippe, und ich hatte keine Lust zum Tanzen. Dann sah ich hübsche Frühlingshüte und -kleider, die ich nicht kaufen kann, da all mein Geld für spanische Kostüme draufgegangen ist. Und Joaquin spielte d'Indy bewegender denn je, als ich gerade in die Wohnung kam und müde meinen Koffer fallen ließ.

Ich rauche. Ich schließe die Augen. Mein Körper und mein Geist sind müde. Ich bin es müde, so intensiv und so ausschließlich gut und eine Künstlerin werden zu »wollen«. Das ist ein Widerspruch in sich. Ein Künstler ist immer ruhelos und neugierig. Ich sehe nicht nur alles, nehme alles in mich auf, sondern manchmal benutze ich mein eigenes Ich als Instrument der Entdeckung; ich beute meinen Charme gegen Wissen aus.

8. März
Ich gehe jetzt in die Varietés, um soviel wie möglich von den spanischen Tänzen zu sehen. Ich erdulde das übrige Programm, obwohl mich die Anstrengungen der armen Darsteller ungemein rühren. Ging hinein, um ein paar Ballettschläppchen für den Granados zu kaufen.
»Sind Sie vom Casino?« fragte der Ladenbesitzer.
Mit dem wenigen, was ich von den Tänzern sehe und dem vielen, was ich mir vorstelle, bin ich fast vom Kasino. Jenes Leben ist mir jetzt klar, so wie es für Colette war. Ich sehe es nur nicht genauso. Ich bin zu häufig *außen vor.*
Colette war *drinnen.*
Ich tanzte, schrieb und modellierte. Und ich aß mein Abendessen mit einer züchtigen bürgerlichen Befriedigung. Meine kleinen Statuen sind sehr lebendig, wenn auch nicht technisch überzeugend. Ich müßte einen Sekretär haben mit dem Talent von Richard, um die vielen Dinge zu Ende zu bringen, in die ich Leben einhauche. Alles, was ich mache, ist vielsagend, verlockend, ausdrucksvoll, doch ist es vergänglich, weil kein tiefes Wissen darin steckt, keine Wurzeln, keine Logik. Ich bin keine menschliche und inspirierte Künstlerin. Ich bin eine Elfe, eine Beunruhigung in der Welt, die alle Künste heimsucht und von ihnen heimgesucht wird.

10. März
Miralles sagt mir: »He soñado contigo« [ich habe von dir geträumt] und überwältigt mich mit seiner Zärtlichkeit. Wir hatten eine wunderbare Stunde. Ich tanzte gut, und er war geduldig und glücklich. Wir haben ihn für morgen abend zum Essen eingeladen. Ich bin in den spanischen Laden gegangen und habe Reis, gefüllte Oliven, bacalao [Dorsch] à la Vizcaina,

buñatos [Süßkartoffeln], Turrón [Nougat], alles Spanische gekauft, was ich finden konnte. Wir wollen ihm einen Tanz zeigen, für den Joaquin die Musik komponiert hat, und sehen, was wir drei damit anfangen können.

12. März
Miralles erschien gestern in einer neuen Rolle, wunderschön und sorgfältig gekleidet und einen Stock mit Goldknauf schwingend. Er genoß sein spanisches Essen, interessierte sich für Joaquin und fand Gefallen an seinem Tanz. Er erzählte viele Geschichten über sein Leben, seine Tanzpartner und seine Schwestern in Valencia. Dann brachte er mich dazu, mit ihm für die Familie zu tanzen. Joaquin fand Gefallen an ihm und bemerkte wie ich, daß er einfach und gut ist und daß er gründlich alles über spanische Tänze weiß, daß er ein Talent fürs Unterrichten hat. Wir möchten ihn nächstes Jahr in der Öffentlichkeit tanzen sehen.
Ein neuer Feind oder vielmehr mein ältester Feind, der mich auf andere Weise in die Zange nimmt. Zurückhaltung. Erst war es die Zurückhaltung beim Schreiben, die Erskine entdeckte und beklagte. Jetzt ist es die Zurückhaltung im physischen Ausdruck. Meine wirklichen Gefühle werden nicht sichtbar. Beim Tanzen komme ich ganz gut voran, doch ich vermittle *noch immer* Lieblichkeit, Zartheit, keine Intensität. Ich bin immer noch nicht frei. Wann werde ich es sein? Ich bin fünfundzwanzig Jahre alt und noch keine vollausgereifte Frau, noch immer »insaisissable« [schwer zu fassen] und elfenhaft. Wildheit, Intensität, Kummer sind tief unter sanften und scheuen Manieren begraben. Was für ein ermüdender Kampf. Doch ich habe beim Schreiben obsiegt und werde auch sonst obsiegen. Ich erzähle alles und lasse die Maske von Zartheit, Lieblichkeit und Sanftheit von meinem Gesicht und meinem Körper fallen.

13. März
Gestern abend sahen wir Fallas *La Vida Breve* und *Amor Brujo.* Das letzte vollkommen, musikalisch, visuell, dramatisch. La Argentina war darin unvergeßlich, sowohl als Schauspielerin wie als Tänzerin, als Neu-Schaffende wie als Interpretin. Sie mußte den »Danse du Feu« wiederholen. Ich

entdeckte an jenem Abend die Schönheit ihres Ganges und ihre intensive Individualität. Sie tanzte mit zwölf oder fünfzehn anderen Zigeunerinnen und übertraf sie alle an Ausdruck, in dem ausgeprägten Biegen ihres Körpers, in der Heftigkeit ihrer Kontraste und der *Ganzheit* und Aufrichtigkeit ihres Tanzens. Ihr Tanzen kommt aus dem Inneren, durchdringt sie und besetzt sie völlig wie eine Ekstase. Die Musik verfolgt mich noch immer. Sie verfolgt Joaquin, der sie den ganzen Tag gespielt hat.

16. März
Ich bin so ungewöhnlich glücklich und tanzte wild für Miralles, der so ungeheuer freundlich zu mir ist. Er weiß nicht, wie er seine Zuneigung ausdrücken soll. Er versucht es mit den Augen, und sie sind sprechend genug, doch sie erinnern mich an Enrics Augen, und deshalb mißfällt es mir, und ich gucke weg.
Joaquin kam und spielte seinen Tanz für uns, und Miralles dachte sich Schritte dafür aus. Dann sah er mir zu, wie ich mein Repertoire durchging. Joaquin und ich kamen zusammen nach Hause, beide hochgestimmt von der Luft und dem Licht, voller Bedauern, nach Hause kommen zu müssen, Joaquin wegen seines Klaviers und ich, weil mein Energievorrat zu Ende ist. Ein solch magerer Vorrat für ein Wesen wie mich! Ich habe zum Glück mehr Elan als Energie, und manchmal kann ich über die Schwäche meiner Muskeln lachen.
Mehr als Energie brauche ich Freunde. Ich kümmere mich zu sehr um Miralles, weil er jemand ist, um den man sich kümmern, sich sorgen, den man lieben, unterstützen, ermutigen muß. Trotz des Tanzens und Schreibens habe ich noch immer diesen schrecklichen Hunger nach einem Freund, den Wunsch zu lieben und geliebt zu werden. Hugh ist nie da. Joaquin sitzt immer an seinem Klavier. Boussie ist zu intellektuell. Mutter ist zu emotional. Ich hatte auf Gustavo gezählt, doch der ist in Spanien. Ich bin einsam, und nicht *jeder* kommt in Frage. Ich weiß nicht, warum einige Leute die Lücken füllen und andere meine Einsamkeit unterstreichen. Eigentlich sind jene, die mich befriedigen, jene, die mich einfach mit meiner »Vorstellung« von ihnen leben lassen.

Joaquin spielt Debussy, was mich erregt und aufwühlt. Einige Dinge werden in solchen Momenten (am Ende des Tages, wenn das Haus ruhig und leise und leer ist) sehr groß und wichtig.
Hughs Gedanken sind bei der ägyptischen Kultur. Er glaubt, die kleine Pussy sei sehr liebenswert, aber manchmal etwas verrückt (wenn er wüßte, daß ich die meiste Zeit verrückt bin), und liest weiter in seinem Buch, ohne zu versuchen, mich zu heilen. Er ist jetzt zu Hause mit einem Lächeln und einer Begrüßung. Warum ist das nicht genug? Je ne suis pas heureuse ici.[1]

20. März
Bankett zu Ehren des Fürsten Cantacuzène. Restaurant Gougeon. Eine sehr literarische und schicke Angelegenheit. Wir saßen alle am selben Tisch, Mutter, Joaquin, Hugh und ich, mit Mr. und Mrs. Godoy, Mr. Brull, einem berühmten Architekten und Bildhauer, einem spanischen Schriftsteller, einem berühmten Chirurgen, Camille Mauclair und seiner Frau, einer schönen Cubanerin, Marquesa de Casa Mauri, Beltran Massès, einem gutaussehenden spanischen Diplomaten, einem gutaussehenden französischen Schriftsteller, M. Dumesnil, der Tochter der Fürstin etc. Ich saß Massès gegenüber. Ich kannte ihn nicht und war überrascht zu sehen, wie dieser stille Mann mich anstarrte. Ich hatte an dem Abend die Idee, einen Turban aus Goldlamé zu tragen, der zu meinem in Falten gelegten Lamékleid paßte. Joaquin war als erster von der Wirkung geblendet und sagte, wenn er eine Frau wie mich auf einer Party träfe, »il ferait des bêtises« [würde er Dummheiten machen]. Dieser Turban war ein großer Erfolg. Ich war weder witzig noch interessant, nur *verängstigt* und »sauvage« [ungesellig], mein Gesicht rettete jedoch den Abend. Den ganzen Abend über umschmeichelten mich Massès, der gutaussehende spanische Diplomat, der französische Schriftsteller und M. Dumesnil. Die Männer fragten Joaquin, wer ich sei. Die Männer fragten Mutter, ob sie mich kenne. Ein alter Spanier fragte mich, ob ich für eine spanische Wohltätigkeitsorganisa-

[1] »Ich bin hier nicht glücklich.« Ein Zitat Mélisandes aus *Pelléas und Melisande.*

tion tanzen würde. Ich beunruhigte die entzückende Cubanerin. So verging das Essen, und dann wandten wir uns dem Genuß sehr geistreicher Reden zu. Ich mochte den Dichterfürsten nicht, bewunderte dafür seine blonde liebenswerte Frau, die eine zarte aristokratische Schönheit ist.
Wir eilten davon, um das Ende von Fallas Konzert in der Salle Pleyel zu hören. Kamen gerade recht, um *Nuits dans les Jardins d'Espagne* zu hören, und gingen dann in den Salon des Artistes, um ihn und Vines zu begrüßen. Vater war da mit seiner Frau und seiner Schwiegermutter. Zum Glück blieb er in der entgegengesetzten Ecke. Wir redeten mit Falla – einem scharfäugigen und asketisch aussehenden Mann – und verschwanden dann mit gemischten Gefühlen: Ich, Vater bemitleidend; Joaquin gleichgültig; Mutter triumphierend; Hugh verstört. Was für ein Abend!

21. März
Wir nahmen gestern abend unsere Tanzstunde, und ich sagte Miralles, was ich von Escudero hielt nach dem, was wir Samstag abend gesehen haben: ein angeberischer Affe, der eine Parodie des spanischen Tanzes vollführte, vulgär, unmusikalisch, burlesk. Wir buhten ihn aus und waren wütend über die Idiotie der Menge, die wenig Unterschied zwischen ihm und La Argentina sah. Ein Drittel der Leute war intelligent genug, mit uns vor dem Ende zu gehen.
Ich arbeite wieder an meinen kleinen Geschichten. In meinem eigenen Leben lebe ich dramatisch. Eigentlich bin ich gleichermaßen impulsiv und nachdenklich. Beim Schreiben nur nachdenklich. Meine Geschichten werden erst vollständig sein, wenn sie beide Elemente des Lebens enthalten.
Als er aus dem Studio kam, sagte Miralles: »Andere Männer spielen Karten, spielen Billard oder trinken. Ich habe nie dergleichen getan, weil ich mich immer nur dem Tanzen hingegeben habe. Das Tanzen war meine Verlobte – war mir alles.«
Und dann erzählte er mir: »Vor Jahren war in Spanien eine Tanzdarbietung nach jedem Theaterstück Sitte. Damals konnten Tänzer davon leben. Später begannen die Schauspieler zu überlegen, daß die Tänzer eine zusätzliche Ausgabe seien, daß es billiger wäre, wenn sie das Tanzen durch eine kurze Komödie ersetzen könnten. Langsam wurden die Tänzer aus dem

Theater hinausgedrängt; sie konnten sich nicht mehr ernähren. Viele gaben das Tanzen ganz auf. Andere arbeiteten in Tanz-Cafés. Und so wurde alles verdorben.«

»In Paris gibt es ein großes Interesse für spanische Tänze«, erwiderte ich. »Spanien wird in Paris den Platz der Russen einnehmen. Jahrelang war es russisches Tanzen und russische Musik, heute ist alles Spanien.«

»Ja, nur war Rußland im Tanzen und in der Musik gut organisiert. Rußland hatte Schulen, und die Russen arbeiteten in allen Bereichen der Kunst zusammen. In Spanien gibt es keine Schule, es gibt kein Interesse und keine Einheit. Gerade jetzt hat sich Falla das Interesse von Paris erworben. Spanien hat mehr zu geben als irgendein anderes Land, nur wer wird es darbieten, wer ist fähig, es zu organisieren, alles zusammenzustellen?«

»Sie könnten eine Schule in Paris gründen«, meinte ich. »Alle, denen Musik und Tanzen am Herzen liegen, kommen nach Paris.«

»Das stimmt.«

Ich denke noch immer an mein geliebtes und wunderbares Spanien, an seine unbekannten Schätze von Farben, Rhythmen und Ausdrucksformen, an seine nichtbesuchten und nichtkatalogisierten Schönheiten und an seine Tänze.

Aus dem Tagebuch von Imagy. Ich habe Spaß an meinen »Verwandlungen«. Ich sehe ruhig und unbeirrbar aus, und niemand weiß, wie viele Frauen in mir stecken. Ich lächle bei dem Gedanken an mich beim Festmahl, wo ich den Männern als »zurückhaltend und geheimnisvoll« auffiel, und dann beim Tanzen lebendig, kokett und wild. Ich verändere mich innerlich und äußerlich. Ich brauche keine Bühne. Ich täusche andere und täusche mich selbst, denn ich steige in jede Phase mit ganzem Herzen ein, schlüpfe fröhlich und unberührt hinein und hinaus. Nein, das ist eine Lüge. Ich *bin* berührt, verändert, verwandelt.

Und zugleich macht mein wirkliches Ich den Kater glücklich, kümmert sich um seine Knöpfe und Socken, knuddelt ihn, unterhält ihn, sorgt für seine Vergnügungen, tut alles, damit er stolz auf mich ist, und liebt ihn vor allem. Er ist glücklich, geschäftig, liebt seine Arbeit und sein Tanzen, bemüht sich,

dicker zu werden, genießt Tanzfestivals und das Theater und die Musik und Merejskowskis Buch über Ägypten und liest die Börsenberichte in der Zeitung.
Ich spüre, daß ich nie etwas schreiben werde außer meinem Tagebuch und dem Tagebuch von Imagy. Und dennoch – vielleicht etwas anderes, wenn ich älter bin und der Lebenshunger sich gelegt hat und befriedigt worden ist. Gerade jetzt kann ich mich immer nur einen Augenblick lang in mich zurückziehen. In Richmond Hill habe ich immer meditiert, auf meinen Gedanken herumgekaut. Bin ich für ein dramatisches Leben oder das Geschichtenerzählen bestimmt? Ich habe nichts, was ich Erskine zeigen kann, wenn er kommt, außer einer neuen Frau.

23. März
Ich habe mich noch nie einer anderen Sache so ganz hingegeben wie jetzt dem Tanzen. Ich habe es abgelehnt, mich der Technik des Schreibens zu widmen, habe mich dem Wissen der anderen Künste entzogen, die ich ausgeübt habe – Zeichnen, Modellieren, Dekorieren, Kostümentwerfen. An das Tanzen bin ich wissenschaftlich, elementar herangegangen. Ich bin beharrlich, gründlich, geduldig und hingebungsvoll. Ich *arbeite hart.* Ich liebe nicht nur die Praxis, sondern auch die Theorie, die Geschichte, jeden Aspekt des Themas. Ich würde gern den spanischen Tanz vollkommen verstehen und ausdrücken. Miralles hat mich dazu nicht nur mit seinem Enthusiasmus angeregt, sondern auch mit seiner Achtung davor und dem Wunsch, ihm zu dienen und ihn zu bewahren.
Mutter sieht gegenwärtig so jung und aktiv aus. Wir gehen zusammen einkaufen, nähen zusammen. Sie ist fast immer guter Laune und achtet darauf, für ihre Konzerte, Tee-Einladungen etc. gut angezogen zu sein. Sie ist jetzt ziemlich stolz auf unser Tanzen. Meine Familie ist mir so nah, nur sehe ich die einzelnen kaum, obgleich ich Joaquins Entwicklung beobachte und wir gute Gespräche miteinander haben, wenig Streit, viel Spaß. Ich würde gern einige von diesen liebevollen Augenblicken des Zusammenseins mit Mutter festhalten, die mich an meine mädchenhafte Bewunderung für sie erinnern, und jene mit Joaquin und die merkwürdige, fast lächerliche

Bewunderung, die wir für einander hegen. Ich möchte nichts vergessen: Joaquin am Klavier, wie er die beiden Wohnungen mit aufwühlender Musik erfüllt; Mutter, wie sie näht oder zum Markt eilt oder mich daran erinnert, mein Jemalt zu trinken.

Hin und wieder fahren Joaquin und ich zusammen in die Stadt, und ich finde alles heraus, was er so gemacht hat. An manchen Abenden gehen wir ins Konzert und teilen das Entzücken an Falla und La Argentina miteinander. Sonntag abends kommt er mit Neuigkeiten von den Godoys zurück, mit denen er gewöhnlich den Tag verbringt. Häufig spaziert er bei mir herein, um einen Blick auf mein Tagebuch zu werfen (obwohl es jetzt versteckt ist, wenn ich nicht daran schreibe) und mich zu fragen, ob er offen mit Irving brechen sollte. Ich rate ihm zur Heuchelei.

»Du bist inzwischen *zu* nett zu jedermann«, meint er.

»Somit hast du mich im ungeselligen Zustand lieber gehabt?«

»Vielleicht.«

Es widersteht ihm, daß ich freundlich zu Leuten bin, von denen er *weiß*, daß ich sie nicht leiden kann und daß sie mich langweilen. Meine neue Lebendigkeit amüsiert ihn, und er freut sich an meinem Tanzen. Mich amüsiert seine aggressive Liebe zu Debussy und d'Indy, und ich freue mich über seinen musikalischen Fortschritt. Ich spähe in sein Tagebuch und merke, daß auch ihn zu viele unvernünftige Sorgen beschäftigen.

25. März

»Classe d'ensemble« mit Hugh. Miralles erfreut, weil wir im ganzen sechs waren. Ihn packte die Begeisterung, und er führte mit seiner besten Schülerin – Irene von der Oper, ein großes braunhäutiges, temperamentvolles Mädchen voller Energie mit standfesten Beinen – zwei tolle Tänze vor. Ihre Tänze erregten uns. Es waren die schönsten, die Hugh und ich in diesem Winter gesehen haben. Was für einen Erfolg hätten sie auf der Bühne!

In der Ankleide danach sagte ich Irene, wie sehr ich sie bewundert habe. Sie antwortete, sie habe immer Angst, nicht spanisch genug zu sein, da sie soviel klassisches Training gehabt habe.

»Sie, zum Beispiel«, meinte sie, »Sie haben Gesten, die so charakteristisch sind.«
Wir machten uns weiterhin gegenseitig Komplimente. Sie hatte seit zwei Jahren Unterricht, und ich hoffe, daß mein Tanzen eines Tages dem ihren gleichkommt.
Wir hatten ein »Publikum« von etwa fünf Personen, und Hugh und ich tanzten den Sevillana für sie. Als wir uns danach umzogen, war es den Mädchen hemmungslos egal, was sie zeigten, indem sie die Tür offen ließen, so daß Miralles mich im Hemd sah – perfekte Theater-Atmosphäre! Ich war etwas erschrocken und dennoch amüsiert. Was mir heute aufgefallen ist (und gestern abend bei der Bonifacio-Vorführung), war die tiefe Ernsthaftigkeit des spanischen Tanzes. Einige Gesten rühren mich und senden elektrische Schauer durch meinen Körper. Heute waren Irenes Schritte und Bewegungen so herausfordernd; und Miralles so zwingend, ihnen zu folgen. Es ist eine Sinnlichkeit, die mir gefällt und die mich befriedigt. Ich würde gern all das ausdrücken, was ich beim Tanzen wahrhaft empfinde – dieses innere Delirium, Unruhe, Verehrung, Begehren, Angst, *alles.* Es wird kommen.

26. März
Noch mehr Tanzen: Nyota-Inyoka – ein wunderschöner brauner Körper, so weich und geschmeidig, so viel Harmonie und Sinnlichkeit und Schlangenhaftigkeit. Ein sehr ausdrucksvolles Gesicht, strahlendes Lächeln und schalkhafte Augen. Ihre ersten Tänze waren zu afrikanisch, zu wild und zu akrobatisch, doch der zweite Teil (einer späteren Periode in Indien) so schön, wie ich es erträumt habe. Ein ägyptischer Tanz wurde mit klassischer Zurückhaltung ausgeführt und erinnerte sehr an ägyptische Skulpturen und Reliefs. Hugh und ich waren entzückt. In den Pausen redeten wir übers Tanzen und fragten uns, warum man nicht allen Menschen beigebracht hat, wenigsten schön zu gehen wie Tiere.
Wir sind dabei, eingefleischte Pariser zu werden. In Theatern und Konzerthallen sehen wir uns um, kommentieren die Leute, studieren Gesichter, kritisieren, zerfetzen und besprechen hinlänglich das Stück. Wo immer wir hingehen, treffen wir jetzt auf Leute, die wir kennen. Paris erscheint klein und intim; wir sind Teil seiner Musik, Literatur und seines Thea-

terlebens. Wir erkennen seinen Klüngel, seine Typen, die unechten und die echten, seine wirklich großen Leute, seine berüchtigten und beliebten Kinder des Augenblicks, seine Elite.
Wir folgen nicht seinen Launen und Urteilen. Ich habe mir nicht die Haare abgeschnitten, habe nie Perlen getragen, wir trinken keine Cocktails, wir mögen das Radio nicht, wir haben noch kein Flugzeug bestiegen, wir haben keine ultramodernen Möbel zu Hause.

27. März
Die Vormittage mit Haushalt und Anproben, Nähen und Aufräumen verbracht. Die meiste Zeit denke ich ans Tanzen; ich lese ziemlich wenig und schreibe nur in mein Tagebuch. Ich werde oberflächlich!
Gestern habe ich zu Miralles gesagt: »Bitte, gehen Sie hart mit mir um, und schimpfen Sie mich aus, lassen Sie mir nichts durchgehen. Ich will gut tanzen. Ich liebe das Tanzen.«
Dies liebt er am meisten, mehr als Flirten, so daß er sofort reagierte und wir hart arbeiteten. Er ist glücklich, weil das »Sonntags«publikum ihm für mein Tanzen, meinen »Charme und meine Anmut« Komplimente machte. Alle ermutigten ihn, im Juni mit Irene ein Konzert zu geben, bei dem er auch seine Schüler vorstellen würde.
Ein Brief von Tia Antolina[1] mit der Nachricht, daß sie im Juni kommen wollen, aber Thorvald[2] kann leider nicht kommen, und ich werde ihn ernsthaft vermissen. Die Neue Familie [die Guilers] kommt auch, doch das freut mich nicht. In New York fand ich heraus, daß Hughs Mutter mich nicht leiden kann; sein Vater ja, und seine Schwestern, sie sind jedoch noch immer nicht gewillt, meine Familie kennenzulernen; ich habe alle vorstellbaren Opfer gebracht, und jetzt bin ich *fertig* mit ihnen. Ebenso Hugh. Mir wäre lieber, sie kämen nicht.
Godoy schaut herein, um sich nach Joaquins Gesundheitszustand zu erkundigen (es ging ihm nicht gut gestern),

[1] Antolina Culmell de Cárdenas, Schwester von Anaïs Nins Mutter, die in Cuba lebte.
[2] Anaïs Nins älterer Bruder, der bei der Cárdenas-Familie wohnte.

denn Godoy war tief beeindruckt von der Entdeckung, daß Joaquin Gedichte schreibt (keine guten meiner Meinung nach, aber Godoy gefallen sie). Ich sagte Joaquin, daß man selten von der eigenen Familie gewürdigt wird – wir lachten, weil das in unserer Familie nicht stimmt. Im geheimen halten wir uns für eine sehr begünstigte und interessante Familie.

29. März

Ich sagte zu Miralles: »Für Ihr Konzert im Juni sollten Sie meiner Meinung nach nur mit Irene tanzen und allein, um einen vollkommenen und rein professionellen Eindruck zu machen, und *später* können Sie dann Ihre Schüler vorstellen.«

»Ich denke nicht im Traum daran«, antwortete er schnell. »Ich mache das Ganze sowieso für Sie, weil Sie mich ermutigt haben und weil ich Ihnen eine Freude machen will. Ich denke sogar an einen Tanz mit Ihnen und daß Sie den Tanz Ihres Bruders als Solopart vorführen sollten, und den Farruca.«

Und er wurde sentimentaler denn je und arbeitete mit der größten Zärtlichkeit, behielt mich über die Zeit da und bat mich, auch noch während der Stunde mit der anderen Schülerin zu bleiben, nur um ihm Gesellschaft zu leisten. Er verhält sich wie Enric in Richmond Hill, und ich reagiere mit begeisterter Zuneigung. Er hat mich gern, weil ich wie er bin, sagt er, ernsthaft bei der Arbeit und gefügig.

»Als ich in Spanien lernte, war ich so gehorsam und von so gutem Benehmen. Ich kann eigenwillige und dumme Leute, ›gente loca‹ [verrückte Leute] nicht leiden wie dieses kleine Mädchen, das kommt und nicht auf mich hört.« Alles Vulgäre und *offenkundige* Koketterie sind ihm verhaßt, und auf Rauheit und Unverschämtheit reagiert er nicht. Eigentlich genau das Gegenteil von dem, was ich erwartet habe. Ich bin derweilen glücklich und frage mich, wie aufrichtig er ist und wie lange es andauern wird.

Heute abend bot er mir an, zu kommen und Joaquins Tanz einzustudieren, und ich habe ihn zum Essen eingeladen. Paquito kommt auch, etwas später, weil er angefangen hat, an einem Kopf von Hugh zu arbeiten. Hugh sitzt und raucht in seinem Lieblingssessel, während Paquito arbeitet. Und ich nähe, und wir führen angenehme Gespräche.

Je schlechter ich mich benehme, desto mehr liebe ich Hugh. Je mehr ich flirte, desto liebenswerter bin ich am Abend mit Hugh. Als ich mein Leben damit verbrachte, auf ihn zu warten, war ich ruhelos und elend. Jetzt führe ich am Tag ein selbständiges Leben, und abends stelle ich mich ganz auf Hughs Stimmung ein. Während er über die Bank, Aktien und Rentenpapiere redet, denke ich über Miralles nach. Wenn er müde ist, schert mich das nicht, denn ich hatte meinen Tag und bin zufrieden. Er läßt mich zuviel allein. Vier Jahre lang habe ich versucht, nur für ihn zu leben, und bin fast verrückt geworden. Den ganzen Tag warten und dann alles über die Bank hören und ihn in Gedanken versunken und müde vorfinden! Er arbeitet für unser Zuhause, unsere Ehe und mich, und er tut es auch *gern.*
Ich bin dankbar, aber nicht blind. Ich habe das Opfer gebracht, einen Bankier zu heiraten, und nur wenige Leute wissen, was für ein Unglück das ist! Natürlich versuche ich, mich für seine Arbeit zu interessieren, und manchmal gelingt mir das natürlich und einfach, doch er verabreicht mir immer eine Überdosis. Nur wenige Dinge langweilen mich, die Börse steht jedoch ganz oben auf der Liste. Vier Jahre lang habe ich ihm alle meine Gedanken, meine Zeit und meine Aufmerksamkeit geschenkt. Er war glücklich. Seit einem Jahr habe ich ihm dies nur zeitweilig geschenkt, und er ist noch immer glücklich. Er hat das, *was ich anderen gebe, nicht vermißt,* und diese Entdeckung treibt mich zur Verzweiflung; vier Jahre auf dümmliche Loyalität verschwendet! Ein Paradox: Indem ich weniger gut bin, werde ich eine bessere Ehefrau.
Wieder merke ich, wie einst heilige Glaubenssätze nach und nach zerbrechen. Ich spüre, wie sich mir der Abgrund logischen, intelligenten Lebens öffnet und die Gesetze des gefühlsbedingten Lebens ihre Bedeutung verlieren. Gerade heute, in diesem Augenblick bin ich von Werten und Ergebnissen verwirrt. Meine Instinkte leiten mich weiter – ich könnte den Reiz meiner Freiheit nicht aufgeben –, und alte Gewohnheiten halten mich zurück. Ich kann nicht mehr vernünftig denken. Ich gebe mich weg und habe doch Hugh mehr zu geben. Ich bin nicht mehr ganz sein, vollständig, einzig, zualleroberst sein, und doch hat er nichts vermißt. Ich

habe keine Ahnung, ob dies anhalten kann. Wenn er es herausfindet oder vielleicht auch das Bedürfnis nach Freiheit spürt?
Das alles scheint weit weg von dem äußerlich friedlichen Gleichmaß unserer Ehe. Hugh ist vertrauensvoll und nicht beunruhigt. Jeder ist überzeugt, daß wir außergewöhnlich glücklich sind und wunderbar zusammenpassen. Wir versichern einander weiter, daß wir uns lieben. Wir beweisen es durch Hingabe, nicht durch Funken und Flammen und innere Sprünge. Wie gewöhnlich sehe nur ich Probleme und stelle mir Stürme vor. Ich denke zuviel. Doch habe ich mein Möglichstes getan, um nicht zu denken, nicht diesen schrecklichen Hunger zu analysieren, der mich dazu bringt, mehrere Leben zu leben, wohingegen Hugh nur eines lebt. Von Anfang an habe ich befürchtet, daß er nur einen Teil von mir besetzt halten könnte, daß er der Meister eines Lebens ist und keiner weiteren. Ich bin gegen meinen Willen eine Vagabundin, eine Wandernde, eine komplexe Unruhestifterin. Ich muß wenigstens so leben, daß ich ihn nicht verletze.

30. März
Aus dem Tagebuch von Imagy. Jeder sieht in ihm [Miralles] einen alten Mann, einen Mann des Volkes, einen Mann, der wenig anziehend ist. Ich sehe nur die Anmut seiner Haltung und die Glut seiner Augen. Zwischen uns ist kein Gespräch möglich; wir haben wenige Interessen gemeinsam, doch ein Händedruck reicht aus, uns glücklich zu machen, eine kleine aufmerksame Geste. Ich finde in ihm eine tiefe rassische Schönheit und Wesensverwandtschaft, wie ich sie nie in Frankreich angetroffen habe. Wir sind beide Gläubige, glühend, naiv, aufrichtig, erfüllt von einer Zuneigung, die wenige Leute wollen oder verstehen. Er trägt in seiner Tasche Bilder von mir. Als ich heute aus dem Bus stieg, sah ich ihn gedankenverloren und mit gebeugtem Kopf die Straße hinuntergehen. Als er mich sah, leuchtete sein Gesicht. Die Concierge hatte ihm gesagt, ich hätte angerufen, um mitzuteilen, ich sei krank und könne nicht kommen (Namensverwechslung), und er war so unglücklich. Sentimentalität? Ich weiß es nicht. Es besänftigt die fortwährende Traurigkeit und den Schmerz, die ich empfinde, wenn ich allein gelassen werde. Ich mache je-

manden glücklich, ich *gebe* etwas, ich bin zu etwas nutze. Et j'ai tant besoin de tendresse, et j'ai tant de tendresse à donner! [Und ich brauche so viel Zärtlichkeit, und ich habe soviel Zärtlichkeit zu geben!]
Was mein eigenes Leben angeht, erschmeichle ich mir von dem Humorvollen Bankier etwas Extrageld.
»Du kommst immer nach Hause und sagst, du hättest soviel Geld mit Aktien verdient. Warum sehe ich nie etwas davon? Ich möchte etwas Geld haben, um für die Neue Familie das Haus zu richten und mir ein Valenciana-Kleid zu nähen.«
Ich necke ihn, knuddle ihn, vermische Bitte mit Scherzen und Küssen. Der Kater lacht. Er glaubt ans Sparen. Ich glaube daran, kann es nur nicht. Ich sehe so vieles, was mir gefällt. Er hat ein paar Dunhill-Aktien. Ich habe ihn gefragt, ob er eine kleine Pfeife für mich verkaufen würde. Er lacht, gibt aber nicht nach. Ich bitte um dreitausend Franc. Vielleicht gibt er mir die Hälfte davon.
Inzwischen fahren wir für zehn Tage in die Berge. Ich freue mich. Ich brauche Natur, Reinheit, um mich zu finden. Ich würde gern mein altes intellektuelles Leben wieder aufnehmen, meine Liebe zur Theorie und Philosophie wiederfinden, die mein Tanzen zerstört zu haben scheint.

1. April
Aus dem Tagebuch von Imagy. Meine Zigeunerin, ich würde dir überall kleine Küsse aufdrücken. Ich träume jede Nacht von dir. Wie glücklich wäre ich, hätte ich eine so kleine liebevolle Frau wie dich. Ich habe so viele Frauen gesehen, bin soviel gereist, habe so viele, viele Frauen kennengelernt, aber keine wie dich. Ich weiß nicht, was du an dir hast oder was du mir zu trinken gegeben hast, daß ich so denke. Ich habe nie an etwas anderes gedacht als an meine Arbeit. Meine Zigeunerin, Zigeunerin mein! Wie weich deine Haut ist, so weich wie Seide.[1]

5. April
Habe mich gestern von Miralles verabschiedet, der auch zu

[1] Übersetzt aus dem Spanischen.

Ostern wegfährt. Ich habe unsere ganzen Vorbereitungen in einem schlimmen Geistes- und Körperzustand getroffen. Eine unerklärliche Traurigkeit, eine schreckliche Leere, ein Brennen des Blutes. Ein Gefühl, daß ich von einer neuen Sicht, einer neuen Sensibilität gegenüber dem Leben erfaßt bin. Am meisten leide ich darunter, daß ich auseinanderbreche, nicht mehr ganz bin. Ich fühle mich schwach, weich, vielfach. Je suis femme, avec les faiblesses de la femme. [Ich bin eine Frau mit den Schwächen einer Frau.]

7. April
Im Zug. Gide sagt [in *La Porte Etroite*], Hingabe sei nicht Leben, sondern Einschränkung und daß man das intensivste Leben nur erreichen könne, wenn man durch La Porte Etroite [die enge Pforte] gehe. La Porte Etroite! Selbstbeherrschung, Aufopferung, Einschränkung – das alles habe ich immer praktiziert, und alles, was ich dadurch bekommen habe, sind ein unsensibler Körper und ein schmerzhaft wacher Intellekt.
Und jetzt habe ich Wärme und körperliche Empfindsamkeit gefunden und damit *Verständnis*, die Kraft zu handeln, mich selbst zu vergessen. Ist der Intellekt beschädigt worden? Ich gestehe, ja. Ich habe mein Gleichgewicht verloren. Ich spüre nur meinen Körper, sein Brennen, seine Sehnsucht, seine Wünsche und seine Mängel. Ich kann nicht denken. Ich werde das rechte Maß finden.

Montana-Vermala, Schweiz.
Liebe Mutter,
Ich schreibe Dir von meinem sonnendurchtränkten Liegestuhl. Die Sonne läßt den Schnee schmelzen, Hugos Gedanken ans Geschäft und meine choreographischen Sorgen. Wir denken an nichts anderes als an Essen und Schlafen, soviel wir können. Die Schweizer Mahlzeiten sind für Bergsteiger gedacht, und somit klettern wir jeden Tag zwei oder drei kleine Berge hinauf, um unsere Verdauung zu unterstützen. Alles sehr gesund und sättigend. Alles glänzt vor Sauberkeit. Sonntag abend werden wir Dich wahrscheinlich in die Arme nehmen. Ein Kuß ohne Colombines Make-up und mit dem Geschmack von Schweizer Schokolade.

9. April
Die Schönheiten der Natur berühren mich viel weniger als in Richmond Hill, wo ich eine leidenschaftliche Bindung an einen Baum fühlen, mich der Tod einer Blume treffen, mich der Ruf eines Vogels mitreißen konnte. Ich liebe diese Berge, die Schärfe und Reinheit der Luft, die Heftigkeit der Sonne, den Duft der Fichten. Wir machen lange Spaziergänge, liegen in einem Pavillon in der Nähe des Hotels in Liegestühlen, lesen und reden miteinander, und manchmal üben wir uns im Tanzen draußen, wo die Fichtennadeln für einen weichen, gefährlichen Teppich sorgen. Die Kastagnetten hallen wider, und das Klappern lockt neugierige Arbeiter herbei, die hinter den Bäumen hervorspähen.
Ich liebe die Ruhe, die Einsamkeit, und ich verbringe lange Stunden mit einem offenen Buch auf den Knien, ohne Lust zum Lesen, mit Träumen und unzusammenhängenden Gedanken beschäftigt. Das Fieber hat sich gelegt. Mein Körper ist stumpf und reagiert nur auf die Freuden gesunden Lebens. Ich bin wieder im Gleichgewicht, wenn auch unverändert, und leugne nichts von der Vergangenheit.
Hugh sieht jünger aus – erinnert mich an Hugh, als ich ihm das erste Mal begegnet bin. Er paßt perfekt in die Umgebung. Er liest ernsthaft ernsthafte Bücher. Er lacht über meine Einfälle, kehrt jedoch schnell zur Philosophie zurück.
Wird er je seine Sicherheit, sein Selbstvertrauen, seine Offenheit verlieren? Wird auch er durch eine Krise gehen? Ich werde ihm dann helfen. Er ist nicht *einfach* (keiner von uns ist das), doch seine komplexe Seite ist jetzt ruhig, denn er ist zufrieden mit seiner Arbeit, seinem Zuhause, seiner Frau und seinen Büchern. Er ist freundlich zu mir, aufmerksam, mitteilsam. Er sagt, es gebe keine Geheimnisse zwischen uns; Paquito hatte unrecht, als er sagte, daß kein Mann je die Gedanken von Frauen kenne. Männer, die das behaupten, sind solche, die nie lange genug mit einer Frau zusammenbleiben.
»Kennst du meine Gedanken?«
»Ja.«
Ich blickte auf die Fichtennadeln am Boden, auf die Krokusse. Hugh blickte auf die schneebedeckten Berge. Der Satz ging dahin, und ich ließ ihn dahingehen. Nie, nie möchte ich ihm wehtun. Wir passen so gut zusammen, physisch, geistig,

vom Temperament her. Ich kann jedoch nicht zu Hause bleiben. Ich habe ein verzweifeltes Sehnen, das Leben kennenzulernen und es zu leben, um zu Reife zu gelangen. Unsere Ehe hat mir nur einen Teil des Wissens vermittelt. Wenn ich mich nicht allzu täusche, wird Hugh, der immer für neue Vorstellungen offen ist, der Fehler hinnimmt, wenn sie in einem aufrichtigen Kampf um Wahrheit begangen werden, mir vergeben.

10. April

In Godoys Salon erahne ich viele Dinge, die ich nicht ganz verstehe; gesellschaftliche Unterschiede, die ich durch Erziehung oder Instinkt nie gelernt habe zu entwirren, da es für mich nur drei Klassen gibt: geborene Aristokraten, intellektuelle Aristokraten und mittelmäßige Leute. In Godoys Salon gibt es mehr Klassen als diese. Ich kann sie nicht ausmachen: reiche und wichtige Leute, mit denen zu reden mir nie in den Sinn kommen würde, wenn Mutter mich nicht dazu triebe. Es gibt Berühmtheiten wie Massès, den Maler, und [Francis de] Miomandre, den Schriftsteller, die ich nie bemerkt hätte, wenn Godoy mich nicht auf sie aufmerksam gemacht hätte. Da sind Diplomaten, die nichts anderes zu tun zu haben scheinen als zu flirten. Dekorative Damen von nichtprofessioneller Erscheinung, die dennoch kenntnisreiche Amateurinnen sind. Es gibt ein paar echte Aristokratinnen, auch höchst dekorativ, die nie Godoys Gedichte gelesen haben. Ein bißchen von allem. Godoy wählt nicht aus.

Das einzige, woran es nichts zu deuteln gibt, ist, daß man gut angezogen sein muß. Was die Manieren angeht, saß einmal eine Marquise, als sie mit Viñes redete, fast auf mir drauf und zerdrückte wirkungsvoll mein Kleid. Alles übrige ist eine Frage des Glücks. Man unterhält sich vielleicht mit Royère oder einer jungen Frau, die Rumba tanzen kann. Der Franzose, der bei dem Bankett neben mir saß, ist auf der ganzen Welt bekannt als ein Charmeur, jedoch ein bösartiger und beharrlicher. Ich begann, eine intensive Abneigung gegen ihn zu entwickeln – mir ist ein professioneller Liebhaber zuwider, und vor allem ein französischer. Dieses gockelige und zynische Nachstellen bringt mich gegen ihn auf. Frivolität – das stößt mich ab.

Wie oft wird man mich dazu bringen, in Godoys Salon zu erscheinen? Es wird immer eine künstliche Anstrengung sein, die ich vielleicht mache, um einen Schimmer von Godoy zu erwischen.
Was geht mir während dieser langen, lieblichen Tage durch den Kopf? Daß ich nie von zu Hause wegstreunen würde, wenn Hugh immer so ganz und gar umgänglich wäre. Daß seine neu entdeckte Religion oder vielleicht Nichtreligion in den *Mystères de l'Orient,* dem Buch von Merejskowski, befriedigend, aber nicht praktikabel ist und unseren Kindern nicht rechtzeitig erklärt werden könnte, um ihren natürlichen Fragen zu entgehen. Daß ich nicht mehr an die Besserung des Charakters glaube, obgleich ich den Kampf nicht aufgebe und nur auf ein tiefes *Verständnis* hoffe. Es ist zu spät, um weiter von einer vollkommenen Frau zu träumen, da ich ja fünfundzwanzig bin. Ich werde immer zu weich sein, immer zu impulsiv und zu nachdenklich und zu analytisch. Wie Proust sehe ich andere Leute nicht an, »Je les radiographie« [Ich röntge sie]. Und zugleich bringen mich ihre Sorgen auf. Ich hege soviel Sympathie für Proust und soviel Bewunderung. Was für eine intellektuelle Energie, Geduld und Klarsicht – die Literatur der Halb- und Vierteltöne wie in der orientalischen Musik, die der Abendländer kaum erfassen kann. Ich sehe diese Vierteltöne, diese kaum vermittelbaren Nuancen, und bewundere, wie er sie wiedergibt.
Der Wind – ich hasse den Wind, den böigen, lauten, heftigen Zerstörer des Friedens. Er fegte wütend über die Berge, schüttelte unsere Fichten, füllte unsere Augen mit Staub. Deshalb gingen wir hinauf in unser Zimmer (Hotel Alpina, bescheiden, weit weg vom Dorf, herzhafte Abendessen, ein sauberer und reizender Ort). Unsere weißen Möbel und die Holztäfelung reflektieren die letzten Sonnenstrahlen. Ich sollte nicht schreiben, weil meine Augen müde sind, aber manchmal wäre es mir unmöglich, aufzuhören, selbst wenn ich sterbenskrank wäre. Ich liebe mein Schreiben über alles – das weiß ich jetzt. Die Gefühle, die mich überkommen, wenn ich die Hand in meine Tasche stecke und meine glänzenden Kastagnetten streichle, sind überwältigend, ich empfinde jedoch noch mehr, wenn ich allein bin oder traurig oder von Freude überwältigt oder übervoll von Gedanken

und dann mein Tagebuch öffne. Meine *wahrste* Hälfte wohnt hier.
Mein Denken wird nie zugrunde gehen und deshalb auch nicht mein Schreiben. Mein Tanzen wird dahingehen, weil es kurzlebig, eine Stimmung, eine Emotion ist, die nur einen Aspekt der Schönheit enthält. Ich schwanke ständig zwischen den zwei Leben. Ich werde nie eine Mitte finden, und ich werde nie eine Harmonie zwischen den beiden finden, denn jedes hat mich vollständig und eifersüchtig im Griff. Und ich werde mein Tagebuchschreiben nie aufgeben, bis ich Frieden gefunden habe. Ce que je ne trouverai jamais [Was ich niemals finden werde].

11. April
Proust hat mir offenbart, wie auch ich intensiv in der Vergangenheit und außerhalb der normalen Zeitgrenzen lebe; und wie ein Geruch, ein Klang, eine Farbe, irgendeine Kleinigkeit ein ganzes Stück Leben in mir neu schaffen kann – sehr klar und mit dem Zusatz vollständigen Verständnisses. Was Proust nicht hat, ist ein intuitives Begreifen der Zukunft, die Kraft, sich nie gesehene Plätze vorzustellen, die Geduld, auf vorgefaßten Ideen aufzubauen. Die zusätzliche Aktivität der Phantasie hilft, die drei »Zeiten« [Vergangenheit, Gegenwart, Zukunft] so harmonisch miteinander verschmelzen zu lassen, daß man die Glieder, die sie miteinander verbinden, greifen und die Augenblicke ihres Zusammenschlusses verfolgen kann. Proust findet wenig Einheit außer seines zentralen Gedankens der Zeit und der Zeitlosigkeit, die nur die Erinnerung und die Beobachtung finden und festlegen. Ich glaube, ich werde mehr Einheit im Leben finden.
Heute grüble ich, abgesehen davon, daß ich über Proust nachdenke, über einen merkwürdigen Abend nach, der eine große Veränderung in mir hervorgerufen hat. Der Wind heulte gestern abend mit wütender Kraft durchs Tal. Alle Fichten bogen sich und klagten. Unsere Fenster knarrten.
Wir saßen still in unserem Zimmer, rauchten und setzten uns philosophisch mit der Literatur und dem Leben auseinander. Irgendwann während des Gesprächs begann Hugh mit ernsterer Stimme als gewöhnlich unsere Ehe zu rühmen, als sei er sich ihrer Bedeutung bewußter denn je. Er redete davon, wie

tief sie ihn verändert habe, daß er erst vor fünf Jahren angefangen habe zu leben, welche Kraft sie für ihn sei, mit der er unglaubliche Dinge vollbringen könne, wie wir zusammen ein Gleichgewicht und einen Schwung erreicht hätten, zu denen kein Mann, wie bedeutend auch immer, allein gelangen könne. Er sagte noch viele Dinge, wobei er von unserer Ehe als einer ewigen und geheimnisvollen Macht sprach, einem unirdischen Ideal, und das alles mit einer gleichmäßigen, ruhigen Stimme. Als ich in sein überzeugtes Gesicht sah, wurde mir plötzlich die ungeheure Stärke unserer Einheit klar; und Hugh, der so gleichmäßig an jenem stürmischen Abend sprach, erschien einen Augenblick lang als ein Symbol eines unzerstörbaren Ideals. Mein Fieber legte sich, und all mein zaghaftes Zerren an diesem fast unmenschlichen Ideal schien sinnlos; ich saß sehr ruhig da, lauschte und starrte, während Hugh, ohne es zu wissen, mich zurückgewann, mit seiner Stimme, seinem Vertrauen, seinem Traum.

Für mich jedoch hat der alte Traum seine lebendige Wärme verloren, weil er Keuschheit, Aufopferung, Zurückhaltung erfordert, und diese Dinge können mich nicht halten. Ich kann für einen Augenblick zu Reinheit, Nachdenken, einer losgelösten Existenz zurückkehren, mich auf eine Liebe konzentrieren (eine Liebe, die mir nicht allein gehört; Hugh steckt um der Liebe willen seine Energie in die Suche nach Macht). Ich kann zurückkehren, so wie ich zur Natur, zu Frieden, Einsamkeit zurückgekehrt bin, doch jetzt ist mein Wunsch zu *verstehen* größer, zu verstehen auch um unseres Ideals willen, weil ich ihm die Hingabe einer Frau bringen will, nicht die eines Kindes.

Über diese Dinge habe ich gestern abend nachgedacht; ich war wieder gefangen und gehalten, ja. Von dem hohen Berg, wo wir nichtige Hindernisse beherrschen und uns unseren wahren Wünschen stellen, steigt Hugh hinunter, um zu Macht zu gelangen, und ich werde hinuntersteigen, um Verstehen zu finden. Ich kann nicht mehr dieses fleckenlose, distanzierte, unmenschliche alte Selbst sein – jene Mumie, die Männern Träume eingab. Was ich jetzt will, ist ein Beweis, daß diese Mumie *tot* ist. Ich hatte ihn kürzlich in Paris, Augenblicke, da ich sicher war, daß sie tot war. Noch nicht den letzten Beweis.

Einige Zeit nach unserem Gespräch, als ich still dasaß, fragte mich Hugh, woran ich dächte.
»Ich werde den heutigen Abend nie vergessen«, antwortete ich.

12. April
Der Gedanke bei Proust, über den ich fortwährend nachgedacht habe, ist folgender: »Une heure n'est pas qu'une heure, c'est un vase rempli de parfums, de sons, de projets et de climats.« [Eine Stunde ist nicht nur eine Stunde, sie ist ein Gefäß voller Düfte, Klänge, Pläne und Stimmungen.] Dies ist der einfachste Ausdruck eines mystischen Gedankens, der Proust besetzt hält und der alle seine Bücher durchzieht – *Auf der Suche nach der verlorenen Zeit* und besonders *Die wiedergefundene Zeit.* Es ist ein Gedanke, der mir häufig gekommen ist in merkwürdigen Augenblicken, wenn ich nicht wußte, *wo ich war*, und ich den Eindruck hatte, daß alle Zeit- und Raumbegrenzungen vernichtet waren – ein erschreckendes und ekstatisches Gefühl, das ich hüte und das ich selten versucht habe zu beschreiben. (Es stimmt, daß die wichtigsten Gedanken und Gefühle in diesem Buch oft ausgelassen werden, so wie das in allen Büchern und allen menschlichen Ausdrucksformen geschieht.) Als ich dies Hugh gegenüber erwähnte, sagte er: »Oh, ich bin froh, daß du das verstanden hast. Es ist ein Gedanke, der mir schon seit langem gefällt und von dem aus man zu zahllosen Einsichten gelangen kann. Jetzt, da du dafür bereit bist, lies dies (aus Merejskowskis *Mystères de l'Orient*): Selbst der Mensch, der nichts über die Dreieinigkeit weiß, lebt in der Dreieinigkeit wie ein Fisch im Wasser und wie ein Vogel in der Luft. Vielleicht ist er der Logik zu Leibe gerückt, doch er kann der Dreieinigkeit nicht entkommen, es sei denn, er ist völlig verrückt. So lange er denkt, wird er der Dreieinigkeit gemäß denken, denn alle grundlegenden Kategorien des menschlichen Denkens – Raum und Zeit – sind dreifältig. Drei Dimensionen des Raums: Linie, Ebene, Inhalt; drei Dimensionen der Zeit: Gegenwart, Vergangenheit und Zukunft.«
Das Empfinden für diese drei Dimensionen *in einer*, ohne Grenzlinien und als Einheit, ist das, was ich verstehe.
Es ist ein ausreichend gehaltvoller Gedanke für diesen Ur-

laub. Jeder Urlaub von uns wurde von der Entdeckung eines Gedankens geprägt. Ferrero in Fiesole, Unamuno in jenem ruhigen Sommer in Paris, Rolland in Luchon, Proust und Merejskowski hier.

Wir fliehen vor den Leuten, meiden das ganze Hotel, suchen einsame Spaziergänge und Orte. Wir suchen nur einander, rücken eng aneinander, öffnen einander unsere Herzen. Wir entdecken erneut, was für vollkommene Gefährten und Liebende wir füreinander sind.

Der Gedanke, den ich in den letzten Monaten mit Hilfe von Experimenten und Analysieren verfolgt habe, der mich höchst hartnäckig umgetrieben hat, ist die *Dezentralisierung* der Persönlichkeit, die ich bei Proust finde; er ist auf verschiedenen Wegen dazu gelangt, vor allem durch die Meditation und die mikroskopische Analyse.

Als ich Hugh davon erzählte, meinte er: »Mir gefällt der Gedanke nicht.« Weil er den Einfluß auf das Handeln fürchtet. Proust hatte keine Angst davor, weil er kein Mann des Handelns war. Außerdem kümmerte ihn, ganz im Sinne der französischen Philosophie, weder das Verhalten noch ein endgültiges Ergebnis – nur die geistigen Entdeckungen. In den letzten Monaten ging es mir genauso, und indem ich einfach die Tatsachen akzeptiert habe, bin ich auf den Gedanken gekommen, daß es dem Charakter an Einheit fehlt – das heißt, daß ich mit keinerlei Einheit handle, obwohl ich mich nach Beständigkeit sehne und sie bewundere.

Dies führt mich zu einem wichtigen Unterschied zwischen der französischen und englischen Literatur und ihrer jeweiligen Mentalität. Hugh hat Conrads Helden in *Nostromo* beschrieben. Ich meinte: »Diese schweigsamen und unbeugsamen Männer interessieren mich nicht mehr. Ihre Handlungen basieren einzig auf edlen Prinzipien – bewundernswert, ja, doch mich interessieren Verhalten an sich und Charakter nicht mehr. Ich bin mir sicher, daß dieser Mann, von dem du mir erzählst, sehr wenig vom Leben wußte und sehr wenig nachgedacht hat. Deswegen gebe ich die englische Literatur auf, obwohl ich während meiner ganzen Kindheit unter ihrem ausschließlichen Einfluß stand. Sie ist zu elementar und einfach. Heute ziehe ich die französische Literatur vor, in der Leben-*Verstehen* das Hauptanliegen ist – Gedanken, Intelli-

genz, Neugierde. Erskine, du erinnerst dich, sucht dies ausschließlich.«
»Was für einen Einfluß haben solche Vorstellungen auf dich gehabt?«
»Sie haben mich dazu gebracht, eine geistige Weiterentwicklung zu suchen und nicht so sehr das Festhalten an Prinzipien. Ich verstehe das Leben besser. Erskine glaubt an die Neugierde, an unbegrenztes Forschen und ist zu den unvoreingenommensten Theorien gelangt, ohne daß sie sein Privatleben geändert hätten – bis jetzt.«
Ich habe nicht gesagt, daß dieser neue Einfluß die meisten meiner alten »Prinzipien« vernichtet. Hugh ist noch nicht so weit. Er kann die Männer von Conrad bewundern, wohingegen ihre Schweigsamkeit mich nicht mehr beeindruckt und ich sie sogar im Verdacht habe, dumm zu sein; ihre lebenslange absolute Hingabe an ein Ideal wirkt auf mich wie der unnötige und [nach Erskine] schmähliche Tod der »Light Brigade«[1].
»Und doch«, erwidert Hugh »hat das Leben etwas Geheimnisvolles, was sich den Franzosen entzieht.«
Und ich stimme ihm zu.
Ich habe den ganzen Morgen im Schlafzimmer geschrieben, denn es schneit. Wir unternahmen einen kleinen Spaziergang für die Gesundheit und um der Kunst willen – der Ort ist so schön. Jetzt kommt jedoch die Sonne heraus, scheu, und die ganze Schönheit schmilzt dahin, und wir werden Gummistiefel tragen müssen. Wir warten auf das Klingeln zum Abendessen. Hugh liest Conrad. In unserem Zimmer, weiß und sauber wie in einem Sanatorium, führen wir ein einfaches ländliches Leben. Paris erscheint im Vergleich dazu unglaublich und chaotisch. Ich werde schläfrig, wenn ich an die Dinge denke, die uns erwarten.
Immer wenn ich weggehe und mit mir allein bin, je me retrouve, et avec plaisir [finde ich wieder zu mir selbst, und mit Vergnügen]. Es erinnert mich an Woodstock, wo ich soviel geschrieben und so wenig geredet habe; an die Tage in Richmond Hill, als ich glaubte, das sei alles, wofür ich geboren sei – schreiben, schreiben, schreiben. *Ich bedaure nichts.* Ich

---

[1] Aus »The Charge of the Light Brigade« [Anm. d. Ü.]

schreibe weniger, rede mehr, und trotz meiner Proust ähnlichen Mentalität je marche [komme ich weiter], oh, mit ungeheurer Energie. Experimente und Analyse lähmen mich nicht. Ich benutze alles als Brennstoff – unterschiedslos, und ich gehe weiter, immer weiter, zurück nach Paris.
Später: Hugh sagt über die Zeitung hinweg: »Meine Aktien sind 'raufgegangen.«
»Ist mir egal. Ich sehe das Geld nie, warum sollte ich mich dann freuen?«
»Für die Frau eines Bankiers bist du zu praktisch. Ich habe zehntausend Franc verdient.«
»Dennoch, wenn ich dich um zweitausend bäte, könntest du sie mir gewiß nicht geben.«
»Nein, weil ich die Aktien jetzt nicht verkaufe. Ich rechne damit, daß sie noch weiter steigen. Wenn ich auf dich gehört hätte, du kleine dickköpfige, katalonische Bäuerin, hätte ich überhaupt keine Aktien gekauft oder irgendwelches Geld verdient.«
»Ich räume ein, du warst klug – trotzdem hätte ich dieses Geld lieber in einem Strumpf, wo ich leichter drankommen könnte. Und was haben wir schließlich von all diesem Scheingewinn? Heute freust du dich, weil die Aktien gestiegen sind, morgen hast du eine düstere Miene, weil sie fallen – weißt du noch nicht, daß das der natürliche Lauf ist? Seit ich das alles beobachte, läuft es nie anders, mechanisch, auf und ab wie Sand in einer Sanduhr. Warum dann die Aufregung?«
»Du bist zu nüchtern«, meinte Hugh hilflos und lachte. »Und du bist zu geheimnisvoll, zu mystisch für mich.«
Wir lachen beide, doch ich bekomme keinen Cent extra, um die Wohnung für die Neue Familie und Tia Antolina in Ordnung zu bringen.

13. April
Gestern abend habe ich Hugh alles erklärt, habe ihm gesagt, wie meine Einstellung zu den Dingen sich geändert hat, wie mein Ideal von Gutsein mit meinem Wunsch nach Reife im Widerstreit lag, wie mein Sinn für Prinzipien abhanden kam, wie ich mich als Frau zu fühlen suchte, wie ich mich der konventionellen Erfahrung einer Frau stellte und wie mir diese

Erfahrungen zu dem verholfen haben, was er heute bei mir so viel mehr schätze als jede alte Bücherweisheit.
»Wie weit kann man in diese Richtung gehen?«
»Nichts, was du tust«, meinte Hugh, »kann falsch sein. Ich vertraue dir.«
»Das darfst du nicht«, antwortete ich. »Ich muß es wissen – du mußt es mir sagen.«
»Nun, nichts kann uns wirklich von dem abhalten, was uns gefällt: Wir haben keine Religion, wir haben keinen Sinn für die konventionellen Ehebande. Unsere Religion ist die Liebe, unsere Liebe; solange du daran glaubst.«
»Solange also wie ich unsere Liebe respektiere.«
»Wenn die Menschen an nichts glauben, zerbricht ihr Leben, und das passiert allen um uns herum. Du willst doch nicht, daß uns das passiert. Du hast in der Literatur und in Frankreich gesehen, wohin deine den Extremen zugewandten Vorstellungen führen: zu mittelmäßiger Untreue.«
»Du hast das einzige Argument benutzt, das mich bewegen konnte: Ich glaube an unsere Liebe. Wirklich. Ich glaube nicht, daß ich jetzt noch Fehler machen kann. Unsere Vorstellung von Freiheit kann nie etwas mit dem feigen und oberflächlichen Treibenlassen von Menschen gemein haben, die nicht die Kraft haben, sich irgend etwas ganz hinzugeben.«
In schlichten Worten ausgedrückt, klingt alles einfach und wird alles einfach gelöst. Hughs Zusammenfassung ist so genau, wie ich sie hätte machen können, doch sie enthält nicht alles. Mich beschäftigen keine Schwarzweißprobleme. Ich spüre, daß es tausend unausdrückbare Feinheiten gibt, denen ich mich stellen und hinter die ich allein kommen muß.
»Du verstehst, Lieber, daß ich jetzt in das Zentrum des Lebens gekommen bin – um Weisheit und menschliche Wärme zu finden. Für eine Frau ist die Kenntnis der menschlichen Natur die Kenntnis des Mannes – Erskine sagte das Umgekehrte: für den Mann ist es die Frau –, also muß ich *zuhören,* wirst du das hinnehmen? Die Tage der Innenschau und des Lesens sind vorbei, und erinnerst du dich, du fandest mich damals zu unirdisch?«
»Nein«, sagt Hugh bedauernd. Als ich jedoch darauf bestehe: »Du erinnerst dich wohl«, guckt er weg. Oh, ihm gefallen als Ehemann meine neuen Gefühle nicht, er muß sie mir jedoch

intellektuell einräumen, und er tut es so tapfer und weitestgehend wie möglich. Währenddessen hält er meine Hand, und seine Augen sagen: »Du würdest nicht zu weit gehen – ich liebe dich. Ich brauche dich. Gedanken waren das Brot unseres Lebens, doch unsere Liebe ist mehr.«
Er vertraut mir, und ich bin so weich, ich beuge mich nach vorn, um zuzuhören, beuge mich zu sehr nach vorn; und was ich in anderen Augen sehe, verstört mich. Ich finde nicht immer Weisheit.
Wenn er morgens weggeht, rufe auch ich ihn zurück: »Ich brauche dich. Macht ist eine tolle Sache in deinen Händen, doch unsere Liebe ist mehr.« Mit einem eiligen Kuß geht er dennoch, geht er tagelang weg, und seine Freuden findet er darin, seine Macht zu testen (so wie ich die meine teste), wenn er Männer beurteilt, unterstützt, fördert und handhabt (so wie ich, wenn ich Männer inspiriere, ihnen gefalle), wenn er gelobt wird, triumphiert (so wie ich), wenn er seinen Geist, seinen Charakter, seine Theorien erprobt (so wie ich), wenn er Entdeckungen macht, lernt, *lebt* (so wie ich).
»Übertreibe nicht«, sagt der arme Bankier und fängt an, sich zu beunruhigen. »Du hast deine Kunst, dein Schreiben!«
»Sie haben mir nie geholfen, eine Frau zu werden«, antwortete ich.
Seltsame Tage, während wir einander neu entdecken. Überrascht stellt Hugh fest, daß ich in die Berge gut hineinpasse – er hatte Luchon vergessen! Er merkt an, daß meine Haut in der Sonne durchsichtig und strahlend aussieht. Er erinnert mich an einen Spaziergang eines Abends nach einem Tennismatch in Forest Hills, lange bevor wir heirateten, als wir über unsere Liebe zu Kindern sprachen.
Heute unternahmen wir einen langen Spaziergang den Berg hinauf; wir fühlten uns sorglos und verliebt und jung. Er dachte nicht einmal mehr an seine Aktien, und plötzlich wurde mir klar, daß ich seit fünf Monaten in allerbester Stimmung bin und mich nicht mehr wegen meiner Reizbarkeit zu sorgen brauche, die Paris zu verstärken scheint.
Hugh bittet mich, ein ganz klares Postscriptum an mein Problem zu hängen: P.S. Denk vor allem daran, daß ich einen eifersüchtigen Ehemann habe.

17. April
Wieder zu Hause. Alles *schien* in den Bergen verändert, und doch ist alles *dasselbe* geblieben, außer daß ich mit mehr Klarsicht und mehr Angst lebe. Ich bin sogar für mich selbst eine Überraschungstüte, so wie sie im Kino verkauft werden. Was mich anzieht, mich ständig in Versuchung führt, ist die Gelegenheit, ein neues Selbst auszuleben – so wie ich es mit Miralles mache. Frauen sehen sich wie in einem Spiegel in den Augen von Männern, die sie lieben. Ich habe in jedem Mann eine andere Frau gesehen – und ein anderes Leben.

18. April
Horace und Frances werden heiraten. Hugh meint: »Horace hat ein mittelmäßiges Leben gewählt.« Der arme Horace gesteht, daß er lange darüber nachgedacht hat und er *noch immer nachdenkt;* der unwiderstehliche Drang fehlt. Ich bin theoretisch enttäuscht, kann jedoch nicht umhin, ihr Glück zu erhoffen. Er ist ein verlorener Freund, weil Frances ihn von uns fernhalten wird, und von mir.
Abends. Von meiner Tanzstunde zurückgekehrt. Deprimiert, beunruhigt, in dichten Wolken hängend. Imagys Tagebuch wächst in meinem Kopf. Es wird ein separates und besonderes Tagebuch. Ich kann nicht in der Wirklichkeit leben – ich muß *in Geschichten* leben. Dann werde ich beide miteinander vermengen und der Welt das eigentliche Ich und Imagy als ein Ganzes überlassen.
Ich fange heute an. Ich möchte klarstellen: Frances und Horace zusammen; Gustavo, nach dessen Freundschaft ich lechze; Labunski, der mich neugierig macht. Ich würde Enric gerne wiedersehen und Eduardo. Ein Bedürfnis nach Freunden – nie vorher empfunden.
Antonio ist wegen physischen Müßiggangs aus unserem Leben herausgefallen, auch wegen eines südländischen Unbehagens, weil er uns Geld schuldet. Boussie ist in Chartres und bleibt spröde; ich finde mit ihr nicht mehr den alten Glanz unerschöpflicher Gespräche. Sie hat ihr intellektuelles Leben zu sehr begrenzt. Vielleicht habe ich unrecht. Godoy lebt in einer anderen Welt und versteht mich nicht. Oh, Erskine – ich erwarte ihn ungeduldig.
Miralles sagte, während wir zusammen einen Kaffee tranken:

»Wie schön wäre es, wenn wir bei Abendgesellschaften und auf der Bühne zusammen tanzen könnten. Sie geben mir soviel Antrieb, und ich bin absolut sicher, daß wir Erfolg hätten.«
Ich hatte nicht den Mut, auf den Gegensatz hinzuweisen, der uns physisch unvereinbar macht. Ich werde jedoch jeden Tag irdischer, wie er, und gebe meinem Tanzen mehr Ausdruck und Inhalt. Mein Gesicht wird sich jedoch nie ändern. Ich bin *physisch* keine Spanierin; mir fehlen das Dralle und die Kraft ihrer Züge. Warum dann ...
Tagebuch von Imagy. Warum liebt er mich dann? Dieser Mann liebt mich. Ich muß es jetzt glauben. Er beweist es auf tausendfache Weise, und ich brauche keine Beweise. Ich fühle es.

20. April
Horace und Frances zum Essen. Eine neue Frances, lieb, häuslich (schon jetzt), eifrig, ihm zu gefallen, ganz mit dem Einrichten eines Heims beschäftigt und sehr sanft und glücklich. Wenn dies ein neues Stück Schauspielerei war, bin ich darauf reingefallen, ich empfand Zuneigung und Fürsorge für sie und war ganz weich geworden. Horace ist unverändert. Zusammen wirken sie merkwürdigerweise wie ein nettes gewöhnliches Paar, nicht besonders interessant, einfach *banal.* Sie reden über Kinder und elektrische Toaster. Horace hat sich selbst aufgegeben zugunsten von Einfachheit und einem Mädchen, das ein »klares, hübsches und frisches Zuhause« mit Kretonne und rustikalen Möbeln liebt.
Hugh hat das letzte Wort. »Die Schwierigkeit mit Frances ist, das alles *erworben* ist – nichts kommt aus dem *Inneren.* Ich habe das immer durchschaut, und es hat mir immer mißfallen. Und Horace wird es nie sehen. Er ist wirklich schwer von Begriff.« Horace wird von Frances »vereinfacht« werden. Was heißt das genau? Muß ich sehen –

21. April
Riesiger Erfolg bei den Godoys. (Hugh und ich haben den España Cañi und den Valenciana getanzt; und ich den Farruca.) Komplimente von Jean Royère, dem bösartigen Franzosen; dem cubanischen Minister (der uns gebeten hat, bei

seinem nächsten Empfang zu tanzen); von einem Autor für [die spanische Zeitschrift] *Blanco y Negro;* und von anderen verschiedenen Freunden. Die Godoys waren sehr stolz und erfreut. Es war kein succès d'amis [Erfolg unter Freunden], weil das Publikum im ganzen blasiert und gleichgültig war und sehr wenige Leute uns kannten. Ein verträumt aussehender Italiener, dem ich nicht vorgestellt wurde, der mich jedoch unentwegt anstarrte, machte mir allein mit seinen Augen Komplimente.

Plötzlich hatte ich in Godoys Salon keine Angst, hatte seinen Panzer durchbrochen, mir einen Platz als Tänzerin erworben. Ich hätte es nicht anders schaffen können, weil mir jetzt klar ist, daß ich nur im vertrauten Beisammensein gut reden kann und daß mein intellektuelles Leben etwas Sprödes hat. Es freut mich jedoch, daß ich sie hinters Licht führen kann. In jenem Körper, den sie bewunderten, wohnt ein Geist, den sie kennenlernen werden.

23. April

Mrs. Godoy schickt uns ein »cachet« [Gage] – dreihundert Franc und weitere Komplimente. Joaquin, der für uns gespielt hat, erhält siebenhundert und ist außer sich vor Freude. Offenbar war die Frau des cubanischen Ministers sehr bewegt davon, daß ich ihrer Mutter glich, die eine Römerin war. Etlichen Leuten war der ausgeprägte Stil meines Tanzens aufgefallen, von dem sie meinten, daß er dem der Argentina ähnelte.

Zu Imagy sagt Miralles: »Jetzt da Sie so viele Komplimente bekommen haben, vergessen Sie mich auch nicht? Ich bin Ihr Gefangener – ich weiß nicht, was Sie mir angetan haben. Und Gott weiß, ich bin es leid, mich mit Frauen zu treffen – bei Ihnen haben mich in der dritten Stunde Ihre Augen zu Ihnen hingezogen, hypnotisiert. Ich empfand etwas *anderes.*«

Wir saßen an unserem üblichen Tisch im üblichen Café an der Place de Clichy.

»Tun Sie mit mir, was Sie wollen, bitten Sie um alles, was auch immer Sie wünschen, nur verbieten Sie mir nicht, Sie zu küssen – ich könnte ohne das jetzt nicht leben. So bin ich gewöhnlich nicht – seit Jahren war niemand eine Versuchung für mich. Ich mag die Art Liebe nicht, die den meisten Män-

nern gefällt. Frauen, die mich auf der Straße ansprechen, stoßen mich ab. Ich habe sehr selten geliebt.«
Imagy hört zu; und bemüht sich, ein kleines Lächeln, das nicht weichen will, zu bannen, weil Miralles so ernst aussieht ... Sie hört zu.
Gerade hat Hugh gesagt, als er sich über mich beugte, während ich an meinen Rechnungen saß: »Ich freue mich, daß es den Menschen hin und wieder erlaubt ist zu sehen, was für eine außergewöhnliche Persönlichkeit du bist.«
»Niemand außer dir hält mich für außergewöhnlich.«
»Am Samstag bei den Godoys bekamen sie eine Ahnung davon. Aber es ist so, ich kenne dich am besten. Du hast für mich Ausdrucksformen und Vertraulichkeiten, die du nie anderen gegenüber enthüllst. Wenn du deine Verwandlungen nur zur Hälfte auf der Bühne zeigtest, wüßte ich nicht, was die Masse tun würde – wahrscheinlich verrückt werden.«
Und dann etwas später, weil ich in mich hineingelächelt hatte: »Du kleine Teufelin, du hast geflirtet. Ich kann das jetzt sehen.«
Bald darauf vertieft er sich wieder in seine Bankgeschäfte, und ich bin mir selbst überlassen, um meine Mosaiksteinchen zu sortieren, sie zusammenzusetzen, ein Muster zu finden, eine Einheit, einen Sinn für all diese Einzelteilchen.

25. April
Erster Tag von Weichheit, Sonnenschein und Wärme. Mein Körper entspannt sich. Ich bin zutiefst glücklich. Ich fühle mich schön, sanft und weiblich. In manchen Augenblicken sogar *weise.* Meine Sinne sind wacher denn je. Ich sehe alles mit schmerzhafter Klarheit. Mein Körper ist wie ein Instrument, vibrierend und sensibel. Nur mein Verstand wird von Impulsen geschüttelt und überwältigt. Ich habe Angst vor meiner Phantasie und meinen Emotionen. Je brûle et je souffre et je suis heureuse, heureuse, heureuse ... [Ich brenne und ich leide und ich bin glücklich ...]
Ich bin von Proust erfüllt, von seiner Langsamkeit, der Entwicklung seiner Sätze, dem langen Rhythmus seiner Gedanken, den »sondages« [Sondierungen] der kleinsten Einzelheiten der Existenz, seinem Aufstieg in Sphären, die durch Worte

vorher nie besucht wurden. Er gibt dem Leben die genaue Zeitspanne, die das Leben braucht, um sich zu entfalten, und dem Denken all die Sorgfalt, die es braucht, um sich zu entwickeln.
Ich, die ich durch Explosionen arbeite, lebe, denke, und ich, die ich (obgleich ich eine langsame Entwicklung durchlaufe) in meine Schriften nur einen Abriß meiner Kämpfe einbringe, bin von soviel Präzision verblüfft und bewundere seine Überlegenheit.

1. Mai
An Bord der S.S. *Aquitania.* Ein Kummer, für den es keine Worte gibt: Hughs Vater ist gestorben. Hughs Leid war schrecklich mitanzusehen. Zuerst haben wir die ganze Nacht geweint. Ich habe mich an die Augen seines Vaters erinnert, seine Freundlichkeit, seine müden Schultern und seine Hände. Jeden Augenblick überkam Hugh neue Verzweiflung: Er hatte ihn nicht genügend geliebt, er hatte seine Liebe nicht zum Ausdruck gebracht, er hatte nicht genug für ihn getan. Noch zehn Tage und wir hätten ihn sehen sollen. Er starb zwei Tage, bevor sie sich einschiffen wollten. Gott sei Dank waren wir in New York freundlich zu ihm und gaben ihm in all seinen Forderungen bei der Religionsfrage nach.[1]
Die schreckliche Eile und Arbeit in jenen zwei Tagen vor unserer Einschiffung rettete uns vor der äußersten Verzweiflung. Nur die Nächte waren unerträglich.
Die Reise hat Hugh etwas besänftigt. Wir haben ruhig über seinen Vater gesprochen, und er hat ihm ein Gedicht gewidmet. Ich unterdrückte meine eigene Trauer aus Sorge um Hugh, doch des Nachts wurde auch ich von Erinnerungen heimgesucht, und ich bemühte mich, den Tod zu verstehen. Hatte Hughs Vater verstanden, daß ich ihn gern hatte? Er hat nie erfahren, daß es meine Sanftheit war, die das Nachgeben und die Versöhnung zustande gebracht hatten.
An der Oberfläche hat sich nichts geändert; wir essen, schlafen, arbeiten, reden, aber innerlich ist etwas Schreckliches mit uns passiert. In unseren Herzen ist eine neue Leere, eine neue Angst, und viel von unserem Vertrauen und unserem Eifer

[1] Er hatte Hugh gebeten, aus der katholischen Kirche auszutreten.

sind zusammengebrochen. Soviel Aufregung, soviel Kampf, soviel Mühe für dieses plötzliche Ende? Ich kann nicht glauben, daß Hughs Vater dahingegangen ist.

10. Mai
New York – Forest Hills. Hugh sitzt auf *seinem* Stuhl am Tisch, trägt *seinen* Kimono. Ich habe seine Pfeife, seine Brille, seine Golfschläger gesehen. Und jetzt ist er eine Handvoll Asche in einer Urne. Zwei Tage lang habe ich ihn im Haus gespürt, das Empfinden gehabt, er werde gleich zu uns hereinkommen, so wie früher, und in seinen Lehnstuhl sinken und mir eine seiner Geschichten erzählen, denn sie waren alle neu für mich. Doch als mir klarwurde, daß er nie mehr unter uns weilen würde, da begriff ich den Tod und wußte, daß Hugh und ich nie wieder dieselben sein würden. Er starb, während er seine Frau anblickte, und sein Gesicht, haben sie mir erzählt, war wunderbar friedlich. Wenn er vom Schmerz befreit ist, sollten wir seinen Tod nicht bedauern.
Der schärfste Schmerz kam am Sonntag über uns in der Kirche, der Kirche, die er liebte. Hugh vermißte ihn so stark, daß er zusammengebrochen ist und weinte, und ich mußte ihn allein lassen, weil ich keine Kraft hatte, die ich ihm hätte geben können. An jenem Tag in der Kirche konnte ich ihn brennen sehen (er wurde eingeäschert), und der Anblick war so schrecklich, daß ich fast verrückt geworden wäre. Wir konnten nicht verstehen, wie die anderen es im Haus aushalten, seine Anziehsachen berühren, das zuletzt von ihm gelesene Buch sehen, Zigaretten aus einer von ihm angebrochenen Schachtel rauchen, über ihn reden konnten.
Alles ging seinen normalen Gang; Hughs Schwester Edith fuhr den Wagen; sein Bruder Johnnie reparierte eine durchgebrannte Sicherung mit den Worten: »Früher hat Daddy das alles gemacht; wir fühlen uns so hilflos ohne ihn.«
Hughs Mutter wußte nicht, wo Geld herkommen würde, wenn das Bankkonto geschlossen würde. Edith hatte Mühe, den Heizkessel zu handhaben; sie fanden für nichts die Schlüssel. An den Abenden vor unserer Ankunft fuhren sie bei jedem Geräusch im Haus hoch (Johnnie war nicht da).

19. Mai

An Bord der S.S. *Pennland.* Wir kamen, der neuen Mode gemäß, gestern abend um elf an Bord. Wir erlaubten nur Eugene [Graves], uns zum Schiff zu begleiten, und wir ließen uns zu einem letzten Gespräch in der Bibliothek nieder. Heute morgen um neun, als wir gerade dabei waren aufzustehen, stieß unser Schiff mit einem Frachter zusammen. Er riß ein großes Loch in unseren Rumpf oberhalb des Wasserspiegels und ein kleines unterhalb. Als ich zuerst die Erschütterung spürte, war mir sofort klar, daß etwas passiert war. Hugh begriff erst eine halbe Minute später, zeigte jedoch große Geistesgegenwart und holte sofort die Schwimmwesten herunter, legte mir eine an und sagte: »Du bleibst hier, bis ich herausgefunden habe, was los ist. Ich komme zurück und hole dich.«

Ich blieb in der Kabine mit der Schwimmweste und nichts anderem an als meinen Pyjamas und Hausschuhen an und einer Haube auf dem Kopf. Drei Gedanken schossen mir durch den Kopf: Würde ich mein Tagebuch mit mir nehmen können; hatte ich Zeit zum Anziehen; und wie lange würde das Schiff brauchen, um zu sinken? Nach einer Minute zog ich die Schwimmweste aus, da sie lächerlich aussah, und ich steckte den Kopf aus der Tür. Mehrere Leute liefen in Schwimmwesten eilig hin und her. Ich fragte die Stewardeß, was passiert sei.

»Ich weiß es nicht, aber Sie ziehen sich besser an«, erwiderte sie.

Also zog ich meinen Mantel an und steckte den Kopf erneut aus der Tür. Wie glücklich war ich, als ich Hugh kommen sah. »In dem Schiff ist ein Loch, es besteht jedoch keine Gefahr. Ziehen wir uns dennoch an, und gehen wir hinauf an Deck.«

Wir gingen hinauf und sahen uns das Loch an, einen Riß, der dem Paar, dessen Kabinenwand eingedrückt war, einen großen Schock versetzt hatte. Aus dem kleineren Loch verlor unser Schiff Öl. Als wir jedoch sahen, daß es nicht sank, gingen wir zum Frühstück hinunter, und Hugh genoß seinen geräucherten Hering.

Es ist sieben Uhr. Wir haben uns nicht von der Stelle bewegt. Dichter Nebel umgibt uns, und das war auch der Grund für den Unfall. Offenbar sind wir wegen des Nebels erst um sechs Uhr morgens losgefahren, so daß wir nur drei Stunden

von New York entfernt sind. Fortwährend ertönen die Nebelhörner, die wir nicht sehen können. Wir haben einen friedlichen Tag mit Reden, Rauchen und Schreiben verbracht. Wir wissen noch nicht, ob das Schiff hier repariert werden kann und wir weiterfahren können oder nach New York zurück müssen. Es kam ein kleines Schiff mit Ingenieuren usw. an, die das Loch untersuchten. Die Passagiere werden nicht unterrichtet (wie in Kriegszeiten, wo Soldaten nur Befehle erhalten und wenig Information).
Ich denke an unsere Ankunft in New York. Es war sechs Uhr, und Edith, ganz in Schwarz, wartete auf uns. Ich ließ Hugh mit ihr allein nach Forest Hills fahren, und ich blieb in einem Hotel. Ich wollte, daß Hughs Familie ihn ganz für sich hatte, und wollte mich nicht in ihren Kummer hineindrängen. Ich habe Hughs Mutter geschrieben, um ihr das zu erklären und ihr zu sagen, daß sie immer den ersten Platz in seinem Herzen inne hatte, was stimmt, wenn man bedenkt, daß das Herz besonders für die Familie gemacht zu sein scheint und besonders für Mütter, wohingegen Liebende nach anderen Dingen suchen. In jenem Hotel zu übernachten half mir, wirkliche Einsamkeit zu verstehen, so wie ich sie nie in meinem ganzen Leben erfahren habe.
Hugh rief mich am nächsten Morgen um neun an. »Mutter möchte, daß du kommst.«
»Bist du sicher, daß sie das wirklich will?«
»Unbedingt. Es ist alles in Ordnung. Die Mädchen [Edith und Ethel] brauchen dich.«
Er rief Eugene an, und wir trafen uns zum Mittagessen, bevor wir nach Forest Hills fuhren. Ich fand ihn so verständnisvoll wie immer; mit traurigen Augen, nachdenklich, sehr menschlich; empfänglich für meine Verhaltensweisen und Vorstellungen und für meine Gegenwart; klug und gut informiert. Er sehnt sich nach dieser Freiheit von Prinzipien, die ich gefunden habe. Er war ungemein an einigen Teilen meines Tagebuchs interessiert, das ich ihm vorlas, damit er unser Leben in Paris verstehen konnte. Kann ich eine solche Freiheit weitergeben, oder kann man sie nur durch Leiden und Leben und Tanzen finden? Er findet Erleichterung und Freude in der heutigen Freiheit, sich zu äußern; er mag moderne Literatur genau aus den Gründen, weshalb auch ich sie mag. Er mußte

uns versprechen, nach Paris zu kommen, und versicherte uns, in einem Jahr bei uns zu sein.
Jeden Tag verließ ich Forest Hills für mehrere Stunden und traf mich mit den Erskines, den Maynards [Richard und Lorraine], Eduardo, Tia Coco[1], Onkel Gilbert und Gilbert. Hielt mein Versprechen, Enric nicht zu sehen, obwohl ich ihn zweimal fast anrief. Richard ließ mich seinen Roman lesen, und ich ließ ihn und Lorraine das lesen, was ich aus meinem Tagebuch mit der Maschine abgeschrieben hatte. Ihr klarstes Geschenk dieses Jahres an mich war ihre Begeisterung für mein Tagebuch, was mich maßlos überraschte und ermutigte.
Habe ich ihnen soviel gegeben wie sie mir? Richard ist bewegt, wenn ich nur sein Atelier betrete, es gibt ihm das Gefühl, große Dinge zu tun. Lorraine rief (in Richtung Richard), daß sie so froh sei, daß ich gekommen sei, ich sei eine solche Wohltat gegenüber ihren gewöhnlichen Freunden. Was sie jedoch geschrieben hatten, konnte ich nicht aufrichtig gutheißen, und Richards Roman bedrückte mich, gleichsam als ein stärkerer Widerhall meiner *Aline* und den Ideen, dem Stil und genau der Art von Leben, vor dem ich verzweifelt davonrenne. In einer Freundschaft steckt eine tragische Ungleichheit wie manchmal in einer Liebe. Ich mag es nicht, weniger zu lieben, als ich geliebt werde, mehr geschenkt zu bekommen, als ich gebe.

21. Mai
An Bord der S.S. *Pennland.* Gestern nach dem Mittagessen hob sich der Nebel, und wir entdeckten, daß dreizehn Schiffe mit uns darauf warteten, von den die Sicht nehmenden Schwaden erlöst zu werden. Wir fuhren alle zusammen Richtung New York los, und der Anblick war sehr dramatisch. An der Anlegestelle wurden wir von Photographen, Reportern, Versicherungsleuten etc. in Empfang genommen. Die Reporter interviewten Mr. Clark, der in der beschädigten Kabine war. Die Photographen photographierten den Riß. Andere Männer sprachen mit dem Kapitän, und ein Taucher wurde hinuntergeschickt, um das Loch unterhalb

[1] Edelmira Culmell de Chase, eine Schwester von Anaïs Nins Mutter, verheiratet mit Gilbert Chase.

des Wasserspiegels zu untersuchen. Hugh und ich beobachteten ihn vom Deck aus, etwas besorgt um das Leben des Mannes. Während wir auf die Ergebnisse der Untersuchung warteten, gingen wir zur Anlegestelle, um die Familie und die Maynards anzurufen. Jeder hatte sich Sorgen gemacht. Die Schlagzeilen in den Zeitungen lauteten: »Sechs Schiffe stoßen im Nebel zusammen«, und sie berichteten viele dramatische Einzelheiten. Ein anderes Schiff war viel schlimmer beschädigt als das unsere, und die Passagiere mußten in Rettungsbooten weggebracht werden. Um sieben Uhr erfuhren wir, daß die Reparatur eine Woche dauern würde und daß wir ohne weiteres auf ein anderes Schiff überwechseln konnten. Schließlich begann der Unfall sich auf unsere Nerven auszuwirken, und das Romantische daran verblaßte. Wir schliefen schlecht, frühstückten und packten übellaunig unsere Sachen. Hugh ist gerade gegangen, um neue Vorkehrungen zu treffen. Ich war so begierig, nach Paris zu kommen, und habe nicht die geringste Lust, New York wiederzusehen. Ich sehne mich nach meiner Mutter, meinem Bruder, unserem Zuhause, meinem Tanzen, nach unserem ganzen Leben dort. Zwei Tage Aufschub scheint für mich eine große Prüfung zu sein.

23. Mai

An Bord der S.S. *Mauretania.* Wir haben zwei Tage in New York im Pennsylvania Hotel verbracht. Es war für mich physisch behaglich (wunderschönes Zimmer, Telefon, Radio, eigenes Badezimmer, schnelle und angenehme Bedienung, Frühstück auf dem Zimmer etc.), seelisch jedoch niederdrückend. Ich gehe mit soviel Elan in meinem Leben *vorwärts,* daß ein Unfall, der mich dieselben Ereignisse zweimal durchlaufen läßt (nach Forest Hills fahren, Eduardo zum zweiten Mal zum Mittagessen einladen, mit Eugene reden, mit den Maynards zu Mittag essen), mich ärgerlich macht und die Harmonie meines Lebens zerstört (nicht meines Denkens, nein, denn darin bin ich unentwegt elastisch und immer für Überraschungen bereit). Ich hatte das Empfinden, ich brauchte eine Reparatur genauso wie unser Schiff, und daß dieses Anhalten des Ruders, das ich *absichtlich* jeden Tag durch die Analyse in meinem eigenen Kopf betreibe, absolut

sinnlos ist, wenn es physisch passiert. Ich habe nichts gelernt. Beim zweiten Blick vielleicht doch. Vielleicht würde ein solches Zurückgehen desselben Wegs mich vor Fehlern bewahren. Mir ist gerade klar geworden, daß es mir geholfen hat, Eduardo klarer zu sehen.
Jedenfalls bin ich jetzt froh, auf dem Weg nach Hause zu sein, zu spüren, wie das Schiff von New York wegdampft. Ich denke an Paris. Ich bin erleichtert, daß ich den höllischen Tagen, die ich in New York verbracht habe, entfliehen kann, wenn ich auch über sie schreiben muß, und ich bedaure nicht, sie erlebt zu haben.
Die *Mauretania* (zweiter Klasse) vibriert so stark, daß es schwierig ist zu schreiben, noch schwieriger zu schlafen, und selbst das Essen ist mühselig, deshalb liege ich meist auf meinem Liegestuhl an Deck und träume und döse. Obwohl ich sehr wenig schreibe, habe ich gerade eine neue Rechtfertigung meines Tagebuchs entdeckt, einen klar umrissenen Zweck. Ich habe entdeckt, daß ich ihm viel von dem verdanke, was ich bin, und viel von dem Erfolg meines Lebens. Ich verdanke ihm, was einige Leute der Psychologie verdanken: Kenntnis meiner selbst, äußerstes Bewußtsein dessen, was in anderen unbestimmt und unbewußt ist, eine Kenntnis meiner Wünsche, meiner Schwächen, meiner Träume, meiner Talente. In der Psychologie steckt noch mehr, doch wenn ich darüber schreibe, betrete ich eine unvertraute Welt.
Ich hatte keine Ahnung von dieser Wissenschaft bis zu dem Tag, da ich Eduardo in New York traf. Er erzählte mir fast unmittelbar, daß er eine Analyse machte und daß er endlich wüßte, was mit ihm nicht stimmte.
»Ich habe nie gemerkt, daß mit dir etwas nicht stimmt«, sagte ich. Und nachdem ich eine Weile nachgedacht hatte, mußte ich hinzufügen: »Nicht ernsthaft jedenfalls. Du hast immer etwas zuviel geträumt, und dir selbst gegenüber warst du vage. Ich ging jedoch davon aus, daß dies die natürlichen Schwächen einer höchst künstlerischen Natur waren.«
»Ich war nicht nur vage, sondern immer unglücklich, und ich konnte nie meine Energien bündeln oder an die Wirklichkeit herankommen. Etwas stimmte ernsthaft nicht; etwas, das zum Teil meine unglückliche und viel zu vergeistigte Liebe zu dir erklärt.«

»Bitte, erzähl mir darüber, soviel du kannst, was dieses Wissen dir gebracht hat, was es bedeutet.«
»Ich kann dir nicht viel erzählen, da die Analyse noch nicht abgeschlossen ist. Ich gehe jeden Tag eine Stunde zu dieser Frau. Ich muß mich auf eine Couch legen, und sie setzt sich so, daß ich sie nicht sehen kann, und bringt mich dann zum Reden. Ich erzähle ihr alles, woran ich mich von meiner frühesten Kindheit erinnere. Es gibt Tage, da ich mich gegen dieses Wissen auflehne. Es macht mich sehr unglücklich, doch ich weiß, daß es mir schließlich helfen wird. Und bevor das nicht abgeschlossen ist, kann ich keine Pläne machen. Die Ärztin tut nichts, was mich in irgendeiner Weise in meinen Handlungen beeinflussen könnte.«
»Wenn du dich ganz genau kennst, wirst du immer noch dein eigener Herr bleiben?«
»Ja, ich werde fähig sein, meine Energien zu bündeln und die Wirklichkeit zu verstehen.«
Er redete während unseres ganzen Essens, und ich habe ihm ein paar Fragen gestellt und zugehört. Zuerst war das Ganze ein großer Schock für mich. Ich kenne das Leben, und ich kenne die Fakten, und ich kenne die Wirklichkeit, und deshalb kenne ich die Homosexualität, jedoch nicht aus der Nähe. Mein eigener romantischer und liebenswerter Vetter ist eine Wirklichkeit geworden statt eines poetischen und geliebten Geistes. Ich wußte, daß es ihm an Charakter mangelte und daß es ihm an einer warmen Verbindung zum Leben fehlte, so wie ich sie in der Ehe gefunden habe, es wäre mir jedoch nie in den Sinn gekommen, daß statt menschlicher Liebe die Wissenschaft erforderlich wäre, um ihn zu heilen, seine Energien zu sammeln, seinen Willen zu stärken. Meine erste Reaktion war ein Gefühl von seltsamer Befremdlichkeit. Ich versuchte zu verstehen. Wenn ich Eduardo nur einmal gesehen hätte, wäre ich betrübt gewesen, so wie man empfindet, wenn man plötzlich einen schwerkranken Mann sieht, von dem man gestern noch glaubte, er sei bei bester Gesundheit. Jetzt bin ich froh, daß ich ihn wiedergesehen habe. Im Laufe von vier Tagen hatte ich mich an die Tatsache gewöhnt und konnte handeln. Erst einmal wurde mir klar, daß ich etwas darüber lesen und lernen mußte. Dann mußte ich Mittel und Wege finden, um ihm zu helfen.

Wir beide hassen aus verschiedenen Gründen die geistige Liebe, die wir in der Vergangenheit empfunden haben. Vielleicht erkennen wir ihre Unvollständigkeit, ihre Nichtigkeit und Schwäche. Vielleicht machen wir das einander zum Vorwurf. Er hätte mich zu einer Frau machen können, wie Hugh es ein paar Jahre später getan hat. Vielleicht hätte ich ihn zum Mann machen können, wenn ich damals eine Frau gewesen wäre.
Eduardo möchte sich von jener Vergangenheit befreien, genauso wie ich mich davon befreien möchte. Er möchte darüber schreiben. Ich habe das schon getan, und es hat mich nicht weiter berührt. Bevor ich ihm helfe, muß ich meine ganze Kraft und meinen ganzen Verstand zusammennehmen, um diese neue Sache zu begreifen. Bis gestern war ich meine eigene Therapeutin. Ich bin stolz darauf, daß ich mich nie an jemand anderen wenden mußte, um zu Erklärungen meiner selbst zu gelangen. Ich hatte den Eindruck und besonders letztes Jahr, daß sich all meine Träume erfüllten, daß mein Wille stärker wurde, daß ich ungemein bewußt und klarsichtig, stark und erfolgreich bin. Hält die Psychologie irgendwelche Überraschungen für mich bereit? Bin ich irgendwelchen Wahrheiten ausgewichen, war ich zu scheu, habe ich verdrängt, oder war ich ängstlich und mir irgendeiner Sache nicht bewußt?
»Hab keine Angst«, sagte Eduardo mir das erste Mal.
Beim zweiten Mal habe ich ihn gefragt, warum er das gesagt habe, weil es mich ärgerte. »Du sahst ängstlich aus«, antwortete er.
»Nun, von jetzt an achte nicht auf mein Gesicht«, sagte ich spröde.
Wie gewöhnlich ist Hugh derjenige, der mehr darüber weiß. Er liebt das Leben, er liebt Fakten. Er ist zugleich poetisch und wissenschaftlich. Er ist sensibel und dennoch furchtlos. Er ergriff das Psychologiebuch mit mehr Entschlossenheit als ich. Es war ihm nicht neu, außer im Detail und im Ausdruck. Er sieht sein Leben weniger klar als ich, hat jedoch mehr Charakter. Ich weiß, was ich im Sinn habe, und er sieht, daß ich es durchbringe. Ich sage ihm oft, was er im Sinn hat. Wir waren für uns wirklich gegenseitig Therapeuten (mit der Hilfe meines Tagebuchs) und mehr, denn wenn wissenschaftliche Klar-

heit fehlte, sorgten wir für eine physische Lektion, ein menschliches Beispiel.
Bei jenem zweiten Mal, als ich Eduardo sah, war ich beeindruckt, wieviel weiter er gekommen war; zumindest hier stellte er sich den Wahrheiten, nahm sich zusammen, benutzte seinen Verstand; sonst war er so vage und nichtssagend gewesen. Natürlich bringt er in die Psychologie seine ganze übliche Schwäche ein: seine Stimmungen, seine Verzweiflung, seinen Mangel an Einheit; vielleicht wird er zum Ende der Analyse hin aktiver. Hier merke ich, wie ich an die Analyse glaube und auf sie baue.

28. Mai
Oh, eine solch endlose Reise. Mein intensiver Wunsch, nach Hause zu kommen, ein Tag rauhe See und Seekrankheit und viele schlaflose Nächte haben dies zu der längsten Reise gemacht, die ich je erlebt habe. In der zweiten Klasse ist kaum etwas anderes zu beobachten als Mittelmäßigkeit, und Mittelmäßigkeit ist monoton. Gestern abend sprach ein einsamer Mann aus Montana mit uns, während wir in der Lounge lasen. Ansonsten haben wir uns eifersüchtig das Alleinsein bewahrt. Das ist alles, was wir haben, um uns glücklich zu machen, und außer bei Seekrankheit ist das ein unfehlbares Heilmittel.
New York war für mich dieses Mal eine große Prüfung, und es ist ein Wunder, daß ich den Glauben an mich nicht verloren habe. Zu der Traurigkeit, die ich beim Tod von Hughs Vater empfand, kam die bittere Erkenntnis, daß er nie seinen Sohn, unser Leben und unsere Ehe verstanden oder geschätzt hatte. Und diese Haltung lebt in der Mutter fort. Sie ließen mich nach Forest Hills kommen und behandelten mich wie einen Gast. Natürlich ist mir klar, daß die Formalität für die Angelsachsen eine natürliche Gewohnheit ist (oder soll ich Laster sagen?). Es bedeutete nicht Unfreundlichkeit, doch in dem Maße, wie meine Schwiegermutter solcherart Formalität mir gegenüber zum Ausdruck brachte (in einem Augenblick, da sie ihre übliche Zurückhaltung hätte vergessen sollen) wurde sie zu einem delikaten Problem, mit dem schwer umzugehen war. Ich bemühte mich, es ihnen leicht zu machen, indem ich mich für das Haus interessierte, die Arbeit mit

ihnen teilte, nähte, mithalf und ihnen etwas von der überreichen Aufmerksamkeit zukommen ließ, mit der ich meine eigene Familie bedenke. Ich habe ihnen soviel gegeben! Ich habe meinen Stolz hinuntergeschluckt; ich war sanft und geduldig. Allmählich behandelten sie mich anders. Die Mutter wurde vertrauensselig, redete mit mir über Hughs Vater, über die Liebesaffären der Mädchen, und die Mädchen begannen, mich zu necken. Sobald jedoch eine Schlacht gewonnen war, sah ich mich einer neuen gegenüber. Besucher kamen. Wieder mußte ich mit einer Beurteilung bedacht werden, vor der meine Sensibilität zurückschreckte. Dennoch hatten sie mich alle gern. Sogar ihr liebenswerter alter Pfarrer, ein warmherziger und liberaler Mann, nannte mich eine »entzückende junge Französin« und war tief von meinen »schönen Augen« beeindruckt. Und was passierte dann? Zu viel Lob meiner Person war auch nicht erwünscht und wurde ohne Freude entgegengenommen. Eine Malerin, die eines Nachmittags im Haus von Onkel Parker vorbeischaute, pries auch meine »Schönheit«, erhielt jedoch keine Antwort. Und Tante Lisa sagte (erfuhr ich später), sie habe eine Schwester gehabt, deren Augenausdruck dem meinen geglichen habe, die an Herzbeschwerden gestorben sei; ob man mich nicht untersuchen sollte!

Natürlich waren die Tanten und Onkel jeder für sich ein getrenntes und riesiges Problem. Onkel George redete nie mit mir und gab mir nur pflichtschuldig die Hand. Eine dicke, laute, humorvolle und überfreundliche Tante, die gerne junge Männer protegierte, breitete ihre ziemlich vulgären Verhaltensweisen vor uns aus, und zumindest war die Neue Familie ehrlich genug, sie »ermüdend« zu finden. Meine Meinung war natürlich nicht gefragt, heureusement [zum Glück].

Hughs Mutter ist wirklich eine mitleiderregende und hilflose Person mit ziemlich begrenztem Empfinden und keinerlei Verständnis. Ich bemühe mich unendlich, sie zu lieben, finde es aber einfach unmöglich. Warum? Weil ich, sobald sie sich alle mit meiner Existenz abgefunden hatten, dahinterkam, daß sie Hugh selbst *nicht verstanden.* Ich mußte seine Vorstellungen (oh, sachte), seine Verhaltensweisen verteidigen und ihn seiner eigenen Mutter erklären. Deshalb kann ich sie nicht lieben.

Gegen Ende des Besuchs wurden sie so natürlich, daß sie anfingen, zu kritisieren und sich einzumischen: Hugh darf seinen Sport nicht zugunsten des Tanzens aufgeben; er raucht zuviel und zu schnell; ich muß zunehmen. Wir reagierten gelassen. Wir waren gekommen, um Hughs Mutter zu helfen, sie glücklich zu machen. Nachts habe ich oft geweint. Ich litt an meinem Stolz.
Es gibt Hoffnung für die Mädchen, und ich möchte ihnen helfen. Auch möchte ich Hugh für seine Traurigkeit darüber entschädigen, daß er nicht in der Lage ist, auf seine Familie wirklich stolz zu sein. Ich versuche, mich an all ihre liebenswerten Züge zu erinnern, und gebe ihm zu bedenken, daß er seinem Vater ähnelt, nicht seiner Mutter; seinem Vater, der wirklich ein Mann von großer Charakter- und Empfindungsstärke und Feinheit unter der rauhen Schale war. Und warum sollte überhaupt unsere Familie uns belasten? Jeder von uns trägt ein eigenständiges Saatkorn von Größe in sich. Familien schenken uns Leben und Nahrung und einen Anfang. Uns bleibt, das Übrige zu tun. Und doch hätten wir sie gerne groß, verständnisvoll, wenn möglich. Wieviel wir fordern!
Die Maynards haben mir das letzte Mal, als ich sie sah, gutgetan (noch etwas, was ich der Kollision verdanke). Sie nagelten mich auf bestimmte Sachen in meinen Schriften fest, denen ich gewissenhaft ausweiche. Mein Tagebuch sei wunderbar, doch warum fehlten Seiten? Dinge, die zu persönlich waren, als daß man sie abschreiben sollte. Als Beispiel erzählte ich ihnen von den Streitereien zwischen Vater und Mutter. Sie saßen baff vor Staunen über diese Geschichte da; ich erzähle sie mit all der Unbefangenheit, die ich daraus beziehe, daß ich so häufig bei Konzerten darüber nachdenke, wie sie geschrieben sein könnte.
»Mir passieren die ganze Zeit wunderbare Dinge«, schloß ich, »aber ich kann sie nicht alle erzählen.«
»Das ist falsch«, meinten sie. »Du bist eine Schwindlerin bei deinem Schreiben. Du könntest das alles in Romanen benutzen, dir selbst mehr Freiraum geben.«
»Ja, wahrscheinlich habt ihr recht. Es muß dieses Gefühl gewesen sein, das mich dazu trieb, das Tagebuch einer anderen Person zu schreiben, in dem ich nicht nur frei wäre, alles zu erzählen, sondern auch nach Lust und Laune zu erfinden.«

»Da haben wir's – du selbst hast die Grenzen deines Tagebuchs erkannt. Lies doch jetzt [Thomas] Uzzell über die Technik von ...«

Lorraine unterbrach Richard. »Anaïs macht all diese Dinge *instinktiv;* sie hat es nicht nötig, belehrt zu werden.« Wofür ich ihr einen dankbaren Blick zuwarf.

»Sie kann nicht alles instinktiv wissen«, sagte Richard. »Das ist unmöglich.«

»Ich werde Uzzell lesen, wenn ich zu Hause bin«, sagte ich, bedauerte jedoch schon mein Versprechen. Natürlich weiß ich, daß ich manchmal auf schreckliche technische Schwierigkeiten stoße, aber sie halten mich nie auf. Ich erfinde, was mir fehlt, und lasse die problematischen Teile aus, das, was übrigbleibt, läßt die Leute trotzdem lachen und weinen. Richards Theorien tun mir theoretisch gut, meine Schreibweise kann durch sie eigentlich nicht verändert werden. Sie wird unbewußt und unwissenschaftlich und undirigierbar bleiben. Vielleicht bin ich darauf stolz wie auch darauf, daß ich meine eigene Analytikerin bin, und wenn Erskine es mir eines Tages sagt, werde ich einen anderen Weg finden.

Starkes visuelles Talent bei dem Geiger an Bord. Wenn die Reise noch länger wäre, würde er sicherlich seine Augen überanstrengen. Zufällig habe ich irrtümlich mit ihm über etwas gelächelt, und die Folgen sind ernst, so ernst, als hätte ich ihn direkt angelächelt. Der Mann aus Montana möchte wissen, was in Paris an die Stelle des amerikanischen Varietés tritt. »Ach, wissen Sie, die grobe Art, mit Mädchen mit nichts an.« Ich brachte ihm die Aussprache von Folies-Bergère bei. Er war sehr willig und ganz konzentriert. Er hatte sich Hughs Liegestuhl angeeignet, während jener zum Haareschneiden gegangen war. Nachdem Hugh zurückgekommen und der Mann weg war, fragte er: »Weitere Wohltätigkeitsgeschichten?«

»Ich habe ihm nur ein paar Hinweise gegeben.«

»Gut, Sommersprößchen. Komm runter, Mittagessen.« Und weil ich einen kleinen Scherz machte, der mich mehr amüsierte als ihn, sagte er: »Du bist im Grunde nur ein kleines Mädchen.«

Ich hatte mir geschworen, daß Erskine mir dieses Mal keine angst machen würde, er tat es dennoch. Unser Abend bei ihm war dazu angetan, mich einzuschüchtern. Erst einmal wurde uns junger Hummer serviert, der ein lächerliches Ausmaß an Aufmerksamkeit erforderte. Und dann war Erskine gerade von einer Vorlesungsreise zurückgekehrt und sprach über den Westen und Mittleren Westen, wovon ich keine Ahnung hatte. Und dann war Mrs. Erskine darauf aus, mich über das materielle Leben in Paris zu befragen, da sie im Sommer kommen wollen, und dieses Thema kann ich nie attraktiv oder überhaupt erträglich gestalten. Sie erinnerte sich an den geronnenen Rahm, den man mir verkauft hatte und der an dem Tag, als sie zu uns zum Mittagessen kamen, meinen Nachtisch verdorben hatte.

»Haben Sie ein Geschäft gefunden, in dem Sie frischen Rahm kaufen können?« fragte sie mich lächelnd.

»Nein. Wir haben uns einfach an den Sauerrahm gewöhnt, das ist alles.«

Erskine war unmerklich »amerikanischer« geworden als vorher und etwas zu selbstzufrieden. Er las uns zwei wirklich herrliche Geschichten seiner alten Art vor und eine, die moderner war und die mir nicht gefiel, weil sie eine erschöpfende Wiederholung seiner selbst und ziemlich durchsichtig war. Ich zögerte nicht, ihm zu sagen, daß Eva [in *Adam und Eva*] vor allem eine Amerikanerin war, obwohl er sie doch universal haben wollte. In dem Augenblick bekam ich Angst. Meine Kritik war instinktiv (zum Teufel damit) und ohne Basis. Ich werde die Augenblicksimpulse beim Schreiben ausgleichen müssen. Der Rest des Abends verlief verhältnismäßig glatt. Wir lachten über seine Geschichten, konnten jedoch nicht so herzlich lachen wie er selbst. Er las sie mit einem ziemlich schnodderigen Akzent, der die rauheren Züge seines Gesichts unterstrich, und ohne triftigen Grund war ich etwas enttäuscht. Ich glaube so an Erskines Geist. Doch dieses donnernde grölende Lachen rollt über alles hinweg und läßt mich mich klein und traurig fühlen.

Einen Abend verbrachten Hugh und ich im Sevilla-Restaurant (Alice Foot McDougalls spanischem Restaurant) – auch auf die Kollision zurückzuführen –, und er gehört zu unseren schönsten Erinnerungen an New York. Seit langem hatten wir nicht wirklich allein zu Abend gegessen, so unser Eindruck (erst zwei Wochen her), und wir fühlten und be-

nahmen uns wie ein Liebespaar. Der Rahmen war bestens geeignet (diese Frau ist ein Genie im Schaffen von Atmosphäre), aber mir wurde unter riesigem Bedauern bewußt, daß wir Spanien dieses Jahr nicht besuchen konnten. Diese Reise hat unser Budget ernstlich durcheinandergebracht, selbst Hughs kostbare Dunhill-Pfeifen und die internationalen Telefonaktien sind bedroht, wenn Mutter Guiler uns nicht zu Hilfe kommt.
Dies führt uns zu einer finanziellen Frage, die in unserem Leben eine große Bedeutung haben wird. Hughs Rückzug aus dem Geschäftsleben ist nun endgültig ungewiß, da Vater Guiler Johnnie wegen seiner Liebe zu einem gewöhnlichen katholischen Arbeitermädchen angst machen wollte und ihm ein Testament zeigte, nach dem all diejenigen, die in eine nichtprotestantische Familie heirateten, ausgeschlossen waren. Er hatte vor, dies später neu zu regeln. Mutter Guiler sagte, sie werde schon das Richtige tun, doch Onkel Parker ist da, um darauf zu achten und ihr zu sagen, was das Richtige ist, dieser kleine, kompromißlose, unbeugsame, unchristliche Onkel, der nach schottischen Gepflogenheiten nun das Familienoberhaupt ist, obwohl es Hugh sein müßte. Offenbar danken schottische Väter nie ab – sie sterben, und ein anderer schottischer Vater, ein Anwalt und Bankier, nimmt alles in die Hand. Bis zu dem Zeitpunkt seiner großen Rebellion wurde Hugh wie ein Kind behandelt. Es bedurfte erst eines tragischen Bruchs, einer Ehe, damit er lernte, sich selbst zu vertrauen, einen Heizkessel, ein Auto, ein Haus und eine Frau richtig handzuhaben.

8. Juni
Zu Hause, schreibe wie gewöhnlich an meinem Frisiertisch. Aufregendes Nachhausekommen an jenem Dienstag mit Mutter, Joaquin und Thorvald, die uns am Bahnhof abholten. Abendessen alle zusammen in einem Restaurant. Thorvald und Mutter verließen uns nach dem Essen, um den Arzt aufzusuchen, der Thorvald untersuchte und eine Diät und einen einmonatigen Aufenthalt verschrieb. Thorvald ist gänzlich *neu.* Ich mußte mich an ihn gewöhnen und ihn zu verstehen versuchen, als wäre er ein neu erworbener Freund. Werde bald sein Porträt zeichnen müssen, wenn ich ihn gut

genug kenne. Werde ich die Zeit haben? Tia Anaïs[1] ist hier mit ihren Töchtern, Graziella und Ana Maria. Tia Antolina und Baby[2] kommen Sonntag an und später Tio Enrique und Tia Julia[3].
Thorvald muß unterhalten werden; ihm gefallen weder das Alleinsein noch Bücher noch ruhige häusliche Gespräche. Wir haben schon für Tia Anaïs und meine Vettern getanzt, sind mit ihnen zum Essen gegangen und wurden von ihnen besucht. Mutter hat die Wohnung gestrichen, geputzt, poliert etc., und ich mußte einer ganz neuen Dekoration den letzten Schliff geben. Ich schwebe durch die Tage nach dem Willen der Familie.
Hugh wechselt vom Kreditgeschäft in die Vermögensverwaltung über. Die einzigen Realitäten, klare Realitäten, sind mein Tanzen und mein Haushaltsbuch. Ich kann nicht über ihnen schweben, obwohl ich durch die bloße Gegenwart Ana Marias, die den Farruca lernt, Miralles der Imagy beraubt habe. Und wie gewöhnlich stöhnt das Budget lauthals und schreit nach einer Erhöhung.
Gustavo wurde auf der Stelle wieder an seinen alten Ehrenplatz in unserer Freundschaft gesetzt, nachdem wir einen entzückenden, spontanen, liebevollen Brief von ihm aus Valencia erhalten hatten. Da er selbst seine Egozentrik zugibt, ist es sinnlos, ihm das vorzuhalten. Er ist witzig und lebendig, und mehr verlange ich nicht. Andere Dinge kann man von Tanten, Onkeln, Vettern, Vettern zweiten Grades als einen Ausgleich für ihre intellektuelle Apathie bekommen.
Gustavo weckt den Kobold. Er ist wirklich ein seltener und kostbarer Freund. Warum muß er in Spanien leben? Und Ana Maria ist statt Eduardo hier, und Erskine kommt erst im September.

11. Juni

Hugh und ich nahmen uns gestern einen Tag frei und flüchteten ganz allein nach Fontainebleau. Wir redeten, ruhten uns aus, gingen spazieren und bereiteten uns geistig und körper-

---

[1] Anaïs Culmell de Sanchez, eine Schwester von Anaïs Nins Mutter.
[2] Antonilita (Antolina) de Cárdenas, Anaïs Nins Cousine.
[3] Enrique Culmell und seine Frau Julia.

lich auf einen anstrengenden Monat vor. Kein Alleinsein mehr, kein Frieden mehr für eine Weile. Der ganze Monat wird seiner, meiner Familie, Verwandten aller Kategorien geschenkt werden.
Tia Antolina und Baby kamen gestern um Mitternacht an, begierig auf Spaß und auf Erleben. Die pure Erwähnung ihrer Absichten und Bestrebungen ermüdeten mich. Wir fingen damit an, sie ins Café de la Paix für einen Kaffee und ein Brioche zu führen als Auftakt für das Pariser Leben. Baby wollte ganz Paris durchstreifen, wir überzeugten sie schließlich davon, daß sie das für heute lassen sollte.
Während all dem hielt ich an meinem Tanzen fest und, wie man sieht, an meinem Schreiben. Ich werde traurig, wenn ich Zeit vergeude und wenn ich den Eindruck habe, kostbare Tage wegzuwerfen. Zum Glück befreit mich das neue Mädchen, Alphonsine, von vielen Aufgaben, und ich kann vielleicht vormittags für andere Dinge einen Ausgleich finden, die bestraft werden sollten und mit sofortigen Übeln bestraft werden. Jede Tee-Einladung, Show, Ausstellung, jeder Besuch schafft eine Leere, wo zuvor Reichtum war, und ich spüre, wie mein Kopf leerer und leichter wird.

20. Juni

Vergeudete Tage. Einkaufen und essen und die Familie durch Paris führen. Doch ich höre nicht auf zu tanzen. Gestern abend begeisterte mich wieder La Argentina mit ihrem Ballet Español in der Femina. Ich habe einmal für die Sánchez-Familie getanzt, einmal für eine amerikanische Party, die wir für Thorvald gaben (als wir zum erstenmal Bridge-Tische und Kartenspiele in unserem Haus einführten) und noch einmal, impromptu, bei einem Tee, um Joaquins Diplom[1] zu feiern. (Er hat es brillant bestanden, nur zwei Schüler von der ganzen Klasse haben bestanden.) Mrs. Varela ist meine treueste Bewunderin und diejenige, die meine Fortschritte am besten erkennt. Joaquin will ein Ballett für mich schreiben. Selbst Thorvald ist interessiert. Der arme Thorvald ist bei schlechter Gesundheit, körperlich und seelisch. Nach vielen Bitten hat er schließlich beschlossen zu bleiben.

---

[1] Diplôme Supérieur de Piano der Schola Cantorum.

Ich glaube an dauerhafte Wellenbewegungen, an schnelle Reisen, an örtliche Keuschheit. Die Hölle ist auf Erden, und der Himmel ist dabei, ausgelöscht zu werden. Wir schlafen nachts, weil wir, wenn wir die ganze Nacht wach wären und einen Gedanken klar zu Ende denken könnten, den Verstand verlieren würden. Unser Verstand wurde als ein zerbrechliches Gefüge geschaffen, so daß wir die Unvollkommenheiten der Welt nicht bemerken.

27. Juni
Ich halte Augen und Ohren wie gewöhnlich offen, finde jedoch nichts, um meinen ewig hungrigen Geist zu befriedigen. Ich bin die Familie leid, obgleich ich sie liebe. Wir haben in nichts den gleichen Geschmack oder die gleichen Vorstellungen. Das eine Wort, das für mich nicht existiert, ist das wichtigste in ihrem Leben: Langeweile. Baby ist immer gelangweilt, sie sind alle gelangweilt. Thorvald hat sich auch die Krankheit eingefangen und ist gelangweilt, so leicht, daß ich von Kohletabletten gelebt habe, während er hier war.
Am Montag fuhren Mutter und Thorvald nach Hendaye, Tia Antolina und Baby nach Plombières. Tio Enrique und Julia sind heute angekommen, Tia Anaïs, Graziella und Ana Maria fahren nächsten Dienstag ab, aber die Guilers kommen am selben Tag an.
Wenn ich zu Hause bin, lege ich mich ins Bett. Ich bin müde, leer und traurig. Miralles hat Imagy verloren. Ich arbeite hart an meinem Tanzstil, wenn ich dabei bin. Ich kann nicht schreiben und nicht denken. Was ich in Cafés und Geschäften und Revuen sehe, ist der Beschreibung nicht wert. Gelegentlich erfreue ich mich an spanischen Schals, Seidenkleidern, farbigen Tüchern, einer schicken Handtasche oder einem umwerfenden Hut, doch es ist ein mit Begehren vermengtes Vergnügen. Ich liebe zu sehr den Luxus, viel zu sehr. Ich will zu viele Dinge haben, Dinge, bei denen ich es ertragen könnte, sie andere kaufen zu sehen, jedoch nur wenn sie sie genauso liebten wie ich. Ihr mit Gleichmut hingenommener Besitz erregt meinen Neid. Schönheit, die ich nicht besitzen kann, Geld, mein Wunsch zu glänzen, prunkvoll und brillant und außergewöhnlich zu leben, bringen mich ständig durcheinander. Die Apathie, die

Stumpfheit und Langeweile reicher Leute lassen mich verzweifeln.

29. Juni
Während Hugh heute Tennis spielte, gab ich vor, eine Verabredung zu haben, schloß mich in unserer Wohnung ein und schlief und träumte und schrieb dann Briefe. Horace und Frances läuteten – ich sah ihr Auto vom Fenster aus –, und ich öffnete nicht.
Miralles liebt mich noch immer. Ich tanze gut; das ist ein Trost. Gestern fühlte ich mich leicht und sehr ausgeglichen, und die eckigen Linien meines Tanzens verschmelzen zu Harmonie. Miralles freut sich und komponiert neue Themen für mich. Sein Schelten, seine Hingabe und seinen intensiven Unterricht schätze ich sehr.

1. Juli
Sonntag morgen. Ein wunderschöner Augenblick, ganz allein im Zimmer, lausche einer hebräischen Melodie auf dem Plattenspieler. Ich bin am glücklichsten allein mit Musik und Gedanken. Mir gefällt meine eigene Gesellschaft, der Klang meiner eigenen Gedanken und die meergleichen Bewegungen meiner Gefühle, intensiver als mein sonstiges Leben, mehr als das Leben anderer Leute, mehr als Bücher, mehr als Theater. Ich hatte einst Angst, ich könnte mich selbst leer machen, das ist nie geschehen. Ich werde nur leer, wenn ich mit anderen Leuten zusammen bin, ihre Leere spüre, mich an ihrer eingemauerten Intelligenz, an ihrer steinigen Apathie stoße. Allein fließe ich über, bin ich reich, bin ich lebendig, werde ich nie austrocknen, bis ich sterbe.

14. Juli
Hugh spielt Tennis, und jeder denkt, ich sei bei ihm. Die Wohnung ist köstlich warm, und ich bin spärlich bekleidet. Ich habe mir die hebräische Melodie angehört, ich habe meinen Wunsch besiegt, allein loszuziehen und mir ein Stück anzusehen, da es den Kater beunruhigen würde, und ich hatte schwere Träume von einer nicht unterdrückbaren Ruhelosigkeit. Ich sündige in der Phantasie. Ich gehe überall hin und erforsche alles.

Diese Tage rein gesellschaftlichen Lebens (die Guilers, Gilbert Chase und einen Freund von ihm unterhalten) bergen nichts in sich, doch meine Phantasie macht Sprünge. Der heiße Atem unerprobter Erlebnisse verbrennt mein Gesicht. Ich spüre wieder diese mystischen Rückzüge aus dem Leben, dieses Mal ziehe ich mich jedoch schwer beladen mit sinnlicher Fülle zurück, von der ich mich tagelang nähre – die Erinnerung an den Blick eines Fremden, neue Namen, die Miralles für mich erfunden hat, das tiefe Entzücken, körperlich Albéniz' »Sevilla« auszudrücken, die Worte eines spanischen Liedes, wieder das Ballett Español, die tiefblauen Augen von Gilberts Freund, der mich an Ramiro Collazo in Havanna erinnert. Ich ziehe mich zurück, weil das Leben zu stark ist, zu übermächtig süß, zu erlesen schmerzlich, zu voll von kleinen Wundern.

»Sie müssen diesen Schritt fühlen wie ich«, sagt Miralles mit einer Liebkosung seiner Augen. Und sofort fühle ich ihn wie er selbst, und es ist nicht merkwürdig, daß er sagt, ich tanze besser, weil er mich liebt.

Der Rest ist einfach. Ich versuche, mich dazu zu bringen, die Guilers gern zu haben. Ich wollte, hier würde ein Wunder geschehen. Tut es aber nicht. Ich tue es, indem ich geschickt und überlegt für sie einkaufe, ihnen helfe. Ich werde Edie wirklich gern haben, wenn sie groß wird. Ethel und ich sind uns ähnlicher, sie weiß jedoch, wie sie die Menschen dazu bringt, sie zu beschenken, wie sie sie halten kann, ohne sie zu bezahlen, und bei dieser Art Spiel bin ich immer die schreckliche Verliererin. Edie bezahlt mich mit Zuneigung, mehr will ich nicht.

Sah Horace und Frances verheiratet. Sie lebt vor dem Hintergrund einer gelben Tapete, fast auf künstlerischen Pfaden. Sie hat die Museumsatmosphäre der Guicciardi-Wohnung beseitigt. Horace und Frances sehen zusammen »dick« aus. Ich weiß nicht, was in dem heiteren und schwebenden Horace verpufft ist. Eine gewisse Neugierde. Findet er in der Ehe ein Ziel? Ist er mit dem Leben, mit Frances und der gelben Tapete und seinem Gebrauchtwagen zufrieden? Ich betrachte ihn mit kühlem Blick; wohingegen er an unserer Freundschaft festhält. Wenn ich aufhöre, wie eine Frau zu empfinden, analysiere ich grausam wie ein Arzt. Habe ich zuviel von ihm erwartet? Wahrscheinlich. Ich erwarte meist selbst von mir zuviel.

16. Juli

Gemischte Eindrücke, keine Einheitlichkeit. Bei Tennismatchs in tropischer Hitze zugeschaut, viel Flirterei, 14.-Juli-Feiern auf den Straßen, Problem, den Guilers zu entgehen, und Tia Antolina kommt heute abend an. Ich habe mich einst gerühmt, mein Leben nach meinem Gusto zu dirigieren, aber die Invasion der Familie oder meine Hilflosigkeit angesichts ihrer Forderungen habe ich nicht vorausgesehen. Ich erinnere mich so deutlich, welche Gefallen man mir getan hat; ich bin dankbar. Ich verdanke Tia Antolina meine fünf Monate in Havanna, ich verdanke ihr *Aline,* meinen ersten und schlechten Roman, und so viele unverwitterte Erinnerungen. Als Ausgleich für all das hier meine köstlichen Tage, meine gehorteten Stunden, eine Portion dieses Lebens, das ich schätze und zu kurz finde, das größte Geschenk, das ich machen kann.

Sagte letzte Woche an einem Morgen Boussie Guten Tag und Auf Wiedersehen. Auch sie hält Erskines *Eve* für rein amerikanisch. Was wird Paris mit Erskine machen?

»Also«, sagt Boussie, »du hast einen wunderbaren Bruder.«

Ich stimme ihr zu; kann nicht umhin. Ich bin so stolz auf ihn. Die beiden sind gute Freunde. Joaquin redet ihr mit Lobpreisungen und Erklärungen über Spanien die Ohren voll. Sie hat ihm Waldo Franks *Virgin Spain* [Jungfrau Spanien] geliehen. Als ich sie nicht besuchte, tat es Joaquin und erklärte: »Arme Anaïs, sie kommt nicht, weil sie sich ›leer‹ fühlt und sich schämt. Sie führt gerade ein dümmliches Leben.«

Ich lese nicht einmal, ich tanze, tanze so gut. Nach der Lebhaftigkeit, der technischen Reife, der Erweiterung des Repertoires und der allgemeinen Leichtigkeit kommt die Harmonie, das Ineinanderschmelzen allen Wissens, aller Lieblichkeit und Haltung, und Miralles schimpft, arbeitet und müht sich, mich zu vervollkommnen. Und hin und wieder leuchten seine Augen, und er sagt mir: »Me entusiasmas.«

Und küßt mir die Hand und bringt mich dazu, noch härter zu arbeiten.

»Flirten« ist ein mildes Wort für mein Verhalten. Es macht mir Spaß, Gefühle zu wecken, und ich gebe gern etwas vor.

Ich schaffe gern ein Band des Vertrauens mit dem Mann, für den ich mich interessiere, damit ich ihn gut, bis in die Tiefe kennenlerne und er mich und sich an mir erfreut, ohne mich je zu besitzen. Ich gebe auch eine Menge, damit ich keine Gewissensbisse habe. Auf eine theoretische Art bin ich Miralles' Gefährtin und Helferin. Ich bin in sein Leben eingedrungen. Ich bin für ihn nützlich, ein Trost. Ich habe seine Gedanken und seine Ergebenheit. Ich erfahre jede Einzelheit seiner Existenz. Wie ein Geschenk gewährt er mir das Geständnis, daß er neulich abend im Café allein dasaß und ihm seine Einsamkeit klarwurde, ihm ebenso klarwurde, daß er alt war und es zu keinem Erfolg auf der Bühne gebracht hatte, daß die meisten Menschen eigensüchtig waren und man ihnen kein Wort glauben konnte. Ein anderes Mal zeigte er mir einen Parfumzerstäuber, den er für seine Schwester in Valencia gekauft hatte (Großhandelspreis, aber das würden sie nie erfahren): Die Wahl eines Zerstäubers in einem scheußlichen Grün mit goldenen Streifen und einem silbernen Griff rief in mir schmerzliche Erinnerungen an spanische Inneneinrichtungen und cubanische Geschenke wach. Ich konnte mir sein Haus in Valencia vorstellen. Auf dem Jahrmarkt kauft er zwei goldene Vasen zu zwei Franc das Stück für das Grab seiner Mutter, und man füllt sie mit künstlichen Blumen. An einem anderen Tag hat er Schwierigkeiten mit Schülern, die ihre Unterrichtsstunden nicht bezahlt haben. Man lädt ihn ein, in einem wundervollen Haus voll leerer Zimmer für Freunde zu übernachten, und er kann nicht schlafen, weil er an die Leute denkt, die leere Zimmer haben, während er in einem stickigen Loch haust.

21. Juli

Anweisungen von der Allmächtigen Bank, nach Le Havre zu fahren. Vorgegebenes Bedauern, im Grunde jedoch froh, der Einkauferei, den Tee-Einladungen und den außerhäusigen Abenden zu entgehen. Habe als allererstes mein Tagebuch in den Koffer gepackt. Und habe mir dann den ungewöhnlichen Luxus eines Zusammenbruchs erlaubt, die Reaktion auf übermäßige Erschöpfung. Anderthalb Tage Depression, Zittern, schwerer Kopf, umschleierte Augen, Nervosität, Gereiztheit; sobald ich mit Hugh allein auf einem Hügel war mit einem

Blick aufs Meer, fünf Stunden von Paris entfernt (mit dem Citroën), genas ich. Die Sonne scheint auf das, was ich schreibe, und meine frischgeschorenen Locken. Es ist unglaublich, meine Haare sind vor einer Woche geschnitten und dauergewellt worden, doch sind sie noch lang genug, damit ich sie hochstecken und in der Brise flattern lassen kann. Ich fühle mich damit wie Shelley. Sie sind in Harmonie mit meiner neuen luftigen Stimmung. Was auch immer ich trage, kurz oder Locken, es ist symbolisch für einen Gedanken, ein Empfinden, ein Ziel. Es ist auf keinerlei Einfluß einer geschickten Verkäuferin oder einer Zeichnung in *Vogue* zurückzuführen.
Gustavo ist ein Problem. Er fehlt mir, wenn er nicht da ist, und ich kann ihn weniger leiden, wenn er hier ist. Er ist boshafter, als ich ihn in Erinnerung hatte, aufbrausender, mehr wie ein Feuerwerkskörper. Er ist die ganze Zeit in Valencia geblieben und hat ein halbes Buch geschrieben, ein modernes Buch ohne Handlung, lebendig, wie wenn er selbst Konversation macht, merkwürdig, interessant, schrullig, neurotisch, rauh, unzusammenhängend, unreif. Zwei Kapitel sind atemberaubend, Glanzstücke von Impressionismus und Phantasie. Manchmal wirkt es wie eine gute Parodie auf den ultramodernen Stil und manchmal wie ein Widerhall besserer Bücher. Er will Geld verdienen. Was soll man mit ihm machen? Ihn ermutigen – er braucht es. Unsere Gesellschaft stimuliert ihn, er sorgt sich, wir könnten ihn für korrupt halten, verteidigt sich wärmstens, war verwirrt, weil wir ihm sagten, Betragen kümmere uns nicht. Natürlich ist er eine Mischung, er möchte jedoch, daß man ihn für gut hält. Durch meinen Zigarettenrauch kann ich ihn unbekümmert ansehen. Er versteht mich nicht.
Er ist sich nicht sicher, ob er mich mag. Ich bin mir nicht sicher, ob ich ihn mag. Etwas in uns ist auf geheimnisvolle Weise unvereinbar. Seine Boshaftigkeit und mein klares Vertrauen, seine spanische Mißachtung intelligenter Frauen und mein geistiges Fieber. Ihm fehlen im Umgang mit mir etwas Poesie und Phantasie. Er ist ein echter Kobold, nicht ganz menschlich, nicht gut, kein Frauenfreund wie Joaquin, Eduardo oder Enric; ein Problem, ein ablenkendes Problem, ein angenehmes Problem, wenn man es so von einer Hügelspitze mit dem Meer unten betrachtet und die Sonne auf das,

was man schreibt, scheint. An dunkleren Tagen weiß ich, daß Gustavo mich auf irgendeine Weise verletzen wird.

22. Juli
Sonntag morgen oben auf dem Hügel. Die Luft ist frisch, berauschend, und die Sonne besänftigt. Ein Dampfer mit drei Schornsteinen schiebt sich in die Bucht. Kleine Schiffe fahren mit dem Bug in viele Richtungen. Und passenderweise liest Hugh Conrad. Moi, je divague. [Ich, ich schweife ab.] Ich sollte Briefe schreiben, klammere mich jedoch liebevoll und unvernünftig an mein armes Tagebuch. Gerade ist mir ein Gedanke von Gustavo eingefallen, den ich klären wollte. Ihm zufolge ist die größte Sünde Kälte, und die größte Heilige war Maria Magdalena, die der Leidenschaft fähig war. Er hegt keine Bewunderung für jene, die durch Verzicht, fleischliche Gleichgültigkeit oder reine Stumpfheit Vollkommenheit erreichen. Das entspricht genau meiner Vorstellung. Früher einmal erschien mir die Askese als ein Ideal, jetzt suche ich das Gegenteil. Ich suche das Leben. Ich war überglücklich an dem Tag, als ich entdeckte, daß ich einen sensiblen Körper habe, obgleich mir einmal nichts wichtiger erschien als ein sensibles Gehirn. Heute bin ich im vollkommensten und absolutesten Sinn des Wortes der Leidenschaft fähig. Ich habe Askese, den Abstand vom Leben, die Zurückhaltung hinter mir gelassen. Mädchenhafte Sentimentalität hat Schaden angerichtet. Mein Kopf hat sich zuerst als erster entwickelt und das unverhältnismäßig. Ich bedaure meinen Irrtum zutiefst, doch hat er mir zumindest geholfen, die ganze Kostbarkeit all dessen zu erkennen, was ich einst verachtet habe. Gustavo hat nie aus Kälte gesündigt, da bin ich sicher. Auch Enric nicht oder Hugh. Hugh hat mich menschlich gemacht. Ist das eine Geschichte, die jemandem helfen würde, oder ist sie dümmlich banal?

30. Juli
Zwei merkwürdige Tage in Dinard mit Hughs Familie verbracht. Merkwürdig, weil wir Johnnie verlobt vorfanden und die Familie durcheinander. Ich habe mir das Mädchen angesehen. Phyllis ist Engländerin und hat eng zusammenstehende, ausdruckslose Augen, ein offenes Lächeln, einen festen Hän-

dedruck. Sie spielt Tennis. Johnnie ist verliebt. Was kann man da sagen?
Wir haben jedoch unseren Besuch genossen. Hugh spielte mit seiner Mutter Tennis, und dann spielten sie ein Doppel mit Phyllis und Ethel, und dann spielte Hugh mit Johnnie, und dann spielte Johnnie mit seiner Mutter, und dann spielten sie mit den beiden Mädchen und dann Phyllis' Mutter mit ihrer Tochter und die Tochter mit Hugh und Hugh wieder mit Johnnie. Ich bin fast hysterisch geworden.
Zum Glück fuhren wir am nächsten Tag nach St. Malo. Ich habe Edie und Ethel wirklich gern. Ich habe ihnen eine Gesichtsbehandlung angedeihen lassen, und Edie hat mir die Haare gemacht. Sie steckten mich in richtige Sportkleidung und waren entzückt. Wir redeten vertraut und natürlich miteinander. Sie sind die einzigen Mädchen, die mich dazu bringen können, meine Wimperntusche oder die Farbe meines Gesichtspuders zu ändern oder meine Haare anders zu frisieren. Ich gebe gern meine strenge Individualität auf und lasse sie Wirbel um mich machen. Es ist etwas so herrlich Neues, Schwestern zu haben. Ich versuche, ihren Geist zu öffnen, ihnen Geschichten übers Reisen zu erzählen, alles, was ich über Männer weiß (wie dieses Thema sie fasziniert). Ich nenne Ethel »Diablito« [Teufelchen] (sie ist hübsch, feurig, kokett) und necke sie. Edies gefühlvolles und achtsames Verhalten übertrifft mein eigenes, und zum erstenmal in meinem Leben finde ich jemanden, der auf kleine Weisen mehr gibt als ich und der mich verwöhnen kann und der mir ein Gefühl von Eigensucht vermittelt. Man hat mir erzählt, Ethel habe gesagt, je besser sie mich kenne, desto besser könne sie mich leiden. Ich rege sie an, reiße die Förmlichkeiten, die Vorurteile nieder. Ich schockierte Johnnie, der meine munteren Launen nicht kannte. Ich war früher so passiv und nachdenklich.
Jetzt renne ich mit wehenden Haaren über die Festungsmauern von St. Malo, bedrohe jeden mit meiner künstlerischen Photographiererei, plaziere die Menschen in die richtigen Türöffnungen etc., und in dem kleinen Boot überkam mich für einen Augenblick ein unkontrollierbares Gelächter über mich selbst, weil ich mich wieder wie eine Seifenblase fühlte, wo ich mich einst für so feierlich hielt.
Wir sind heute morgen um sieben Uhr in Paris angekommen

und frühstückten in einem Café. Wir haben Farbe bekommen, fühlen uns stark, und unsere Lungen sind voll frischer wunderbarer Luft. Eine bestimmte Lebensschwäche ist mir für immer, immer abhanden gekommen. Mein Körper muß nun meinem Verstand folgen.

3. August
Mir fehlt Miralles. Allein zu tanzen ist anders. Ich bin hilflos. Ich erkenne jetzt, was für ein dominierender Maestro er ist und wie gründlich er mich lehrt, führt. Ich beantwortete also seinen Brief sehr liebevoll und tröstend, und dies macht es vielleicht noch härter für mich, ihm Imagy wegzunehmen. Es ist Zeit, daß Imagy sich anderen Dingen zuwendet; sie nimmt einen zu großen Raum in meinem Leben ein.

8. August
Tagebuch von Imagy. Kommt man nach Frankreich, um die Macht, die unvermeidliche Macht des Körpers kennenzulernen? Ich habe Anfälle von Sinnlichkeit, die nichts mit mir, meinen Träumen, meiner Seele und meinen Empfindungen zu tun haben. Es gibt Augenblicke, da ich mir selbst nicht gehöre. Dieses Rätsel, diese entsetzliche Spaltung existiert also? Plötzliche Sehnsüchte nach einer unbekannten Liebe, eine plötzliche Neugierde nach einem unbekannten Mann, ein plötzliches Schmelzen des Körpers zu einem Traum, Kapitulation. Und dies geschieht nicht in Augenblicken der Trägheit, sondern unerwartet, mitten in meinem Leben, während einer Fahrt übers Land, während ich tanze, während ich durch ein Geschäft gehe. Die wahre Welt zerbricht, und ich bin eine andere Frau, von Leidenschaft aufgelöst, von einer Liebe besiegt, die niemandem außerhalb von mir gehört und die mich dennoch ganz besitzt.
Ich liebe, verehre Hugh mit meinem Körper und meiner Seele. Ich habe einen Überschuß an Zuneigung, an Begeisterung, der sich staut, weil er es nicht alles braucht. Meine teuflische, dämonische Phantasie zieht ihren Vorteil daraus, und die kleine Saat, die man als Überbleibsel hätte über Bord werfen können, wird genährt und wird ein Baum, ein anderes Leben, eine andere Liebe, ein anderes Tagebuch.
Eine Dame in Le Havre machte einen starken Eindruck auf

mich, und ich verblüffte sie. Wir beide dachten, wir würden langweilige, nichtssagende Frauen treffen, wie Bankiersfrauen gewöhnlich so sind, und waren auf die Begegnung nicht besonders erpicht. Ich fand ein wunderhübsches Haus vor, ein Atelier, Plastiken, ausgezeichneten Geschmack und Behagen und Merejskowskis Buch auf dem Couchtisch. Und dann kam die Dame des Hauses herein, auf südliche Weise gutaussehend, in weißer Sportkleidung, mit braunen muskulösen Armen; an dem einen trug sie ein breites, flaches Silberarmband. Es gibt einen konventionellen Witz in Frankreich, der genauso leicht erkannt wird wie der Kew-Gardens-Jargon. Nein, reden tat sie nicht sehr gut. Ihre Arbeit, ihr Haus, ihre Erscheinung machten sie eindrucksvoll. Ihr Mann, ein Kaffeehändler und Ägyptologe, erging sich in bissigen Bemerkungen. Die Dame und ich fanden mehr bei uns gegenseitig zu entdecken. Ich war in Saphirblau gekleidet, die Haare in einem blauen Turban zusammengebunden. Als sie gefragt wurde, was für einen Nachtisch sie haben wollte (wir aßen in einem Restaurant zu Mittag, von dem man aufs Meer blickte), äußerte sie einen Wunsch nach »des fruits très mûrs« [sehr reife Früchte], und die Art, wie sie es sagte, die Sanftheit, die kontrollierte Modulation und der wohlüberlegte Charme ihres Satzes ließen mich sofort die symbolische Beziehung zwischen ihrer dunklen, vollen Schönheit und der reifen Frucht spüren, und ich fühlte mich sehr, sehr jung. Während sie jedoch die reifen Pfirsiche und Pflaumen aß, machte ich mehr Entdeckungen als sie. Ich erstaunte sie. Ich war nicht dumpf, und doch war ich nicht sarkastisch, und meine Toilette war weder schlecht noch ausgesprochen gut. Ich entdeckte ein Korn gesellschaftlichen Snobismus, auf den ich nicht einging und sie enttäuschte, weil ich meine Freunde nicht beim Namen nannte wie sie, weil sie wußte, daß ich jene Namen in den Gesellschaftsspalten gesehen haben mußte. Dagegen liebt sie Musik, und sie empfängt alle Musiker, die durch Le Havre kommen.
Wie sehr sie Le Havre verachtet, Le Havre, das auf mich so romantisch wirkt. Ah, Paris. Sie könnte nicht weit weg davon leben und fährt häufig hin. Werde ich sie wiedersehen? Nein. Unser Leben ähnelt sich zu sehr; sie herrscht allein über das ihre so wie ich über das meine. Wir erkannten das beide. Sie würde meinen Freunden gefallen und ich den ihren. »Ich

hätte nichts dagegen«, sagten meine Augen offen. »Sie interessieren mich sehr.« Die ihren antworteten jedoch nicht, dunkle Augen einer reifen Frau, die besser weiß als ich, daß es nicht gut ist, sich mit einer Frau zu befreunden.
Gustavo fordert mich auf, mit ihm einen Kaffee zu trinken; sogar angenehmer als mit Miralles! Er sieht so spanisch aus mit seinem schwarzen Hut. Seine Hände sind makellos und seine Nägel poliert. Er ist von Sex und Sensationsgier besessen, doch beunruhigt ihn dies vielleicht nicht mehr, wenn er erst einmal veröffentlicht hat. Ich rede gern mit ihm. Er hat mir sein erstes Kompliment gemacht: »Du wirst jeden Tag hübscher«, so habe ich ihn sofort für Samstag abend zum Essen eingeladen. Es ist komisch zu beobachten, wie er in Hughs Abwesenheit mir seine Zuneigung gezeigt hat, woran ich zweifelte. Spanischer Respekt vor Ehemännern.

9. August
Wir wurden zu einem zweiten Bankett eingeladen, um Hughs Sieg beim Tennis zu feiern. Ich fühlte mich ungesellig und unglücklich bei dem Gedanken, einen Abend zu vergeuden. Ich habe beim Tennis zögernd zugesehen. Wir saßen draußen im Garten des Tennisklubs. Einer der Tennisspieler war ein sehr witziger, schalkhafter Franzose, der den ganzen Tisch von Anfang bis Ende in Stimmung hielt. An dem einen Tischende saß Alice (ich hatte sie oft in der Bank gesehen, wir hatten bis jetzt wenig miteinander geredet) und starrte mich an, ein freundliches Starren, gegen das ich nichts hatte. Nach dem Essen setzte sie sich neben mich. »Mir gefällt es, wie Sie Ihre Haare tragen«, sagte sie. »Es ist hübsch, es ist ungewöhnlich, es ist künstlerisch, und es steht Ihnen. Sie erinnern mich an einen Engel in der Kathedrale von Reims.«
Ich war verschüchtert. »Vous êtes bien gentille« [Sie sind sehr nett], antwortete ich konventionell.
»Oh«, meinte sie. »Ich bin nicht höflich, ich sage nie etwas aus Höflichkeit. Mir gefällt Ihre Frisur, wirklich.«
»Das freut mich«, erwiderte ich, etwas verstört von ihrer übertriebenen Ernsthaftigkeit.
»Schon lange wollte ich mit Ihnen reden; ich habe immer gespürt, Sie würden mich verstehen.«
Sanft brachte ich sie zum Sprechen, stellte ihr Fragen und

fand sie höchst sensibel, hoffnungslos und wunderbar idealistisch, lesefreudig, einsam, rebellisch, bitter und angestrengt. Während sie redete, empfand ich eine große Sympathie für sie. Ihre Augen, so eifrig, so ruhelos, so verzehrend, hielten mich fest. Ihr Gesicht war feucht von der Anstrengung, Scheu und Nervosität zu überwinden. Ich schlug ihr vor, mich besuchen zu kommen, und ich würde ihr meine Bücher zeigen. Ich wußte, unser Leben würde ihr in ihrer wilden, verzweifelten Suche nach Schönheit helfen, und ich wollte Balsam über ihre Auflehnung gießen. Ihr Händedruck zum Abschied war wie der Griff von jemandem in Not. Ihre Augen hatten mein Gesicht nicht einmal verlassen.

An jenem Abend war ich müde. Ich fühlte mich alt, weil ich zum erstenmal jemandem begegnet war, der eifriger war und mehr Träume hatte als ich selbst. Sie ist jetzt so, wie ich einmal war. Sie ist in dem Alter, als ich über *Jean Christophe* [Romain Rolland] weinte und gegen die ganze Welt ankämpfte, arbeitete und durch die Hölle ging, während ich die Häßlichkeit entdeckte.

11. August

Haben mit Horace und Frances auf dem Land zu Abend gegessen. Sie ist zur Ruhe gekommen; sie ist sehr häuslich, aufmerksam, frisch und nett. Horace ist glücklich. Sie ist vor allem anpassungsfähig, und das ist eine schöne Eigenschaft. Man kann das Echte nicht mehr vom Gespielten unterscheiden. Die Ehe hat alles verschmelzen lassen. Ich bin ihnen zugetan. Irgendwie hat Horace' Zufriedenheit den Scharfsinn und die Brillanz aus seinem Wesen vertrieben. Frances macht aus ihrem Unkritischsein und ihrer Unkompliziertheit eine edle Tugend, und Horace sinkt in seinen tiefen Sessel, zieht seine Pantoffeln an und genießt bürgerliches Glück. Was habe ich gegen ihr Behagen und ihre Einfachheit? Es geht mich nichts an. Kleine Freuden, kleine Sorgen, kleine Wünsche, kleines Leben. Sie fürchten sich vor der Analyse, vor dem Denken, vor der Unruhe; sie haben die Gefälligkeit und die Stagnation gewählt.

Hugh und ich indessen lassen unseren Verstand durch unser unbequemes Leben schärfen. Gestern abend beim Essen war ich witzig genug, um ihm zu gefallen und ihn anzuregen. Er war zutiefst glücklicher als Horace. Er wußte es. Und er weiß auch, daß es daran liegt, daß er keinen Frieden sucht, sondern mich. Ich habe meine friedlichen Tage, wenn ich müde bin, wenn der Regen mich deprimiert, aber in der Regel habe ich alle die Mängel von Guinivere ohne ihr Aussehen, und ich gehöre gewiß zu den Unruhestifterinnen der Welt. Wie komme ich dann so ungeschoren davon? Durch sanfte Manieren, die in keiner Weise mein Wesen verraten, hübsche Kleider, die die Aufmerksamkeit von meiner ruhelosen Intelligenz ablenken, und die Angewohnheit, mehr zu schreiben als zu reden, wodurch ich im ganzen harmlos erscheine.

30. August

Hugh mußte aus geschäftlichen Gründen nach Genf reisen, und deshalb fuhr ich für zwei Tage zu Mutter nach Hendaye. Dann eilte ich zurück, um Hughs Familie beim Einkaufen zu helfen. Eine Woche vergeudet, vertan, und ich brach fast unter der Anspannung einer schrecklichen Depression zusammen. Ich bin allein im Bett und versuche, mich auszuruhen. Ich kann meine Kümmernisse nicht abwerfen. Die Familienmitglieder sind alle weg, doch ihre Launen, Schwächen, Unruhe, Unwissenheit, Kleinlichkeit und ihr Egoismus drücken mich nieder ebenso wie ihre plumpen Großzügigkeiten, ihre ständig erwähnten Geschenke. Was für ein trauriger Sommer! Hugh ist wie ich seiner Familie ergeben. Sie ermüdet und deprimiert und reizt ihn. Wir sind beide zu töricht und zu selbstlos. Wir kommen zueinander zurück, um Trost und Frieden zu finden und einander die Wunden zu lecken.

1. September

Endlich bin ich aus meinem trüben Leben herausgerissen worden. Gestern abend ist Gustavo zum Essen gekommen. Mit eifrigem Gesicht und den Schlängelbewegungen seiner Hände hat er von der Theosophie erzählt. Ich hielt den Blick auf die vier schwarzen Kerzen gerichtet und spürte, wie eine schwere Last von mir genommen wurde, und ich fragte mich, wo ich drei Monate lang gewesen war, drei unglückliche, leblose Monate. Sicherlich beim Fasten ohne Nahrung oder Licht. Wie haben wir gestern abend geredet. Hugh schlug vor, der Liebe müsse ein hoher Platz eingeräumt werden, ohne zwischen dem Geistigen und Physischen zu unterscheiden. Gustavo erzählte von Ebenen, Dichte, Fortschritt und den vollkommenen Menschen, die Weisheit erreichten. Er las uns ein weiteres Kapitel aus seinem Buch vor, ein nichtiges; wir ermutigten ihn trotzdem, es zu beenden, damit wir das Ganze beurteilen konnten.

Wir hatten versprochen, ihm etwas aus unseren Tagebüchern vorzulesen. Er drückte Zweifel an der *Wahrheit* von Tagebüchern aus.

»Niemand erzählt alles«, sagte er, »keinen von den schlimmen Gedanken, auf die man nicht stolz ist.«

Ich war verstimmt, besonders da ich in letzter Zeit so schmerzhaft wahrhaftig war. Also zeigte ich ihm drei intime und wenig schmeichelnde Beschreibungen meiner selbst. Er war etwas verblüfft und still. Schweigen ist bei Gustavo bedrohlich, gefährlich, unerklärlich, weil es so selten ist. Ich war entzückt über meine Kühnheit. Ich bin es so leid, für andere Schönheit auszusuchen. Es ist mir egal, was Gustavo denkt.

Wir drei rauchten, dachten nach und argumentierten. Um Mitternacht gingen wir auseinander.

Und heute ist ein heiliger und gesegneter Samstag, und wir können ihn allein genießen, aber ich bin krank. Ich war zu unglücklich und zu müde. Ein Abend Theosophie reicht nicht, um mich zu heilen, denn der Sommer ist vorbei und für mich gibt es keinen Trost.

Keats sorgte sich um seinen Bruder und seine Schwester. Armer Keats. Ich bin nicht der einzige Dummkopf. Meine Mutter ist wie ein Kind von mir; ihre Sorgen sind die meinen. Alle Sorgen und alle Enttäuschungen der Welt sind die meinen, jede Schwingung zerrt an meinen Saiten, und ich bin nie still, nie gleichgültig. All diejenigen, die nicht an die Seele glauben, können kommen und fühlen, wie ich mich bei jedem Schmerz winde und erzittere.

Und genauso reagiere ich mit meinem ganzen Selbst auf Freude. Ich habe das Recht verdient, früher als andere zu sterben. Doch erst einmal muß ich mein Buch schreiben, einen zweiten Hugh erschaffen, weil der erste so unglaublich vollkommen ist und das Muster nicht verlorengehen darf.

2. September
Ich habe Tennis gespielt, um Hugh einen Gefallen zu tun, und ganz nebenbei hat mich das geistig und körperlich geheilt. Ich fand meinen Humor wieder, als ich über den roten Sandplatz hinter einem Ball herrannte, der mir selten entkam. Mein Tennis werde akkurat, schnell und intelligent sein, sagte Hugh stolz, während ich mich frage, warum ich ihm dieses Vergnügen nicht schon früher bereitet habe.
Liebliche ruhige Tage in heiterem herbstlichen Sonnenschein. Wir fahren zusammen mit dem Auto weg, essen auswärts, machen einen Mittagsschlaf, gehen früh zu Bett, reden miteinander. Wir bauen wieder auf, höher als zuvor, so daß keine zu Besuch kommenden Verwandten Leben und Kraft niederreißen können.
Theosophie, Gustavo, Tennis.
Ich habe Mutter gerade einen tröstlichen Brief geschrieben. Mein Tagebuch hat darunter gelitten, daß ich ihr jeden Tag schreibe.

3. September
Nach einem ruhigen Wochenende ist es leichter, kluge Pläne zu machen. Erstes Hindernis: Gustavo hat meine Schreibmaschine. Zweites Hindernis: Ich habe keinen ruhigen Platz zum Arbeiten. Die Wohnung ist dem Metzger, dem Eismann, dem Reinigungsmann auf Gedeih und Verderb ausgeliefert. Kein Tageslicht im Schlafzimmer, dafür viel Lärm. Das Badezimmer ist ein unkonventioneller Ort, der häufig von anderen benutzt wird, ich werde es einem neuen Zweck zuführen müssen. Lärm kann durch ein geschlossenes Fenster draußen gehalten werden. Vor allem muß ich mir eine Brille holen. Ich brauche sie. Da dies jetzt erledigt ist, kann ich über Gustavo schreiben.
Gustavo ist anormal befangen, selbstkritisch und sensibel. Er lechzt nach Zuneigung. Es ist schon eine allgemein anerkannte Tatsache, daß wir ihn gern haben. Seine Phantasie wird jedoch bald wieder einen Zweifel schaffen. Ermüdet uns sein Gerede? Halten wir ihn wegen seines Romans für korrupt? Sein Buch über die Theosophie erwies sich als eine ziemlich kindische Sammlung von konventionellen Gesetzen über Güte und gutes Benehmen. Was könnte einfacher und banaler

sein als dies: Urteilskraft, Wunschlosigkeit, gutes Benehmen und Liebe. Doch dies spricht seinen komplizierten Geist an, und er versucht naiv, es auszuleben. Was kann man mit einer solchen Mischung aus Kobold, Teufel, Kind und Mann machen? Das Geld gleitet ihm durch die schönen Hände. Die Frauen schützen ihn, aber er wird nicht zärtlich mit ihnen. Er ist überanalytisch und doch gefährlich impulsiv. Ist er weise? Er macht nicht den Eindruck, jedoch zeigen die meisten weisen Männer nie ihre Weisheit.

7. September
Miralles ist zurück in Paris. Unsere Stunden fangen wieder an, zweimal die Woche. Er ist unverändert, nur ich bin nicht mehr dieselbe. Imagy ermüdet mich und vermittelt mir nicht viel Wissen. Hugh hat doch recht, was wesentliche Erfahrungen und Vorstellungen betrifft. Habe ich mit kleinen Gefühlen gespielt? Vielleicht. Ich bin weiser und muß diese Weisheit bedingungslos annehmen. Vielleicht habe ich gerade jetzt von allem genug. Heute konnte ich nur schlafen und mich nach jemand anderem sehnen, um mir den Kopf über ihn zu zerbrechen statt über Miralles. Ich habe Angst vor dem Winter, dem Regen, den kurzen dunklen Tagen. Noch ist er nicht da. Heute war ein weicher sonniger Tag, doch um 7 Uhr 30 breitete sich mit der Dunkelheit Nebel über der Stadt aus, und ich stellte mir vor, wie der Winter geduckt und wartend vor der Tür steht.

11. September
An einem Samstag besuchten wir Louis Kromberg, einen Freund Luis Moras, für den ich damals in New York Modell gesessen hatte. Er zeigte uns ein paar wunderschöne Gemälde von spanischen Tänzern. Der Mann, der uns ihm vorstellte, war, was ich einen Verkäufer von Persönlichkeiten nenne. Er ist ein amerikanischer Zahnarzt mittleren Alters, freundlich, lärmend, gesellig, seit fünfundzwanzig Jahren in Paris lebend, Königinnen, Königen, Prinzessinnen, Marschällen, Maharadschas, armen, aber berühmten Künstlern ergeben. Und er zieht junge Männer auf. Nur bekannte Namen tauchen in seiner Unterhaltung auf. Ruth Elder, Lindbergh, Marschall Foch, Monsieur Meunier. Mit welcher Begeisterung er den

einen dem anderen verkauft. »Sie lieben Musik? Oh, dann sollten Sie Frau Soundso kennenlernen. Sie ist wirklich wunderbar.« »Kein Interesse für Musik? Ich muß sie mit Loie Fuller bekannt machen.« »An dem Tag, an dem Lindbergh mich besuchte, war Meunier da, und er sagte zu mir …«
Er verfügt über Geschichten für alles über alles. Während wir so redeten, lud er uns zum Abendessen in seiner prächtig konventionellen Wohnung ein, zusammen mit Sidney Veit, einem der drei ältesten Mitglieder der amerikanischen Kolonie, ein entzückender, adretter und feiner alter Herr mit glänzenden Augen, zu dem ich eine große Zuneigung faßte.
Mr. Veits Wohnung ist ein richtiges Museum voll wertvoller Stiche, Gemälde, Krimskrams etc. Er führte uns durch die Zimmer und lud uns für nächste Woche mit dem alten Zahnarzt und dem Maler Kromberg, der mich wirklich interessiert, zum Abendessen ein. Die Manie des Zahnarzts hat sich so weit als ein Segen erwiesen.
Weitere Gespräche, Vertraulichkeiten, Diskussionen mit Gustavo – von der persönlichen, philosophischen, sentimentalen, religiösen, heidnischen Art. Die Sympathie wächst. Gustavo versteht mich. Ihm gefällt mein Glaube, mein Glaube an ihn, ans Leben, an die Kunst, an mich selbst. Er hat nichts davon, ich habe jedoch genug für zwei. Und wir reden weiter, bis wir schläfrig werden, und er geht nach Hause, um über uns nachzudenken, während Hugh und ich über ihn sprechen.
Der Sonntag war hübsch. Tennis, Sonnenschein, Ruhe. Eine neue Aufgabe, die mir der Humorvolle Bankier zugewiesen hat; er haßt persönliche Geschäftsbücher: etwa zweihundert Seiten Wertpapieraufstellungen, die geordnet werden müssen. Das habe ich gemacht. Und ich war nie eine Leuchte in Arithmetik oder Algebra. Zinsen, Dividenden, Komplikationen bei Mutter Guilers Aktien, die mit unseren vermengt sind, persönliche Darlehen, ein Darlehen fürs Auto, Monatsraten zum Kauf von Aktien der National City Bank, all das mußte logisch geklärt und in das dicke Buch eingetragen werden. Dieser kleine Triumph machte mich hochgestimmt.
Erfand auch einen kleinen Trick, wodurch Richard unsere Wohnung aus Photos rekonstruieren kann, die auf Papier zusammengeklebt sind, und zwar so, daß sie wie die Wände selbst stehen können.

Die Musik, die wir an einem Abend bei unserem Essen in der Rotonde hörten, war so schlecht, daß ich zu Hugh sagte: »Sie muß von jemandem komponiert worden sein, der sein Essen nicht bezahlen konnte.«

15. September

Samstag. Ein Tag wie jeder andere, da Hugh nicht da ist und mit Tio Enrique Golf spielt und ich mit Tia Julia zum Theater eingeladen bin. Ich bin übel gelaunt, weil ich schlecht, ärmlich, blutleer schreibe. Das Leben an sich raubt zuviel Energie, zuviel Denken, zuviel von kostbar angesammelter Weisheit. Es bleibt einem nur noch ein schlechter Geschmack im Mund und der starke Wunsch zu vergessen. Vergessen ist nicht meine Sache: Ich wähle die ewige Erinnerung; ich wähle doppeltes Leiden, in der Wirklichkeit und indem ich davon berichte; ich wähle doppeltes Leben. Und zugleich bin ich ganz davon überzeugt, daß ich das Leben so sehr liebe, daß ich seine physische Dauer zu kurz finde. Wer an die Reinkarnation glaubt, glaubt, man kehre immer wieder, bis man die Weisheit gefunden habe. Ich glaube nicht, daß mir jemals noch eine Chance gegeben wird, denn ich mache soviel Gebrauch von diesem Leben, und ich bin so intensiv, so lebendig und ruhelos, daß ich mit sechzig bestimmt alles kennengelernt und gefühlt haben werde, und ich werde auf genau dieselbe Weise sterben, wie ich gelebt habe.

Gustavo ist Hughs Freund, nicht meiner. Gestern kam mir diese merkwürdige Erkenntnis. Wir haben etliche weibische Freunde, und sie fühlen sich naturbedingt mehr zu Hugh hingezogen. Wie ich zu Hugh gesagt habe: »Ich bin sehr eifersüchtig.« In einem Stück, das wir sahen, riet ein älterer Herr einer hübschen Dame, einen bestimmten Mann mit ihr flirten zu lassen.

»Er ist nicht ehrlich«, sagte die Dame, »er macht sich an alle Frauen heran, denen er über den Weg läuft.«

»Ja und? Das beweist, daß er ein wunderbarer Mann ist. Es gibt heutzutage so wenige Männer, die Frauen lieben.«

Was soll ich tun? Dieser große männliche Kater braucht keine Freunde. Er ist zu beschäftigt. Außerdem mag er keine weibischen Männer; er mag Frauen. Ich hingegen bin manchmal einsam. Gustavo ist nicht wirklich weibisch, obwohl er Puder

und Lippenstift benutzt. Er mag Parfum und sorgt sich wegen seiner paar Falten. Ich weiß, daß er Frauen schätzt; er ist in eine amerikanische Schönheit verliebt. Doch mangelt es ihm an Härte, und die findet er bei Hugh. Ich werde mir wegen Gustavo keine Sorgen machen. Er hat uns beide gern, und wir haben ihn beide gern. Im Grunde freue ich mich über jeden, der Hughs Wert erkennt. Dennoch ist es eine ziemlich komische Situation.
Wieviel Eifersucht macht sich in meinen Gedanken und Handlungen breit? Ich nahm Horace sein Glück übel, weil ich es nicht geschaffen hatte. Ich bin kein Unhold, und doch besteht kein Zweifel, daß ich in der Sekunde, als ich ihm nicht mehr helfen konnten, das Interesse an Horace verloren habe. Ich tue nie jemandem etwas zuleide. Ich schreibe es! Und dann entdecke ich es immer, bereue, gestehe es schweigend, ohne jemanden damit zu belästigen, nicht einmal Hugh. Liebes Tagebuch, das du Unheil von mir fernhältst. Es besteht kein Zweifel, ich bin eifersüchtig. Ich möchte geliebt werden, als einzige und einzigartige. Aber ich schwöre, daß dieses Gefühl nie jemandem schaden soll. Gott sei Dank kenne ich mich selbst und habe ich die Willenskraft, mich selbst zu beherrschen.

19. September
Hugh kommt von Lille nach Hause und lacht über mein Eifersuchtsgeständnis. »Du warst nie auf überlegene Leute eifersüchtig. Und du richtest *nie* Schaden an.«
Die eine Nacht, die wir getrennt waren und die ich bei den Sánchez verbrachte, macht die Wiedervereinigung köstlicher.
Ich bin frei und stark. Doch gibt es Augenblicke, da ich von vorn anfangen muß, um Boden unter den Füßen zu gewinnen. Hin und wieder gehe ich verloren. Ich ging gestern verloren, als Hugh in Lille war. Ich war allein in dem Sánchezschen Hotel-Appartement. Ich hätte unverheiratet sein, sie in Havanna besuchen können. Ich hätte alles geträumt haben können, was in den letzten sechs Jahren passiert ist. Der Alptraum umschlang mich. Ich fühlte mich klein und zerbrechlich. Ich stellte mir vor, ich finge gerade erst an und hätte nur ein hübsches Gesicht und wenig Lebenskenntnis und mein

Körper wäre stumpf und grau und mein Geist furchtsam und in unbestimmten Wünschen verloren.
Oh, was für ein entsetzlicher Gedanke! Es läutete, und ich sprang von meinem Lehnstuhl auf, um an die Tür zu gehen. Es war ein Telegramm von Hugh mit der Nachricht, er komme um neun.

21. September
Die Dame aus Le Havre erscheint in den Gesellschaftskolumnen, geht zu Pferderennen, besucht mich jedoch nicht. Falls sie je ihr Porträt in meinem Buch findet, wird es ihr eines Tages leid tun, nicht meine Wertschätzung für sie bemerkt zu haben.
Gestern sind Mutter und Joaquin angekommen. Ich war so glücklich, sie wieder in meiner Nähe zu haben. Mutter wurde munter, als die Einladungen auf sie einströmten.
Jetzt gerade bin ich allein. Gustavo hat meine Schreibmaschine, also schreibe ich Briefe an Frances Schiff, im Augenblick ans Mrs. Whitney Bolton, an andere.
Vorwände, um nicht zu arbeiten. Heute abend sind wir zum Essen eingeladen mit Veit, dem Zahnarzt, und Kromberg. Tatsachen. Leere Tatsachen. Ne serais-je qu'une danseuse? [Werde ich nur eine Tänzerin sein?] Wie beruhigend! Kein Graben mehr ins Leben hinein, kein Graben mehr! Doch da ist Sonnenschein, die Wohnung ist golden, harmonisch, schön. Hugh kommt bald nach Hause, und er liebt mich.

24. September
Ich weiß, daß Gustavo unzuverlässig, zerstreut, impulsiv und sinnlich ist, er interessiert mich dennoch. Ich habe seinen Roman gelesen und finde ihn attraktiv, *lebendig*. Er ist komplex, und ich hätte nie versuchen sollen, ihn in einen Satz hineinzupressen. Zuweilen spricht er mich als ein rührend eifriger und sensibler Mensch an; ein andermal erscheint er mir schwach, neugierig auf zu viele nichtige Dinge, zu unpoetisch. Er lebt jedoch so *absolut*, und im Augenblick erscheint mir dies als das wichtigste. Deshalb müssen Zuneigungen und Abneigungen besänftigt werden. Man muß ihn beobachten. Er ist interessant. Ich möchte ihm helfen.
Gestern haben wir uns ein langweiliges Stück angeschaut, Gi-

raudoux' *Siegfried*. Er kritisierte es heftig mit uns, und am Schluß handelte und redete er wie der konventionell dankbare Gast und dankte uns für einen reizenden Nachmittag. Und er bewunderte Hughs Krawatte und Schuhe, ebenso mein pfirsichfarbenes Kleid und sagte sogar neulich am Telefon: »Einen lieben Gruß an Hugh – ich hoffe, du hast nichts dagegen?«

Mutters heftige Abneigung gegen ihn macht die Dinge schwierig. Weil er sich für Joaquin interessiert. Was würde sie tun, wenn sie seinen Roman gelesen hätte »Sexikologie und Sonstiges«?

Ich schreibe das Tagebuch Imagys in ein anderes Buch. Sie wurde mühsam und nahm zuviel Raum ein, wenn man ihre Unwirklichkeit bedenkt. Sie und Gustavo müssen Freunde werden; was für ein Paar sie zusammen abgeben! Ähnlichkeiten: die gleiche Ruhelosigkeit, Klarheit, dieselbe Mischung aus Kühnheit und Schüchternheit, Impulsivität und Zurückhaltung, dasselbe Sehnen nach Bewunderung und das Bedürfnis nach Vertrauen, dasselbe ungenaue, kunstlose Schreiben. Sie beobachten einander; beide lieben es zu schauspielern.

Schauspielerst du jetzt? Bist du aufrichtig? Sie wissen es nie. Er hat heftig gelebt, ist durch alles gegangen; sein Gesicht und seine Sprache und sein Roman zeigen es. Imagys Leben ist noch immer etwas theoretisch, fußt auf Nachdenken und Beobachtung. Sie beobachtet ihn. Manchmal ist er von ihrem intuitiven Wissen beeindruckt und fragt sich, wieviel, ja wieviel sie weiß.

Gestern im Theater während der Pause, in der wir rauchten und hin und her gingen, warf ich einen schnellen Blick auf einen Mann, dessen extrem intensive, doch idealistische Augen es wert waren, bemerkt zu werden. Gustavo fing sofort meinen Blick auf, verlor das Interesse am Gespräch und studierte den Mann. Es machte ihn wahnsinnig, daß er nicht die Einfachheit meiner Beobachtung verstand. Im Handumdrehen hatte er Geschichten gestrickt. Warum hast du diesen Mann angesehen? Er ist größer als ich. Dir gefallen große Männer? Ich gefalle dir nicht? Er traute mir ein Interesse, eine Wankelmütigkeit und eine Komplexität zu, die ich nicht empfand. Und ich hätte im Nu sein eitles, eifersüchtiges Unbehagen aufklären können, hielt jedoch still, auf geheimnisvolle

Weise vielsagend, und ließ seiner Phantasie freien Lauf. Er begreift Einfachheit nicht, und mir macht es manchmal Spaß, ihn stolpern zu sehen. Ich *spiele* Weisheit, um ihn neugierig zu machen, ihn auf den Arm zu nehmen, weil ich noch nicht will, daß er mein wirkliches Ich kennt. Was würde es ihm nützen? Er hat ein Talent dafür, die Dinge zu verzerren, genau wie ich. Seine Phantasie mischt sich in alles ein. Er hat Sand in den Augen, Muscheln in den Ohren und Schaum unter den Füßen. Er sollte Tagebuch schreiben und keine Freunde haben – wie ich.

25. September

Kromberg erwies sich neulich abends beim Essen als ein unergiebiger Tischherr, obgleich er von seiner Idee erzählte, alle Tänzerinnen der Welt malen zu wollen. Als er uns heute zu sich einlud, um einen spanischen Maler kennenzulernen, nahm ich eilig an. Seine Arbeit und sein Interesse am Tanzen faszinieren mich. Gesegnet sei der alte Zahnarzt, der uns bekannt gemacht hat und der beim Essen eine purpurrote Fliege trug. Ich habe mich für Kromberg herausgeputzt – die Haare hoch und glatt (mit Wasser), Ohrringe, schwarzes Samtkleid und mein Schal aus Granada, das Geschenk Joaquins, wofür er gehungert hat. Heute ziehe ich mich auch für Kromberg an, nicht für Gustavo, der auch eingeladen ist und vielleicht den spanischen Maler interessanter findet als mich und seine Krawatte attraktiver als mein Kleid.

27. September

Gustavo stürzte am Dienstag mit meinem Ersten Buch [dem Tagebuch entnommen] unter dem Arm herein, und sein ganzes Interesse galt mir, meinem Leben, meinem Schreiben. Ich war so verblüfft, so erfreut, daß ich fast laut gesagt hätte: »Habe ich einen Freund gefunden?« Keiner von uns hatte Lust, zu Kromberg zu gehen – dieser erste Augenblick vollkommenen Verständnisses war so wertvoll –, aber wir mußten gehen. Der spanische Maler del Pinto – ein Freund meines Vaters, Segovias, Iturbis, La Argentinas – meinte, ich sähe wie eine Russin aus. (Ich trug einen schwarzen Seidenmantel, ein korallenrotes Seidenkleid mit einer Reihe schwarzer Knöpfe und einen schwarzen Dreispitzhut mit einem

Schleier. Haben diese Dinge ihn irregeführt?) Gustavo protestierte: Ich sähe absolut wie eine Botticelli-Dame aus. Kromberg zwinkerte mir nur freundlich zu. Ich habe ihn gern. Gustavo beobachtete mich die ganze Zeit und machte mir hinterher eine Szene, weil ich zu gefaßt sei. Wir hatten einen solch aufrichtigen Streit, einen solch köstlichen Ausbruch. Hugh war noch nicht zu Hause. Gustavo beschuldigte mich der Zurückhaltung, der Geheimniskrämerei, der Konventionalität. Er war so erpicht darauf, mich auf der Stelle ganz zu entdecken. Er bat mich um mein unbearbeitetes Tagebuch, das nicht mit der Maschine oder abgeschrieben war. Und obwohl ich meinen großen Wunsch eingestand, meine Zurückhaltung abzulegen, verweigerte ich es ihm. »Warum, warum?« fragte er.

»Vermutlich möchte ich geheimniskrämerisch sein.«

Er hatte nicht die Zeit, mich an den Haaren zu ziehen und sich den Schlüssel zu meinem Safe zu beschaffen. Hugh kam herein, und die Dinge beruhigten sich. Gustavo wurde gebeten zu gehen, weil wir uns anziehen mußten für ein Abendessen im Café de Paris mit zwei Vizepräsidenten der Bank, dem Leiter der Pariser Zweigstelle und einem Stellvertreter.

Kaviar und Huhn und Eiskrem. Amerikanischer Jazz. Der eine Vizepräsident war ein dicker, fetter Holländer, der gern tanzte. Er schenkte mir beträchtliche Aufmerksamkeit. Ich habe den ganzen Abend getanzt und Komplimente eingeheimst. Drei Amerikaner am Nebentisch wandten nie die Augen von mir ab. Der stellvertretende Leiter sagte zu Hugh: »Passen Sie auf Mrs. Guiler auf. Der Mann, der sie beobachtet, ist ein bekannter Schauspieler. Er ist schrecklich an ihr interessiert.«

Am nächsten Tag habe ich mich nur an Gustavos Eifer erinnert, die Schranken niederzureißen, die uns alle von einander trennen und isolieren.

Der Winter ist da. Er überraschte jeden außer mir. Ich habe ihn über uns schweben gefühlt, habe seine Nähe gespürt, während alle anderen die Sonne und die milde Luft genossen. Mein alter Feind und Quälgeist ist da. Die Tage enden um sieben, die Wohnung ist kalt, die Sonne kraftlos, die Blätter sterben ab.

Doch liebe ich Winterkleidung. Ich trage mit einem sinnlichen Vergnügen schwere warme Sachen. Ich verstecke mich wie ein Kleinod in einem samtenen Schmuckkasten. Nur meine Nase und mein Kinn lugen heraus. Ich werde vor jedem Winter so schrecklich zerbrechlich sein und werde mich immer unendlich nach fortwährendem Sommer sehnen. Lächerlich. Wie Damen, die vor Liebe oder vor Heimweh gestorben sind. Ich muß eine Möglichkeit finden, mich in den Winter zu verlieben, fortdauernd, diesen ekelhaften Kerl. Was verschafft er mir? Das Recht, Samt und Pelz zu tragen, die Intimität geschlossener Türen und Fenster, und ein Feuer und eine Unmenge an Konzerten und Theaterstücken.

2. Oktober

Die Erskines sind am Freitag um vier ganz unerwartet angekommen und haben uns um sechs angerufen. Ich war zu Tode erschrocken und gleichzeitig so glücklich. Am nächsten Tag kamen sie alle zum Mittagessen, John Erskine, Pauline, Graham und Anna. Wir haben den ganzen Nachmittag geredet. Er macht mir noch immer Angst. Mir kommen mein Witz, mein Gleichgewicht, mein Alter abhanden. Habe keinen Fortschritt in dieser Richtung gemacht. Nur meine Augen und Ohren sind offen, und ich beobachte ihn und sehe ihn so klar.

Keine Zeit für Literatur oder Charakteranalysen. Mrs. Erskine fordert ein Zuhause. Agenturen, Taxifahrten, treppauf, treppab, durch altmodische französische Wohnungen hindurch, die als unbewohnbar deklariert waren (für dreitausend Franc im Monat); moderne schon eine Verbesserung, aber noch keine Perfektion. John bleibt im Hotel und schreibt. Graham spielt mit mir Tennis. Anna hat mich schon als die Person eingestuft, die niemandem etwas abschlagen kann. Genau. Deshalb renne ich hinter Wohnungen her, während John schreibt, und das bloße Klappern seiner Schreibmaschine verursacht mir einen tiefen Schmerz, der den ganzen Tag andauert. Dort ist Genialität – hier die Möglichkeit.

Wir haben unser liebes Genie seit Sonntag nicht gesehen. Hugh denkt darüber nach, wie reich wir eines Tages sein werden, da seine Arbeit in der Vermögensverwaltung floriert. Joaquin ist hier, mein Liebling, schön, lebendig, liebevoll und aufmerksam und innerlich so reich. Mutter kocht und näht. Gustavo ruft mich an. »Wann sehen wir uns?« Und ich tanze. Ich möchte ein eigenes Studio haben, wo ich mich verstecken und arbeiten kann. Mein Kopf ist voll, und ich mache mir zu viele Gedanken über das Leben anderer und vergeude Zeit.

9. Oktober
Nächsten Dienstag werden die Erskines in ihrem eigenen Heim sein. Drei Höhepunkte: der Abend, an dem wir Erskine mit zu Godoy nahmen; Samstag nachmittag, als Erskine uns zum Mittagessen und in die Folies-Bergère ausführte; und der Augenblick, als ich herausfand, wie ich meine Schüchternheit bei ihm loswurde – indem ich durch und durch und übertrieben Französin war. Das machte ihm Angst oder verwirrte ihn zumindest und gibt mir Zeit, Atem zu holen.
Der Abend mit Godoy war unglaublich literarisch und unglaublich vollkommen. Sie sprachen direkt miteinander, der eine geistvoller als der andere, beide klar, kritisch, amüsant und gemeinsame Interessen entdeckend. Erskine konnte nicht umhin zu erkennen, daß er in Frankreich nicht bekannt ist, aber wie taktvoll, wie einfühlsam ließ Godoy ihn das wissen. Heute hat Godoy alle Bücher Erskines in den Händen, und Godoys gesamte Dichtung befindet sich in Erskines Hotelzimmer. Gemeinsam nahmen sie die Kritiker auseinander, waren sich über die Größe Racines uneinig, bewunderten Poe (den Godoy übersetzt), setzten Proust und Gide herab, lobten Baudelaire und Verlaine.
Julia Godoys Profil machte auf Erskine Eindruck. Aber ich erkannte erst in den Folies-Bergère, daß er für weibliche Schönheit sehr empfänglich ist. Er ist schwierig im Zusammenleben, eigenwillig und etwas zu kritisch. Er hat eine wunderbare Konzentrationsfähigkeit, arbeitet überall, läßt eine unbeendete Seite über Nacht in der Schreibmaschine und kann gleich am nächsten Morgen weiterschreiben. Ich mag seine kräftige Stimme, seine Art zu sprechen, sein schnelles und subtiles Denken, seinen Witz.
Um ihm beim Kennenlernen Frankreichs zu helfen, bin ich Französin geworden. Ich zeige ihm die extreme Verkörperung seiner französischen Vorstellungen – ich übertreibe sie etwas. So finde ich heraus, daß er *etwas heuchlerisch* mit Frauen ist,

etwas allzu angelsächsisch malgré lui [gegen seinen Willen]. Wenn ich rational, intelligent und vernünftig werde, dann kommt er mit den alten abgedroschenen Begriffen wie »Benehmen, das sich auf das Leben anderer auswirkt«, »Liebenswürdigkeit« und anderen Sentimentalitäten. Ich weiß überhaupt nicht mehr, was ich von dem menschlichen Verstand halten soll, wenn Erskine sich selbst widerspricht. Ah, Proust. Vielleicht hat Proust recht; es gibt keine Einheit, keine festgelegte Persönlichkeit. Sand, zerrissene Halsketten, tote Blätter, zerstreute Mosaiksteinchen, ein Kaleidoskop.

13. Oktober
Erskine kam gestern auf etwas zurück, was ich gesagt hatte, nämlich, daß die Tragödie in Frankreich nicht existiere. Ich habe ihm auch gesagt, daß ich herausgefunden hätte, daß der Pariser Standpunkt über die Liebe rein körperlich sei. Seine Vorstellungen von Liebe schließen Kameradschaft mit ein. Ich bin jedoch klüger und habe die französische Philosophie nicht verurteilt. Ich gab zu verstehen, daß darin etwas Notwendiges sei, und meinte, daß seine eigene Formel von Liebe und Kameradschaft nicht genüge. Es gebe auch die Liebe zum Leben, die einen immer weiterführt (in die Erfahrung). Er sagte, ich sei zynisch. Ich sagte, ich sei eine Frau und hätte genügend Gelegenheiten gehabt, meine Vorstellungen zu testen. Er war halb überzeugt. Nicht nur meine Sprache war offen, sondern ich bekannte mich so ausgesprochen zum Körperlichen, daß er wußte, daß ich nicht theoretisierte.
Am Abend dann verwirrte mich innerlich die Entdeckung, daß Erskine vor allem anderen aufrichtig die Wahrheit sucht. Das sichere Mißlingen seiner Suche (hat sie mich nicht zum Wahnsinn getrieben, diese Suche?) versetzte mir einen unerträglichen Stich des Mitleids und Mitgefühls.
Die geheime Sorge um Erskines Denken wurde heute morgen durch ein Telefongespräch mit Gustavo getilgt. Eine neue Stimme, tief und langsam: Er ist verletzt, weil ich seinen Besuch zweimal vertagt habe. Deshalb tat er sein Möglichstes, um mich zu verletzen, und ich versprach Buße. Zum zweitenmal waren wir ganz aufrichtig miteinander. Er, traurig und schlecht gestimmt, und ich, ihm meine Zuneigung gestehend, und so sorgte ich mich um ein weiteres sensibles Wesen, so

brüchig, so unfertig, so schwach, so tief, so unmöglich wie das meine.

Das Gespräch mit Erskine über die Liebe, die Franzosen etc. wurde jedes Mal unterbrochen, wenn Mrs. Erskine ins Zimmer kam. Doch eines Tages redeten wir beide beim Einkaufen miteinander, und sie zeigte, daß sie ihn verstand und seine Schwächen kannte (empfänglich für Schmeichelei); daß sie wußte, daß er das romantische Abenteuer suchte und es nicht mehr mit ihr in Verbindung bringen konnte; daß sie klar seine Probleme sah, ein Sehnen nach Wissen und Erfahrung, einen heidnischen Lebenshunger, der so unvereinbar mit Treue ist; seine Ruhelosigkeit (»die Folter meines Lebens«).

Joaquin ist auch so beschäftigt, daß wir nicht miteinander reden können. Er neckt mich wegen meiner »Weltlichkeit«, meiner Gelassenheit. Ich weiß, er möchte mich gern schütteln und sehen, wie ich in wilde und unbezähmbare Stückchen zerbreche. Nein, ich werde unverwundbar, zumindest äußerlich. Nichts kann meine Wimperntusche ertränken, meinen Gesichtspuder abreiben, die rote Formung meines Mundes durcheinanderbringen, mein Kleid zerknautschen.

Unser erster Streit: Gustavos Augen sind eng und sein Lächeln verzerrt. Seine kostbare Eitelkeit ist wund, und sein Minderwertigkeitskomplex ist geweckt, gerade da wir anfangen, uns zu verstehen. Wir hatten eine langweilige Erklärungssitzung, und mir wurde schließlich klar, ich würde unaufrichtig und künstlich sein müssen – merkwürdig, wie die Menschen die Heuchelei lieben. Ich kann nie wieder sagen: »Gustavo, ich kann dich nicht sehen, ich bin beschäftigt, ich bin müde.« Nein. Er will eine Pflicht, eine Verpflichtung sein, und Gott stehe mir bei, wenn es noch eine abgesagte Verabredung gibt. Er war jedoch nicht glücklich, nicht mitteilsam, und er war so taktlos, einige Freunde zu nennen, die ihn »verwöhnt« haben, und dies bewirkte sofort, daß meine Begeisterung erlosch, weil mir der Wettkampf zuwider ist.

Ich lernte Madame Rachilde bei dem berühmten literarischen Bankett für den Fürsten Cantacuzène kennen. Sie trug dunkelrote und schwarze Spitze und eine Art Schädelkappe, rot, wie die eines Papstes. Sie war dick und eindrucksvoll, so habe ich eines ihrer Bücher gekauft. O je! Widerhall eines armseligen Schriftstellers, Sentimentalität, drei oder vier gute Sätze.

Ich bin vielleicht in Englisch von den Viktorianern irregeleitet worden, im Französischen kann man mir nichts vormachen. Rachilde. Sentimentales Zeug.

15. Oktober
Erskines Geist fasziniert mich. In Gedanken an ihn habe ich eine schlaflose Nacht verbracht. Wir vier sind in eine »boîte« [Nachtklub] gegangen. Während der Pausen redeten wir miteinander. Er erzählte mir, daß er vor ein paar Jahren zu der Einsicht gelangt sei, daß er bei irgend etwas ehrlich sein müßte, und so habe er ein Notizbuch begonnen, in das er genau das hineinschreibe, was er über alles denke. Er redet »les yeux dans les yeux« [dem anderen in die Augen sehend], und während er lächelt, sind seine Augen in Wahrheit traurig. Mich haben diese Traurigkeit, dieses Lächeln so verwirrt, daß ich beschloß, offen über sein Problem mit ihm zu sprechen, und über meines, wenn sich die Gelegenheit ergäbe.

16. Oktober
Gustavo wieder mit all seiner Eitelkeit und Brillanz. Plötzlich wird mir klar, daß nur ein großer Intellekt, ein glühender Intellekt mich vollständig gewinnen kann. Gustavo ist glühend, aber nicht groß, nicht reif. Kein Mann. Doch habe ich Buße gelobt, und deshalb gehe ich Donnerstag abend mit ihm aus, während Hugh und Erskine an dem Columbia-University-Essen teilnehmen. Gestern abend haben Hugh und ich über Gustavos Roman gesprochen. Hugh meinte, ich könne einen besseren schreiben, was mich verletzte, weil es stimmt, und doch fehlen mir Gustavos Sicherheit und Kühnheit. Ich rauche noch immer im Dunkeln und rede an eine Wand, gehe mit Mrs. Erskine einkaufen und mache Besorgungen. Zumindest habe ich mich geweigert, Mrs. S. anzurufen, die ein Baby erwartet, und Mrs. G., die das ihre aufzieht. Bei ihnen würde ich über Krankenhäuser, Diäten, einen Milchmangel, Krankenschwestern, neue Zähne etc. aufgeklärt. Das kann ich nicht aushalten.

17. Oktober
Meine Eitelkeit wird in diesen Tagen durch die Entdeckung befriedigt, daß der saphirblaue Pelzmantel, den ich letztes

Jahr entworfen hatte, dieses Jahr als die Kreation der großen Modeschöpfer angeboten wird. »Er kommt nicht von Lanvin«, sagte ich heute morgen zu allen cubanischen Verwandten, die mich befragten. »Ich habe ihn letztes Jahr entworfen und ihn zu Tode getragen.« Und ich bin von Stolz gebläht, während unentwegt, schneller als mein Taschengeld, neue Ideen in meinen wohlbehuteten Kopf schießen, der zerbrechlich und nutzlos aussieht.
An der Gare St. Lazare verabschiedeten wir uns von der Familie Sánchez. Mit acht Schrankkoffern und weniger Wissen und weniger Ideen denn je fahren sie zurück. Sie verstehen nichts, werden es nie. Daß Hugh im Bankgeschäft ist und vorankommt, ist das einzige, was sie fröhlich zur Kenntnis nehmen. Was wird Eduardo von ihnen hören?
Während der langen Busfahrten zu meiner Tanzstunde denke ich soviel nach, über Erskine, über Gustavo, über Joaquin, über das, was ich im *Mercure de France* und dem letzten Buch gelesen habe, über die Wahrheit, Menschen, Gesichter, Ideen, Kunst, Design, Kleidung, das Haus, das Dienstmädchen, mich selbst. Wenn ich über mich nachdenke, werde ich traurig. Ich sehe dieses lebhafte Selbst so klar und frage mich, wie ich auf andere wirke. Ich bin lebendig, brav, schwach, komplex, offen mit mir selbst in meinem Tagebuch, die übrige Zeit eine Schauspielerin.
All dieses Nachdenken im Bus, während Männer meine Knie streifen, mich sogar ansprechen, meinen Ärmel berühren, all dieses Nachdenken, sinnlos und endlos – nicht sinnlos, wenn ich es einem Mann wie Erskine anbieten kann; oder dadurch sein Denken verstehe. Aber von einem tiefen Schmerz bringt es nichts nach außen. Und Erskine wäre zufrieden mit Nina Aguilera, der Ballerina española.
Während also Hugh und Erskine bei ihrem Columbia-University-Essen waren, ging ich mit Gustavo aus. Ich wußte, er würde sich vorstellen, daß ich dächte: Sicherlich wird er sich in Zärtlichkeiten ergehen. Ich sorgte dafür, daß er in seiner Theorie getäuscht würde. Wir zogen also fröhlich los, auf der Hut vor unseren eigenen unheilvollen Phantasien. Er führte mich zu der Foire [Kirmes] auf der Place de Clichy.
»Du hast damit gerechnet, daß ich mit dir ins Kino gehen und deine Hand halten würde.«

»Hab ich nicht«, sagten meine Augen, mein Gesichtsausdruck, meine Gesten so spöttisch und so selbstsicher, daß er böse wurde.
»Du hältst mich für unfähig, mich in dich zu verlieben?«
»Ja. Du liebst jemanden in New York, du hast es mir selbst erzählt.«
»Sie ist zu weit weg. Du bist subtiler, du bist eine Unterwanderung. Man kann dich nicht sofort, nicht gänzlich erfassen. Ich fange an, mich in dich zu verlieben.«
Ich lachte. Beim Gehen wurde unser Gespräch von der Musik des Karussells halb ertränkt. Ich würde nicht ein Kind werden, um ihm zu gefallen, besonders als ich spürte, wie seine sehr schwarzen Augen und liebkosende Stimme mich zum Lachen bringen konnten. Als wir alles gesehen hatten, ließen wir uns von einer zahnlosen Frau die Zukunft voraussagen. Wir wollten sie in die Enge treiben, und deswegen baten wir sie, sie uns zusammen zu erzählen. Sie verkündete Reisen, keine Babys, Glück, keine Trennung und jemanden, der uns Unglück wünschte. Es war entsetzlich banal.
»Gehen wir in ein Café und reden, nur nicht in so ein grelles«, meinte Gustavo.
Ich schlug das Mosquée vor.
Ich nahm Gustavo fast die ganze Zeit auf den Arm, im ganzen waren wir ernst. Meine Unnahbarkeit reizte ihn. Er versuchte, sie zu durchbrechen. Waren wir ehrlich? Er zweifelte an meiner »Kälte«. Sein Knie berührte das meine. Mir schoß das Blut ins Gesicht.
»Ich tat dies, um dich zu schockieren.«
Er begriff, daß er mich nicht schockiert hatte, aber daß ich empfindsam war. »Warum, meinst du, habe ich dich im Taxi unterwegs nicht geküßt.«
»Weil du keine Lust hattest.«
»Nein.«
»Weil es dich in Verlegenheit bringen würde.«
»Wieder täuschst du dich. Was würdest du tun, wenn ich es jetzt täte?«
Ich antwortete nicht. Also nahm er meine Hand und hielt sie fest. Er spürte, wie ich von Kopf bis Fuß zitterte, blickte mir einmal ins Gesicht und ließ meine Hand los. Kein Puritanismus, nur Sensibilität, Gefahr.

»Ich bin durchgebrochen. Ich habe dich erschüttert, Anaïs.«
»Was hast du herausgefunden?«
»Wir spielen mit gefährlichen Dingen. Du bist lebendig, Anaïs. Ich habe mich in dich verliebt.«
»Heute abend, weil du nichts Besseres zu tun hast.« Ich habe einmal kapituliert, jetzt entziehe ich mich wieder. Ich werfe ihm spöttische Blicke zu. Er ist ärgerlich. Aber er erinnert sich an das Zittern. Deshalb redet er über seine Traurigkeit, seine Einsamkeit, seine Träume. Ich erzähle ihm von meiner Traurigkeit, meiner Einsamkeit, meinen Träumen. Sie gleichen einander; wir sollten Freunde sein.
»Ein kaltes Wort. Für mich alles oder nichts. Ich werde mich fernhalten. Ich will dein Leben nicht durcheinanderbringen.«
Offenbar das übliche banale Abenteuer. Wir benehmen uns wie alle anderen, halb ernst, halb über uns lachend. Darunter ein fortwährender Strom von Verstehen, rührende Ernsthaftigkeit.

20. Oktober
Gustavo am Telefon: »Du bist nicht allein?«
»Nein.«
»Wie gewöhnlich. Man paßt zu gut auf dich auf, dein Ehemann, deine Mutter, dein Bruder. Haben sie schon herausgefunden, was ich für einer bin? Ein Spanier, folglich ein Verführer von Jungfrauen. Hat man mit dir geschimpft?«
»Nein. Ich tue, was mir gefällt. Laß deine Phantasie nicht mit dir durchgehen. Niemand paßt auf mich auf, und niemand denkt das. Was machst du gerade? Die Dame, die dich für eine Woche nach Italien entführen will, kümmert sie sich ordentlich um dich?«
»So gut sie kann, mit Einschränkungen, da ich nicht verrückt nach ihr bin.«
Mir war danach zumute zu sagen: Nach mir auch nicht, weil ich nicht sinnlich genug bin. Ich sagte: »Ruf mich wieder an.« Ich lasse Gustavo *mir* erzählen, was ich denke. Gestern sagte er: »Du freust dich, weil du ein Spielzeug gefunden hast, ein Prickeln, ein aufregendes Gefühl.«
»Das ist es nicht«, sagte ich.
»Dann freust du dich, weil du einen Freund gefunden hast.«

»Der mich ein klein wenig liebt und nicht darüber hinausgehen würde.«
»Wenn du es so willst.«
Sophisterei natürlich.

22. Oktober
Eine erfolgreiche Party für die Erskines. Hugh und ich haben gut getanzt. Erskine und Joaquin spielten für uns auf dem Klavier. Boussie machte scharfe Bemerkungen, und ihr liebes altes Mütterchen genoß alles. Moi, j'avais le diable au corps [Mich hatte der Teufel gepackt]. In einer Mischung aus Naivität und Koketterie schnitt ich für La Jota Gesichter. Keine Nervosität mehr, ein tiefes Prickeln, ein Gefühl von Fülle. Doch war es unmöglich zu wissen, was Erskine dachte und fühlte. Manchmal hasse ich die Angelsachsen wegen dieses Mangels an Ausdruckskraft.

Ich vermißte Gustavo und habe ihm das auch gesagt. Der Abend im Mosquée bleibt der schönste in der Woche. Ich weiß noch nicht, wie ernst es ihm ist. Ich habe inmitten der brillantesten Stunden meines Lebens Augenblicke unendlichen Kummers. Er behauptet das von sich auch.
Könnten zwei Kümmernisse eines solch geheimnisvollen Ursprungs einen Augenblick der Schönheit bilden?
Er hat soviel mehr gelebt als ich. Ich lache, damit er nicht herausfindet, was für ein Kind ich bin. Ich habe Angst vor seinem schalen Appetit, seinem sinnlichen Mund, und ich kann nicht zulassen, daß er herausfindet, wie wenig ich weiß und wieviel ich vermute.

Gestern abend im Theater hat Erskine mir sein Geheimnis erzählt und ich ihm meines. Ihm ist aufgefallen, daß ich eine Phase durchmache. Er glaubt, ich stünde unter dem Einfluß seiner Bücher. Er erzählt mir von dem Ergebnis seiner Philosophie, um mich zu warnen. Die Tragödie hat er selbst kennengelernt.
»Machen Sie keine Dummheit«, sagte er. Wir redeten viel über seine Freundin Lilith. Sie ist wie die Lilith in seinem Buch. Sie lieben sich. Sie schreibt wunderschön und sie liebt Musik. Wir reden immer »les yeux dans les yeux«, dieses Mal

malträtierte er jedoch seine Unterlippe und sah besorgt und menschlich aus. Wenn es irgend etwas Schlaues in dem Stück gab, sahen wir einander an. Sein Geist ist derart interessant, daß ich Lilith um seine Gesellschaft beneide.
»Nie hat mich vorher die Versuchung aus dem Lot gebracht«, sagte er, »weil sie immer in solch vulgären Formen daherkam. Als ich mein Ideal fand ...« Er opfert sein Leben seinen Kindern und hat Pauline noch immer gern, weil sie eine solch feine Frau ist. Er hat Gewissensbisse. »Es steht immer der Schatten der Gekränkten zwischen dir und deiner Liebe.«
Erskines Traurigkeit liegt heute schwer auf mir. Sein tiefer Idealismus quält mich und macht mich genauso verrückt wie jene unerreichbare Wahrheit, die ich für immer suche.

24. Oktober
Ich bin krank, hurra! Ich kann heute den ganzen Tag schreiben. Ich bin gestern abend zum Essen aufgestanden, um Gustavo zu empfangen. Ich habe das Libretto zu seiner ägyptischen Oper gelesen, und es gefällt mir. »Menschen sind ernsthaft und die Götter humorvoll«, sagt Gustavo. Wenn das stimmt, haben sie sich das Beste für sich selbst genommen, und es ist nur fair, wenn ein paar bedeutende Männer hin und wieder über sie lachen. Ich beobachtete Gustavos Gesicht, während er den Prolog las. Es hatte etwas Ausgelaugtes an sich, was mir gefällt. Seine Hände sind sehr fein. Während ich hier liege, entgehen mir nur das Einkaufen mit Mrs. Erskine und zwei Tanzstunden. Ich bin glücklicher beim Grübeln und Schreiben. Gestern habe ich mit dem Zweiten Buch aus meinem Tagebuch angefangen; es wird voller Erfindungen, Übertreibungen, Unwirklichkeit und dem Leben von Imagy sein. Ich fange an, ein Bedürfnis nach Erfundenem, nach einer Verkleidung zu spüren.
Gustavo sagt, mein Verhalten ihm gegenüber sei zum Teil teuflisch, zum Teil romantisch, zum Teil ernst, zum Teil spielerisch. Wie gut er mich durchschaut!
Ich sagte: »Bist du sicher, daß du zwischen teuflischem Übermut und Zärtlichkeit unterscheiden kannst? Ich habe Angst, dich anzurufen, sonst denkst du noch, ich hätte ein leidenschaftliches Interesse an dir.«
»Nein, ich weiß, daß es nur Freundlichkeit ist.«
Mein Schal verfing sich in dem Spitzengeflecht meines Kleides.

»Das ist Teufelei«, meinte er, »du wußtest nämlich, wenn ich dir hülfe, es wieder in Ordnung zu bringen (was er tat), würde ich dir nahe sein, und das würde meinen Entschluß umstürzen, vorsichtig zu sein.« Und er küßte mir die Hand.
Seine plötzliche Geste verstörte mich, ebenso seine unbedingte Offenheit sich selbst gegenüber, seine gelegentlich rohe Ausdrucksweise, seine Klarheit, sein sicheres Wissen, daß ich von der Atmosphäre im Mosquée beeinflußt war, sein Wissen, daß unser Abenteuer schon beendet war, bevor es überhaupt begann.
»Jetzt verlasse ich dich, damit du darüber nachdenken kannst, was ich gesagt habe und was du gesagt hast.«
»Was macht dich so sicher, daß ich darüber nachdenken werde?«
»Weil ich es tun werde, sobald ich zu Hause bin.«
Er hat immer recht. Er sieht meine Gedanken, meine Impulse voraus; er kennt meine Kindlichkeit, meine Angst vor bestimmten Wörtern. »Dich hat das *Vergnügen* im Mosquée erröten lassen«, sagte er, wo ich »Empfindsamkeit« geschrieben hatte.

27. Oktober
Das Ganze liegt daran, daß es mir nicht ernst ist und ich ihn nicht zu sehr brauche. Wenn Erskine hier ist, bin ich zutiefst zufrieden, weil sein Geist ein fortwährendes Wunder ist. Neulich abend waren wir eingeladen, ihn im American Women's Club sprechen zu hören. Sympathische Ausstrahlung und Witz, die Fähigkeit, das auszudrücken, was er liest, und ein tiefer Sinn für Komödie. Ich habe noch nie Augen oder einen Mund so voller Ausdruckskraft gesehen. Er hat uns zwei Kapitel aus seinem *Onkel Sam* vorgelesen.
Ich sagte zu ihm: »Ich würde gern mehr über Lilith hören und etwas von dem, was sie schreibt, sehen.« Er spricht so gern über sie.
»Ich habe nichts bei mir, aber ich bringe Ihnen etwas mit. Wenn ich zurückkomme, besuche ich Sie allein, und wir unterhalten uns ausführlich.«
»Bitte«, erwiderte ich. Er versucht, mich zu verstehen. Warum beobachtet er mich. Als einen »Fall«? Seine Bücher mögen mich beeinflußt haben, aber er selbst schafft soviel mehr.

Gestern in der Botschaft, heiß, träge, voll. Argentinische Tangos, traurige Gesänge, anziehende Frauen in schwarzen Pelzen, Schmuck, Lamé und Samt. Die Männer vom Nachmittagstee haben dieselbe träge und liebkosende Art und dieselben glühenden Augen wie die Frauen, die professionelle Liebesdienerinnen sind – eine Schönheit wie Opium gesucht, eine Auflösung von Geist und Skrupeln. Ich fühle mich davon eingehüllt wie von parfümiertem, heimtückischem Rauch. Die Begierden dieser Männer liebkosen mich, heften sich an mich. Ihre Augen ziehen mich zu sich. Und während ich mich über den Abgrund des Lebens beuge, einfach nur um zu schauen, fühle ich mich heftig zurückgerufen. Ich packe meine Handschuhe, Tasche, meinen Mantel. Ich gehe schnell zwischen den Tischen hindurch, ohne etwas zu sehen. Zum Glück ist der Abend kalt. Das Parfum und die Trägheit sind weggeblasen. Hugh sagt: »Solche Tee-Einladungen langweilen mich.«
Einladungen, zu viele Einladungen. Wir sind ein nettes Paar. Alle können uns gut leiden. Wir werden schwach. Heute abend tanzen wir für Ferrara, den cubanischen Botschafter in Washington.

28. Oktober
Die Party gestern ein großer Erfolg. Ferraras Augen funkeln. Mrs. Ferrara ist friedlich und gehört der Christian Science an. Tio Enrique ist froh, mein Onkel zu sein. Ich werde gefragt, wie ich mich zurechtmache, daß ich so spanisch aussehe. Mein Petticoat hängt jetzt mit einem Riß im Schrank; wir haben unser Gespräch über die Party beendet, haben darüber geschlafen, die übriggebliebenen Kuchen gegessen.
Ich habe Hugh von dem Plan meines Romans erzählt; er ist schockiert, weil es keinen Plan gibt.
»Wenn man zu intensiv nachdenkt, ist nirgendwo ein Ende abzusehen«, sagte ich. »Ich glaube nur an den gegenwärtigen Augenblick, an die Einzelheit, an das kurze Aufschimmern von Wahrheit.«

31. Oktober
Gustavo nimmt mich mit in den Louvre. Arm in Arm starren wir auf die Gesichter da Vincis, reden darüber, träumen davon. Er kann wunderbar Gemälde erklären. Er geht weiter,

als ich es intuitiv tue. Er läßt überall die Musik und die Philosophie und die Poesie mit einfließen. Dann haben wir uns in ein kleines Café am Quai gesetzt und miteinander geredet. Er ging nach Hause, um über alles nachzudenken, und schrieb eine Geschichte über einen wunderbaren Ehemann und eine entzückende Ehefrau, die gegen ihren Willen einen bestimmten Robert liebt, und sie bekommt ein Kind, das der Ehemann aufzieht, weil er meint, es sei sein eigenes etc. bis zu einem tragischen Ende.
»Das könnte uns passieren«, sagte er.
Ich lachte ihn aus. »Du gehst zu schnell vor. Ich bin erst beim ersten Kapitel, bei jenem wunderschönen Nachmittag im Louvre.« Seine Phantasie schlägt wahrlich die meine.
Wir machten einen Spaziergang durch den Luxembourg. Er begann mir die üblichen Fragen zu stellen: »Wie oft hast du dich verliebt? Bist du glücklich?« Darauf antwortete ich nicht. Und dann sagte er: »Du verstehst mich besser als irgend jemand sonst, Anaïs.«
Natürlich hat mich das berührt und trieb uns tiefer in unsere Geschichte, jedenfalls tiefer als das erste Kapitel. Wir öffneten uns ganz voreinander. Er sagte, zuerst wirkte ich liebreizend, zurückhaltend und puritanisch. Ich sagte ihm, zuerst wirkte er oberflächlich und kühn. Er schloß mit der Drohung, eines Tages werde er mich küssen, um die Situation pikanter zu machen.
Ich lebe nun nicht mehr nur mit meinem Kopf, sondern mit meinem ganzen Selbst, jenem allzu sensiblen und so lang verleugneten Selbst, sensibel bis in die Fingerspitzen, vibrierend, überschwenglich, unbeherrschbar. Warme, unermeßliche Gefühle überwältigen mich. Schließlich brenne ich vollständig, und das Leben enthüllt sich mir auf tausenderlei Weise: in jenem Augenblick verträumten Entzückens im Taxi nach dem Louvre; jenem Augenblick zu Hause, als ich auf dem Bett lag und eine Welle der Sinnlichkeit meinen ganzen Körper schmelzen ließ ... vorher bot ich nur die kalten Strahlen meiner Gedanken dar; jetzt biete ich mein brennendes Fleisch und mein wallendes Blut dar. Ich bin eine Frau.
Hugh und ich kamen zusammen zu dieser Erkenntnis: Alles Schreiben ist eine *Erweiterung* seines Selbst. Er ist wegen einigem, was ich kürzlich geschrieben habe, beunruhigt, das

wie er sagt, »wild« wirkt. Er bot an, meinem Tagebuch zuzuhören, und ich vertröstete ihn.
Ich sehe mich nun weiterhin diesem neuen Problem gegenüber, das gerade aufkam, als ich mich friedlich fürs Bett fertigmachte, das Problem des Einflusses, des Einflusses anderer und des eigenen Ichs, die Entwicklung von Saatkörnern, die sonst harmlos bleiben. Et, alors, dieses aufreizende Buch von Gustavo? Ich werde ein netteres Tagebuch schreiben müssen, ich will aber nicht. Laß das Tagebuch die Erweiterung sein, und ich werde schlimmer weiterschreiben, als ich lebe. Zurückhaltung beim Schreiben zieht Zurückhaltung beim Leben nach sich. Freiheit beim Schreiben zieht freies Leben nach sich. Zu freies Leben wird mein Schreiben wieder in die Zurückhaltung drängen.
Unterdessen wird Hugh traurig. »Ich möchte dein einziger Freund sein. Meine Arbeit bedeutet mir nichts. Du allein bedeutest mir etwas.«
Fünf Jahre lang war ich eine vollkommene Ehefrau. Was bin ich jetzt?

3. November
»Überlaß Kindern die Unschuld, darin sind sie besser als wir«, sagte ich zu Gustavo. Warum besteht er darauf, mich weiter wegen meines leidenschaftlichen Fließens in die Richtung eines Gedanken zu mögen, wenngleich ich die Schlauheit, die Trivialität, das Spielerische, die Komplexitäten und Unschlüssigkeiten der Nebenstraßen suche. Er setzt den Witz und die Klugheit von Erskines Vagabundieren herab. Von Einheit habe ich genug. Ein Mann mit einem Gedanken ist wie ein Pferd mit Scheuklappen, die es dazu zwingen, geradeaus zu gucken. Ich habe mit abstumpfender Gewissenhaftigkeit geradeaus geguckt und bin über vieles gestolpert. Jetzt da ich die Scheuklappen fallen lasse, um überall hineinzuspähen, jetzt da ich gelernt habe, ohne Sinn und Zweck zu reden, meinen Eifer in humorvollen Sätzen zu maskieren, mich für alles und jeden zu interessieren, nonchalant zu erscheinen, nur gemäßigte Begeisterung zu entfalten, mich an den verfeinerten Zynismus der Salons anzupassen, da facht Gustavo das alte Feuer an.
Wenn er über Einheit redet, bin ich gerührt. Ich bedaure,

Unamuno wegen Erskine aufgegeben zu haben. Ich blicke in Gustavos intensiv strahlende Augen, sehe seinen Eifer und seine schreckliche Ernsthaftigkeit, und ich lache nicht. Die Komödie ist mir nicht angeboren; ich habe versucht, sie mir anzueignen. Blinde, fenstersplitternde Begeisterung, lächerliches und sinnloses Leiden, das ist mir eigen. Aber wozu all das Ringen, unbeirrbar zu sein?
Pauline erzählt mir, sie wünschte, John hätte sich in seiner Jugend die Hörner abgestoßen. Sie sieht und sagt die Dinge ohne Umschweife. Manchmal sind beide dickhäutig, und es werden in ihrem Heim Witze losgelassen, die das unsere zerstören würden. An dem Abend, bevor er abfuhr, luden sie uns zum Essen ein. Wir tranken Champagner auf seine Reise.
»Daß Sie nicht zehn Jahre wegbleiben«, sagte ich in Gedanken an Odysseus.
»Und wenn ich es tue«, erwiderte er, »ist es vielleicht aus demselben Grund.«
Sie sagten frei heraus, daß sie uns eingeladen hatten, um die Spannung des letzten Abends zu besänftigen. Pauline wußte von Lilith. Sie wußte, daß John nach New York zurückkehrte, um sie zu sehen. Sie leidet und tut mir leid. Sie hat sich ziemlich unter Kontrolle, aber manchmal entgleitet sie ihr.
John liebt die Kinder abgöttisch und hört mit großer Freude Graham zu, der ein wirkliches Talent zum Zeichnen hat. Er ißt, schläft, spielt gern Klavier und liebt es, mit französischen Schriftstellern verglichen zu werden. Ich halte sein Schreiben für fruchtbar und den französischen Schriftstellern überlegen, die er so bewundert. Aber ich finde jetzt darin auch einen Mangel an *Gefühl,* was zu Sterilität führt. Wenn ihn nicht sehr bald ein emotionaler Schock erfaßt, werden Bitternis und Dürre in seinem Schreiben vorherrschen. Ich habe eine Menge über ihn nachgedacht. Ich lebe mit seinen Gedanken.

5. November
Joaquin sieht mich mit vorwurfsvollen Augen an. »Du gefällst mir im Augenblick nicht. Du bist zu schnodderig, zu schlau, zu weltlich, zu frivol.«
Ich kann sein Unverständnis nicht ertragen. Ich versuche zu erklären. »Es ist eine Phase. Ich bin mir bewußt, wo ich ge-

rade hindurch muß. Ich bin mir des *Ziels* bewußt. Ich habe meine Ideale nicht verloren. Hab Geduld.«
Er ist jünger als ich. Ich war wie er in seinem Alter. Ich kann nicht zurückgehen, nur um bei ihm zu sein. Ich muß ganz allein vorwärtsgehen; ich muß Vertrauen zu mir haben, zu dem Leben, das mich vorantreibt, zu der Offenheit meines Geistes, zu den Impulsen meiner Phantasie.
Ich wußte, was ich tat, als ich in der Gesellschaft von Havanna ausging, obwohl Charles[1] mich für verblendet hielt. Ich war nie blind. Ich muß mich in alles hinein- und hindurchbegeben. Ich möchte nicht das Gefühl haben, an der Küste zu stehen und die Schiffe wegsegeln zu sehen, sondern ich möchte mitten im Meer sein und gegen die Wellen kämpfen. Gilbert glaubt, ich sei betört von der oberflächlichen Welt, weil ich mir gerade keine verlassenen Inseln mit Büchern und Tinte und der Aussicht eines verwitterten gelben Gesichts vorstellen kann. Ich war schon einmal eine Wilde auf einer verlassenen Insel [Richmond Hill]. Ich habe mit Büchern gelebt, in Tinte gebadet und blind das innere Leben verehrt; ich habe auf die halbe Schönheit der Welt verzichtet (als ich den Männern, die mich begehrten, ins Gesicht geschlagen habe). Ich war die keuscheste Frau, die hoffnungsloseste Träumerin, das unschuldigste Kind, die sich am meisten zurücknehmende Schwester, die gehorsamste Tochter, die tugendhafteste aller Hausfrauen. Ich hatte Angst zu verletzen, zu stören, zuviel Raum einzunehmen; ich überließ die Herausforderung, die Rebellion lärmenderen, stattlicheren Leuten. Mir genügte es, geliebt zu werden.
Heute bin ich eine Frau. Ich biete dem Haß, der Kritik, dem Neid, den entsetzten Gesichter um mich herum die Stirn. Selbst Joaquins Augen können mich nicht aufhalten, obwohl sie wehtun. Ich habe meinen Traum. Ihm allein folge ich ständig gegen die Welt. Ich habe nicht viel Selbstvertrauen. Bei meinem Tanzen ist es genauso. Miralles hält mich für einen Star. Man hat mir eine Stelle im Café de Paris angeboten. Doch habe ich daran gedacht, in einer Gruppe anzufangen. Endlich gibt mir Hugh die Erlaubnis, die Bühne zu versuchen. Joaquin nicht. Mutter sieht besorgt aus.

---

[1] Carlos de Cárdenas, ihr Vetter.

10. November
Ich fange an, Gustavo zu brauchen, seine Gedanken, seine Ausbrüche, seine Phantasien. Drei Nachmittage lang haben wir zusammen an der Verbesserung seines Romans gearbeitet. Aus der miteinander geteilten Arbeit erwuchsen Vertrautheit und Verständnis. Er meinte, mindestens eines sei sicher: Er könne nicht ohne mich leben.
Wir stellen fest, daß wir *alles,* das aus unserer Gemeinschaft hervorgeht, analysieren können, ohne es zu töten. Für uns beide ist die Analyse nicht die zerstörerische, abstumpfende Schlußfolgerung, sondern der Beginn des Lebens.
Er ist ein Realist, wie nur ein Spanier es manchmal sein kann. Es gibt kein Wort in der Welt, das er scheuen würde auszusprechen. Ihn amüsiert meine Unschuld, die Tatsache, daß man mich gegen den Willen meiner Intelligenz zum Erröten bringen kann. Ihm gefallen meine Schnelligkeit, mein Verständnis, meine Lebendigkeit, meine Gewohnheit zu denken. Ich empfinde bei ihm auch eine neue Sicht der Wahrheit, nicht weil er manchmal auf heftige Weise wahrhaftig ist, sondern weil er meine Ausflüchte voraussieht, meine Art, mich zu entziehen, zunichte macht, von meinen Sätzen den Schleier herunterreißt, damit ich meine Gedanken sehen kann.[1] Er braucht ein Ohr (ein hübsches muß es sein), und während ich zuhöre, sehe ich einen feinen Faden der Ähnlichkeit zwischen ihm und Eduardo und Enric – in den Händen, in der Musikalität, in der Empfindsamkeit, in der *Weiblichkeit,* in dem Bedürfnis nach mir, in einem leichten, fast mystischen Mangel an Gleichgewicht. Sie sind keine beständigen, fest verwurzelten, unveränderlichen Männer. Sie sind keine Beschützer von Frauen. Das ist alles, was sie gemeinsam haben.
Eduardo war lieb, hilflos, poetisch, schwach. Enric war vom Temperament und der Emotion her stärker, dafür intellektuell begrenzter. Gustavo erscheint zunächst schwach, ist jedoch sehr arbeitsfähig. Er braucht Zärtlichkeit, muß gekost werden. Er hat das Leben, Geld, Ereignisse nicht im Griff, außer mit seinem Verstand, aber er *handelt,* beendet die Dinge. Er hat seinen Anteil an Teufelei und Grausamkeit. Er hat viele weibliche Fehler. Ich weiß, wie ich ihn zu nehmen habe –

[1] Vgl. ähnliche Passage Seite 206.

manchmal als Kind, manchmal als Frau, als Schriftsteller; und wie froh er ist, wenn ich seine Worte nicht zu wörtlich nehme, sondern weiterhin mit Sätzen spiele, was wir beide gern tun. Ja, ich verstehe ihn. Ich dringe durch seinen Zynismus zu seiner Naivität vor. Die Kühnheit seines Schreibens beeindruckt mich nicht. Ich versuche nicht, ihn in ein Muster einzupassen. Ich folge nur seinen Possen und Tricks, den Veränderungen und Bewegungen seines Geistes, seines elastischen Geistes. Er ist kein Feuerschlucker, nicht lebenssprühend, jedoch auch nicht ohne all dies typisch Männliche: Liebe, Egoismus, Verlangen nach Bewunderung und Größe. Er atmet tief, wenn er von Größe spricht. Er hat die Fähigkeit zu großen Gefühlen und Gedanken eines großen Mannes. Seine Empfänglichkeit fürs Leben ist absolut. Wird er daraus Kunst machen?
Hier sind mein hübsches Ohr, meine Hilfe, meine Gesellschaft. Doch kein Mann, schwach oder stark, Träumer oder Realist, kann eine Frau ertragen, die sich selbst gehört.

11. November
Gestern abend haben wir eine Mrs. Velasco kennengelernt, wirklich schön *und* intelligent. Sie hat mich in vielerlei Hinsicht bezaubert. Und traurig gemacht. Weil ich nur in bestimmten Augenblicken schön bin, hie und da, durch einen Trick der Kleidung oder des Ausdrucks oder der inneren Bewegung. Sie war wirklich absolut schön, gleichbleibend schön. Wohingegen ich meine bestimmten Tage habe, mein Gesicht sich fortwährend verändert, und zwar durch eine Idee, einen orientalischen Hut, die Ausdruckskraft meines Tanzens. Wenn man mich kalt ansieht, habe ich ein kleines Gesicht, das an alte, nicht unbedingt klassische Gemälde erinnert, feine Züge und große Augen, Mäusezähne, einen Anflug von Keßheit um die Nase und Haare, die weder schwarz noch blond sind. Wie oft habe ich mich selbst beschrieben, jedoch noch nie mit solchem Zynismus. Ich bin vielen anziehenden Frauen begegnet, an die ich nie wieder denke, weil sie nicht interessant waren, aber wenn ich jemandem begegne, der sowohl intelligent als auch schön ist, dann habe ich das Empfinden, das Leben hat Hugh nicht genügend bedacht.

12. November
Trost. Ich werde geliebt. Für Gustavo bin ich eine Botticelli. Ihm zufolge habe ich einen schönen Körper. Ich kann ihn elend oder glücklich machen. Nach diesen drei Arbeitstagen, die unser Verständnis besiegelt haben, können wir mit dem Necken und Reden und Flirten nicht aufhören. Er nimmt einen leicht überlegenen Ton an, um mir, dem Kind, Geschichten zu erzählen, die mich in der Kenntnis von Männern unterrichten sollen – das heißt, seiner selbst.
Die einzige Geschichte, die er nicht für mich erfinden will, ist die einer Trennung. Darin sieht er nichts Komisches.
»Und doch, und doch«, sagte ich, »ich will dir etwas *Neues* geben. Du bist schon geliebt worden, du hast mit verheirateten Frauen gelebt, du bist ein Liebhaber und Verführer von Jungfrauen gewesen ... Ich werde *anders* sein.«
»Mach alles, was dir gefällt, nur laß mich nicht fallen. Nicht das.«
O weh, sein Gesicht war wirklich ernst. Nimmt er Geschichten ernst?

14. November
Bei Antonios Konzert, Indy sitzt vier Reihen vor uns; alle Freunde Antonios; Joaquin, der seine Hände in Stücke klatscht. Gustavo sitzt zu meiner Rechten, kritisch, analytisch, während die Musik mich wie Balsam einhüllt. Die Flöte, klagend, einsam, brachte mich mit der Süße singenden Schmerzes fast zum Weinen.
Nach dem Konzert begegnete ich dem Tänzer Bonifacio, einem kleinen, schlaksigen, ernsthaften jungen Mann. Sehr angenehm. Gustavo schmollt, weil Mutter eisig ihm gegenüber ist, und mein liebevolles Verhalten besänftigt sein zerzaustes Gefieder nicht. Ich versuche ihm zu helfen, indem ich ihn hier und dort vorstelle. Im ganzen ist er ein unglücklicher Mann, übersensibel und eitel. Die einzige Geschichte, die wirklich stimmt, ist die, daß er mich leiden lassen wird.
Heute haben wir uns heimlich in einem Café beim Odéon getroffen. Er sagte mir, daß er mich liebe, weil ich die physische Schönheit hätte, die er bewunderte, weil ich intelligent und weise und weil ich bei alldem *unendlich feminin* sei, sehr verführerisch und ein bißchen böse. Und als ich ihm gesagt

hatte, was ich an ihm gern habe, sagte er: »Und was denkst du über meine Fehler?«
»Ich verstehe sie, habe nichts gegen sie, nehme sie an. Meine kennst du nicht, sie werden noch zum Vorschein kommen.«
Ein Haufen lärmender Studenten hatte uns aus dem Café getrieben, und wir gingen im Regen spazieren. Ich sagte: »Du bist heute romantisch, im Regen herumspazieren, alles um dich herum vergessen.«
»Frauen machen so etwas naturgemäß für die Person, die sie gern haben. Das liebe ich an ihnen. Sie wagen alles, fordern alles heraus, vergessen alles. Wenn ein Mann dasselbe macht, bezeichnet man ihn als romantisch.« Er trug seinen Roman unter dem Arm und wollte später seinen Verleger aufsuchen. Ich redete mit ihm, wie ich es nur mit wenigen Menschen tue. Dafür zeigte er mir etwas, das er nur wenigen Menschen zeigt: Zärtlichkeit und Aufrichtigkeit. Sein schwarzer Hut, schwarzes Haar, seine schwarzen Augen und sein sehr weißes Gesicht lassen die meisten anderen Gesichter leer erscheinen.

21. November
Machte einen Spaziergang durch den Bois mit Gustavo. Er sagte: »Erkläre mir, warum Joaquin und deine Mutter mich so wenig leiden können.«
»Weil deine Vehemenz und deine ausgeprägte Persönlichkeit gleich starke und ausgeprägte Gefühle erfordern. Die Menschen hassen dich entweder oder lieben dich. Du bist entsetzlich offen, entsetzlich kritisch, du siehst alles und sagst es auch ...«
»Ich habe ein gutes Herz, wirklich.«
»Natürlich. Ich weiß das, nur sonst niemand.«
Ein Druck des Armes. Verstehen. Zufriedenheit. Die Herbstblätter riechen durchdringend. Zwielicht. »Die Stunde, die am meisten von allen Frauen geliebt wird«, sagt Gustavo. So mache ich erneut die Entdeckung, daß ich feminin bin.
Das Café. Weiter reden. Ich könnte die Zahl der Cafés crèmes nicht zusammenrechnen, die ich in diesem Jahr an Ecktischen konsumiert habe; ich habe mich hochgeschleudert gefühlt wie Treibholz, heimatlos, ehemannlos, nachdem ich stundenlang auf den Wogen des Abenteuers geritten war. Nein, das eigent-

liche Wrackgefühl kommt, wenn ich nach Hause komme zu meinem Haushaltsbuch, zu den dreißig Seiten meines Romans, zu Mutters Beratung wegen des nächsten Kleides, zu Thorvalds Definition der Intelligenz, »die Fähigkeit, Geld zu machen«, und Hughs Berechnungen für einen friedlichen und bequemen Rückzug aus dem Berufsleben.

22. November
Was ich mir wünsche, klingt sehr einfach, und doch kann ich es nicht erreichen: Freunde haben, ausgehen, in Cafés oder ins Theater, oder Taxifahren, vielleicht in den Bois; leben, mit Männern vertraut sein, ohne gleich in Komplikationen zu geraten.
»Meine Liebe, flirte nicht, und laß sie dich nicht lieben.«
Dann kann ich ihnen nicht nahe sein. Ein wenig Liebe hilft eine Menge, doch dann wird sie größer, und schon wate ich in der üblichen Geschichte.
»Sei zynisch, sei gleichgültig.«
Bin ich. Ich betrüge. Ich weiche der endgültigen Kapitulation, den direkten Fragen, den gefährlichen Plätzen und Stunden aus. Ich gewähre nur die kleinen Versprechen, die Hand, den Blick, die mindestens eine Stunde ausfüllen und den Höhepunkt aufschieben können. Wenn ich das nicht täte, hätte ich keine Freunde. Dieses Wort in meinem Vokabular läßt jeden Mann lachen. Ich widerspreche seiner beruhigenden Wirkung durch meine Sanftheit, mein Parfum und meine Weiblichkeit.
Abends. Mein Einkaufen ist kein wirkliches Einkaufen. Ideen schwirren in meinen Kopf wie Insekten, und ich gehe schürfen. Ich wähle schnell, weiß immer, was ich will, bedaure nie etwas, kaufe, was andere zu der Bemerkung veranläßt: »Wo, im Himmel, hast du das gefunden?« In Wirklichkeit beobachte ich Gesichter, lausche Gesprächen, entwickle Theorien, Geschichten.
Dennoch ist mein Roman scheußlich. Fünfunddreißig Seiten Mist. Geliebtes Tagebuch, ich werde dafür bestraft, daß ich mich von dir trennen will. Ich bin wirklich ein verdammter Gefühlsmensch, der versucht, schlau zu sein. Ich kenne nur mich selbst gut. Ich sollte mich um meine eigenen Angelegenheiten kümmern.

26. November

Aus dem New Yorker *Herald,* Paris, 25. November. »Glänzender Empfang gestern bei M. und Madame Armand Godoy ... M. und Madame Guiler tanzten mit großem Erfolg und der Pianist Nin-Culmell erhielt viel Beifall.«

Dies war der größte Erfolg in unserer Tanzkarriere, zumindest der Komplimente nach zu urteilen, die wir erhalten haben.

Dann haben wir gestern abend für Bonifacio getanzt. Überraschung! Er ist entzückt, begeistert, ruft wieder nach dem Jota, sagt, dies sei nicht die Arbeit von Amateuren, verweilt auf meiner natürlichen Begabung, Ausdruckskraft, Lebendigkeit. »Comme une couleuvre« [wie eine Schlange], sagt Leyritz, der Bildhauer. Antonio meint: »Großer Fortschritt im Verführerischsein.« Joaquin küßt mich.

Bonifacios Bewunderung ist ein großer Triumph, denn wir stimmen in den Tanzmethoden nicht überein: Er ist ein Modernist. Deshalb will er mich nicht anstellen, erst wenn er mich, meinen Tanz moderner gemacht hat, darauf lasse ich mich nicht ein, solange ich diese neue Auffassung nicht selbst verstehe und empfinde.

Hugh ist unendlich stolz auf mich. Heute werden all meine Kleider und Petticoats wieder weggepackt. Wir bereiten uns auf eine Reise nach Nizza und Monte Carlo vor, »geschäftlich«.

Ich schreibe überall mein Buch, im Bus, an meinem Frisiertisch, im Bett. Lerne wegzulassen und zu entwickeln. Meine Schwächen sind: Ungeduld im Detail, Zurückhaltung in der Entwicklung. Ich sehe und denke weit mehr als ich beschreibe, was daran liegt, daß ich für mich selbst schreibe, wenn ich weiß, was ich meine. Ich habe im Geiste alles auf Französisch geschrieben, dann übersetzt.

30. November

Traurigkeit, Aufgeregtheit und Anspannung gestern, als Gustavo und ich unseren letzten gemeinsamen Nachmittag damit verbracht haben, mein Tagebuch und meinen Roman durchzusehen.

»Unser beider Verzückungen würden die Welt aus den Angeln heben«, sagten wir.

»Was könnte ich alles mit deinem Glauben machen«, sagte er. Unsere Art zu denken ist so entsetzlich gleich. Wir sind beide so von uns selbst besessen, daß Enric sich veranlaßt sah zu sagen, ich könnte nicht lieben, dabei ist es nur die Lebendigkeit des Intellekts. Ich verlasse ihn immer rechtzeitig, um mich abzukühlen. Es schmerzt mich unendlich, ein nur halb gelöstes Geheimnis aufzugeben.
Morgen früh werde ich Gustavo weniger nachtrauern. Seine angestaute, halb zum Ausdruck gebrachte oder plötzlich auflodernde Liebe wird nicht das Gleichgewicht meines Lebens erschüttern. Und dieses ewige »Ich brauche dich« ist eine solch alte und solch unwiderstehliche Falle.

1. Dezember, Hôtel de Paris, Monte Carlo
Abends: Ein Tag, den ich allein verbracht habe. Ich habe wie eine Spinne mein Netz um mich gewoben, Gedanken sanft aneinander gekettet, als ich zunächst das Mittagessen allein zu mir nahm, mich dann in meinem Zimmer ausruhte und später zwischen dem Meer und den Kakteen und den Pinien einen Spaziergang machte. Danach [Francis] Carco lesen. Ich liebe das, was er schreibt, weil er mich von den Stätten, Gesichtern und Gefühlen überzeugen kann, die ich nicht kenne.
Ich empfinde Carcos Stimmungen schärfer allein in diesem Hotelzimmer einer fremden Stadt, sein vielschichtiges Leben, seine Verzweiflung, seine Art, sich mit *Erfahrungen zu betäuben.* Wie soll ich sonst diese Halbträume beschreiben? Ich berausche mich mit Bildern, Worten, Empfindungen. Alles macht den Schleier zwischen mir und den Tatsachen dichter.
»Carco ist einfach ein Schweinehund«, habe ich gehört. Geistige Größen werden oft von einem diabolischen Licht umgeben, diese Leute, die aus einem Nichts kommen, zu mir; denn niemand hat mir etwas von Carco erzählt. Ich begab mich blind an seine Bücher, verstand sie, suchte mehr davon, allein; dasselbe bei Colette, deren fünf Sinne auf wunderbare Weise sensibler sind als die von irgend jemandem sonst auf dieser Welt. So folge ich auch meinen alten Gespenstern, meinen eigenen kostbaren Geheimnissen.
»Ich« in einem rotschwarzen griechischen Kleid zum Abendessen im Hôtel de Paris. Zu viele Kellner – einer, der mir die Zigarette anzündet; einer, der das Wasser eingießt, einer, der

das Fleisch vorlegt, ein anderer den Nachtisch und wieder ein anderer die Rechnung. Es ist rührend, wie ich in diesem gefährlich trügerischen Luxus eine richtige Mahlzeit zu finden suche. Warum schmeckt mein Kartoffelsalat nach Minze, warum sehen meine Koteletts wie eine Blume aus, warum sind die Roten Beete papierdünn geschnitten, und warum verschwindet das Brot mit einem Knistern wie Kräuselpapier. Millionen Dinge werden auf Rolltischen gebracht, und ich finde nichts Richtiges. Saucen, Saucen, Kräuter, alles feinstens gehackt, unwahrscheinlich rot, unnatürlich rosa, unmöglich gelb. Um den Appetit von reichen Leuten anzuregen, muß alles wie etwas anderes schmecken. Ich sitze würdevoll da und lausche einer blutleeren Musik; ich rauche stoisch. Einwandfreie Nägel, müßige Hände, Juwelen. Sehr hohe, stuckverzierte, vergoldete Decken wölben sich über meinem Kopf. Ein Kellner hat gerade mit solch tiefsinniger Miene reines Leitungswasser eingegossen, daß ich davon überzeugt bin, es wird wie Champagner schmecken.

4. Dezember

Gewissenhaft, religiös verehre ich die Sonne, meinen Gott, den Gott meiner Stimmungen, den einzigen Gott. Ich öffne die Fensterläden morgens mit großer Freude. Sie scheint mir direkt in die Augen, über das Meer hinweg, fällt sofort auf den braunen Teppich, die blauen Stühle und auf die gelbe Steppdecke. Das Frühstückstablett wird verwandelt; die Butter glänzt, die Milch strahlt. Wir liegen in einem Bett aus Schnee und Gold.

Ich habe die Spieler im Casino gesehen, die sich um riesige grüne Tische drängen, Männer und Frauen jeden Alters und jeder Klasse. Ihre Gesichter gefallen mir nicht. Und was das Spielen angeht, ziehe ich die Zufälle, die Aufregungen, Ängste, Zweifel, Verzückungen, Freuden und Liebesnöte vor. Aber hier sind die Spieler, von einer großen Macht getrieben, fasziniert, berauscht.

Es lockte mich. Hugh hätte mich all das Geld wegwerfen lassen, das er so sorgfältig verdient hat – so ist er –, um Freude und Leben auf meinem Gesicht zu sehen. Mich durchfuhr ein Stich des Abscheus, ich nahm mich zusammen und bat ihn, mich nach Hause zu bringen.

Überall um mich herum höre ich über das Glücksspiel reden – in dem Zimmer neben uns, am Tisch im Speisesaal, auf den Straßen, auf den Bänken an der Promenade entlang. Wenn wir in Montparnasse die Launenhaftigkeit und Auswüchse der Armut sehen, sind hier die der Reichen zu besichtigen. Im Speisesaal sitzt eine alte Frau, die wie eine Hexe aussieht. Ihr ist immer kalt, sie beschäftigt ständig sechs Kellner während ihres Mittagessens, läßt sich Schals, Schleier und Kissen holen, schimpft und tyrannisiert. Ich sehe viele schlecht zusammenpassende Gruppen, kein Gefühl für Klasse. Der Luxus behauptet sich: die überverzierten und vergoldeten Hotels, die reiche, natürliche Schönheit des Meeres, der Bäume, der Hügel. Wenigstens bekomme ich so die Grundausbildung einer Romanschriftstellerin. Ich habe das Gefühl, ich habe die Welt gesehen, mehr oder weniger, was mir und für die Bücher, die ich schreiben werde, nichts bedeutet, da ich in allem und jedem immer etwas anderes sehe.
Wer um vier Uhr im Zwielicht einen Spaziergang unternimmt, sieht Imagy allein, ganz in Weiß, dasitzen und auf den Boden blicken, wenn Männer vorbeikommen. Sie ist nicht allein. Sie spricht mit Gustavo.
Ich hasse das Wort »Gott« in Verbindung mit dem Geheimnisvollen, das ich liebe. Ich habe nicht soviel dagegen, wenn man es auf die Elemente anwendet, die Sonne, da es die Schönheit und die Macht in der Sonne, in der Liebe, in uns definiert. Ich sehe die Einheit und habe keinen Namen dafür. Wir sind Götter; nur durch uns werden diese Kräfte offenkundig. Doch sag nicht Gott zu mir, Gott, der bärtige alte Mann.
»Du bist so nüchtern«, sagt Hugh vorwurfsvoll, als ich mit ihm darüber redete. Wir haben unter einer orangefarbenen Markise in einem kleinen Lokal am Quai zu Mittag gegessen. Orange, blauer Himmel, weißes Pflaster. Zwei Yachten machten an der Pier fest. Diese leuchtenden Farben lassen mich vor Vergnügen zittern. Ich hatte sie den ganzen Tag vor den Augen, selbst im Zwielicht, als ich langsam zum Hotel zurückging.
Gustavo, ich hätte dich gern hier gehabt, du wärst mit mir spazierengegangen, hättest das Orange und Blau und Gold gesehen, wie es in eine dunkelblau-blutrote Dunkelheit überging, hättest gesehen, wie die roten, gelben und purpurroten

Lichter der Stadt hervorbrachen und die Bucht krönten, wie der schwarze Kaktus sich vor den cremefarbenen Mauern ausbreitete, Zwergpalmen schwer und still über dem Meer ragten, Autos die hügelige Straße zu der Spitze des vergoldeten Luxus hinaufschnurrten, dem Casino und dem Hôtel de Paris. Mein Gang ist langsam und träge. Wenn ich allein bin, finde ich mich selbst wieder, sammle ich mich; ich könnte wie eine Katze zusammengerollt schlafen, von mir selbst besessen, eigensüchtig, ruhig. Ich stehe jetzt vor dem Spiegel und sage: »In diesem Augenblick liebe ich niemanden.« Ich bin bei soviel Spinnen eigener Träume unwirklich geworden, da ich mit mir soviel allein bin und doch von mir entfernt, weil ich meinen Körper nicht spüre. Wenn Gustavo hier wäre, würde er mich daran erinnern. Impulsiv würden mich seine Hände berühren, seine Schultern würden sich an meine drücken, selbst sein Mund würde so nahe kommen, so nahe, und seine Begierde würde mich mit Glut und Fieber umgeben.
»Liebe Pussycat«, schimpft der Humorvolle Bankier, »wir sind aus geschäftlichen Gründen hier. Zieh dich heute abend fein an. Wir essen mit den Stewarts.«
»Nein, nein, nein. Hat dir das nicht gefallen, mit mir allein am Quai zu Mittag zu essen und über Gott zu reden, ebenso mein schönes weißes Ensemble und der sehr kleine Tisch, wo kein Platz für meine Handtasche war?«
»Ja, natürlich. Aber weißt du, das war heute ein toller Tag.«
»Für die Bank?«
»Ja. Hör zu.«
Imagy, liege nicht zusammengerollt wie eine gut genährte und gleichgültige Katze. Zieh das griechische Kleid an, bürste deine Locken, poliere deine Nägel an der wollenen Unterwäsche deines Mannes, leg deine billigen Juwelen an. Ich habe noch die orangefarbene Markise, den Himmel, das Meer, die Sonne und das Pflaster vor Augen; meinen Spaziergang mit einem Gustavo, der mich nicht liebt, der sich für den Kaktus interessiert, der sich wie eine angespannte, riesige Tierklaue mit scharfen Krallen darbietet.

5. Dezember
Gestern abend sagte Hugh: »Du hast nie schöner ausgesehen. Dein Gesicht ist wächsern.«

Dies ist mein Ort, mein Klima, der Ort, wo ich mich schön *fühle.* Mein Blut fließt gleichmäßig, nicht in kalten und sporadischen Schüben wie in Paris. Auch meine Gedanken fließen gleichmäßig. Ich fühle mich angezogen in einem wie das Meer glänzendem Lamé, von Licht trunken.
Colette und ich haben einige Gemeinsamkeiten: Colette hat ein spitzes Kinn. Ich habe eines. Colette liebt Katzen. Ich liebe Katzen. Colette ist wie eine Katze. Ich bin wie eine Katze.
Aber sie spricht von ihrem derrière [Hintern], und ich erwähne ihn nie. Sie liebt Frauen. Ich liebe Männer.
Colette riecht, berührt, sieht alles. Wie ich. Colette ist eine Individualistin. Ich auch. Colette ist unabhängig. Dito. Colette ist keß. Dito.
Sie ist jedoch anders aufgewachsen, auf dem Land mit Tieren und einer körperlichen, natürlicheren Beziehung zu allem. Ich bin aufgewachsen, so gut ich konnte, mit einer naiven Mutter. Colette hat alles gelesen; o weh, ich lese Englisch. Colette nennt die Dinge beim Namen und schlimmer. Ich bin schüchtern. Sie war jeden Augenblick menschlich. Ich bin durch eine asketische Phase gegangen. Bei Colette keine intellektuelle Pose; bei mir ja, sogar eine Neigung zum Moralisieren. Sie hat die Gabe des Spotts. Ich bin sentimental. Sie hat gelebt. Ich habe zuviel gedacht.
Aber ich hole auf. (Bis ich in den Viktorianismus verfiel, war ich in meinem früheren Tagebuch auf französisch offener, schärfer. Kann ich diesen Fehler je wiedergutmachen?) Colette schreibt, Gott sei Dank, auf Französisch. Das Englische ist eine ausweichende Sprache. Colette, Sie sind wunderbar. Ich nicht. Aber ich weiß Sie zu schätzen.
Wir sind beide am besten, wenn wir über uns selbst schreiben. Halb humorvoll, halb zärtlich gibt sie ihre Eigenschaften und körperlichen Attribute wieder: animalische Anmut, spitzes Kinn, lange Augen, feines Gesicht, Charme. Die Züge, die mir am liebsten sind (habe ich gesagt, ich sei auf eine wirklich statische Schönheit eifersüchtig? Ich habe es nicht so gemeint), ich glaube, die einzigen Dinge, die mir wirklich mißfallen, sind meine Mausezähne und mein hyperfeines Haar, und ich hätte mir immer eine nach unten spitz zulaufende Nase gewünscht wie bei den Spaniern und daß ich kleinere Hände und volle Brüste hätte.

Nun ja, man liebt mit der Zeit alles, womit man lange zusammenlebt, selbst seelenlose Möbel, und alles ist mit Erinnerungen verbunden ... Enric hat an meinen Haaren gezogen, die Maler liebten meine Hände, Boris [Hoppe] meinte, den Kopf zu verlieren, wenn ich lächelte. Sprechen Sie, Colette, Ihre Offenheit hat mich geschüttelt wie ein mächtiger Wind. Ich habe sie einfach nicht.
Colette, Sie sind wirklicher als ich, menschlicher. Sie stehen mit beiden Beinen fest auf der Erde. Ich habe ein Bein halb draußen, immer bereit, wegzurennen. Sie wissen, wie Sie von Ihren Begeisterungsstürmen den Schaum abwischen, und Sie trinken nur das Konkrete. Ich schlucke alles mitsamt dem Schaum.
Dafür bin ich etwas verrückter als Sie, und ich bin nicht immer ganz dort, wo ich zu sein scheine. Sie verlassen, zum Beispiel, Paris nicht. Und Sie brauchen nie nasse Füße zu bekommen, um sich selbst wiederzufinden.
Ich würde Ihnen gerne nahekommen. Ich möchte eine Frau werden, *durch und durch* Frau.

8. Dezember
Ein Tag des Frohlockens über mein Buch. Nachdem ich eine Woche lang immer wieder darüber nachgedacht hatte, habe ich ein neues Konzept gefunden. In meinem richtigen Tagebuch bin ich sentimental mir gegenüber. In dem Buch lache ich über mich. Denn es gibt nichts Komischeres als eine von Natur aus *vertrauensvolle* Person, die versucht, skeptisch zu sein. Es gibt nichts Komischeres als meine Ruhelosigkeit. Niemand würdiger als sie, ausgetrickst zu werden. So wird der Humorvolle Bankier den Trick anwenden und mir die Freiheit geben, nach der ich lechze.
Ich schreibe und zerreiße, schreibe und zerreiße. Habe herausgefunden, daß ich nur mit Interesse und Begeisterung arbeiten kann. Mache ich etwas in einer anderen Stimmung, führt es zu nichts. Nachdem ich gestern drei Stunden lang gearbeitet hatte, wurde ich plötzlich kalt und von Abscheu gepackt. Was immer ich in einem solchen Augenblick tue, ist zerstörerisch und ohne Wert. Ich will frisch und lebendig schreiben. In Wirklichkeit *arbeite* ich nicht – ich erschaffe. Das ist alles. Ich bin sehr schwach im Umschreiben, Feilen.

Und dann werde ich immer von dem Kritiker in mir beobachtet. Ich glaube, ich halte mich besser ans Tanzen.

11. Dezember
Unser letzter Tag. Keine Sonne, so ist mein Bedauern mäßig. Hugh meint, wir würden wiederkommen. Ich liebe diesen Ort. Ich habe hier mit mir und meinen Gedanken gelebt, und ich weiß, wie ich mich erfolgreich selbst unterhalten kann. Alles amüsiert mich: mein glühender Wunsch nach Skepsis, mein gelegentlich teuflischer Übermut, meine lächerliche Sentimentalität, meine anormale Empfänglichkeit für Farben, Geräusche, Gerüche, billige Musik … Plötzlich fasziniert und schmerzt mich der Gedanke, die lächerliche Seite von mir zu beschreiben und den Humorvollen Bankier zum großen Helden meines Romans zu machen. Ich glaube, ich habe zum erstenmal über mich selbst gelacht. Ich sehe so deutlich, wir töricht ich manchmal vorgehe. Ich kann jedoch nichts dagegen tun. Das Fühlen ist stärker in mir als das Denken.

13. Dezember, Paris
Mittwoch angekommen. Bin zum Telefon gerannt, habe Gustavo herausgesucht, mich in Gefahr begeben. Obgleich ich entsetzlich mit Weihnachtseinkäufen, Briefeschreiben und dem Versenden von Weihnachtskarten beschäftigt war, fand ich die Zeit, ihn zu sehen, mit ihm zu reden und wieder mit derselben alten Runde der wortreichen Abwehr zu beginnen, während unsere Gefühle uns belogen und weitergingen als unsere Absichten. Keiner von uns konnte in jener Nacht schlafen, während wir darüber nachgrübelten, was aus unserem fröhlichen Flirt der ersten Tage geworden war. Hugh und ich fahren jedoch zurück nach Monte Carlo, und diese zweite Reise kuriert mich vielleicht.
Erskine ist hier. Joaquin arbeitet mit Bonifacio. Hugh redet über die Bank, knuddelt und verwöhnt mich. Ich habe meinen Humor verloren und zwei Kilo zugelegt.

25. Dezember, Hôtel Eden, Cap d'Ail
Ein wichtiges Ereignis in Paris. John ist gekommen, um mich allein zu sehen, und ich wurde seine confidante und er mein Freund. *Ein Tag, nach dem ich mich lange gesehnt habe.* Ich

las ihm über sich aus meinem Tagebuch vor. Er wollte weitere Einzelheiten wissen. Ich sagte ihm, was ich über sein Gesicht, seinen Charakter und seine Ideen dachte. Als ich meine Schüchternheit verlor, redete ich über meine Probleme. Er sagte: »Verzeihen Sie mir, daß ich das sage, aber die Dinge, die Sie beunruhigen, erscheinen mir unwesentlich. Hugh ist ein bedeutender Mann. Sie sind sein Ideal. Er liebt Sie. Sie sind, bedenken Sie das, überaus hübsch, und Sie haben außerordentlich viel Charme – alle Männer werden sich ein Vergnügen daraus machen, Ihnen nachzustellen. Geliebt zu werden ist eine große Versuchung und sehr schmeichelhaft, aber ...«
Ich verstand ihn so gut, daß er seinen Satz nicht zu beenden brauchte. Ich möchte, daß er mich gern hat. Von Anfang an gingen wir mit aller Offenheit vor. Aber wenn ich ihm aus meinem Tagebuch vorlese, nur um unser Gespräch anzureichern, war seine Aufmerksamkeit mehr auf den Stil gerichtet, und er sagte: »Schön, schön.«
Obwohl ich ihm nur acht Seiten vorgelesen habe, redete er von meiner »Klarheit« und sagte Hugh später: »Sie ist ein Genie. Sie braucht jetzt nur sich selbst zu finden, und ihr Schreiben wird zu etwas *gerinnen*, was absolut etwas Eigenes ist.«
Ich war so durcheinander von seinem Urteil, daß ich nicht schlafen konnte.
Hugh fragte am nächsten Morgen: »Woran wirst du während unseres Urlaubs arbeiten?« Ich antwortete: »Ich will zu gerinnen versuchen.« Dabei lachte ich nicht. John ist immer mein scharfsinnigster Kritiker gewesen. Ich werde nie vergessen, wie er den Finger auf meine »Zurückhaltung« legte und mich heilte. Das habe ich ihm auch gesagt.
Seit jenem Nachmittag hatte ich den Eindruck, daß meine Begeisterung für ihn ihren Höhepunkt und auch einen festen, unverrückbaren Platz in meinem Leben erreicht hatte. Weil ich jetzt den Mann kenne, sein Leben kenne, seine Widersprüche, seinen Charakter, seine Gefühle. Als ich ihm über ihn selbst vorlas, machte ihn die Wahrheit dessen, was ich sagte, betroffen. (Ich spüre bei ihm eine neue Erkenntnis der Wahrheit, da er ein Ausweichen voraussieht und alle Wege der Flucht vernichtet.)
»Ich wollte«, meinte er, »Sie würden diese Dinge für meine

Biographie nach meinem Tod aufheben. Nicht das, was ich getan *habe,* ich habe es nämlich meiner Meinung nach noch gar nicht getan, scheinen Sie so gut zu kennen, sondern das, was ich am liebsten tun möchte.«
Er war schockiert und verblüfft, daß ich offenbar Bitterkeit in seinen Schriften entdeckt habe. Er hätte nicht geglaubt, daß es durchgeschienen hätte. Er sagte halb bedauernd, halb bewundernd: »Meine Güte, sind Sie eine sensible Leserin. Ich bin nicht von Natur aus bitter.«
»Natürlich nicht«, sagte ich impulsiv und dachte an seine natürliche Freundlichkeit, Großzügigkeit und sein Interesse an anderen Menschen, seine Geduld mit seinen Studenten und Schülern.
Ich sagte ihm, wenn Lilith seine Biographie nicht schriebe, würde ich es tun. »Oh, sie ist eine Frau der Tat«, sagte er. »Sie ist mehr damit beschäftigt, meine Biographie zu leben.«
Er sagte über das erste Mal, als wir uns vor fünf Jahren in New York zum Mittagessen getroffen hatten, daß ich sehr schön aussähe, als er jedoch von den verschiedenen Erfahrungen hörte, die ich schon gemacht hatte, kam ihm der Gedanke: Warum zeigt sich das nicht mehr?
Schließlich erzählte ich ihm von meinen kleinen Problemen. »Ich bin mir gegenüber nicht auf sentimentale Art blind. Ich stelle mich nicht als die mißverstandene oder vernachlässigte Ehefrau hin. Niemand versteht oder liebt mich so sehr wie Hugh, dennoch *gerate ich in Schwierigkeiten.* So vieles reizt mich, Musik, Ideen, schöpferisches Tun. Sie *wissen,* ich suche wirklich die intellektuelle Gesellschaft.« Mein Gesicht glühte vor Aufrichtigkeit, und John mußte mir glauben. Er sagte: »Ich weiß.«
John liebt es, über Lilith zu reden. Sie ist über vierzig. Den Gesichtszügen nach nicht eigentlich schön, aber sie ist groß und strahlend. Man sieht auf ihrem Photo einen großzügigen Mund und klare Augen. John schien schockiert, weil ich den spontanen Wunsch zum Ausdruck brachte, sie eines Tages kennenzulernen.
»Sie sind Paulines Freundin«, sagte er, wobei seine Neuengland-Skrupel wieder hochkamen, die mich ärgerten.
»Werden Sie mich für zu französisch halten, wenn ich als Alibi diene, wann immer Sie sie zu sehen wünschen?« (Lilith

ist jetzt in Paris.) Ich fühle mich als Französin und halte mich dennoch für absolut aufrichtig. John erkannte dies und nahm dieses Mal mit seiner Logik eine Situation an, die sein Charakter nicht ertragen kann. Jeder kann die Probleme der anderen klar erkennen, nur sind wir blind gegenüber unseren eigenen!

1929

9. Januar, Paris
Das Jahr begann mit einem Triumph für meinen »großen Mann«, der stellvertretender Filialleiter wurde und eine Gehaltserhöhung bekam – alles auf Grund seiner Weitsicht und seiner Initiative. Ich bin so stolz auf ihn, als hätte er ein Buch geschrieben, denn ich habe gesehen, wie er die schöpferischen Kräfte der künstlerischen Phantasie auf das Bankgeschäft anwandte. Die Bestätigung der Nachricht erreichte uns während unseres Aufenthalts in Cap d'Ail, wo wir versuchten, Urlaub zu machen. Dies schlug fehl. Ich war eine Woche lang krank. Hugh hatte Ischiasschmerzen. Das Wetter war kalt und grau. Meine einzigen Freuden waren unbändiges Lesen und drei Partys, bei denen ich eine Koketterie zur Schau stellte, die Komplikationen mit sich brachte. Ein schlechter Anfang, ich bin jedoch nicht abergläubisch und hoffe, mich für den Rest des Jahres in meiner Verhaltensweise zu bessern.
Als letztes Pech war mein Tagebuch Nr. 26 zu Ende, und da ich mein Tagebuch in nichts anderes schreiben kann als die geheiligten Seiten, war ich ermattet, grübelte, schrieb nichts und sehnte mich nach Hause. Schließlich kamen wir zurück. Und dann empfand ich Bedauern – ich trauerte dem Mangel an Haushaltspflichten nach, dem Luxushotel, den fünf Musikern, dem abendlichen Tanzen, den Spaziergängen die Straße hinunter ans Meer, den seltsamen Pflanzen, dem gelegentlichen Sonnenschein und meinem Alleinsein.
Ich habe schon John und Gustavo gesehen. Ich bin in einer geselligen Stimmung, hungrig nach Gesprächen und Aufregung, sehr unglücklich und sehr glücklich. Unglücklich, weil ich zugeben muß, daß das Leben trotz meiner Klarsicht meine Emotionen bezwingt; ich bin nicht so stark wie John oder so gut wie Hugh. Glücklich zu entdecken, daß meine Fähigkeit zu gefallen, wächst und mein Mut, mich der Kritik zu stellen. Jetzt da ich nicht mehr zurückhaltend bin, werde ich mit harter Kritik überschüttet. Vorher, als ich liebreizend und bescheiden war, hatte mich jedermann gern. Ich wußte das und meinte, nicht ohne Beifall leben zu können. Heute lebe ich ohne ihn, doch es schmerzt. Mutter meint, ich sei »hors de mon assiette« [von der Rolle]. Joaquin verurteilt meine Lebendigkeit, Hugh findet, daß ich einen anderen Gesichtsaus-

druck hätte. Gustavo beschuldigt mich, treulos zu sein, weil ich John allein empfangen habe.

An einem Tag im Hotel hätte ich ein Buch schreiben können. Der Tag war lang gewesen, und ich hatte meine Zeit damit verbracht, realistische Einzelheiten aufzubauschen, während meine Erkältung mich davon abhielt, irgend etwas phantasievoll auszuschmücken. Ich starrte unentwegt auf die Eukalyptusflasche und das Glas Vichywasser und horchte zu meinen Nachbarn hinüber: Der Mann stöberte in den Schubladen seines Schrankkoffers, und die Dame summte »Ol' Man River« (dies legt sofort die Zeit meiner Geschichte auf 1928 fest).

Wie krank ich auch immer bin, ich verfalle nie in erbärmliches Elend und Hilflosigkeit. Ich liebe die Traurigkeit, aber keine Schwäche. Eine Überdosis an negativem, passivem, fatalistischem, realistischem Leben wirkt auf mich abstoßend. Ich liebe die Aktion. In den Fluß zu springen, ist keine Aktion; es ist Wahnsinn. Besonders wenn es soviel zu tun und zu sehen und zu riechen und zu hören gibt. Die Krankheit der Schüchternheit ist für mich besonders irritierend, weil ich sie besiegt glaubte und Rückfälle habe.

Der Morgen nach *drei vorangegangenen Nächten* ist etwas, worüber man schreiben sollte. Die sprichwörtlichen Kopfschmerzen, fiel mir auf, waren gar nicht so schmerzhaft, und ich benötigte keine Handtücher und Eis. Es tat mir leid, weil Weiß mir steht, und in einem langen weißen Kleid eroberte ich meinen Anwalt. Ich habe wirklich eine ganze Flasche Champagner getrunken – ich wurde vorsätzlich bei dem Gedanken betrunken, den ganzen Abend mit Bankiers und Bankiersgattinnen verbringen zu müssen; ich hatte Angst, mich zu langweilen. Außerdem war ich krank gewesen und hatte das Bedürfnis nach künstlicher Stärke gespürt. So haben wir neun Bankiers und ihre Ehefrauen zu uns ins Hotel geladen. Am nächsten Abend luden sie uns ins Hôtel de Paris ein, und dann hat uns der Anwalt ins Negresco in Nizza eingeladen. Mit dem Champagner, zwölf Stunden Tanzen, guter Musik, einem weißen Abendkleid, einer roten Nelke, dem Molyneux-Parfum »Fête«, rosagelben Luftballons verdrehte ich den Kopf eines reichen, achtundvierzig Jahre alten Anwalts aus New York, Mr. F. Wir haben nur angefangen, miteinander zu flirten, um das Abendessen zu beleben. Er schien ein angemessener und fähiger Partner bei dem Spiel und ein Mann, der sich wegen einer Frau nie ein Bein ausreißen würde, weil er sich für alle interessiert. Ich muß hinzufügen, daß er kahl war, jedoch ein guter Tänzer, der Schauspielerinnen und Persönlichkeit mochte, ein guter Kritiker der Damen, und ich konnte nie widerstehen, einen connoisseur in Versuchung zu führen, einfach nur um der Statistik willen: Ich will immer wissen, wie ich eingeschätzt werde.

Am dritten Tag hatte ich ihn nicht mehr in der Hand. Ich konnte ihn nicht mehr auf der Distanz eines halben Meters halten, auf der ich gewöhnlich bestehe, seine Augen war mehr als kühn, er konnte die Hände nicht stillhalten, sein Denken war unstetig und seine Bemerkungen anzüglich. Ich war törichterweise überrascht von den Auswirkungen solch harmloser Anfänge. Schließlich habe ich geredet, um ihn zu amüsieren. Er plante eine Reise nach Ägypten und Spanien und schlug vor, sie aufzugeben, um mich in Paris zu treffen. Hier war ich wirklich eisern, und ich zeigte ihm, daß ich es nicht ernst meinte. Ich werde ihn wahrscheinlich nie wiedersehen, doch gebührt ihm die Ehre, mir Angst vorm Flirten eingejagt zu haben – ein paar Tage lang.

Warum eine Seite für solchen Quatsch? Weil es neu für mich ist. Verhaltensschwäche interessiert mich mehr als Unsterblichkeit. An der Schwäche muß etwas Attraktives sein, da wir manchmal die Unsterblichkeit dafür aufgeben.

Die Luft ist raus – nach dem ersten erfrischenden Kontakt mit Paris, meinen Freunden, meinem Tanzen. Habe gestern einen physischen Schmerz in mir gespürt, der einen plötzlichen unvernünftigen Wunsch begleitete, Gustavo zu treffen, den ich am Tag zuvor gesehen hatte. Mich macht seine Liebe zu mir neugierig, als sei sie etwas Fremdes, Unpersönliches. Um meine Gedanken davon abzulenken, wende ich mich anderen Beschäftigungen zu.

Habe herausgefunden, daß Gilbert ein wirklich schönes Buch über Spanien schreibt, poetische Form, mit mystischen, ironischen Anklängen, Wertschätzung von Oberfläche und Tiefen. Ich erkannte sofort, als er mir drei Seiten zeigte, daß es etwas Gutes war, und zeigte eine Begeisterung, die ihn dazu führte, das Buch in weniger als einem Monat zu beenden. Er kam an zwei oder drei Vormittagen, um mir daraus vorzulesen. Ich vergab ihm dann, es versäumt zu haben, mich zu bezaubern und mir immer zusammen *mit der Kreation* eine ganze Liste des Zubehörs seines Laboratoriums zu präsentieren.

Ich werde nachsichtig gegenüber der Schreibmechanik, bemerke jedoch voll Freude, daß John ebenso unabhängig von Ästhetik und Formen ist. Niemand konnte kritischer, akademischer sein und doch den Hilfsmitteln ihren wahren Platz zuweisen. Er scheint so unbedingt frei davon zu sein. Er macht nie den Eindruck, einen zweiten Gedanken an den Aufbau zu verschwenden. Ich habe drei Kapitel von seinem *Onkel Sam* und bin immer überzeugter davon, daß ich sein Leben mit Auszügen aus seinen eigenen Schriften darstellen könnte.

Habe ich geschrieben »Die Luft ist raus«? Ich habe es nur eine Sekunde lang empfunden. Kälte und Nebel sind eine Qual für mich, und sie machen mich manchmal flügellahm, mein normaler Zustand ist jedoch: ausgesprochener Stolz über die Entdeckung, daß ich jetzt über die Gabe der Ironie verfüge und durch Selbstverspottung an dem Einfluß des Tragischen auf meine Phantasie rütteln kann, daß ich durch die Posen anderer hindurchsehen, die Zweifel anderer verstehen und doch *glauben* kann, glauben an das Leben, Menschen, mich selbst, Schönheit, das Ideal. Das Geheimnisvollste von allem ist die Wirkung meines Glaubens auf Gilbert, der durch diese Glut sein Buch schreibt; auf Gustavo, der nach Hause eilt, nachdem er mit mir geredet hat; auf Miralles, der seinen Unterricht mit neuer Kraft aufnimmt; auf Richard, der sich mutig auf meine Religion der Selbstentwicklung einläßt; und diese Kraft, die ich weitergebe, erschreckt mich, denn ich glaube, ich würde sie verlieren, wenn ich in meinen eigenen Augen durch ein Verbrechen gegen das Ideal »versagen« würde, ich würde meine wunderbare Kraft und die Rechtfertigung meiner Existenz verlieren. Die Kraft, Wunder zu bewirken, wurde den Ungläubigen und Unreinen verweigert. Ist meine anormale Fähigkeit zur Leidenschaft eine Unreinheit?

Am meisten verletzt mich die Kritik der Oberflächlichkeit, weil ich oberflächlich *leuchte* und den Rest für mein Tagebuch bewahre. Auch weil ich die schweren Zustände der Traurigkeit in Sätze ausleere und weiterlebe und weitere Traurigkeit suche. Gilbert hält mich für ein intellektuelles Leichtgewicht. Er glaubt, ich sehe *nur* die Fröhlichkeit der Farben und des Tanzens in Spanien – meinem Spanien. Ich erinnere mich jetzt, daß Gustavo den gleichen Eindruck auf mich und ich diesen Fehler bei ihm machte. Ich dachte, ich könnte der Kritik standhalten, doch bin ich unglücklich und wund, weil ich mich so entsetzlich bemühe, das wahre Innere von anderen zu verstehen.

Wenn ich Gustavo zeichne, habe ich den Eindruck, als drückte ich fest auf die Feder, um dunkle Linien zu zeichnen. Sein wendiges Wesen ist wie das meine, nur farbiger, ins Auge fallender – das Schnelle, Kritische, Impulsive in ihm ist ungehemmter. Wenn ihm eine Idee einfällt, etwas Unerwartetes, Unwirkliches oder so durchdringend Klares und Zynisches oder Poetisches und Phantastisches, folge ich ihm, obwohl mich einige Details aus seinem Privatleben beunruhigen: seine Unfähigkeit, sich einer Disziplin zu unterwerfen, wie Hugh hart zu arbeiten, seine Freiheit zu opfern, um nicht um seiner materiellen Existenz willen von anderen abzuhängen. Kann man überhaupt intellektuell frei und kreativ und sensibel und gleichzeitig völlig diszipliniert sein? Ich bewundere jene sehr, die es sind, die das Irdische und das Göttliche zugleich beherrschen.

An dem Tag, als Gustavo Hughs Hilfe annahm, obgleich er mich liebte, passierte etwas mit mir. Hugh war, obwohl er im Bilde war, so unendlich großzügig. Mich demütigte Gustavos Schwäche, obwohl sie zu solchen Männern zwangsläufig zu gehören scheint. Alles, was ich im Augenblick ihrer Not empfinde, ist ein starker Wunsch zu helfen. Ich habe mich einoder zweimal mit ihnen verglichen, weil ich meinte, eigentlich sei ich eine der Hilflosen, derer Hugh sich annehme wegen ihres Geschlechts – nein, ich weiß, daß ich das nicht bin. In New York habe ich härter gearbeitet als irgendein anderes Mädchen, das Modell stand. Obwohl ich während der Mittagspausen schrieb, träumte, kam ich nie zu spät, war ich nie gleichgültig. Ich gab meine ganze Kraft, ich fühlte mit den Künstlern. Gewissenhaft ... wie eine kleine Bourgeoise, fleißig. Warum über solche Dinge reden? Ich bin zutiefst unglücklich, weil ich einen Menschen analysiere, der mir nahesteht, als wäre es ein Akt der Illoyalität. Man könnte glauben,

ich versuchte, mich aus meiner emotionalen Haltung herauszuvernünfteln. Ich kann es nicht. Wenn Gustavo sagt: »Kann ich heute kommen – estoy loco por verte« [Ich bin verrückt danach, dich zu sehen], sage ich: »Komm!« Und sage alle anderen Verpflichtungen ab.
Wir beginnen immer intellektuell und förmlich. Er küßt mir die Hand und gibt mir die zwei oder drei ausgeliehenen Bücher mit einigen Anmerkungen zurück. Während wir diskutieren, nehme ich seinen Mantel und Hut, ordne die Kissen auf der Couch, zünde eine Zigarette an. Er liest mir aus dem von ihm Geschriebenem vor. Er bittet mich um mein Tagebuch. Ich lehne ab. Wir streiten. Ich hole es herunter, greife persönliche und unpersönliche Dinge heraus. Ihm gefallen meine Gedanken, er hält mich jedoch nicht für ein Genie – ist mir egal. Es gibt Kaffee und Brioches. Er erzählt mir »Geschichten«. Wir haben kleine Szenen der Eifersucht, necken uns gegenseitig. Er droht, eine kleine, fette, treue Spanierin zu heiraten, die zu Hause bleibt, nicht nachdenkt und in ihm einen Gott sieht.
»Nach einem Jahr bist du sie leid.«
»O nein, ich gehe und besuche Frauen wie dich.«
Das ist eine Anspielung, daß ich eine Geliebte sein kann, jedoch keine Ehefrau, was mich amüsiert. Zugleich beabsichtigt er als allererstes, wenn er Geld hat, mich zu entführen. Ich sage ihm jedoch geradeheraus, ich hätte keinerlei Absicht, mich um einer gewöhnlichen Liebesaffäre willen davonzumachen. Ich bin in Sicherheit, und er hat kaum genug zum Leben und nur ein kleines Zimmer in einem Hotel, wo er sich zu Tode friert. Ich habe ihm einen elektrischen Heizofen geschickt. Er bringt mir die ersten Mimosen.
Gestern abend hat uns Godoy sein Gedicht über die »Elemente« vorgelesen, ein wunderbares, kosmisches, bewegendes Stück Arbeit. Burns' Gedichte lagen auf seinem Schreibtisch, und Hugh fragte ihn, wieso. Dann erzählte er uns die Geschichte seines Vermögens: »Ich verdanke es einem Satz von Burns, in dem er sagte, Geld sei für einen Künstler notwendig, weil er die Unabhängigkeit mehr brauche als jeder andere Mensch. Ich war vierzehn Jahre alt und hatte seit meinem zehnten Lebensjahr Gedichte geschrieben. Ich beschloß, mit der Arbeit anzufangen. Sprach mit meinem Vater. Das war in

Lima. Er schickte mich in eine kleine Bankfiliale, eine Drei-Tages-Reise von der Hauptstadt entfernt. Ich konnte noch nicht einmal multiplizieren. Ich lernte das Bankgeschäft abends. In drei Wochen hatte ich es intus. Der Buchhalter war schlecht, und ich bekam die Stelle. Später wurde ich der Chef. Ich sparte Geld. Fuhr zurück nach Lima, um meine Situation zu verbessern. Folgte einem Mann, der eine Bank in Havanna eröffnen wollte. Die Sache ging schief. Mein Vater befahl mir, nach Hause zu kommen, aber ich gehorchte nicht. Er strich mir den Wechsel. Das Geld, das mir meine Mutter heimlich schickte, sandte ich stolz zurück, und ich aß nur einmal am Tag. Ich fand Arbeit in einer Tabakfabrik. Dann in einer Bank. In der Zwischenzeit heiratete ich. Plötzlich gelang mir eine gute Anlage. Ich verließ Havanna und widmete mich wieder der Poesie.« Er zitierte das Gedicht auf Spanisch, in dem er seine Rückkehr zur Poesie besingt.
Er nannte uns ein feinfühliges Publikum, genoß unsere innere Bewegtheit und riet uns, *Les Termites* von Maeterlinck zu lesen, und Silva, den Dichter, den er gern übersetzt. Gilbert redete auf dem ganzen Nachhauseweg über Whitman, Poe und Moody und mißachtete meinen Wunsch nach Stille. Joaquin machte geistvoll hübsche Bemerkungen, denen es an Vernunft und Logik fehlte. Zum Glück ist er ein weiteres Wesen, das ich gegen seinen Willen verstehe.
Andere werden mich wohl auf ihre Weise interpretieren, obwohl ich soviel Zeit darauf verwende, mich zu erklären. Ich sage das voller Trauer, weil der einzige Mann, der mich versteht, in einer Bank arbeitet.
Und doch kann ich beim allerbesten Willen der Welt nicht umhin, mich von seiner Arbeit gelangweilt zu fühlen, weil er mich überdosiert. Um ihm zu gefallen, habe ich mich soweit trainiert, daß ich alles, was in der Bank vorgeht, verstehe. Ich bin gut informiert, ich kenne alle, kenne die Routine, die Probleme, die Abteilungen, die Kunden; ich weiß soviel, daß Hugh mich manchmal um Rat fragt, und er fragt mich immer nach meiner Meinung über die Männer, mit denen er umgehen und arbeiten muß. Wieso versteht er nicht, daß für eine Person wie mich das Bankgeschäft unendlich *trocken* ist? Er erspart mir nichts.
Wir sind im Bett. Er fühlt sich ungerecht behandelt, weil ich

ihn nach einer Stunde gebeten habe, über etwas anderes zu reden. Er räumte neulich ein, daß die große Anstrengung um seiner Beförderung willen, die ganze Anspannung vorüber sei und er anfangen wolle, das Leben zu genießen. Es hat sich nichts geändert. Ich möchte Freunde empfangen, und er ist müde, gleichgültig. Ich beklage mich nicht, aber es ist die einzige Rechtfertigung für einige meiner Handlungen, die mir einfällt. Möge man mir mein *Vagabundieren* vergeben.

Eine Ecke der Welt, die ich liebe, ist in der Nähe der Place de Clichy, Rue de Liège und Rue de Clichy, dort, wo ich zu meinen Tanzstunden hingehe. Da sind eine kleine Bäckerei, wo ich einen Kaffee und ein Brioche zu mir nehme, ein Buchladen, wo ich moderne Bücher ausleihe, ein Schmuckgeschäft, wo ich meine Ohrringe und meine Armbänder reparieren lasse, ein Laden mit modernem Kunsthandwerk, der Ägypten für mich beschwört. Der Bus, der mich dorthin bringt, ist voll besonderer Leute. Viele steigen beim Apollo und Casino aus. Während wir halten, sitze ich im grellen Schein der Straßenschilderlampen und sehne mich nach der Bühne. Ich mag die Schuhhändler und Putzmacherinnen, die mich fragen: »Sind Sie vom Casino?« Ich lebe in jener Gegend einige meiner Träume – billige Träume von schwerem Make-up, strahlenden Lichtern, einem im Dunkeln applaudierenden Publikum, und dem Treiben hinter der Bühne, von Enttäuschungen und Menschen, deren Härte noch immer die Macht hat, mich zu überraschen.

Von allen Stoffen der Welt würde ich immer schwarzen Samt wählen. Ich sticke im Augenblick zu viele Pailletten. Meine Augen sind ihres grellen Glanzes müde. In den Formen von Sternen, Sonnenaufgängen und Schlangen sehe ich die Symbole eines fantastischen Schicksals. Wenn ich in diesen traurigen Pariser Straßen mit ihren nebelgefärbten Häusern allein und schnell, weil es kalt ist, dahinmarschiere, suchen meine Augen die Lichter, harte künstliche Lichter, die die Drogerien, die Wärmflaschen und die Zahnbürsten beleuchten, die auf Seifen tanzen, endlos drehende Michelin-Reifen umkreisen, als rote Pfeile in dunkle Métro-Treppen leuchten, für die Revue de Paris hüpfen und springen, weiß auf unechtem Schmuck glänzen. Ganz in Schwarz folge ich den Lichtern. Ich blicke kritisch in die Schaufenster. Ein junger Mann hält

mich an; ein ausgebranntes Gesicht, ausgebrannt von billigem Leben, ein hübsches Gesicht, vor seiner Zeit mit Falten versehen, mit Augen, die alles gesehen haben. Er schenkt einem ein Lächeln, das einen mit seiner demütigenden Klarheit peitscht, seines Charmes gewiß. »Tu es trop jolie pour te promener seule« [Du bist zu hübsch, um allein spazierenzugehen]. Ich beschließe, die Straße zu überqueren. Ich blicke schnell nach rechts und nach links. Ich gehe los. Ein Taxi, das da stand, schert plötzlich aus. Es streift mich leicht. Der junge Mann zerrt mich rechtzeitig zurück, ohne ein Lächeln, ohne ein Wort. Ich stürze wieder auf die Straße los und gehe, ohne in die Fenster zu gucken.
Ich kam etwas zu spät zu meiner Stunde. Als ich herauskam, waren die Lichter vom Abendnebel getrübt, einem Nebel, der nicht vom Himmel herunterkommt, sondern wie der Atem der Erde durch die harten Pflastersteine hochsteigt.

12. Januar
Ich lese mit leidenschaftlichem Interesse über das Leben Madame Récamiers von Herriot, und das, was es über Madame de Staël offenbart, interessiert mich noch mehr. Mir ist dabei deutlich geworden, daß ich in bestimmter Weise den beiden Damen ähnle und daß ich als Ermutigung ein Leben wie das ihre brauche. Die *Reinheit* von Biographien bringt mich dazu, mich von den Romanen abzuwenden. Ich habe selten etwas so anhaltend Eindrucksvolles gelesen wie das Leben von *Zélide,* Benjamin Constants *Adolphe,* diese Geschichte über Mme. Récamier und über Keats, das Tagebuch von Maria Baschkirtsew und Katherine Mansfield und andere derselben Art.
Das Leben in den Salons erscheint mir keine Lebensbeschäftigung zu sein. Mme. Récamier ist die meiste Zeit zu Hause geblieben, lies sich vorlesen, schrieb Briefe, intrigierte, um ihre Freunde zu schützen, führte im ganzen ein passives Leben, ein Leben, in dem sie Einfluß auf andere ausübte, worin ich nicht genügend intellektuelle Befriedigung finden könnte. Der Politik wurde ein zu großer Raum gewidmet. Ich bewundere ihre Schönheit, ihren Charme, ihre Begabung als confidante, als Vertrauensperson, als ein »trait d'union« [Band] zu großen Männern, ihre Begabung zur Freundschaft. Ich sähe

ihre Freunde lieber »en mouvement« [in Bewegung] zugunsten von etwas anderem als politischen Intrigen. Frankreich, das mehr mit kleinen Intrigen befaßt war als irgendein anderes Land, regiert sich deshalb keineswegs klüger. Es muß so sein, daß Frankreich die Intrige um ihrer selbst willen liebt so wie das Reden.

Drangsalierung durch die Familie wegen meiner unklugen und bohemienhaften Wahl von Freunden. Wegen Gustavo habe ich, glaube ich, alles ertragen. Der härteste Angriff heute von Mutter, in Tränen aufgelöst. Mir schlägt heftiger Widerstand von Gilbert entgegen; auch Joaquin ist gegen ihn. John habe ich ebenso im Verdacht, theoretisch gegen ihn zu sein. Hugh will mir vor allem gefallen, doch kann er seine Mißbilligung nicht mehr verhehlen. Da keiner von ihnen Récamiers Leben kennt, kann ich ihnen nicht sagen, daß sie eine »tendresse passionnée« [leidenschaftliche Zärtlichkeit] für Chateaubriand hegte, der, soweit ich das beurteilen kann, ein unmöglicher und verabscheuungswürdiger Mensch war. Ich habe keine »tendresse passionnée«, und Gustavo hat keinen verabscheuungswürdigen Charakter. Doch dergestalt erscheint die Situation den anderen. Ich bin nicht so schlau, aus meinen Impulsen ein Geheimnis zu machen, und je übler Gustavo verfolgt wird, um so selbstverständlicher und wärmer verteidige ich ihn. Unsere Lese-, Kaffeetrinken- und Tändel-»séances« [Sitzungen] scheinen Mutter nichts weniger als eine Tragödie. Sie legt die ganze Welt auf meine Schultern, um mich niederzudrücken: Hughs Ruf und Würde, die Kritik von all meinen anderen Freunden, schlechtes Beispiel für Joaquin, schlimme Gefahr für meine Moral.

Jetzt habe ich das Empfinden, das Problem besteht gar nicht so sehr zwischen Gustavo und Mutter oder Hugh, sondern zwischen Gustavo und John. Muß ich eine Wahl treffen? Ich habe nicht den Eindruck, daß dieses Gerede in irgendeiner Weise meine Meinung über Gustavo ändert, ich leide aber trotzdem, weil ich es nicht ertrage, Mutter oder Hugh zu verletzen, auch nicht Johns Achtung zu verlieren. Wenn Gustavo reich, unabhängig und glücklich wäre, könnte ich ihn leichter aufgeben. Das einzige, was er im Augenblick hat, ist mein Interesse.

Um kompromißbereit zu sein, beschloß ich, ihn weniger als

dreimal die Woche zu sehen. Wir haben uns gestern um vier in dem Café Lutetia gesehen. Ich war bedrückt und entmutigt. Er glühte und mußte mir ein neues Kapitel seines zweiten Buches vorlesen. Wir vergaßen unseren Kaffee. Ich las mit ihm, über seine Schulter gebeugt. Jedesmal wenn ich beschlossen hatte, ihn weniger gern zu haben, hat er mich bezaubert.

Ich verehre Hugh, Hughs Energie und Hughs Herzensgröße. Ich leide, wenn ich ihn müde sehe, obwohl *er genauso heftig arbeiten würde, wenn ich nicht da wäre.*

Ich leide, wenn ich ihn schweigsam sehe – glücklich und doch ausdruckslos, zufrieden, wenn alle Ideen von mir kommen, und manchmal macht mich seine Ruhe traurig und einsam, sein großes Interesse ist seine Arbeit. Im Grunde ist er gesünder und gedankenreicher als jeder andere – er versteht Musik, Philosophie, Religion, Poesie, Mystik, Literatur, Psychologie. Zu tausend Dingen hat er jedoch keine Meinung.

Das Leben weckt in ihm keine brillante Reaktion, keine leuchtende Begeisterung, sondern eine nebelhafte Wertschätzung, ein passives und ruhiges Nachgrübeln.

Wenn ich mich um der aufwühlenden Kreativität willen, wie John sie im höchsten Maße hat, anderswohin wende, möge man mir vergeben. Ich bin durch einen ewig verhungerten Geist verflucht. Ich würde Hugh gern mehr lieben, absolut, einzigartig. Die Gefahr bei mir ist, daß sich in meine intellektuelle Begeisterung Zärtlichkeit, Mitleid, der Wunsch zu helfen, mischen. Ich habe schon entdeckt, daß das, was ich anderen gebe, Hugh nicht ärmer werden läßt – bis zu einem gewissen Grad. Eine gefährliche Entdeckung. Ich muß ihn besser verstehen – es gibt so viele Arten von Größe; die seine ist fast mystisch, ganz zurückgenommen, für normale Augen verdunkelt, nicht strahlend, nicht aufrüttelnd, sondern tief und so unglaublich *feinsinnig*.

16. Januar

Niemand versteht, daß, wenn an Gustavo soviel auszusetzen ist, ich diejenige bin, die unter seinen Mängeln leidet; und daß das, was er mir gibt, kostbar ist, daß sein großes Verständnis meiner Person schon ein Wunder ist, ebenso wie er begreift, daß ich *besondere* Freunde brauche, daß ich nicht jeden gern

haben kann. Wenn er die Feindseligkeit leid wird, bin ich wieder allein. Diese Woche habe ich ihn nur einmal gesehen.
Heilsam all dies, denn es wirft mich zurück auf mein Schreiben. Heute habe ich mit einer tragischen Besessenheit gearbeitet, so wie ein Mann ans Trinken gerät.
Meine Gefühle und meine Intelligenz kämpfen miteinander. Die Wahrheit schmerzt. Ich nehme sie schmerzvoll auf und deshalb tiefer als jene, für die sie ein Zeitvertreib des Intellekts ist. Die Wahrheit zu erfassen ist für mich keine akrobatische Heldentat, sondern einfach Leben.
Antonio ging durch eine ähnliche Phase. Man kritisierte ihn letztes Jahr wegen »Trübsalblaserei«, weil er seine Melancholie pflegte, Einsamkeit und trübsinnige Gedanken suchte; dieses Jahr wegen Oberflächlichkeit. Wir haben zusammen darüber gelacht. Er ist zum Mittagessen gekommen.
»Oh, Hugh kommt nicht!« bemerkte er.
»Nein.«
»Also werden wir ein liebliches Tête-à-tête miteinander haben.«
»Ja, es ist lange her, seit du das Risiko eingehen wolltest.«
Er stellte uns einer Französin von großem Charme vor, Madame Peignot [Marie André], amüsant, freundlich, eine hübsche Frau um die Vierzig, die ihr rotgoldenes Haar in einem lockigen Knoten im Nacken trägt; wunderschöne Schultern, sehr lebendig, Interesse an der Kunst und immer auf dem laufenden. Ich dankte ihm für das Geschenk.
Ihr Salon ist darüber hinaus französisch-spanisch. Ihre Tochter Alyette tanzte spanische Tänze. Es war ein Abend, den ich besonders genossen habe.

18. Januar
Ich verbringe meine Vormittage damit, nach einer neuen Behausung zu suchen, eine Beschäftigung, an der ich Vergnügen finde, denn ich übe mich gern darin, mir vorzustellen, wie jede tapeziert und eingerichtet werden könnte. Heute nachmittag um fünf unterschreibt mein Liebling für eine Wohnung am Boulevard Suchet 47. Ich bin ruhelos, erfreut und unglücklich. Eine neue Trennung, ein neuer Verlust. Ich kann keinen Umgebungswechsel ohne eine Menge Sentimentalität und Erinnerungen hinter mich bringen. Es tut mir weh, diese

Wohnung hier immer so gepriesen zu hören. Aber ich möchte das Bedauern hinter mir lassen und nur an das zukünftige Heim denken, das so viel prächtiger und gesünder und luxuriöser ist. Wir sind in der Nähe der Godoys, in der Nähe des Bois; wir haben Platz für unsere Tanzerei, einen Kamin, ein großes Schlafzimmer, einen wunderschönen Wohnraum; nachts Ruhe, mehr Intimität.

19. Januar
Wir sehen die Erskines nur en famille. Anna nimmt meine Aufmerksamkeit mit Bezeugungen der Zuneigung in Anspruch. Graham zeigt mir seine Zeichnungen. Pauline und ich reden über Schneiderinnen, den Preis von Handschuhen etc., und John redet oberflächlich über seine Arbeit.
Ich bin sehr beschäftigt und doch einsam. Gestern haben Gustavo und ich uns zufällig im Bus getroffen. Er sah elend aus, weil wir am Abend zuvor eine Soirée mit fünf Personen gegeben haben, die ihm keinen Spaß machte, weil er nicht mit mir reden konnte. Mir war elend, weil ich zehn Tage lang mit mir selbst gelebt hatte, mit Büchern, meinem Tagebuch, meiner Arbeit und meinem Tanzen. Gustavos Begeisterung war durch das Lob einer Freundin entflammt, die er mitgebracht hatte, damit sie mich kennenlernte, eine bezaubernde Schwedin, die sagte, »sie könnte die Augen nicht von mir abwenden – ich sei so erlesen, so edel, so zart, so italienisch aussehend, so bezaubernd, so interessant«.
Ich werde Passivität, Selbstgenügsamkeit pflegen, auch eine niedrigere Temperatur, um meine Sehnsüchte nach Zuneigung und Gesellschaft zu mäßigen. Das schlimmste ist, daß mir Frauen normalerweise ziemlich egal sind. Ich bewundere uneingeschränkt große lebende Schriftstellerinnen, Tänzerinnen, Schönheiten; doch alltägliche Frauen inspirieren mich nicht. Ich habe keine Lust, über Dienstmädchen, Babys, Haushalt, Schneider, Krankheit, Tod, Hochzeiten oder Lebenshaltungskosten zu reden. Wenn sie das Benehmen anderer Frauen kritisieren, macht meine Toleranz immer einen schlechten Eindruck und gibt meinen eigenen moralischen Standpunkt wieder. Außerdem können sie mich nie leiden. Ich bin theatralisch, angemalt und habe immer die Sucht zu gefallen. Sie werfen mir vor, *immer* herausgeputzt zu sein – noch nie hat

mich jemand in einem befleckten Kleid, abgetragenen Hausschuhen, mit ungekämmten Haaren oder einem ungepuderten Gesicht und ungelackten Fingernägeln gesehen. Ich ziehe mich aus Spaß am Anziehen an – ich würde mich auch auf einer einsamen Insel so elegant wie möglich anziehen.
Conchita war erstaunt, weil ich mir für meine Tanzarbeit, für Miralles, die Mühe machte, mir ein Kretonne-Kleid überzuziehen und Ohrringe und einen Schal anzulegen. Nein, nicht für jemanden. Um der Illusion, dieses Bildes willen, das ich im Spiegel sehen werde, das meine Augen erfreuen, mir meine tägliche Dosis Schönheit geben, meine Stimmung und meine innere Vorstellung beeinflussen wird und ohne das ich mich wie jemand fühlen würde, der nicht zu Abend gegessen hat. Es ist meine natürliche Nahrung.

21. Januar
Ich glaube wirklich, ich bin feige genug, darunter zu leiden, daß Joaquin mich in höchstem Maße mißversteht. Wir hatten einen solch blöden Streit gestern abend, weil er Folgendes behauptet hatte: Eine Frau, die die Kunst des Sich-Anziehens ausübt, ist oberflächlich. Das warf er alles in einen Topf mit Inneneinrichtung und anderen visuellen Ausdrucksformen. Bei mir macht er eine Ausnahme, aber was für unlogische und emotionale Argumente benutzte er und Mutter ebenso. Habe ich, als ich zwanzig war, genauso geredet? Ich habe damals geheiratet, mich emanzipiert.
John ruft an – wegen eines Klavierstimmers. Heute nachmittag kommt Gustavo mit einer verletzten Eitelkeit, die ich heilen muß. Ich schreibe jeden Tag und frage mich, wann ich gerinnen werde. Ich schimpfe das Dienstmädchen wegen Betrügereien bei ihren Abrechnungen aus, und als sie weint, tue ich das fast auch. Das könnte man vielleicht natürlichen Sozialismus nennen. Ich verhätschle meinen Liebling. Wenigstens an Wochenenden verwandelt er sich in einen echten Liebhaber. Montags habe ich immer Ringe unter den Augen.
Abends. Der arme Gustavo ist gekommen. Verletzt und durcheinander von dem Brief seiner früheren Liebsten über sein Buch »Sexikologie und Sonstiges«. »Der *Verfall* von Paris hat Dich beeinflußt ... die niedrigere Seite in Dir, die ich nie gekannt habe ... widerlich, schockierend, übelkeiterregend ...

bleib bei Deinem eigenen Volk, die Amerikaner würden Dein Buch nicht verstehen; sie lieben saubere Bücher und saubere Stücke … mit was für furchtbaren Leuten mußt Du zu tun gehabt haben, daß Du ein solches Buch schreibst … nur geistige Dinge zählen … wo sind die Tage, als du soviel über Schönheit sprachst«, etc.
»Arme kleine Lyndall«, sagte ich, »in ein paar Jahren wird sie anders darüber denken – sie ist einfach jung. Sei ihr nicht böse.«
Es war zu spät. Er hatte ihr schon einen strengen Brief geschrieben, in dem er sie auffordert, nicht so persönlich zu sein, sondern objektiv, wenn sie könnte. Er ergriff beim Lesen meinen kleinen Finger und unterbrach sich mit den Worten: »Du verstehst alles, obwohl du etwa in Lyndalls Alter bist. Du bist die weitherzigste Person, der ich je begegnet bin.«
»O nein, ich habe früher auch solch persönliche Dinge gesagt.«
Ich wollte Lyndall in Schutz nehmen und haßte es, meinen Triumph im Verstehen auszunutzen, doch auch dafür war es zu spät. Gustavo hatte sich endgültig seiner amerikanischen Schönheit entfremdet.
Er sagte: »Ich hatte gehofft, aus ihr soweit wie möglich etwas wie dich zu machen, obwohl sie nie deine besondere Schönheit und deinen besonderen Geist hatte – sie ist in ihrem Gesicht und in ihrem Denken konventionell, und jetzt erscheint ihr Provinzialismus hoffnungslos. Von Anfang an hast du mich besser verstanden als Lyndall nach vier Jahren. Ich liebe dich jeden Tag mehr.«
So oft hatte ich gewünscht, er hätte das Geld, um nach New York zurückzukehren und Lyndall zu heiraten, die zweiundzwanzig, frei und nicht abgeneigt ist. Wie oft habe ich ihn darauf hingewiesen, daß er mit einer jüngeren Frau glücklicher sein könnte, die er formen könnte, wohingegen ich, abgesehen davon, gebunden und nicht gewillt zu sein, schon so viele eigene Vorstellungen habe. Natürlich nehme ich diesen »Bruch« nicht ernst. Lyndalls rotgoldenes Haar, smaragdfarbene Augen, kleine Nase, Lachen und Jugendlichkeit werden, wenn sie da ist, allen Provinzialismus der Welt ausgleichen.

23. Januar

Ich habe nur einen Beweis, daß mein Schreiben gut ist. Jedesmal wenn ich eines meiner alten Tagebücher lese, durchlebe ich dieselben Dinge ganz und gar noch einmal, und nicht auf eine persönliche Weise, sondern losgelöst. Nichts scheint mir besonders eigen zu sein, und der Schmerz, der Kummer, der Triumph, die Sicht fließen alle aus einer gemeinsamen ewigen Quelle. Ich schreibe für andere, selbst wenn ich sage: »Ich bin allein, ich bin besonders, ich bin anders.«

Ich bin so damit beschäftigt, all das, was ich durchmache, zu erzählen, daß ich keine Zeit habe zu erkennen, was ich tue. Hin und wieder lobt mich jemand wie John. Ich bin einen Tag lang intensiv glücklich, dann vergesse ich es und begebe mich an die Arbeit. Hugh und andere haben bemerkt, daß ich sehr selten über mein Schreiben spreche, daß ich die meiste Zeit traurig davon ausgehe, daß ich gar nichts tue. Gelegentlich, wenn ich alte Dinge noch einmal lese und etwas auf den Wolken schwebe, denkt der arme Hugh wirklich, ich fände endlich mein Selbstvertrauen. Ihm ist meine ständige Flucht vor der Öffentlichkeit zuwider. Offenbar bin ich dazu geschaffen, andere zum Schreiben zu ermutigen. Heute morgen habe ich Vertrauen. Ich würde gern jemandem vorlesen. Ich glühe.

Habe die Prinzessin Trubetskoi besucht, die Malerin und Innendekorateurin ist. Ich hatte von ihren Möbeln gehört und wollte diese für meine zukünftige Behausung sehen. Während ich die Möbel bewunderte, bewunderte sie mich: »Sie haben ein Traumgesicht. Ich muß Sie malen, genau so, in ihrem saphirblauen Mantel gegen den Hintergrund dieses Stuhls (ihre eigene Arbeit, Kupfer mit Zeichnungen von Figuren aus einer Puschkinlegende und mit farbigen Steinen versehen). Gefallen Ihnen diese Möbel? Rein russisch. Nein – nicht alles Russische würde zu Ihnen passen, zu schwer. Russisch-orientalisch. Ja, zartes Orientalisch. Wann wollen Sie kommen? Ich werde sofort eine ›toile‹ [Leinwand] besorgen.«

Verabredung um 10 Uhr 30, um ihr Zeit für die Hausarbeit zu geben. Eine entzückende, begeisterungsfähige Frau, entzückendes Lächeln, intelligente blaue Augen, slawischer Kopf. Verabscheut die moderne Allerweltsfrau. Ihr Atelier ist mein Traum. Die Kupferarbeit mit den glänzenden Steinen und den Legendenzeichnungen, die sich langsam in meiner Phantasie einnisten, die thronähnlichen Stühle, die saphirblaue Schnitzarbeit und die silbergoldenen Vorhänge, all das gefällt mir. Der Orient hat mich schließlich für sich gewonnen, subtil und listig durch meine Phantasie und Leidenschaft für Farbe und reiche Fülle.

24. Januar
Plötzlich bin ich von Freunden umgeben, und es kommt etwas in Bewegung. Die Prinzessin hat einen tiefen Eindruck auf mich gemacht – ihre Begeisterung, Offenheit, ihre Begabung für Farben und Dekoration, ihr Denken, ihre Liebe zu Legenden, ihr Verständnis der Traurigkeit. Wir redeten über Merejskowski, verglichen die Spanier und die Russen, stimmten in unserer Meinung über die Franzosen überein. Sie sagte jeden Augenblick etwas, was mir gefiel, und brachte eine Weitherzigkeit und ein Ideal von Kunst und Schönheit zum Ausdruck, das meinem eigenen sehr entsprach. So wie sie mich als eine romantische, legendenhafte Person sah, einmal als Orientalin, einmal als eine spanische Infantin, einmal als Kind und dann wieder als ein Mensch, der »in einem früheren Leben Kummer gekannt hat«, warf mich das alles in die unwirkliche Welt zurück, der ich entsprungen war. Ich spüre, daß meine Träume von einem außergewöhnlichen Schicksal sich als unvermeidlich stärker erweisen als meine ruhigen Pläne für ein weises Leben. Was ich in ihrem Atelier empfinde, beherrscht meine Phantasie stärker als jede andere Emotion. Eines Tages wird die Leidenschaft, die Glanz, Juwelen, Gold, Farben und Fülle in mir geweckt haben, mich dazu treiben, mir einen neuen Hintergrund und eine neue Lebensform zu schaffen, die weit weg sind, sich jedoch schwach andeuten.
Es gibt keinen Ausdruck in der Welt, der so mitreißend ist wie der in den Augen eines Künstlers, der in einer guten Schaffensstimmung und »hinter etwas« her ist, wie die Prinzessin jetzt.

25. Januar
Nach meiner Verabredung mit der Prinzessin am Nachmittag, ging ich zu einer Soirée bei Mme. Demange-Barrès, der Schwester von Maurice Barrès, wo Godoys Gedichte vorgele-

sen wurden. Nachahmung von Guicciardis Salon, aber drei davon und viel zu viele Leute, alles Franzosen außer Godoy und uns selbst. Als erstes lernte ich die Dame des Hauses kennen, unscheinbar, freundlich. Redete mit einem Mann, der »tout Paris« kennt und mein Tanzen bewundert; aber sogleich begann ein alter, nach Pferd riechender General mit einem großen weißen Schnurrbart und schwarzen Augen, die fast in überschüssigem Fett versunken waren, mich zu umkreisen und einen Feldzug zu planen. Er eröffnete das Gespräch mit dem üblichen Satz: »Bin ich Ihnen nicht schon bei Madame Aurel begegnet?«

Da ich nie daran denke, daß das Taktieren in den Salons überall dasselbe ist, antwortete ich in aller Aufrichtigkeit. Danach wurde ich ihn nicht mehr los. Seine Scherze schwirrten über meinen Kopf hinweg. Ich wollte, die Lesung begänne. Statt dessen bemerkte ich eine Dame, die offenbar, in der Minute, als sie den Raum betrat, entsetzlich von mir beeindruckt war. Ich dachte schon, ich kennte sie, als der General sie vorstellte.

»Ich bin Malerin, und ich muß Sie malen«, sagte sie ohne Vorwarnung. Sie stellte ihren Mann, einen Schriftsteller vor. Andere Männer redeten mit mir, doch sie führte mich in eine Ecke des zweiten Salons, setzte mich dort hin und starrte mich für den Rest des Abends an. Männer kamen und gingen. Ich konnte immer noch nicht ihre Witze verstehen, nur die Art, wie die Frau lachte, half mir, sie zu erraten.

Ich war an jenem Abend dankbar für mein Gesicht, das Schlagfertigkeit unnötig machte. Nach einer Weile jedoch wurde mein Gesicht eine Belastung. Der alte General kam nahe an mich heran und begann ein Kniegespräch, das ich sofort unterbrach, indem ich versuchte, mich in die Wand hineinzupressen. Die Malerin lachte innerlich über meine Unfreundlichkeit. Sie liebkoste meine nackte Schulter mit glühenden Augen. Wann würde die Lesung beginnen?

Mehr Männer, mehr Augen, mehr zufällige Anrempelungen, *sogar* Zwicken. Die Lesung half nicht. Niemand verstand, und niemandem lag daran. Der Vortragende donnerte. Godoy sah nachdenklich aus. Jeder wartete auf das Ende. Ich konnte meinen Augen und Ohren und Knien nicht glauben und suchte weiter nach intellektuellen Gesichtern und Literatur

oder künstlerischen Menschen. Sie müssen sich mit der Dame des Hauses unterhalten haben.
Ich wollte unbedingt gehen. Die Malerin hielt mich fest. Ein Mann mit einem sehr feinen Gesicht sagte zu mir: »Sie sollten nicht so früh gehen. Sie werden mich des unendlichen Vorrechts berauben, Ihr Gesicht anzusehen.«
Die Malerin gab mir einen Stoß: »Ein Dutzend an einem Abend – ziemlich gut, aber Sie müssen lernen, sie loszuwerden. Verabreden Sie sich mit ihnen, wenn sie darum bitten, nennen Sie den Ort, und dann gehen Sie, und stellen Sie sich einen halben Block entfernt hin und lachen über sie.«
Der Mann hatte sie gehört. Er hatte sehr traurige Augen. Schließlich fand ich Hugh und Mutter. Als ich mit der Dame des Hauses sprach, stand der Mann neben ihr und wurde mir offiziell vorgestellt: ein weiterer Maler, der mich anflehte, in sein Atelier zu kommen. Die Malerin kochte. »Ich dachte, er wollte nur flirten, dabei ist er ein Maler – ziemlich unverfroren, mir mein unbezahlbares Modell auszuspannen zu versuchen.«
Der Mann und ich redeten miteinander. Sie schob Hugh plötzlich zwischen uns wie eine Bombe und sagte: »Présentez lui votre mari, présentez lui donc!« [Stellen Sie ihm Ihren Mann vor!] Ich murmelte etwas von der Art. Der Maler lud Hugh ein, mit mir in sein Atelier zu kommen. Die Malerin zog mich weg. Ihr Mann meinte: »Quand vous êtes la Madame, tout le monde veut se faire peintre.« [Wenn Sie die Madame sind, will jeder zum Maler werden.] Die Karten der beiden Maler liegen noch immer unberührt in meiner Handtasche.

26. Januar
Ich bin zu beschäftigt mit der Prinzessin und fast zu glücklich über meine Entdeckung, daß sie sehr wenige Freunde hat und mich bittet, »so oft wie möglich 'raufzukommen«, weil ich zu ihrem Hintergrund passe.
Bei Pauline gestern. Wir reden nicht über John, doch ich weiß, was sie durchmacht, und seine ärmliche Flucht für ein paar Stunden am Tag scheint teuer erkauft. Glauben Eltern wirklich, daß eine solch angespannte und unglückliche Atmosphäre für Kinder ein »Zuhause« ist? Meinen sie, sie könnten

den Kindern etwas vormachen? Wie gut erinnere ich mich daran, wie ich, als ich acht Jahre alt war, die Feindseligkeit in der Luft spürte und hysterisch wurde, wenn Vater und Mutter miteinander stritten. Werde ich die Kraft haben, Hugh edelmütig aufzugeben, wenn der Tag kommt?

14. Februar

Ich war immer noch aufgebracht von meinen Erlebnissen in dem Demange-Barrès-Salon, als Hugh nach Hause kam und mich antrieb, mich fein anzuziehen, weil wir die Königin Siddika Begum, den Bruder Ihrer Majestät, den Scheich Abdul Khalig von Mangrol, ihren Sohn, Prinz Gutam, Moinuddin Khan und ihre Tochter, die Prinzessin Mumtaz Jehan, in die Folies-Bergère ausführen würden. Der ganze Hof wohnte ein paar Tage im Continental und wünschte, unterhalten zu werden. Die Königin liebte am meisten Musik und Tanzen, wie sie sagte.

Vom ersten Augenblick an machte sie einen tiefen Eindruck auf mich. Sie ist eine kleine dünne Frau, die sich ruhig und anmutig gibt. Sie hat ein kleines Gesicht, riesige traurige und verträumte Augen, feine Züge und ein strahlendes Lachen. Ihr Gesicht rührte mich so sehr, daß ich kaum sprechen konnte. Ich dachte an *Rubáiyát* und Dulacs Illustrationen. In einer Loge im Theater genoß ich ihr Vergnügen an der Show, ihre kindlichen Fragen, ihre Gesten. Ihr besticktes Hindugewand in Pastellfarben entzückte mich.

Ihr Gang war schleppend und mühsam, weil sie erst vor kurzem in Amerika operiert worden war. Sie litt unter der Kälte, und ich zerfloß vor Mitgefühl. Hugh und ich kümmerten uns sehr um sie. Der übrige Hof, selbst der gutaussehende glutäugige Scheich und ein ganz bezaubernder Prinz existierten kaum für mich, während die Traumkönigin da war.

Ich plante eine Party für Sonntag abend zu Hause. Sie kamen alle, einschließlich des Premierministers. Die Königin kam in Purpurrot mit Silberstickerei; die Prinzessin in Weiß. Die Königin saß in der Nähe meines Diwans, und indem sie darauf zeigte, sagte sie: »Es erinnert mich an zu Hause.« Als ich weiter nachfragte, fand ich heraus, daß die ganzen übrigen Möbel europäisch waren. Wir tanzten für sie: Sevilla de Sentis, Sevilla de Albéniz, den Farruca und den Jota. Meine kleine Königin

hatte feuchte Augen und sagte: »Ich würde Sie gern für den Rest meines Lebens tanzen sehen. Wie wunderbar Sie sind! Ihr Zigeunerkleid sieht wie die Kleider aus, die wir einst in Indien trugen. Lassen Sie mich Ihre Kastagnetten sehen.«
Der Scheich wollte den Tango lernen. Ich gab ihm eine Stunde. Die kleine Prinzessin war unruhig in ihrem Sessel und wünschte, ihre Religion verbiete ihr das Tanzen nicht. Während wir darüber sprachen, sagte die Königin: »Ich beziehe eine solche Freude aus Ihrem Tanzen, weil mir fast so ist, als tanzte ich selbst. Ich spüre das nie in Indien, weil die Tänzerinnen alle bezahlte, gewöhnliche Frauen, sind.« Sie genossen Joaquins Spiel. Der Scheich sang ein paar Hindulieder und redete mit Joaquin über Musik.
Am folgenden Tag ging ich zur Königin, um mich zu verabschieden und mir das Photo zu holen, daß sie mir versprochen hatte. Der Abschied schien ihr schwerzufallen, und sie fragte, ob wir nicht am nächsten Tag, bevor sie abreisten, zum Abendessen kommen wollten. Riesige Tafel im Continental; ich trug mein purpurrotes Abendkleid und den Turban. Joaquin saß rechts von der Königin. Ich mußte das diplomatische Gequassel des Premierministers aushalten. Hugh war in Monte Carlo, und der Scheich entfaltete das sprichwörtliche Scheichinteresse an Damen. Er war wirklich erstaunlich anziehend, kultiviert und voller Charme – etwa so groß wie Joaquin, mit sehr edlen Gesichtszügen und glühenden Augen. Oben in ihrem Salon tanzten wir Tango, der Scheich und ich, und sahen uns dann Filme von ihrer Reise nach Amerika an. Die Königin hatte sich Kastagnetten und alle spanischen Platten gekauft, die sie finden konnte. Ich schenkte ihnen einige, die sie nicht hatten. Ich brachte sie zum Zug. Im Zug machte sie unendlich liebevoll neben sich Platz für mich, und selbst in jenem dunklen Bahnhof und überfüllten Zug war sie so wunderschön, so königlich, so einzigartig wie überall.
Diese paar Tage ließen mich betäubt und träumerisch zurück, so wie wenn ich früher drei Bücher in vier Stunden gelesen hatte. Mir wurde kaum bewußt, daß ich zwischendurch Anna in dem blauen Teesalon eine Geburtstagsparty gegeben und eine Menge mit John getanzt und trotz der Jazzband geredet hatte; daß Joaquins beide Kompositionen mit mäßigem Erfolg von Antonio in der Salle Erard gespielt worden waren; daß

ich Gustavo zum Tee getroffen hatte und die ersten Anzeichen der Desillusionierung zu spüren begann. Er kann nur die anderen um ihre Erlebnisse *beneiden,* sie keineswegs mit ihnen teilen oder selbst für sie arbeiten, so wie Hugh und ich für die unseren gearbeitet haben.
Jeden Morgen habe ich für die Prinzessin Modell gestanden. John hat mich für zwei Stunden besucht, und wir redeten über Lilith. Schließlich suchte ich Mme. Jeanne D., die Malerin, auf; mir gefiel ihre Arbeit, und ich war einverstanden, für sie Modell zu stehen. Ich war wirklich ausgelaugt, konnte jedoch nicht aufhören zu leben. Hughs Abwesenheit für ein paar Tage bedrückte mich nicht, weil ich so ungemein geschäftig war. Als er Samstag morgen ankam, ungestüm, liebevoll, tyrannisch, begriff ich, daß seine große verstehende Liebe die Triebfeder meines Lebens war.
Ein Wirbelwind: Besuch in unserer neuen Wohnung, Beratungen mit dem Architekten, Briefe schreiben, Theater und Abendessen mit den Erskines, zwei Stunden in der Cour de Cassation, wo Erskine wunderbar auf Französisch sprach, morgens Modellstehen für die Prinzessin, nachmittags für Mme. D., Treffen mit Gustavo in der Rotonde, tanzen, Besuch der Fête Espangnole bei den Godoys, wo mich Julia [Godoy] auf armselige Weise mit erbitterter Eifersucht verfolgte und mich in den Hintergrund drängte – alles auf meinen früheren Tanzerfolg in ihrem Salon zurückzuführen. Sinnlos, Details von dem zu beschreiben, was eine Frau tun kann, wenn sie einen haßt. Frauen haben eine Begabung für kleinliche Grausamkeiten.
Dienstag gaben wir eine Party, vor allem um Mme. D. unsere Tänze zu zeigen, damit sie Pläne für ihr großes Gemälde machen kann. Ein großer Erfolg. Mme. D. war verblüfft von dem Gegensatz zwischen »meinen traurigen Augen in einem verträumten Gesicht« und der extremen Kraft, dem Charakter und der Lebendigkeit meines Tanzens. Die Munros meinten, ich überträfe La Argentina.
Mit Gustavo war es etwas anderes. Er hatte mich in bestimmten Momenten gern, blieb im ganzen jedoch sein gewöhnliches distanziertes, emotionsloses kritisches Selbst; er, der Mann, der solch gewaltige Dosen an Vertrauen und Begeisterung von anderen braucht! Er war eifersüchtig, als er andere

Männer meine Hand küssen und schwärmen sah. Ich fühlte, wie er mich dadurch beherrschen wollte, daß er von all meinen Freunden derjenige war, der mir am wenigsten schmeichelte und sich am wenigsten unterwarf.
Ich habe ihn heute zum Kaffee getroffen. Er hat eine Viertelstunde in der Kälte auf mich gewartet. Es tat ihm leid, daß er am Telefon so »technisch« gewesen war. Er endete damit, daß er mich anflehte, ihn nicht mißzuverstehen, denn »wenn du es tust, bleibt mir nichts anderes, als mich zu erschießen. Du mußt versuchen, mein Bedürfnis nach grundlegendem Vertrauen zu verstehen. Darauf kannst du nach Belieben alle deine Kritik auftürmen.«
Dann begann er mir zu erzählen, was er liebte, ich lachte ihn jedoch aus, und das machte ihn wütend. Zum Schluß vertrugen wir uns wieder.
Ich denke an meine feste, vollendete Freundschaft mit John und Lilith. Ich habe sie für eine Stunde am Tag vor ihrer Abreise nach New York aufgesucht und fand sie genauso vor, wie er sie beschrieben hatte. Nur weiblicher, ausgeglichen, Weichheit mit Festigkeit gemischt, was ich liebe. Ihre Augen sind von einem vollen Blau und sehr stetig und kraftvoll. Ein Anflug von Verlegenheit vor mir mit einem sehr weiblichen Griff nach ein wenig Puder für die Nase, bevor sie sich hinsetzte, sprach mich mehr an als die absolute Selbstsicherheit, die ich erwartete. Sie war überrascht über meine Kindlichkeit, sie erwartete offenbar eine richtige Frau. Wir schüttelten uns die Hände wie zwei wirkliche aufrichtige Freundinnen, in Hochstimmung durch einen Augenblick des Verständnisses, und John war glücklich, als jede die andere als »wunderbar« bezeichnete.

27. Februar

Ich bin jetzt sechsundzwanzig Jahre alt und habe nichts zustande gebracht. Kein Buch, keine Bühnenkarriere, eine Menge unbefriedigter Wünsche und die Erkenntnis, daß ich nur die Hälfte von dem bin, was ich zu sein hoffe. Ich bin zutiefst glücklich und zutiefst unglücklich – ich bin lebendig, Gott sei Dank.
Alles fasziniert mich, macht mich klüger: die Entdeckung von Mme. D.s Vulgarität, ihr schlechtes, oberflächliches Gemälde

von mir (Gott sei Dank, außerhalb des Hauses); die Entdeckung eines talentierten russischen Malers, Liphart. Er kommt morgens, beunruhigend gutaussehend, mit riesigen blauen, verträumten und traurigen Augen, den Händen einer Frau, eine aristokratische Erscheinung, edel und ernst. Sein Gemälde von mir enthüllt mir zum erstenmal Anzeichen der Intelligenz. Er ist der erste, der meine traurigen Augen und fortwährend lächelnden Mund sieht – »Leonardisch«, meinte er.

In diesem Jahr bringt mich der Frühling um. Der Saft, der in die Bäume strömt, strömt nicht jedes Jahr kraftvoller, aber jedes Jahr strömt das Leben in mich kraftvoller; kann ich es aushalten? Die Vogelkonzerte werden nicht lauter, nur meine Schreie des Frohlockens, ja, können andere es aushalten? Mein Tagebuch? Ich spürte den Frühling lange vor jedermann, schon vor zehn Tagen, als ich im Bett lag – Stille und Weichheit durch den Frost hindurch. Meine Augen sind für die Farben offen wie nie zuvor. Ich habe immer Farben geliebt; mein erster Wunsch war, Malerin zu werden.

All dies ist heute zu seinem Höhepunkt gelangt, als ich von unserem nächsten Heim träumte und Farben, Klebematerial, Pappe, Scheren, Pinsel kaufte, um eine kleine Bühne aus Pappe zu bauen. Ich habe angefangen, Farben zu studieren und zu mischen. Diese neue Wahrnehmung erfüllte mich mit neuer Freude. Ich bemühe mich im Zeichnen, ohne es je erprobt oder erlernt zu haben. Nachts bekomme ich fast Fieber von den Visionen von Gold, persischem Blau, Granat, Violett, Smaragdgrün, weißem Lack, gebranntem Ocker, Kobaltblau, Zinnoberrot – Byzanz! Ich bin von Byzanz besessen.

Und ganz langsam wächst mein Kartongehäuse, klein, rauh, ärmlich im Vergleich zum Traum. M. Liphart blickt freundlich auf meine persischen Zeichnungen mit einer in Gold getauchten Feder. Gustavo rümpft die Nase, läuft wie ein im Käfig gefangenes Tier herum, weil Mme. D. an seinem Nachmittag da ist.

Ich habe nur einen Wunsch, mit meiner Arbeit allein gelassen zu werden. Freunde sind mir nie länger als ein paar Monate geblieben. Niemand war meiner Einsamkeit ebenbürtig. Wieso habe ich dann manchmal das Empfinden, nicht ohne sie leben zu können? Es stimmt, sie bereichern mein Leben, beschäftigen meinen Geist, so daß meine Einsamkeit danach

etwas Aktives, Nachdenkliches, Grüblerisches an sich hat, was mich davon abhält, mich immer von mir selbst nähren zu müssen. Ich glaube, jetzt bin ich in der Stimmung zu grübeln. Jeder soll mich allein lassen – mit meinem Tagebuch und Pappkartonheim und meinen Farben und meinen überquellenden Gedanken. Mm. D. nannte mich »petite cocotte, mon amour, ma fille, ma beauté« und andere Kosenamen einer Concierge. Sie schwärmte von »meinen verschleierten, geheimnisvollen Augen, meinen schweren Augenlidern, meinem hinreißenden Mund, der Reinheit meiner Züge, meinem unschuldigen Gesichtsausdruck, meinem zarten Teint, meinem Charme«. Sie malte mich wie eine Titelbildfrau mit riesigen leeren Augen, einer leuchtenden Nase, einem sinnlichen Mund. Ihr Mann meinte, ich sähe wie die Verkörperung des Tanzes an sich aus und das Gemälde offenbare meine »feinfühlig leidenschaftliche Seele«, unterdessen schätzte er mich als einen begehrenswerten Leckerbissen ein und fing an, mich zu besuchen, wenn seine Frau nicht da war. Während wir eines Abends über Dichtung redeten, überwand er die Entfernung von einem Meter und legte die Hand auf mein Knie. Ich stand auf und ging durch das Zimmer, wobei ich mir überlegte, ob es ein Zufall gewesen war und was ich sagen sollte. Beim zweitenmal hatte ich den Eindruck, daß er mich in sich einsog. Ich antwortete mit einem kalten Blick und unternahm einen weiteren Gang. Als es klar war, daß er mir nachstellte, trickste ich ihn aus, indem ich mit einer unpersönlichen Unterhaltung fortfuhr, und dies ärgerte ihn mehr, als wenn ich zornig geworden wäre (für die Franzosen eine Quelle des Amüsements und des Spotts), so daß er zum Schluß gedacht haben muß, ich sei nicht unzugänglich, aber unzugänglich für ihn. Das ist die schlimmste Bestrafung, die man einem Mann mit solch staunenswerter Eitelkeit auferlegen kann. Staunenswert, weil er klein und häßlich ist, mit Schweinsäuglein und einem verzerrten Lächeln.
»Alphonsine, wenn dieser Mann noch einmal kommt, sagen Sie ihm, ich sei nicht zu Hause.«
Mme. D.s ungemeiner Mangel an Intelligenz fiel mir gleich am ersten Tag auf, als ich Modell saß. Am zweiten Tag erfuhr ich ihre persönliche Geschichte – eine betrogene Frau auf der Suche nach körperlicher Nahrung. Sie stürzte sich auf alle

jungen Männer, die bei meiner Party waren, während sie sich zugleich allzu demonstrativ mir zuwandte. Liphart ließ sie offen abblitzen. Gustavo hat sie einmal besucht. Er ist im Erspüren von Derbheit weniger schnell.
Die Familie ist sich einig, daß ich einer Zurechtweisung bedarf, und so fallen sie en masse über mich her: »Mit dem Modellsitzen für all diese Leute vertust du deine Zeit.« Zu ihrem Erstaunen antworte ich: »Ich sitze für sie Modell? Ha, ha. Ihr denkt, sie machen ein Porträt von mir? Da irrt ihr euch. Sie sitzen für mich Modell, und ich mache *ihre* Porträts, und ich vertue nicht eine Minute.«

2. März
Habe bei der Eröffnung einer Grande Maison de Couture getanzt, gegen Bezahlung. Kam um neun mit meinem Maja-Kleid und meinem Zigeunerkleid in einer Hutschachtel an. Wurde mit zwei Mannequins, einer Blonden und einer Brünetten, in die Umkleideräume geführt. Zurückgeführt in die Vergangenheit. Ich war wieder arm. Ich mußte mir meinen Lebensunterhalt verdienen. Jetzt war ich hier. Die Mannequins waren freundlich, weil ich ihrer Schicht angehörte. Es ist noch nicht lange her, daß ich Mannequin war. Ich wußte, was es hieß, in Windeseile in die Kleider rein- und rauszuschlüpfen, sich an den Haaren zerren zu lassen, attraktiv hinauszuspazieren und Kleider vorzuführen, die zu besitzen man nie hoffen konnte.
Ich tanzte gut allein. Miralles war nett und schmeichelte mir. Hugh wartete auf mich, ich fühlte mich jedoch weit weg. Ich konnte mich wieder vor den Käufern in New York entlanggehen sehen. »Sie sind ein ungemein gutaussehendes Mädchen, aber sie lächeln nicht genug.« Es war Schüchternheit. Ich war zu nett mit den anderen Mädchen. Ich bot immer an, die dicksten Kleider zu tragen (wir zeigten Winterkleider im Sommer), weil ich die Hitze weniger spürte, in Wirklichkeit weil ich unbedingt helfen wollte. Ich las *Jean Christophe*, wenn ich Zeit hatte. Ich nahm kein Mittagessen zu mir, um in mein Tagebuch zu schreiben. Das Geld, das ich verdiente, versank in einen Abgrund ohne Boden. Es würde nie genug sein. Die Käufer luden mich ein, mit ihnen auszugehen. Wenn ich um zwölf Uhr im Dienst und in meinem schwarzen Un-

terrock allein gelassen war, setzte mir der Bruder des Eigentümers zu. Einmal, als ich gerade das Telefon beantwortete, schlich er sich von hinten an und versuchte, meine Brüste zu fühlen. Ich gab ihm einen Tritt. Der Modeschöpfer rief mich nach oben, um etwas auszumessen, und seine Hände waren hinterlistig und heimtückisch, und ich verließ ihn immer im Zorn, um dann später gescholten zu werden, falls die Kleider nicht saßen.
Der Abend war vorbei. Mir war sehr heiß, und ich war müde. Ich wickelte mir meinen großen Schal nach Hinduart um den Kopf, ergriff meine Hutschachtel, verabschiedete mich von jedermann und heimste Komplimente ein. Hugh half mir, mein riesiges Kleid in unserem kleinen rotschwarzen Auto zu verstauen. Er legte mir die Pelzdecke über. Zu Hause. Behagen. Sicherheit. Komplimente von dem Humorvollen Bankier. Liebe. Alles übrige war Vergangenheit.

5. März

Joaquin und ich sind einander nicht mehr ähnlich, obwohl wir uns immer gut verstehen. Seine Hochstimmung nimmt eine religiöse Form an. Seine Gefühle schweben zu den Himmeln. Sein Denken ist vage, fromm, unlogisch. Ich hänge keiner anderen Religion an als der der Individualität, des menschlichen Verstehens und der künstlerischen Inspiration. Ich liebe glühend das Leben. Ich liebe den Körper. Ich denke nie an den Himmel. Meine Mystik ist nicht religiös. Ich glaube nicht an Verzicht. Ich bin nicht ergeben. Ich bete nie. Aus Gewohnheit wettere ich manchmal zornig gegen einen irrenden Gott. Ich fürchte den Tod, der bedeutet, ins Universum einzugehen, in einen anderen Körper.
Orgelmusik oder die Natur vermittelt mir manchmal etwas davon, was ein religiöses Gefühl genannt werden könnte. Auch das Gesicht der Madonna in florentinischen Bildern. Kein bärtiger alter Mann, keine Priester, keine Predigten; der leidende Christus, ja. Ich lehne die menschlichen Bekundungen der Religion ab. Ich halte nichts davon, dieses Leben in der Betrachtung des nächsten zu verbringen, das theoretisch ist. Wie nüchtern ich bin! Doch glaube ich an jede menschliche, innere Bekundung von Gott in uns, wie Genialität, Barmherzigkeit, Mitgefühl, Liebe.

6. März
Dies war der Winter der Maler. Gestern abend kam Carl Bohnen und wollte unsere Wohnung sehen. Bot an, einen Teil zu bezahlen, wenn er mein Porträt malen könnte, doch habe ich fürs Gemaltwerden noch nie *zahlen* müssen, also lehnten wir ab. Lipharts Porträt ist fertig – hartes intelligentes Gesicht mit traurigen Augen, überhaupt nicht hübsch, aber es gefällt mir. Heute kommt M. [Georges] Wachewitsch, den ich gestern bei den Godoys kennengelernt habe.
Paulines Bemerkungen über meine Eitelkeit machen mich etwas traurig; ich trage zu viele Armbänder, zuviel Make-up, sehr eigenwillige Keider und interessante Hüte, ich liebe die Farbe und trage nie neutrale Töne, ich habe keine Kinder. Tia Antolina schreibt, daß sie mich lieber als die Ehefrau eines stellvertretenden Zweigstellenleiters sieht anstatt als Tänzerin. Elvira Viñes entdeckt voller Erstaunen, daß ich lesen kann, ja gelegentlich schreibe und klar denke. Ich bin jetzt davon überzeugt, daß man eher durch Idealisierung, so wie ich sie ausübe, als durch Skepsis zu einem besseren Verständnis der menschlichen Natur kommt.
Ich suche so inbrünstig nach Zeichen von Intelligenz, Verständnis und Mitleid, daß mir in keinem Gesicht entgeht, wenn es aufzuckt. Ich beginne mit dem Glauben; ich klammere mich an alle Illusionen, die mir dargereicht werden. Jeder beginnt genau andersherum: 1. Glaube an sich selbst. 2. Das Schlimmste erwarten – von anderen. 3. Vorurteile. Zum Beispiel: Eine gutaussehende Frau muß dumm sein; eine Tänzerin kann keine Mystikerin sein.
Habe mich im vergangenen Monat mit den Viñeses angefreundet – Ricardo, dem berühmten Pianisten, seinem Bruder José, der Ehefrau seines Bruders und ihren Kindern, Hernando und Elvira, die mehr oder weniger in unserem Alter sind. Hernando ist Maler und ein feinsinniger Gitarrist. Elvira liest – und tanzt wie eine richtige Zigeunerin. Wir haben beide Samstag abend hier bei uns getanzt. Sie hat lange kräftige schwarze Haare, grüne Augen, ein adlergleiches Profil, eine mollige, erdhafte Figur – Intelligenz, durch und durch Charakter. Sie tanzt von der Taille aufwärts, mit den Armen und dem Gesicht und aller Ausdruckskraft, und zwar richtigen Flamenco zum Klavierspiel Hernandos. Es war wunderbar,

sie zu sehen und zu hören. Im Gegensatz dazu wirkt mein eigenes Tanzen rein klassisch – mit weniger Pantomime und weniger statischen Augenblicken. Ich bin in den Hüftbewegungen orientalischer und sehr leicht beim Jota. Ich möchte eine perfekte Tänzerin werden und will jetzt versuchen, meine Arme zu vervollkommnen und alles, was ich fühle, in meinem Gesicht zu zeigen. Alles, was Miralles mir über spanisches Tanzen erzählt hat, steht jetzt von einem Experten in einer Tanzzeitschrift.

8. März
Soirée bei Mme. Aurel zu Ehren von Jean Royère. Ein Haus in einer ruhigen Straße. Bunte Glasfenster. Vier Salons, die ineinander übergehen. Eine Menge Leute, die meisten alt und ästhetisch nicht sehr erfreulich.
Die Dame des Hauses war faszinierend – vielleicht fünfundvierzig Jahre alt, mit rotgoldenem Haar im Récamier-Stil mit einem silbernen Netz statt einem Band zusammengehalten; ein Gesicht des achtzehnten Jahrhunderts, sehr ernst, sehr entschlossen und sehr beherrschend. Ihr Mann war groß, hatte einen Bart, eng zusammenstehende Augen, eine Adlernase und eine Zunge voller Witz. Sie ist Schriftstellerin, und er scheint sich sehr für das Theater zu interessieren und hat gerade ein italienisches Stück für die Pariser Bühne bearbeitet. Royère wurde mit bewundernden Reden gefeiert, ebenso wurden seine rätselhaften und sinnlosen Gedichte vorgelesen – »hermetisch« ist das richtige Wort, luftdicht. Ein bedeutender Mann für die Philosophie und die Entwicklung der Poesie, aber wahrlich selber dunkel und verworren. Mme. Aurel stellte formlos jeden vor, der sprach. Sie verteidigte ein Stück, das sie bewunderte, das jedoch von der Kritik verrissen worden war. Sie stellte einen wenig bekannten und wenig geschätzten Autor vor. Dann stellte sie eine Frage, die eine hitzige Diskussion in Gang setzen sollte. Sie betraf ein Buch, in dem ein Sensualist behauptete, daß das, was er durch seine Sinne erreicht habe, ihm ewig als Erkenntnis geblieben sei, wohingegen das, was er mit seinem Intellekt begreife, veränderbar und unzuverlässig sei. Niemand griff das Thema auf. Das Ganze war zu künstlich. Man unterhielt sich noch etwas privat, und die Leute fingen an zu gehen.

Traf den alten General, der um Vergebung für den Brief bat, in dem er mir viele Tanzengagements anbot, wenn ich ihn besuchte. M. Mortier, Aurels Ehemann (Aurel ist ihr Schriftsteller-Name), war wohl von allen Leuten dort der witzigste und ungekünsteltste. Seine kleinen Augen glänzten scharf und freundlich. Sie baten mich beide ausdrücklich wiederzukommen. Ich versprach es.

Jetzt weiß ich, was literarische Salons sind: aufgetakelte Literatur, unwirklich, förmlich, überverziert, leblos, blutleer und staubig. Trotzdem, ich liebe es, in diese alte, überfeinerte, wortgewaltige französische Zivilisation einzudringen, wo Stil und Form entstanden sind. Ich bewundere ihre intellektuellen Fertigkeiten, ihre lose Zunge; ich fühle mich in Madame Récamiers Salon zurückversetzt.

Abends. Zwei köstliche Stunden mit Gustavo verbracht, sind im Luxembourg spazierengegangen und haben im Viking gesessen. Er zeigte sich von seiner besten Seite mit all seinem Charme und seiner Lebendigkeit. Ich vergaß, meinen Tee zu trinken, und er verlor seinen Orientierungssinn. Wir sprachen über Musik, Tanzen, seine neuen Freunde, das Leben der Mme. Récamier, französische Salons, Isadora Duncan, Hinduphilosophie, arabische Märchen, sein Buch, La Argentina, Plato, Marc Aurel und die Erskines.

Er sagte: »Abgesehen von meiner Liebe, *bewundere* ich dich, Anaïs. Wenn ich dich nicht als Frau liebte, würde ich immer noch gern mit dir zusammen sein. Du bist so außerordentlich. Ich bin stolz auf dich, darauf, von dir gemocht zu werden. Da ich dich so sehr bewundere, werde ich nie die endgültige männliche Geste zustande bringen, die unsere Beziehung verderben und alles zu einem menschlichen und alltäglichen Höhepunkt bringen würde. Es ist nicht so, daß ich dich in einer gewöhnlichen Liebe verschlingen, sondern daß ich dir alles geben möchte, was ich kann. *Du* hast mir soviel gegeben.«

Ich bin ihm dankbar für dieses Empfinden. Diese amitié passionnée [leidenschaftliche Freundschaft] bedeutet uns beiden eine Menge. Wenn seine starke Empfänglichkeit für Umgebung und Leute ihn etwas caméléonesque [chamäleongleich] macht und er für die meisten Leute schwer verständlich ist, ist er zumindest für mich fortwährend ein lebendiger Mensch unter vielen toten.

19. März
Tanzen für eine Wohltätigkeitsveranstaltung – für alte Damen. Erfolg und Zugaben, und ich habe in meinem Tamburin 70 Franc für die Armen gesammelt. Elvira, sehr lieb. Nur zwei Männer im Publikum. Viele mausgraue, dunkel gekleidete Frauchen, die in die ungeheure Aufgabe vertieft waren, verschiedene Gegenstände anderen mausgrauen Damen zu verkaufen. Eine der mausgrauen Damen war die Frau eines Admirals. Sie ließ mich den Sevilla wiederholen, so daß ihr Mann ihn sehen konnte, als er sie abholen kam. Ich habe auf diese Geschichte den Betrag verwandt, den ich in dem Modehaus verdient habe. Hugh meinte, ich könnte wenigstens selbst für meinen Unterhalt sorgen!
Ruhiges Atelier: Carl Bohnen, ein Chicagoer Maler von Berühmtheiten, arbeitet und wartet darauf, daß wir ausziehen. Ich mache mir viele Notizen von dem, was ich tun muß.
Unerwartete Geschäftsreise, die mir als eine Flucht vor der halb in Besitz genommenen Wohnung und vielen anderen Sorgen sehr zupaß kam. Cimiez erinnert mich an Fiesole mit seinen Zypressen, seiner Höhe, seiner Kirche und seinem Kloster. Allein im Hotel, setze ich mich hin und schreibe und ruhe mich aus. Sich-Ausruhen war leicht, Schreiben unmöglich. Es ist erschreckend zu entdecken, wieviel ich denke und mich winde und wie wenig ich hervorbringe, abgesehen von meinem Tagebuch. Ich bin zutiefst unzufrieden mit mir – ich bin wirklich eine Schwindlerin.

22. März
Straßenmusikanten: zuerst waren es zwei, ein alter Mann, der fortwährend, von Rheumatismus geplagt, über eine asthmatische Gitarre gebeugt war, und ein jüngerer Mann, der mit einer opernhaften Agressivität sang. Es war früh am Morgen, die Sonne löste alle kritischen Fähigkeiten auf, ich quoll über von Pennys, und im Papierkorb lag ein Briefumschlag. Mir war nicht sehr nach Arbeiten zumute, und so lehnte ich mich aus dem Fenster und lächelte den Barden zu.
Wie schön das Leben war! Ich schwamm in Wärme und Licht, schwebte in Watte. Zugleich empfand ich den alten vertrauten Schmerz, den die Musik immer in mir hervorruft; es ist wie das Zupfen und Zerren einer Menge Saiten in mir. Der

Mann im Nebenzimmer warf eine Zigarettenschachtel mit Geld aus dem Fenster und lachte. Ich warf meinen Umschlag und war traurig. Vielleicht, wenn ich mich ganz lange nicht aus dem Sonnenlicht hinausbewegte und viele Jahre lang seine besänftigende Wirkung zuließe, während ich diesen billigen Liedern lauschte, würde es vielleicht eine Schale um mich bilden. Die beiden Musiker waren fertig. Eine Frau mit einer Handorgel und einem kleinen Jungen kam den Hügel herauf. Sie begann zu spielen, aber die Kurbel löste sich hin und wieder. Der Mann von nebenan schloß sein Fenster. Ich hatte keine Münzen mehr, doch ich hatte eine Idee für meine Arbeit.
Mr. Rey fuhr mit uns nach St. Paul, der Künstlerkolonie, wo wir zwei Freundinnen von ihm kennenlernten, zwei Amerikanerinnen. Die eine war mittleren Alters, energisch, praktisch, hellwach, offen, gesprächig; die andere war alt, verbraucht, ausgemergelt, krank, mit kaum einer Stimme, aber mit schönen, traurigen, verträumten Augen. Ich konnte ihren Blick nicht ertragen. Die erste sprach mit Hugh über Aktien. Ich sagte nichts, beobachtete und hörte zu.
Uns war die Liebe zu guten Büchern und Künstlern gemeinsam. Ich hätte alles, was sie sagten, nachbeten können, doch ich blieb still, beobachtete sie. Wir verabschiedeten uns. Wahrscheinlich werde ich sie nie wiedersehen. Sie müssen mich für lieb und ruhig gehalten haben. Ich habe sie jedoch verstanden, vielleicht wie niemand anderer, zu gut, zu gut, um es ihnen zu sagen, zu gut, um es mir selbst einzugestehen.
Ich sah Gespenster und weiße Mäuse, als ich ruhig auf der Terrasse der Auberge saß, während die karierte Tischdecke, das gelbe Tongeschirr und Miss Lemers blaue Ohrringe und Miss Martins gegerbte Haut in der Sonne glänzten.
Selbst Hugh spürte etwas. Er sagte am Abend zu mir: »Liebling, ich möchte nicht, daß du irgend etwas versäumst – das Leben ist zu kurz. Ich möchte nicht, daß du alt wirst, ohne all das, was du dir wünschst, gehabt zu haben. Ich habe mehr bekommen, als ich verdiene, indem ich dich bekommen habe. Ich möchte nicht, daß du irgend etwas nachtrauerst.«

23. März

Ich sagte gestern abend zum Humorvollen Bankier: »Es tut mir leid, Liebster, ich kann an diesem Ort nicht arbeiten.

Heute morgen habe ich den Straßenmusikanten zugehört, ein paar Sachen abgeschrieben, ein paar Verbesserungen gemacht. Die Sonne wirkt auf mich. Ich möchte im Freien sein. Schelte mich nicht. Ich werde nichts haben, um es John zu zeigen – tut mir leid.«
»Mach dir keine Sorgen«, erwiderte der Kater großzügig.
Wir begannen, uns fürs Abendessen umzuziehen. Da ich als erste fertig war, nahm ich beiläufig mein Tagebuch auf und fand, daß ich etwas geschrieben hatte, las es ihm vor. Der Humorvolle Bankier grummelte (er rasierte sich) und hielt inne, um zu sagen: »Du hast deinen Tag nicht vergeudet.«

24. März
Sonntag abend. Der Kater und ich sitzen vor dem Feuer, nach einem Tag voller Liebe, Lesen, Tennisspielen, einer Kutschfahrt und Sonnenanbetung. Endlich sind wir beide ruhig, entspannt, philosophisch, gut genährt und gut ausgeruht – bereit für Paris.
Nach dem Essen sind wir sofort hinauf ins Zimmer gegangen, da uns die Märsche und die Filmmusik nicht interessierten, die sie für uns spielten, und wir es müde waren, falsche Vermutungen über die Nationalität unserer Nachbarn anzustellen. Jeden Tag werden die äußeren Anzeichen weniger sichtbar; es gibt weniger Unterschiede in der Kleidung, und die Franzosen können sogar ein gutes Englisch sprechen und die Russen gut Französisch etc.
Das Licht ist schlecht, ich fühle mich träge und dumpf, ich kann mich jedoch nicht von meinem Tagebuch fernhalten. Hugh findet endlich Gefallen an Proust, und ich frage mich, ob ein Buch geschrieben werden könnte, das Prousts Mystik mit etwas mehr Klarheit verbindet. Ich habe heute einen Tag lang mit Hugh, dem Poeten, gelebt. Er wünschte, er hätte statt all diesen erfolgreichen Bankgeschäften ein einziges Gedicht zustande bringen können. Die Proust-Lektüre hat ihn aufgeregt, unruhig und kummervoll gemacht. Ist es eine Phase, eine Krise oder ein echter Verzicht auf das, was er für die Literatur schon zustande gebracht hat? Ich beobachtete sein Gesicht, während er redete, und erforschte das Ausmaß seiner Trauer. Er erzählte mir von seinen Gefühlen, seiner grübelnden Betrachtung des Lebens, seinem Wunsch, Poesie

hervorzubringen, Zeilen, die einen wie bestimmte Musikstücke verfolgen, die das Wesen des Lebens erkennen und intensivieren. Ist es möglich, daß er von solchem Sehnen erfaßt ist und sechs Jahre lang keine Zeile geschrieben hat? Wenn es so ist, bin ich nicht diejenige, die ihn zurückhält. Ich habe ihn immer, immer von dem Bankgeschäft weggezogen. Heute, jeden Tag, gerade in dieser Minute, in jeder Minute würde ich alles aufgeben und mit ihm in einem Loch, überall, leben und schreiben. Er ist der erste, der sagt: »Ich brauche Luxus. Ich brauche Macht. Ich liebe den Komfort, die Zurückgezogenheit, Unabhängigkeit, teure Sachen.« Er will mich in einem Auto sehen, nicht in Straßenbahnen und Bussen. Wir gehen gern ins Theater. Wir lieben Kostüme und Tanzen. Wir lieben die Schönheit, zu Hause, in unserem Umfeld. Würde er heute die Poesie wählen?

Oder werden diese kleinen Empfindungen des Bedauerns durch Proust angeregt, durch eine romantische Stunde im Garten, durch mein eigenes Schreiben? Wie soll jemand jemals trotz verschmelzender Liebe, Verstehen, endlosen Gesprächen die Geheimnisse eines anderen kennen?

Erst einen Tag vor unserer Abfahrt überschwemmt mich das Schreiben wie ein ununterdrückbarer Strom. Ich fühle mich gänzlich von Worten besessen – zu spät! Es ist Zeit zum Aufbruch. Paris und hunderttausend Beschäftigungen werden mich auffressen. Aber ich werde John sehen, ich werde John sehen.

Ich hörte wieder Musikanten. Sie spielten unter unserem Fenster. Ich sagte zu Hugh: »Wieviel rührender sie sind als die ganz großen Musiker, die uns Vollkommenheit vermitteln, aber so weit weg von unserem Leben sind, so unzugänglich. Schau dir diese beiden an – Gitarrespieler und Geiger. Ihr Spiel ähnelt unserem Leben, das manchmal erbärmlich verstimmt ist; wie viele von uns spielen mit rheumatischen Fingern lächerliche Melodien auf solch billigen Instrumenten. Die großen Musiker reißen mich mit, und diese Männer bringen mich zum Weinen.

Hör dir diesen komischen kleinen Ton an, dieses Kratzen, diesen langgezogenen absolut falschen Ton – läßt er dich nicht an die Zeit denken, als du auf unserer Hochzeitsreise seekrank warst, an den Tag in Luchon, als ich dir von meinem ersten Abwasch erzählte und du weintest, daran, wie ich in meinen pelzumrandeten Hausschuhen in unser Schlafzimmer ging und damit wie ein halbgehäutetes Huhn aussah, wie du mir in deinem Unterhemd eine Szene machtest, weil ich nicht genug schrieb, wie wir in einem teuren Hotel übernachteten, wir sparen wollten und dem Hoteldirektor erzählten, wir hätten schon zu Abend gegessen, und dann in ein bescheidenes Restaurant nebenan gingen, bei dem sich herausstellte, daß es unter derselben Leitung wie das Hotel stand und wo uns der Direktor liebenswürdig begrüßte. Gib den Musikanten einen Franc!«

Paris. Regen, Kälte. Johns Rückkehr noch immer ungewiß. Lilith hält ihn zurück. Also warf ich in einem Anfall von Enttäuschung mein neues Buch in die Ecke. Alphonsine verläßt mich, weil sie krank ist. Bohnen arbeitet in meinem Zimmer. Dieses eine Mal hat mich die Unordnung, die ich hasse, besiegt. Nur in meinem Kopf herrscht Ordnung, und ich habe die Situation gemeistert. Heute habe ich Gustavo gesehen.

»Wenn ich nicht zu angebunden wäre«, sagte er, »würde ich eine spanische chauve-souris [*Die Fledermaus*] schreiben, vor allem für dich, und wir würden damit auf Welttournee gehen.«

Solche Vorstellungen helfen ihm zu arbeiten. Ich lächle. Ich bezahle für den Kaffee. Ging mit erneuter Inbrunst zu meiner Tanzstunde.

Entdeckte in Madame Aurel [*Le Couple*] eine Philosophin der Liebe. Klares rationales Denken, das die Existenz des französischen Durchschnittsromans gefährdet. Eine besonders intelligente Studie über den Ehebruch.

»Echtes Genie besteht darin, aus dem Mann, den du hast, den Mann für dich zu machen.« Sie hegt eine gerechtfertigte Verachtung gegenüber der »Liebe«, die irgendwo durch ein einstündiges Treffen um der körperlichen Vereinigung willen erblühen kann. Was für ein bescheidener Liebhaber, der so befriedigt werden kann, und was für eine habsüchtige Frau, die sich mit einem solchen Geschenk zufriedengeben kann.

Sie versucht, »Ehrlichkeit« schick zu machen. Jahrhundertelang wurde die ergebene oder keusche Ehefrau zum Gegenstand des Gespötts in Frankreich. Sie war entweder »kalt« oder eine »Provinzlerin«, bestimmt nicht weiblich oder gescheit. Wie viele Frauen stürzten sich unter dem Einfluß dieser Verspottung in den Ehebruch! Mir gefallen ihre Überlegungen, weil sie nicht auf Moral beruhen, sondern auf Intelligenz und Weisheit und der Erkenntnis, wie außerordentlich kurz das Leben ist.

Aurel hat Klarheit in die Philosophie gebracht, der meine Gefühle bereit waren zu folgen. Ich habe das Fieber, die Ruhelosigkeit, die Schwäche, die Unordnung, die Impulse, das Bedauern, die Flüchtigkeit und den Irrtum gekannt und in weniger als einem Jahr die Falschheit meiner Reise begriffen. Ich kehre aus den Cafés, geheimen Treffen und Gesprächen (nichts als reden – aber reden und Phantasie sind für einige Leute ausreichend) geheilt, apaisée [beruhigt], klarsichtig, klüger und in unwiderruflich tiefer Liebe zu Hugh zurück. Nur meine Phantasie schweift weiter und stolpert, die ewige, teuflische Betrügerin. Jetzt bin ich zu Hause, um zu bleiben, und Hugh spürt, wie meine Gunst voll zu ihm zurückgekehrt ist und schenkt mir noch mehr Liebe.

Rezept gegen gefährliche Hochstimmung: Laß die Person sich völlig leerreden; schreibe in dein Tagebuch anstatt geforderte Briefe; unternimm etliche Kurzreisen; fertige eine Studie der Persönlichkeit deines Mannes an, so als ob du dabei wärst, ihn zu verlieren; *warte.* »Er« wird ein gewöhnlicher Freund werden. Und dein Ehemann wird größer denn je erscheinen.

9. April

Ein farbiges Mädchen mit dem poetischen Namen Gracieuse kümmert sich um unser Zuhause. Mr. Bohnen kümmert sich darum, mein Arbeitszimmer zu besetzen. Hugh kümmert sich um unsere Zukunft, um unsere Aktien und die Sicherheit unseres Gehalts. Mutter kümmert sich um Joaquin, Joaquin um Mutter. Somit kann ich mich hinsetzen und schreiben.

Habe einen Nachmittag in Sceaux und mit Lipharts Vetter in einem alten Haus in einem alten Garten verbracht, es erinnerte mich an Richmond Hill und deprimierte mich so gründlich, daß ich mich frage, was die Vergangenheit mir angetan hat. Fast scheint es, als wäre ich mir der Gegenwart und meiner Stärke nicht sicher genug. Ein Forsythienbusch in Florenz kann mich in ein Gefühl angstvoller Scheu, blassen Idealismus und kindlicher Unschuld zurückwerfen; ein Tag mit Tia Anaïs, weg von zu Hause und ohne Hugh, kann mich mit der Angst erdrücken, diese ganzen schöpferischen Jahre unserer Ehe nicht gelebt zu haben; der Zweig eines Hartriegelbaums in Nizza kann in mir wieder die leicht romantische Liebe zur Liebe wecken, die durch Eduardos schönes Gesicht und grüne Augen symbolisiert wird; ein altes Haus auf dem Land, kalt, ungestrichen, kurz vor dem Zusammenzufallen, kann wieder die Qual der Armut und physischer Ohnmacht hervorrufen. Es möchte scheinen, als seien all meine strahlenden Bemühungen und mein Selbst aus einem blassen Traum hervorgegangen und könnten in der Minute verschwinden, da ich aufhörte zu glauben oder meine »Lampe«, meine Weitsicht, verlöre – inmitten physischer Sicherheit, der des Zuhauses, der Ehe und der Liebe, während Mutter mir mein Essen kocht, während Joaquin an seinem Klavier arbeitet. Diese Zerbrechlichkeit und Vergänglichkeit zu spüren – das ist sicherlich die Hölle, die den Dichtern und Mystikern vorbehalten ist, und offensichtlich bin ich dazu verdammt.

15. April

Eine heftige, eigenartige Freude, John am Bahnhof abzuholen und in genau derselben Stimmung anzutreffen. Er packte mich mit einer impulsiven und jugendlichen Geste am Arm. Er besteht darauf, daß wir ihn und die Familie nach Beaune begleiten, und am Freitag nehmen wir den Zug, um sie in Dijon zu treffen.

Ein heftiger, eigenartiger Schmerz, als wir unsere kleine Wohnung verlassen müssen. Mittwoch ziehen wir vorübergehend nach 13, Square de Port-Royal, Rue de la Santé um. Die Bücher (450) sind alle verpackt, und das Bücherregal sieht traurig aus. Die Wände sind kahl, kein Photo von John und keine Gemälde von mir mehr. Richards Statuette steht auf Joaquins Klavier. Mutter stellt mein orientalisches Bett, Lampen, Kaffeeservice und Sessel unter. Ich packe mit Methode und Ordnung, wie es meinem Ideal entspricht.

Unterdessen sehen wir uns ein schönes Stück an, *La Prisonnière,* und kommen zu dem Schluß, daß Eltern ihren Kindern kein besseres Erbe hinterlassen können, als selbst bedeutend und wunderbar gewesen zu sein, eher als die übliche Sammlung von »Aufopferungen« und »Verzicht«, die dann ewig später als ein Vorwurf zur Sprache kommen.

23. April
Die Reise nach Beaune mit den Erskines vermittelte mir das, worauf ich lange gewartet und wonach ich gehungert hatte – ein paar Augenblicke der vollkommenen Verständigung mit John, ein paar Augenblicke einzigartiger Hochstimmung und dieses Fieber, diese Art von verzehrendem Fieber, aus dem ich immer weiser und gesünder auftauche. Ich wollte John verstehen. Vom ersten Augenblick an, als er uns vom Bahnhof in Dijon abholte und ich auf seinem Gesicht ablas, daß er sich freute, uns zu sehen, ließ ich mich von all seinen Stimmungen, Gesichtsausdrücken, Gedanken und Worten durchdringen. Ich spürte ihn durch und durch mit meinem ganzen Sein, auf die gleiche Art, wie die Mystiker die Wahrheiten erfaßten, die gewöhnliche Menschen nie gesehen hatten. Wie John uns alle am Bahnhof begrüßte, hochgestimmt trotz einer starken Erkältung; wie während unserer Fahrt nach Beaune John mit Hugh sprach; John uns dem alten Hotelbesitzer vorstellte, uns in seine Vergangenheit führte, einen Augenblick seines Lebens, der sein ganzes Leben veränderte. John abends bei Tisch, wie er den besten Burgunder auswählte. Beim Reden kosteten wir diese köstlichen, außerordentlichen, fast unkörperlichen Weine, alles Essenz, alles Finesse. Über mein riesiges Glas hinweg sah ich ihn an. Sein Reden und der Wein waren sich unaussprechlich gleich. Die feine Gärung in meinem Kopf war zumindest auch gleich. Er trank auf die »persönlichen« Teile meines Tagebuchs, wir tranken auf seinen neuen Roman *Sincerity* [Aufrichtigkeit]. Er vermischte sein Gespräch über die Gegenwart mit Anspielungen auf die Reise vor zehn Jahren, die ihn das erste Mal in Uniform nach Beaune führte, zum Camp, seiner ersten Freiheit und zu der Ehrenlegion und dem Titel Bürger von Beaune.
»Hier haben wir gelegentlich abends gegessen. Dasselbe Mädchen, das da drüben an der Tür steht, bediente uns. Im Raum nebenan hatten wir mit dem Bürgermeister und anderen Regierungsbeamten das Festmahl. Und jetzt werden wir Beaune besichtigen.«
Beaune in vollem Mondlicht. Hugh und Pauline gingen zu-

sammen. Ich habe viele mittelalterliche Städte gesehen. Auch in Beaune gab es eine Kirche, kleine alte Straßen, alte Bäume, aber alle durch Johns Erinnerungen und Begeisterung verwandelt. Frankreich war seine geistige Mutter, das zivilisierteste aller Länder.

Er erzählte mir die Geschichte des neuen Romans. Inzwischen waren wir beim Hotel angelangt. Gute Nacht! Gute Nacht!

Keine gute Nacht. Gedanken, Glocken, die die Stunden schlugen, das Fieber, Johns ausdrucksvolle Augen leuchtend, Johns Gedanken leuchtend. Kein Frieden. Ich war hungrig gewesen, und hier gab es Fülle, für die ein Tag nicht ausreichte, die die halbe Nacht verzehrte. Ich mußte zehn Stunden auf all die Dinge warten, über die wir noch nicht gesprochen hatten. Zwölf Stunden, weil John schlief, in einem Zimmer unter uns, bis Hugh und ich in der vollen Morgensonne hinausgingen, um ihm Medizin für seine Erkältung und Pauline Blumen zu bringen. Ich las im Garten *Onkel Sam.* Anna kam als erste herunter. Dann John. Wir unterhielten uns, bis Pauline mit Graham herunterkam. Wir besichtigten in einer Gruppe das Museum und das berühmte Hospiz.

Am Nachmittag wurden wir zu dem Ort gefahren, wo einst das Camp war. John zeigte uns das Haus auf den Feldern, wo er sein Zimmer hatte. Die meisten anderen Häuser waren abgerissen worden, aber wir sahen den Fußboden des »Theaters« und des Tanzsaals, den die Soldaten gebaut hatten. Johns kleine Geschichten über diese Dinge waren einfach und nicht ungewöhnlich, doch hatten sie alle eine besondere Bedeutung für ihn und auf subtile Weise zur Entdeckung seiner selbst geführt.

Unterdessen wurde das Bankett vorbereitet; Antworten auf seine Einladungen trudelten ein. Der Bürgermeister war zu alt und zu krank, um zu kommen, aber all die anderen Beamten waren da mit ihren Frauen, und der Künstler der Stadt übernahm es, Gefühl und Erinnerungen anzuregen, auf denen der Abend aufgebaut war. In der Mitte der großen Tafel redete John mit seiner vollen Stimme auf Französisch. Es wurden Photos von den amerikanischen Invasoren herumgereicht. Jedes alte Männlein hatte eine Geschichte zu erzählen. Zwei hielten Reden. Meine Nachbarn sangen alte burgundische

Weinlieder. Der Künstler, klein, behend, drahtig, mit ernsten Augen und einem Spitzbart, versäumte keine Gelegenheit, anzustoßen und klangvolle Sätze von sich zu geben. John sprach wie immer humorvoll, jedoch über das Niveau der Zuhörer hinaus. Ich konnte nur Gesichter sehen, wie ich sie schon überall in Frankreich gesehen hatte – Weinhändler, Kleinbürger, gemütliche Regierungsangestellte – doch Johns Vergnügen gab dem ganzen Abend den Anstrich eines kuriosen und erinnerungswürdigen Erlebnisses.
Am nächsten Tag hatten wir genügend Gesprächsstoff im Auto auf dem Weg nach Orléans, obwohl keine vertraulichen Gespräche möglich waren, und ich mußte mir mehrere Male auf die Zunge beißen und alle spontanen Äußerungen unterdrücken. Wir verbrachten die Nacht in Orléans, unternahmen nach dem Abendessen einen Spaziergang, Graham, Hugh, John und ich. John und ich hatten uns danach gesehnt, ihn ausgeheckt; wir gingen zusammen und redeten endlich über Lilith, über unsere Lebensprobleme, über Wordsworth' Liebesaffäre mit einer Französin.
Auf dem Weg dorthin hatte ein kleiner Zwischenfall dazu geführt, daß John mich in seinen Armen trug. Wir stritten uns wegen der Sitzordnung im Auto. Pauline und ich wollten, daß die Männer die Rücksitze einnahmen, weil es für sie auf den Vordersitzen zu unbequem und die Männer zu groß für sie waren. Da ich als erste einstieg, setzte ich mich nach vorn. John bat mich, wieder auszusteigen, zunächst höflich, dann bestimmter, dann halb ärgerlich, und da er meine Dickköpfigkeit wahrnahm, drohte er, mich gewaltsam auf den Rücksitz zu tragen. In der Hoffnung, daß er es wirklich tun würde, sagte ich lachend: »Ich werde lieber getragen.« Und so geschah es. Danach redete er mit mir überhaupt nicht mehr, gönnte mir auch keinen Blick. Ich bedauerte meinen Impuls, als ich mir eine Minute lang gewünscht hatte, er möge mich körperlich mitreißen, so wie er es intellektuell tut. Als sich die Gelegenheit bot, fragte ich ihn in Orléans, ob er mir böse sei. Er antwortete: »Herrgott, nein, wer könnte dir böse sein?« Und ich erkannte, daß er den weiblichen Grund für meine Dickköpfigkeit nicht erahnt hatte und nie erahnen würde.
An unserer Haustür, als Pauline mit den Kindern im Auto saß

und der Chauffeur das Gepäck herunterhob, sagte John: »Darf ich kommen und die neuen Teile aus dem Tagebuch hören?«
»Wann können Sie kommen?«
»Morgen früh.«
Am nächsten Tag wollte es mir nicht in den Kopf, daß er dort auf der Couch saß und wir miteinander reden konnten. Ich war alles andere als ruhig, zeigte es jedoch nicht. Wir packten direkt unser intimstes Problem an: heidnische Lebensart – wann uns zurückhalten und warum.
»Ich bin so *hungrig*«, sagte ich.
»Das ist das Wort, genau das Wort«, meinte John, der auch nicht ruhig war. »Wir sind hungriger als andere Menschen.«
Ich sagte nicht: *Reicht* Lilith *aus*? Wenn es so wäre, säße John nicht nach drei Tagen gemeinsamen Reisens heute morgen da.
»Lesen Sie mir aus Ihrem Tagebuch vor.«
So las ich alles, was ich in Nizza abgeschrieben hatte. Er reagierte so wunderbar auf die humorvollen Teile, auf die poetischen, auf alles. Er schien von dem Stil beeindruckt, meinte, die »Nebel«-Seiten seien »reine Poesie«, die Beschreibungen »lebendig«. Er sah in mir sehr viel Philosophisches, ein ausgereiftes Verständnis, daß es in dem Werk eine Einheit gebe, die auf der Übereinstimmung von Persönlichkeit und Verhalten beruhe. Er war überrascht, daß es keinesfalls ein egozentrisches Tagebuch war, daß der Hintergrund reich und vielseitig war und die Geschichten für sich selbst sprachen.
»Ich sehe, daß Sie eine Schriftstellerin sind, Anaïs, weil in dem, was Sie schreiben, Dinge herauskommen, die sich in Ihren Gesprächen oder in Ihnen im allgemeinen nicht zeigen. Es ist Ihr eigentliches Mittel, sich auszudrücken.«
Natürlich mußte er irgend etwas sagen. Ich war glücklich, und noch viel mehr, als er zwei Tage später aus eigenem Antrieb mit Hugh sprach und sagte: »Ich habe über Anaïs' Schreiben objektiv nachgedacht, und nichts ändert sich an meinem Empfinden, daß es großartig ist – ich bin wirklich sehr beeindruckt.«
Dies war ein Wendepunkt in meinem Leben. Ein großes Vertrauen kam über mich und zum zweiten Mal eine tiefe Überzeugung von meiner Stärke und Kraft. John ist vor allem ein sehr »klarsichtiger Kritiker« von Stil, Leben und Menschen.

Er hätte sich irren können, während ich ihm vorlas, danach hatte er jedoch die Zeit, sein Urteil zu revidieren.
Ich war glücklich. Ich sang den ganzen Tag lang. Mein Leben war reich, reich, floß über. Singen war nicht genug, selbst Tanzen war nicht genug, und man konnte nicht schreiben, während die Gedanken überquollen. Ich mußte irgend etwas über Bord werfen. Intensive Traurigkeit beruhigte mich. Mittwoch abend lauschten wir Joaquins Trio, das von ihm, einem jungen Cellisten und einem jungen Geiger gespielt wurde. Als ich es das erste Mal gehört hatte und Joaquin es auf dem Klavier allein spielte, weinte ich bitterlich. Mittwoch beherrschte ich mich, aber ich war völlig gebrochen und in einer verzweifelten Stimmung. Seine Musik ist entsetzlich bewegend. Es kommen darin Augenblicke tiefen Kampfes, von Triumph, Klarheit und Hochstimmung zu Ausdruck, die sich zur reinsten Harmonie, der reinsten Melodie emporschwingen.
Elvira und ich mußten danach tanzen. Ich war so durcheinander, so losgelöst von allen visuellen Vergnügen, daß die Technik allein mich trug, zusammen mit dem geradezu unbändigen Wunsch, meinen Schmerz zu bezwingen.
Am nächsten Tag überwältigte mich eine physische Dumpfheit. Eine emotionale Krise, aus der ich stark, ruhig, weise, ganz eins mit mir hervorging – als ob der Kampf nur ein Bemühen um Einheit, ein Auflesen von kleinen, unbestimmten, bruchstückhaften Teilchen gewesen sei. Plötzlich hatte ich das Empfinden, daß ich nie wieder so nachgiebig, so weich, so scheu sein würde. Ich habe den Mut, ganz Ich zu sein.
Hugh sagt: »Offenbar hast du aufgehört, das Leben einfach nur zu erleiden, und fängst an, es zu beherrschen.«
Das Leben nur zu erleiden ist nicht genug. Ich weiß.

Das Ende von Eduardos Geschichte – zitiert aus einem Brief von Baby. »Ich sehe Eddie häufig. Ich glaube, er hat all seine Schwierigkeiten überwunden. Er raucht dicke Zigarren, trinkt und geht zu allen Tanzveranstaltungen, deshalb glaube ich nicht, daß du dir seinetwegen Sorgen machen mußt. Er arbeitet für fünfundzwanzig Dollar die Woche in der National City Bank.«
Waren mit John und Pauline aus. Durcheinander wegen eines Gedankens von ihm, den er in dem neuen Roman verarbeiten

will – die Aufrichtigkeit der Frau, die zu ihrem Mann zurückkehrt, eine rein intellektuelle Aufrichtigkeit, weil ihre *Gefühle* nicht befriedigt werden. Kampf zwischen dem Ideal und den Sinnen. Wie, zum Teufel, findet er diese Dinge heraus? Diese Frau erreicht außerdem ein bestimmtes Stadium in ihren »Erfahrungen« weit weg von ihrem Mann, wo sie nicht mehr darüber schreiben kann und durch den Prozeß des Sich-Zurückziehens als Autorin unaufrichtig wird. Verteufelte kleine Drehungen und Wendungen und Gebohre der Intelligenz, durch die John zu den unangenehmsten nackten Wahrheiten gelangt. Und immer Frauen, Frauen, von innen nach außen gekehrt.
Mich läßt ärgerlicherweise ein Gedanke nicht los, daß John und ich gemeinsam die am schwersten faßbaren Wahrheiten eines Charakters begreifen könnten. Ich spüre es, wenn wir miteinander reden. Wir kommen über verschiedene Wege oben auf dem Hügel an. Uns erwächst dasselbe ungewöhnliche Vergnügen aus solch geistigen Erhellungen und Analysen, die die meisten Menschen zu schläfrig sind zu unternehmen. Doch was ist der Nutzen davon? Er hat eine Familie, Lilith und lebt in New York. Die kleinen Augenblicke waren kleine Explosionen. Das ist alles, was ich bekommen werde. Sein Ellbogen auf der Lehne meines Theatersitzes, unregelmäßige Vertraulichkeiten, von Umständen bestimmt, und ein paar seltene, wohlüberlegte Besuche. Und danach werde ich meine eigenen Bomben zünden müssen.
Als ich mit dem Schreiben zu Ende war, kam Max Wald herein. Bei meiner Suche nach Freunden habe ich ihn gewählt, weil er ruhig und weise und verständnisvoll zu sein schien. Entdeckte einen glühenden, eifrigen, leidenschaftlichen Mann, der gründlich und furchtlos gelebt hat, sich ruhmreich und weniger ruhmreich durchschlägt, mit einer intakten Liebe zur Wahrheit und äußerster Aufrichtigkeit. Was er mir von seinem Leben erzählte, gefiel mir, und das sagte ich ihm auch. Er meinte, für mich »klingt es richtig«, weil ich Farben und Intensität liebe, er habe jedoch ein paar sehr unrühmliche Momente erlebt und sei nicht immer unbeschädigt daraus hervorgegangen.
Unrühmliche Momente – wenn die Dinge gegen den eigenen Willen passieren, wenn die Sinne einen verraten, wenn man

findet, daß die eigene Philosophie sich auf ein Paradox gründet, wenn die Wahrheit ein Paradox ist. Auch wenn man versteht und nicht *reden* kann. Ich bin jetzt überzeugt. Wie benommen sitze ich und leide und werde zur Feder getrieben.
Gustavo sagt mir: »Am ersten Tag, als ich dir begegnete, war es unmöglich zu sagen, wer du warst; du hast den Mund nicht aufgemacht.« John sagt mir: »In dem, was Sie schreiben, kommen Dinge heraus, die sich in Ihren Gesprächen nicht zeigen.« Es ist bei allen immer dasselbe: »Ich habe dich nie *gekannt* – nie erahnt.« Hugh lacht sich krank, wenn ich ihm das erzähle; mit ihm, mit denen, die ich gut kenne, rede ich. Sein Lachen tröstet mich. Wenigstens mache ich nach sechs Jahren Ehe im vertrauten Beisammensein ein paar Fortschritte.
Hugh lebt soviel durch mich und würde eine solche Freude daraus beziehen, wenn mein Werk veröffentlicht würde, doch mir ist es egal. Mich treibt zu sehr um, es perfekt zu machen, ich erkenne zu genau, wo es mangelt. Außerdem meine ich, daß das, was ich tue, Geheimhaltung erfordert, die ich bewußt beibehalten habe. Alles, was ich in diesen Tagen zu hören bekommen habe, gärt in meinem Kopf, und ich kann nicht umhin, erfreut zu sein.

8. Mai
Vulkanartige Sitzung von fünf Stunden mit John. Reden – endlos, verwirrend; vertrauliche literarische und persönliche Mitteilungen. Einräumen von Fehlern und Niederlagen. Ermutigungen: Ich zu ihm: »John, Sie haben nichts *versäumt.* Sie wissen und besitzen soviel wie alle Männer, die tatsächlich alles erprobt haben. Sie tragen Reichtum in sich, Ihrer Phantasie« (sage ihm, was ich mir selbst noch nicht bewiesen habe). Und er antwortet: »Anaïs, Sie haben nichts versäumt. Sie tragen selbst schöpferische Kraft in sich. Sie werden darin leben und dadurch gründlicher als die anderen.« (Aber wir sagten nicht, was ich über das Danach dachte: erdichtete Erfahrung ist, philosophisch gesehen, schön und gut, vor der wirklichen Erfahrung ist man jedoch so hilflos – so ungeschickt.
Seine Geschichten, seine Entsagungen sind mit solcher Erregung beladen, daß sie sich auf mich überträgt. Habe ich nicht vermutet, daß Lilith nicht ausreiche? Wie durch ein Wunder

entgeht er anderen Verführungen – physischer, experimenteller, impulsiver Art –, nur weil er immer die Folgen und den Katzenjammer danach in Betracht zieht, und er hat Angst vor Unheil und Zerfall. Mich überrascht sein Stoizismus, ich bewundere jedoch nicht. Ich sage ihm: »Sie haben all dies in Ihrem Kopf bereits getan – warum dann nicht ganz?« Er hat sich Küsse und Zärtlichkeiten gewünscht, sich manchmal darauf eingelassen. Schließlich entnehme ich seinen Worten, daß er heute, jetzt wie nie zuvor, von Leidenschaft gepackt ist und daß er einen tiefen sexuellen Aufruhr durchlebt. Ich spüre das Überfließen. Es gibt angespannte Momente in unserer Unterhaltung. Er weiß, da unsere Gedanken, Neugierden und Phantasien ähnlich sind, sind auch unsere Gefühle gleich.
Er liest mir aus seinem intimen Tagebuch vor: »Man kann eine Menge in der Phantasie tun«, sagt John voller Furcht, ich würde einige seiner unmißverständlichen Aussagen persönlich erproben wollen.
»Wieviel?«
Er weiß es nicht. So erzählt er mir die Geschichte von der Frau, die sich ihm angeboten hat. Mein Kommentar lautete, daß es ihm offenbar viel gegeben hat, »nein« zu sagen; der ganze Vorfall war eine solche Wissensquelle für ihn.
Als Entwurf wurde mir *Aufrichtigkeit* vorgelesen. Es ist eine richtige Komödie, unerwartet, ausgeklügelt und psychologisch und menschlich überzeugend. John ist von französischen Romanen durchdrungen. In denen hat er sich physisch ausgebreitet. Da er selbst kein Franzose ist, nimmt er seine Ausbreitung jedoch intensiv und gründlich wahr, nicht objektiv. Französische Vorstellungen ernst zu nehmen ist verhängnisvoll. Technisch hat er sich noch nicht ausgeliefert. In Wirklichkeit doch. Er hatte Angst, daß es für jeden sichtbar sein würde, weil er sich so ruhelos und fiebrig fühlt. Ich sagte: »Sie erzählen mir, daß Sie sich in dem, was Sie schreiben, *sicher* fühlen, weil die meisten Leute es nicht verstehen. Nun, in der Gesellschaft sind Sie genauso sicher. Für mich ist das alles *sichtbar,* weil ich Sie kenne.«
Heute bestimmt. Wenn ich schon vor langer Zeit von seiner intellektuellen Lebendigkeit überzeugt war, begriff ich gestern, wie emotional und physisch empfindlich er sein kann. Ich spüre noch immer beim Schreiben die unendliche Erre-

gung, von der er besessen war, ich kann seinen Kampf spüren, sich von allen Skrupeln zu emanzipieren – wie ich kennt er Tage des Triumphes und Tage der Niederlage. Angespornt von meiner Empfänglichkeit triumphierte er gestern; und das nächste Mal – finde ich ihn vielleicht abgekühlt vor. Wieviel Zeit auf Bedachtsamkeit verschwendet! Verfluche Denken und Weisheit, die den Impuls unterdrücken.

Habe mich heute ruhig nach einem zu emotionalen Nachmittag mit John zurückgezogen. Komplikationen, weil ich leben und lernen will mit dem geringst möglichen Opfer – nicht meiner selbst, für die ich nichts fürchte –, sondern des einen, den ich am meisten liebe, Hugh. Wenn ich außerdem so mit dem Fieber anderer lebe, Johns Empfindungen mitlebe, mich so gründlich hineinbegebe, fühle ich mich so müde, so zerschlagen, als hätte ich alles selbst getan. Und ich habe Augenblicke, in denen ich mir selbst zuwider bin, weil ich bei der kleinsten Laune der Winde so lächerlich herumzapple.

Ich habe eine seltsame Überzeugung in meinem Schreiben, nämlich, daß ich genug sage, das Wesentliche sage. John drängt mich, meine Themen zu einem Roman zu verarbeiten. Da schätzt er mich zum erstenmal falsch ein. Ich erkenne die Dinge schnell, dicht, kurz, das ganze Gegenteil von Proust; ich kann keinen Stoff entwickeln. Ich habe nicht das Temperament, die Stimmung, die Hartnäckigkeit dafür. Es ist nicht meine Art. Und dennoch möchte ich nicht oberflächlich sein. Hugh und John sind vielleicht die einzigen Männer, die sich gleich bleiben, wenn sie unter Männern sind. John erinnert mich an eine Geschichte von einem Mädchen, das sich verkleidete, um Männer unter Männern zu sehen, und das als Ergebnis nie geliebt hat. (John ist gegen alle Männer, außer Hugh natürlich – eine väterliche Warnung?) Ich weiß, daß Gustavo schmutzige Geschichten erzählt, wenn keine Damen zugegen sind – Gustavo, Enric und viele andere –, und sie sprechen in ziemlich unpoetischen Ausdrücken über ihre Geliebten. Mein Vater war so einer. Kein Wunder, daß ich John erzählte, was ich über Hughs Charakter denke, daß er »unglaublich« sei. John sagt voraus, daß Hugh auf ruhige Weise ein großer Mann werden wird, daß, obwohl ich eine viel größere Spannweite habe, er über Einheit verfügt, die mir helfen mag.

»Von uns beiden«, meinte ich, »ist er der Überlegenere.«

»Ihr seid beide bemerkenswerte Menschen. Aber Sie haben unzweifelhaft das ganze Genie in der Familie.«

10. Mai
Unfähig, die Last meines Gesprächs mit John zu ertragen. Warum so emotional bei intellektuellen Debatten sein? *Warum war er emotional?* So tauchte ich in das Leben eines anderen Menschen ein – eines Toten, dem meine Begeisterung ungehemmt zufließen kann, meinem lieben Proust, der von Léon-Pierre Quint[1] in einem wunderbaren Buch beleuchtet wird. Dann sahen wir uns Ibsens *Canard Sauvage* [*Wildente*] an. Daraufhin brach ich gestern abend zusammen. In Hughs Armen schlief ich abgespannt, erschöpft, schwach ein und wachte mit dem vorübergehenden Wunsch auf, alles *Denken* aus meinem Leben zu streichen.
Suchte den Schreiner auf, der meine Möbel baut. Auf dem Rückweg fiel mir eine unglaubliche Straße auf, Rue Jean Dolent, entlang der Mauer des Prison de la Santé. Eine haushohe schwarze Mauer ohne Fenster, die sich, so weit mein Auge reichte, hinzog. Ich stellte mir eine Geschichte über die kleinen Häuser in der Rue Jean Dolent vor. Und ich war sehr glücklich, weil mir klarwurde, ich verfügte über Zauberkraft – ich kann durch Mauern hindurchsehen. Ich kann mit einer Idee das friedliche Gesicht der Welt verändern. Ich kann auch mein Leben ruinieren, zerstörerische Beziehungen aus einer normalen Freundschaft machen, das Gleichgewicht eines günstig vorgezeichneten Schicksals durcheinanderbringen – dies alles mit meinem teuflischen Hirn.
Friede. Gracieuse deckt den Tisch. Ich kann die Seezungenfilets und den Spargel riechen. John ist in Bordeaux. Um drei kommt Gustavo. Zwecklos, mein armes kleines Hirn auszulaugen. Ich werde immer Freunde haben, über die ich mir Sorgen machen muß.
Bereichere mein Tanzen mit einer weiteren Erkenntnis: Elvira Vines' Art, mit ihren Armen umzugehen, die zigeunerhafte Sinnlichkeit und Feinsinnigkeit. Jeden Donnerstag arbeiten wir zusammen. Sie ist eine inbrünstige Katholikin mit einem spanischen Vorurteil gegen das Theater.

---

[1] Prousts erster bedeutender Kritiker.

11. Mai
Das Theater! Gerade als ich dieses Wort niederschrieb, stürzte gestern Gustavo geradezu herein und sagte in einem Atemzug: »Das amerikanische Theater hat schon fast mein Ballett angenommen; du wirst der Star darin sein, ich liebe dich; leih mir fünfhundert Franc bis Montag; ich muß mit dem deutschen Direktor nach Berlin fahren, er will *The Scorpion* aufführen; ich habe für dich um fünf Uhr eine Verabredung getroffen. Zieh dein schönstes Kleid an – für den Direktor; ich möchte jetzt einen Esel kaufen –, das ist alles, was ich brauche, um glücklich zu sein. Ich muß aus dem Hotel ausziehen; sie nehmen meine verspäteten Zahlungen nicht mehr hin. Ich bin ein Wrack.«
Er ließ sich auf den Diwan fallen. »Fühl mal meine Hände.« Sie waren eiskalt. Die meinen auch. Er begann, mir meine Rolle auszumalen, und daß er meine Tänze spielen und mir die Photos von der Aufführung im New Yorker Playhouse zeigen wollte. Ich ging, um mich in Schale zu werfen. Ich frischte mein Make-up auf und warf mich in mein griechisches türkisfarbenes Kleid und das Cape und setzte den schwarzen Hut auf. Gustavo steckte meinen Schleier fest, befahl ein accroche cœur [Schmachtlocke] auf der Stirn, prüfte mein Make-up und dankte dem Himmel für meine Gefügigkeit!
Wir eilten zum Vieux Colombier. Trafen den erwarteten, hartgesottenen Direktor, der mich in Augenschein nahm, mein Photo in dem spanischen Kostüm studierte, sagte, ich hätte »es« und ob ich die Rolle der Salome – Oscar Wildes – übernehmen würde, wenn sie das Ballett nicht aufführten. Gustavo verkaufte mich. Er rechnete für das endgültige Einverständnis mit dem Interesse des Direktors an mir, aber es gibt ein *Wenn;* die Kosten, Musiker, zwei weitere Tänzerinnen, drei Schauspieler und eine Truppe etc. Davon hängt das Ganze nun ab, und am vierzehnten werde ich's erfahren. Selbst wenn ich es nicht mache, hatte ich das Vergnügen, auf der Bühne des Vieux Colombier zu stehen (um den Boden auszuprobieren) und Gustavo in der ersten Reihe sitzen und sich nicht einkriegen zu sehen. Natürlich kann Gustavo in diesem Augenblick mich oder meine Bühnenpräsenz nicht beurteilen.
Hugh, der alle Varietés und Billigtheater gestrichen hat,

konnte nur erfreut sein über das Vieux Colombier – obwohl er erst im Zimmer hin und her ging, ein trauriges, schottisches Lied spielte und ohne Begeisterung eine Zigarette rauchte, weil er, wie er zugab, es »haßte, mich mit anderen zu teilen«. Und ich hatte das seltsame Empfinden, in zwei Richtungen gezerrt zu werden, mit der Angst, ihn zu verlieren und ihn mehr denn je zu lieben. Was wird John sagen?

15. Mai
Konzert von Yehudi Menuhin, das religiöste und tiefste Erlebnis, da ich je hatte. Ein Gefühl des *Wunders.* Erklomm nie gekannte Höhen durch seinen tiefen, klaren, klassischen, reinen Ausdruck der besten Gefühle, die ein Mensch empfinden kann – ein zwölfjähriges Kind, das noch nicht gelebt hat. Keine Sentimentalität, keine Überbetonung; echt, präzise, weise, mit einer erstaunlichen Perfektion.
Ich habe Hugh eine Zeitlang beobachtet, als sei er mir neu, da ich ihn mit meinen neuen Augen als Frau inmitten meines Fiebers und meiner Kämpfe sah. Ich nannte ihn passiv. Er ist passiv, weil er nicht kreativ ist, doch überaus empfänglich und verständnisvoll. Niemand ist so frei von Egozentrik, was man als einen Mangel an Individualität auslegen könnte. Da ihm die äußere Brillanz fehlt, ist er schwer zu verstehen.
In meinem Kampf um Aufrichtigkeit – so wie ich Aufrichtigkeit verstehe, nicht wie John – ertappe ich mich immer selbst. Mir fiel auf, daß ich für andere eine Menge Verständnis aufbrachte, jedoch nicht aktiv für Hugh (er denkt natürlich im Grunde, daß ich ihn die ganze Zeit verstehe). Das Ergebnis ist, daß ich mich noch heftiger in ihn verliebt habe. Es stimmt, daß er reifer wird und sich verändert. Daß ich gelernt habe, ihn aus seiner Reserve zu locken. Doch was auch immer es ist, ich kenne jetzt Dinge über ihn, die mir nie wieder entfallen werden. Die Schönheit seines Charakters entfaltet sich immer mehr. Während andere Männer sich winden, lügen, ausweichen, in Stimmungen und Illusionen und Sehnsüchte hinein- und herausfallen, bleibt er gleichbleibend klug, loyal, ganz, im Gleichgewicht. Ich, die ich so häufig unter meinen Füßen den Sand rutschen spüre, schaue jetzt zu seiner großartigen Echtheit und Kraft auf. Warum, sagen die Philosophen,

den ganzen Glauben auf die menschliche Natur setzen, die voller Mängel und nicht berechenbar ist? So wenden wir uns der Kunst und dem kreativen Schaffen zu, der Philosophie und der Wissenschaft. Ich habe dies in jeder Hinsicht zutreffend gefunden – außer bei Hugh.
Ich will ihn ohne lyrische Schnörkel beschreiben und kann es nicht. Ich habe ihn in den letzten Tagen so absolut und so verzweifelt und so demütig geliebt. Ich finde neuen Geschmack an unseren ruhigen Abenden zu Hause, wenn wir beide auf derselben Couch liegen und lesen; wenn er seine Gitarre spielt und singt, während ich in mein Tagebuch schreibe; wenn wir reden und rauchen; wenn ich ihm mein Pappmaché-Heim zeige und er über die kleinen Papierstühle lacht, über die roten Klötze, die ich in den Papierkamin hineingemalt habe; einen neuen Geschmack an unserem gemeinsamen Frühstück in aller Früh, weil er, nachdem er gemeint hatte, er hasse es, mich zu teilen, folgendes gesagt hat: »Und jetzt wirst du in die Morgen hineinschlafen, und ich werde mein Frühstück allein einnehmen müssen.«
Wie kläglich er das gesagt hatte; als ob die Aufgabe dieser kleinen Gewohnheit eine phantastische Veränderung in unserem Leben nach sich zöge! Und wie kläglich antwortete ich, wobei ich ihn streichelte, tröstete, ohne daß es mir gelang, mich selbst zu trösten.
Unterdessen jubelt Gustavo über den Erfolg seiner Arbeit, die Aussicht unserer »geschäftlichen und künstlerischen Partnerschaft«, auf der ich spröde bestehe an Stelle eines Unsinns. Er ruft mich vierzehnmal am Tag an: »Kannst du für mich ein Mädchen für die Gruppe finden? Kennst du eine Perückenmacherin? Kennst du einen Noten-Kopisten? Kann Miralles den ›Prinz‹ bekommen?« (Der arme alte Miralles bockte hier und verweigerte alle Hilfe, weil er meinte, er hätte gefragt werden müssen.) Bei strömendem Regen rennen wir herum und machen Besorgungen.
Die beiden Produzenten und der Direktor wollen mich noch immer für die Salome haben, denn sie haben die Vorstellung, daß sie wie ich war – jung, unschuldig aussehend, verträumt und doch teuflisch. Ich kann jedoch nicht beides machen.
»Komm und hilf mir beim Einkauf eines neuen Anzugs«, sagt Gustavito mit flehender Stimme. Hier streike ich.

In zwei Wochen ziehen wir um in unser neues Zuhause, und ich muß Waschlappen, Teetassen, Pfannen, Bettlaken, Decken etc. kaufen. So machte ich mich allein zum Printemps auf, summte, redete mit mir selbst, spielte vor den Spiegeln diskret die Salome, während ich auf mein Wechselgeld wartete.
»Willst du das wirklich machen?« fragte der Humorvolle Bankier nachdenklich.
»Nun, ich möchte weiterhin mit dir frühstücken, unsere ruhigen Abende haben – und ich möchte auch das machen.«
»An sich ist es keine große Sache ...«
»Nichts war je eine *wirklich große Sache*, Modellstehen, Havanna, die Gesellschaft, das Tanzen – nur mir bringt es halt immer so viel!« Also gehe ich summend durch die Straßen, trinke eine Menge Malz, um dicker zu werden, träume, frage mich, was meine grundlegende, angeborene, unheilbare Schüchternheit bei all dem machen wird.

17. Mai

Als John und ich den ganzen Nachmittag auf einem Diwan saßen und bei uns gegenseitig neue Charakterzüge, intime Gedanken, Wünsche und Niederlagen entdeckten, spürten wir den alles verwirrenden »Drang«, widerstanden ihm und stellten uns ihm gestern erneut. Wir weigerten uns, zuzugeben, miteinander geflirtet zu haben. Nein, er konnte nicht mit Hughs Frau flirten, und ich konnte nicht mit dem Liebhaber Liliths flirten. Und dennoch – er hatte mich schon seit einiger Zeit küssen wollen, und ich hatte ihn sich selbst vergessen sehen wollen. Und als es passierte, hörte die übrige Welt auf zu existieren, zumindest eine Minute lang.
Und als er dann gegangen war, hatte sich alles ins Schwarze verkehrt. Ich lag schlaff und elend auf dem Bett. Ich sagte mir selbst: »Ich darf nun diesen Kuß nicht zu ernst nehmen.« Es ist nur »une amitié passionnée«. Meine eiskalten Hände, mein klopfendes Herz, meine hämmernden Schläfen, verschleierten Augen und das Fieber, das von mir Besitz ergriff, waren jedoch nicht so einfach zu verscheuchen. Das war also das Überfließen, in ihm und in mir. Ein Augenblick großen Glücks, Stunden um Stunden der Qual, bouleversement [Aufgewühltsein]. Weil ich so bin. Und er?
Er rief am nächsten Tag an, um zu fragen, ob wir Sonntag

morgen Tennis miteinander spielen könnten. Ich hörte mich in veränderter, viel tieferer Stimme als gewöhnlich antworten: »Sollen wir Sie heute abend mit zur Foire nehmen?« Er war sogleich einverstanden. Schließlich gingen wir ins Theater, Hugh, er und ich. Wir waren fröhlich – redeten viel. Ich versuchte, seine Gefühle zu lesen, und konnte es nicht. Er war sehr sanft und aufmerksam, sehr beherrscht. Ich auch, äußerlich. Heute morgen haben wir Tennis gespielt, ich nicht sehr gut, konnte nicht verstehen, wie die Dinge so normal verliefen, obwohl ich innerlich so aufgewühlt war. Leicht zu erklären. Niemand konnte all das empfinden, was ich empfand. Nun, ich würde ein »good sport« sein (wie unnatürlich für mich, wo ich doch so wund, so empfindsam, so unfähig bin, was auch immer mich berührt abzuwerfen), und ich wollte nicht, daß John mich für sentimental hielt.

Inzwischen denke ich, *dies* ist meine schlimmste Krise, denn ich erwartete Hilfe von John und stolperte über meine schlimmste Komplikation, weil ich ihn nicht so leicht verstehen kann wie die anderen, weil ich mich nicht so leicht von ihm frei machen kann. Enric und Gustavo haben mich nie beherrscht. John ja. Mit seiner Reife, seinem Alter, seiner Kraft, seiner Größe.

Ich darf diesen Kuß nicht ernst nehmen. Ich darf es nicht. Ich muß einen klaren Kopf, klare Sinne behalten. Ich habe dies gewollt, es gesucht, hervorgerufen – es reicht. Es kam von einem Mann, der sehr beherrscht ist, nicht leicht den Kopf verliert und die besten Gründe hat, sich nicht so zu verhalten. Ich war glücklich – als eine Frau, die es liebt, geliebt zu werden; als eine Künstlerin, denn er sagte immer wieder, ich sei »außerordentlich«, glücklich auf eine böse Weise, eine große, eine göttliche Weise.

20. Mai

Ich empfand dreierlei für dich. Am ersten Tag war ich schrecklich glücklich, weil du mich geküßt hast, und schrecklich unglücklich, weil ich wußte, dieser Kuß war ein Überfließen von Begeisterung, so wie du neulich nach deinem Konzert jener Dame einen Kuß gegeben hast. Am zweiten Tag wollte ich verzweifelt wissen, was er dir bedeutete, damit ich mein Leben danach ausrichten konnte; wenn er dir mehr bedeutete als jener des Abends nach dem Konzert, dann werde ich nie mehr mit einem anderen Menschen flirten; wenn er das gleiche bedeutete, dann werde ich *alles* vergessen. Dieser Tag war der traurigste von allen. Ich empfand mehr Ruhelosigkeit, mehr ungestillten Hunger, mehr Verzweiflung denn je. Am dritten Tag versuchte ich, mich zu bezwingen, um dir zu gefallen, weil ich weiß, daß du es nicht leiden kannst, wenn man ein Gefühl vergrößert. So habe ich also am dritten Tag beschlossen, es alles als eine vorübergehende Freude zu nehmen, für die ich dankbar bin. Welche Empfindung gefällt dir am besten?

Du hast deine traurigen Tage, deine respektlosen Tage, deine launenhaften Tage – welcher ist heute, John?

Ich möchte dich nicht enttäuschen; ich bin wirklich kein guter Kumpel – ebensowenig wie die Helena [in der Artus-Sage], die sich ertränkte. Ich meine, ich kann diesen Kuß nicht vergessen. Kannst du es? Und willst du, daß ich ihn vergesse?

In deinem Leben ist nicht viel Platz für mich, aber ich habe einen schönen Namen für das Gefühl gefunden, das uns verbindet – une amitié passionnée. Das kann alles einschließen, was du geben kannst, ohne im geringsten Lilith verarmen zu lassen.

Nur der Höhepunkt war vollkommen. Vorher und hinterher arbeiteten in ihm und in mir Zögern, Analysieren und Denken, Denken, Denken. Er selbst sagte: »Ich, der ich so kopfbestimmt bin ...« Und ich so »voller Phantasie ...«, daß meine Vorstellung von dem, was der Augenblick sein *sollte,* wie er ihm und mir danach, in der Rückschau erscheinen würde, mich fertig macht.

Nach und nach fand ich heraus aus all diesen Zuständen: aus der physischen Ekstase, dem geistig Wirrwarr, der Traurigkeit und Freude. Da John zwei Tage lang weg war, habe ich nur hier mit ihm gesprochen und geträumt. Die Sinne beruhigten sich, und mein Kopf wurde klar.

Ich habe nur ein schmerzliches, tiefes, absolutes Bedürfnis, ihn noch einmal zu sehen, bevor er nach New York fährt. Ich weiß jetzt, daß die ganze Sache mir mehr bedeuten wird als ihm, weil ich so gemacht bin, weil ich ein Brunnen ohne Boden bin, voller zahlloser Echos, nicht zu sondieren.

Es war Donnerstag abend bei Mutter, wo Joaquins Trio gespielt wurde, daß es ihn schließlich zu mir hinzog. In der Woche zuvor hatten wir lange miteinander geredet. Er wußte damals, was ich nicht wußte, daß er mich küssen wollte. Donnerstag abend sah ich offensichtlich besser aus als gewöhnlich. Ich glühte vor Aufregung wegen meines »Theaterengagements«. Unsere Augen begegneten sich während der Musik mit einem alarmierend persönlichen Glanz; wir wußten nicht, was der andere dachte, doch was auch immer es war, es war für niemanden sonst im Raum bestimmt.
Ich spürte am Freitag seine Erregung. Wir hatten nur eine Stunde miteinander gesprochen. Ich hatte eine Verabredung. Ich legte meinen jadegrünen Umhang um und gab ihm sein Exemplar von *Onkel Sam;* er stand auf und beobachtete mich. Ich ging zum Schreibtisch, um meinen Schlüssel zu holen, war nervös und durcheinander. Als er auf mich zuging, wußte ich instinktiv, was passieren würde. Sein Griff auf meine Schultern war sehr kräftig. In dem Augenblick hatte ich ihm meinen Rücken zugewandt, er drehte mich zu sich hin und beugte sich über mich. In mir war nichts anderes, als daß mein ganzes Sein blind zu ihm hochbrandete, der Wunsch, ihn zu trinken, ihn in mich aufzunehmen. Seine Zunge in meinem Mund war wie sein eigenes Fleisch, das mich durchdrang. Es war ein langer Kuß, hart, besitzergreifend, absolut. Und das war alles, was zählte – der Rest, seine, meine Worte, sein Zögern zu gehen, mein Anruf, um die Verabredung abzusagen, die weiteren anderthalb Stunden, die wir miteinander verbrachten, waren nebelhaft und unbefriedigend. Ich wüßte nicht zu sagen, ob er über gleichgültige Dinge sprach, weil er ein Gefühl verdecken wollte oder weil es bereits vergangen war. Als ich wegen meiner Verabredung telefonierte, überraschte mich seine Bemerkung: »Es freut mich zu sehen, daß du auch mit dem Telefon Schwierigkeiten hast – ich hatte immer Angst, daß das mit meinem schlechten Französisch zusammenhing.« Ein einfacher kleiner Satz. Sagte nicht auch ich sie, um den Tumult zu verbergen? Dumme Dinge. Dinge, die ich nicht meinte. Und ich ärgerte mich, weil meine Hände eiskalt waren. Er hatte das nie bei jemandem erlebt und neckte mich deswegen, und ich zeigte ihm, wie sie wieder warm wurden, als wir über Philosophie redeten.

Er hätte nicht so lange bleiben sollen. Ich wollte allein sein, um mich und all meine armen verstreuten Gefühle einzusammeln. Und was für eine Depression danach – immer nach kleinen Aufregungen, nach Musik, Abendessen, Abenden auswärts, Reden und doppelt nach diesem Nachmittag – eine schreckliche Depression. Eine schlimme Nacht – unruhig, voller Träume und der plötzlichen Erkenntnis, daß ich Donnerstag nacht *geträumt* hatte, John habe mich geküßt, daß ich all das, was passiert war, geträumt hatte. Sichtbare Zeichen eines seltsamen Schicksals, die mich überrannten. Doch möchte ich klug sein, vernünftig, und John wäre der erste, der über all dies lachen würde, wenn ich es ihm erzählte.
Am nächsten Morgen, Samstag, war ich unruhig, wanderte endlos durch die Wohnung, unternahm verzweifelte Anstrengungen, Lorraine [Maynard] einen zusammenhängenden Brief zu schreiben. Als das Telefon läutete, machte mein Herz einen solchen Sprung, daß ich zunächst nicht antworten konnte. Als ich es dann mit tiefer Stimme tat, fragte John, ob ich mit ihm Sonntag morgen Tennis spielen würde.
Heute jedoch auf dem Tennisplatz ließen mich die Gedanken an John nicht eine Sekunde los. Mit meinem Schläger in der Hand, als ich harte Bälle schlug und die Blumen roch und von der gesegneten Sonne verbrannt wurde, fühlte ich mich sehr mutig und sehr stark und sehr weiblich und rief meinem großen Mann herausfordernd zu: »Oh, ich werde über den Kuß hinwegkommen.«
Ich weiß, wie unaufrichtig ich bin, denn wenn er in diesem Augenblick hereinkäme und wieder sagte, was ich neulich nicht glaubte: »Ich liebe Lilith und auch dich«, in einem Ton, der mich überzeugen würde, würde ich nicht mehr versuchen, mich zu kurieren, sondern würde dafür einen dauerhaften Platz in meinem Leben einrichten.

21. Mai

Ich bin mir des Wunders des Lebens so bewußt, daß, nachdem ich einen Brief von Lorraine erhalten habe, in dem Bedauern und Trägheit klar zum Ausdruck kommen, ich mir eine Stunde nehme, um ihr einen langen tröstlichen Brief zu schreiben, wobei ich versuche, nicht nur meine eigene Begeisterung in sie einfließen zu lassen, sondern ihr mein eigenes Leben mitzuteilen, so als wollte ich sie mit hineinnehmen – obwohl ich ihr nicht erzählen kann, was wirklich los ist, da es ihre Idealwelt zerbrechen würde. Und am Ende sage ich ihr, damit sie nicht traurig ist, daß sie die kostbarste aller Welten in sich und in ihrem Schreiben trägt, weil ich weiß, *daß dies wahr ist.* Der ganze Wahnsinn und der Tumult der letzten Tage sind gestern abend, nachdem ich geschrieben hatte, verschwunden. Ich bewahrte mir nur die höchst übernatürliche Ekstase und das Gefühl der Bereicherung. Bei John hatte sich der Kuß vielleicht durch andere Ereignisse aufgelöst, ich besitze ihn jetzt, bis ich sterbe; er ist tief in mir begraben und gefangen; und ich kann ihn, so oft ich will, immer wieder neu erleben.

23. Mai
Er ist heute gekommen, als ich nicht da war, und ich bin ausgegangen, weil ich mich nicht der möglichen Enttäuschung stellen konnte, daß er nicht kommen würde. Wir hatten keine Verabredung getroffen. Er war den ersten Tag von Bordeaux zurück.
In dem Taxi, das mich in rasender Geschwindigkeit nach Hause fuhr, hätte es mich fast erwischt, und eine Sekunde lang habe ich es *gewünscht.* Denn ich habe immer Angst, wenn ich einen Höhepunkt im Leben erreicht habe, es könnte der höchste und der letzte sein.

25. Mai
Formelles Abendessen, das John für einige Freunde im Lapérouse gegeben hat. Als er mir seinen Arm anbot, drückte er den meinen fest, und ich antwortete. Ich, die ich ganz in Weiß gekommen war, äußerlich ruhig, spürte, wie meine Zurückhaltung wich und Wahnsinn sich wieder meiner bemächtigte. Am Tisch trank er mir direkt zu. Nach dem schier endlos scheinenden Essen bestand er darauf, daß wir ihn mitnahmen, obwohl kein Platz im Auto war. Plötzlich wurde mir klar, daß er loderte wie ich. Ich hätte gern seine Stirn, sein Herz gefühlt.
In seiner Wohnung redeten wir noch miteinander; er las uns aus *The Sleeping Beauty* [Dornröschen] vor. Pauline und Graham schliefen ein. Hugh und ich machten Anstalten aufzubrechen. »Ich fahre mit euch«, sagte John. Pauline verließ är-

gerlich das Zimmer. Es war halb eins. Unterwegs im Auto drückte John mein Knie mit der Hand. Ich saß eng neben ihm. Ich konnte seine Erregung spüren und er die meine. Wir stiegen in die Wohnung hinauf. Ich öffnete die Tür zum Balkon und schlug vor, uns dort hinzusetzen. Es war Vollmond. Wir knipsten das Licht aus.

Hugh ging in die Küche, um etwas zu trinken zu holen. John und ich, tendue par un désir affolant [angespannt von rasender Begierde] standen uns gegenüber. Doch mußten wir uns hinsetzen, reden, konnten uns nur ansehen, und zweimal dachte ich, daß er mich vor Hugh küssen würde wie neulich abend und daß mein ganzes Leben explodieren würde. Während er mich ansah, in mich hineinsah, sagte er, er habe etliche Nächte nicht geschlafen. Ich hatte den verzweifelten Wunsch, zärtlich zu ihm zu sein, ihn zu besänftigen, ihm zu gehören. Trotz aller Schranken schmolzen sein Fieber und das meine ineinander.

Um halb drei, als er, bereit zu gehen, an der Tür stand, verschlangen mich seine Augen, und ich hätte fast geschrien: »Ich komme mit!« Der Schmerz, ihn allein weggehen zu sehen, war unerträglich. Er wollte mich. Genauso wollte mich Hugh. Ich drehte fast durch, als wir anfingen, uns auszuziehen, und er sanft sagte: »Ich habe dich heute abend geliebt, kleine Pussy.«

Zum erstenmal plapperte ich nicht wie sonst über all das, was mir durch den Kopf geht; es amüsiert Hugh immer, während er sich auszieht, lächelt, zustimmt oder den Kopf schüttelt. Er war überrascht und sagte: »Hast du dich auf dem Balkon erkältet?« John, John!

Abends. Nach dem Kuß neckte mich John wegen Lilith.

»Hast du sie noch immer gern?« fragte er.

»Natürlich«, antwortete ich ziemlich aufrichtig. Über sie zu reden tut mir nicht weh; auch nicht, daß sie seine große Liebe ist. Sie ist die Frau für ihn, so viel älter, weiser, tapferer und *humorvoller.* Sie hat ihm mehr zu geben. Ich bin nur seine kleine Liebe – etwas mehr als ein Flirt und für ein paar Tage. Er wird jetzt ganz zu Lilith zurückkehren und anderen Flirtereien mit den vielen Frauen, die sich ihm anbieten, wenn sie seine Romane gelesen haben. Sein Leben birst wirklich vor Liebe.

27. Mai

Heute morgen, als die Klingel läutete, wußte ich, daß er es war. Ich wußte auch, daß er zu einem gewöhnlichen Auf-Wiedersehen-Sagen gekommen war und dachte, wir würden dem Gefühl von neulich abend entkommen. Er ging von der Wohnungstür durch die Diele ins Wohnzimmer; ich schloß die Tür. Das Dienstmädchen war nicht da. Wir standen eine Minute lang voreinander. Ich hatte ein ärmelloses, hauchdünnes, rotweißes Chiffon-Kleid an. Es war sehr heiß, aber mein Körper war wie immer kühl. Ich hatte meine Abrechnungen gemacht – hatte fiebrige Gedanken beiseite geschoben. Er war sehr mit den Details seiner Reise beschäftigt gewesen. Mit klarem Kopf und selbstbeherrscht sahen wir einander an diesem strahlenden Morgen an – nur eine Sekunde lang. Selbst jetzt kann ich nicht die alles hinwegfegende Kraft des Impulses verstehen, der uns wieder zueinander hinzog trotz schrecklicher Hindernisse, trotz Lilith und Hugh und trotz all unsrer Gedanken und Träume. Er zog mich zur Couch, und wir küßten uns, küßten, küßten eindringlich, verzweifelt, hungrig.

»Das ist nicht fair«, murmelte John, »aber so himmlisch, so himmlisch.« Seine Hände liebkosten meinen ganzen Körper, suchten meine Brüste und meinen geheimsten, sensibelsten Teil. »Ich möchte deine Brüste küssen – zieh etwas anderes an. Ich möchte sie sehen – ich möchte nicht dieses Kleid zerreißen.«

Ich stand auf. Etwas, was er geschrieben hatte, schoß mir durch den Kopf, über unser Recht, den Körper zu sehen, den wir lieben. Ich nahm den spanischen Schal mit in mein Zimmer, und nur in ihn gewickelt, kam ich zu John zurück. Er trug mich zur Couch und legte sich neben mich. Er küßte mich, streichelte mich, drang zwischen meine Beine, badete in der Feuchtigkeit meiner Begierde, konnte jedoch nicht ganz in mich eindringen. Er war kraftlos. Er murmelte klagend: »Ich liebe dich zu sehr – ich habe zuviel daran gedacht, und jetzt denke ich an Hugh. Ich liebe *dich, dich,* alles an dir, deinen Geist, dein einzigartiges Selbst.«

»Ich verstehe«, sagte ich. »Eigentlich ist alles neulich abend passiert. Dies ist nicht der Augenblick, nicht die Stimmung. Sei nicht traurig, sei nicht traurig.«

»Vergib mir!« Unsere ganze Kraft hatte sich in Träume ergossen! »Du Wundervolle – wie schön dein Körper ist. Steh auf; laß mich dich ansehen.«
Ich stand auf und öffnete meinen Schal.
»Der Körper einer Tänzerin, Anaïs – mich dich sehen zu lassen, was für ein kostbares Geschenk hast du mir damit gemacht.«
Als ich wieder angezogen zurückkam, stand er am Fenster.
»Du bist nicht traurig?« fragte ich.
»Es war unser Schicksal, Anaïs – vielleicht ist es besser so. Zunächst habe ich mich wegen meiner Unfähigkeit gehaßt, einer schönen Frau meine Hochachtung zu bezeigen, aber du bist für mich heute nicht nur *das.* Ich bin jedoch jetzt eher froh wegen Hugh – obwohl ich dich begehre. Oh, ich begehre dich, und eines Tages werde ich dich ganz besitzen.«
Wir saßen auf der Couch – er hielt mich eng umschlungen. Er streichelte meine Brüste, die er unglaublich sensibel auf seine Berührung fand, mit harter Spitze, zitternd.
»Herrliche Brüste. Du bist wie ein kleiner Faun – so sensibel, so klein, so fein, liebstes kleines heidnisches Wesen.« Und da ich enttäuscht aussah: »Dies ist ein Kompliment, weißt du.«
»Ein Faun ist keine Frau«, meinte ich.
»Du bist beides« (und küßte die Frau). »Du weißt, ich bin heute morgen nur gekommen, um dich zu sehen, und nicht um mit dir zu zärtlich zu werden. In gewisser Weise ist das sogar noch ein größeres Kompliment. Aber ich konnte nicht anders.«
Nach einer Weile: »Du wirst Lilith nicht hassen, sie hält so viel von dir.«
»Nein, ich kann nichts gegen sie haben. Sie macht dich glücklich. Sie ist die richtige Frau für dich.«
»Es stimmt absolut, daß ich sie liebe und dich.«
Und etwas später: »Du wirst mit der Liebe nicht mehr experimentieren?«
»Ich könnte jetzt nicht spielen oder nach dir irgend etwas Mittelmäßiges ertragen.«
»Damit hast du etwas Wunderbares gesagt, Anaïs.«
Ich fragte ihn: »Was hast du nach jenem ersten Kuß gedacht?«
»Ich habe überhaupt nichts gedacht – es war wunderbar. Ich wollte nur noch einen.«

Seltsam. Mich hat seine Kraftlosigkeit nicht verletzt. Ich spürte, wie seine Liebe zu mir hochwogte, mich umgab, obwohl sie nicht vollzogen wurde. Wir waren beide glücklich wegen der *anderen,* doch offen genug, um über unsere *technische* Treue zu lachen, und John meinte, es sei unglaublich, daß wir glücklich sein konnten, nur weil wir physisch nicht gänzlich nachgegeben haben und doch in jeder anderen Weise.
»Keiner von uns ist für das Leben des Don Juan geschaffen. Wir *empfinden,* wir *denken* unsere Leidenschaften.«
Nach vielen weiteren Küssen sagten wir uns Auf Wiedersehen.
Gestern abend, dem *letzten* Abend führte er uns zum Essen und Tanzen aus. Er war abwechselnd traurig und forsch. Ich war benommen. Als wir miteinander tanzten, zeigte er mir wieder, wie intensiv sein Begehren war, wie er meinen Körper liebte. Er fand wunderschöne Worte, als Hugh und Pauline miteinander tanzten. »Ich habe dir neulich wirklich das höchste Kompliment gemacht, Anaïs. Du hast den Lüstling nicht aufgestört, so daß er vergessen hätte, welch ein Wunder du bist – doch seitdem werde ich von deiner Schönheit, deinem herrlichen, unglaublich empfindsamen Körper verfolgt, so sehr der deine wie dein Geist und dein Gesicht. Erst jetzt begreife ich, was für ein Wunder die Individualität ist – wie die deine – kleiner Faun, kleiner Faun mit den sensiblen Brüsten – wie habe ich an sie gedacht – ich muß aufpassen, daß ich sie nicht beschreibe. Oh, Anaïs, du wirst viele Männer schlecht machen. Du hast die Macht.«
Nach einer Weile hielten wir es nicht mehr aus, miteinander zu tanzen. Eine weitere verzweifelte Umarmung mit unserem ganzen Selbst, und wir gingen wirklich auseinander. Heute morgen am Bahnhof war es nur eine blasse, traurige, häusliche Szene, weit weg von der eigentlichen Trennung. Er überraschte jedoch jeden, indem er seine Trauer zeigte. Seine Schwester Rhoda meinte: »Ungewöhnlich, John traurig zu sehen. Er guckt sonst immer nach *vorn,* voller Begeisterung über das, was er verläßt, aber auch über das, was auf ihn zukommt.«
Erst später fiel mein ganzer Mut von mir ab – als ich allein war. Erst dann wurde mir klar, wieviel ich gegeben, wieviel ich empfangen hatte, und ich empfand ein déchirement [Zerrissenheit], das seine wenige Monate währende Abwesenheit

nicht erklären würde. Ich spüre insgeheim, daß wir für immer getrennt sind und daß Lilith ihn jetzt festhalten wird und ich mich daran erinnern muß, daß ich zu Hugh gehöre.
An dem Tag, als John so nahe daran war, mich zu besitzen, begann ich Hugh durch einen Zuwachs an Hingabe, an Energie bei der Schaffung eines gemeinsamen Lebens zu entschädigen. Ich entwickelte eine neue Vorstellung seiner Bedeutung und von dem, was ich für ihn tun muß. Ich konnte nicht verstehen, daß John sich *meinetwegen* Sorgen machte. Ich bin mir selbst egal. Ich *liebe* all den Schmerz und den Kampf, der über mich kommt. Hugh ist nun meine Religion, mein Gott, das Ziel meines Lebens. Ich muß ihm mehr geben, als ich ihm genommen habe. John hat Genie und Kraft; Hugh haftet etwas Mystisches an, das nur die größten Dichter aufweisen. Ich werde ihn inspirieren und ihn dann von mir befreien, wann immer er es will. Dies alles könnte in einer Minute zu Ende sein, wenn ich sein Vertrauen zu mir zerstörte, da ich seine *Religion,* sein Ein und Alles bin: Ich werde dieses Vertrauen nicht zerstören. Ich werde sogar Lügen über mich in mein Leben bringen. Sie werden mir nicht schaden. Meine Lügen liegen hier – dieses Buch wird versiegelt werden. Ich habe alles sondiert; nur die Schönheit bleibt. Alles Menschliche, Schwache, das mir zustößt, wird so nicht bleiben. Selbst von John nehme ich nur, was am edelsten ist. Die weißglühende Hitze. In solch glühender Hitze kann man alles formen. Und an mir selbst, gerade an mir selbst, werde ich mit gnadenlosen Fingern arbeiten. Diese Finger sind nur für andere weich und zart.
Wenn Hugh heute wüßte, was ich bin, würde er zusammenbrechen. Wenn ich heute erführe, daß Hugh das ist, was ich bin, das getan hat, was ich getan habe, würde ich es *verstehen.* Mein Glück würde zusammenbrechen, jedoch nicht mein Verständnis oder mein Mitleid; und auch nicht meine Liebe zum Leben.
Ich entdeckte die Eigenschaften, die in dem, was John schreibt, fehlen: Zärtlichkeit, Mitleid, ein tragisches Lebensgefühl – das Wissen der Dichter. Er hat mir Montag erzählt, wie seine Herzensqualen immer durch Witzeleien ausgeglichen wurden – daß er nie witziger war, als wenn er litt. Wie die Franzosen schüttelt er Kummer stets mit Humor ab, läßt

es nicht zu, daß er von ihm Besitz ergreift, zu nachhaltig wird. Zum Teil »pudeur« [Scham], zum Teil Stoizismus, zum Teil eine intellektuelle Angst vor dem Gefühl. Er, der so begierig ist, über alle kostbaren Erfahrungen zu verfügen, weist in Wirklichkeit die tiefste von allen zurück.
Mit mir muß er gelitten haben; ich habe ihn dazu gebracht, an sich selbst, seiner Phantasie, seiner Liebe zu zweifeln. Lilith ist eine triumphierende, befreite, glückliche Frau. Ich bin der Faun, klein und schelmisch, mystisch und sinnlich. Er liebte mich entgegen all seiner Klugheit. Was wird geschehen? Ich habe ihn nicht glücklich gemacht – ich habe ihm die Ruhelosigkeit gebracht. Manchmal hatte er Angst, in mich hineinzusehen, deshalb neckte er mich, ließ mich leiden, machte über Kleinigkeiten harte Bemerkungen. Ich lächelte – habe immer gelächelt. Er war bewegt.
Wenn er weiterhin nach all diesem nur witzig, schlau und brillant sein kann, wenn er nicht zu einem tieferen Gefühl zum Leben und zu einer Frau vordringt, dann fehlt ihm der letzte Einblick. Ich habe Vertrauen zu ihm. Heute versteht er mich nicht ganz; er wird es später. Ich bin soviel älter, als er weiß. Durch die Intensität der Phantasie und des Körpers ist mir so unendlich viel passiert, und ich weiß eine Menge; ich bin alt.

30. Mai
Ich hatte selten so traurige Tage wie den gestrigen, es nur ein paar Male erlebt, daß ich mich so wenig in der Gewalt hatte. Beim Nach-Hause-Gehen weinte ich auf der Straße, und heute ist es noch schlimmer. Er fehlt mir mehr, als ich mir je vorgestellt hatte. Jede Sekunde denke ich an ihn. Am meisten überraschte mich, daß er mich dazu inspirierte, über ihn zu schreiben, obwohl es mir so weh tat. Ein schmerzlicher Wunsch zu *bewahren.* Nachdem ich es getan hatte, fühlte ich mich glücklicher und hatte keine Angst mehr, alles zu *verlieren.*
Irgendwie wußte er am besten, daß die Trennung, wie er sagte, unerträglich geworden wäre, wenn wir enger miteinander verbunden gewesen wären. Ich kann mich jedoch nicht freuen, weil ich jetzt weiß, daß es nie stattfinden wird. Und wenn mich irgend etwas frohstimmt, dann die Tatsache, daß

ich mich durch seine Abwesenheit vielleicht von dem Bedürfnis nach ihm befreien kann.
Ich schade Hugh nicht. Eigentlich will er nichts anderes als meine Liebe und mich. Er hat sie noch immer. Ich habe die Macht, mich zu vervielfachen. Ich bin nicht eine Frau. Er hat den größeren Anteil von mir. Ich bin nie so verschwenderisch bei jemandem gewesen wie bei ihm. Ich habe nur ein Geheimnis vor ihm. Alles andere, weiß er, ist sein. Das merkwürdige Paradox ist, daß er mich in den letzten Tagen mehr geliebt hat – ich weiß nicht, warum. Er findet mich lieblicher, ihn erstaunen neue Ausdrucksformen, meine Gedanken, das rayonnement physique et intéllectuel [physische und intellektuelle Ausstrahlung], das von mir ausgeht. Eine Entdeckung, die mich wahnsinnig macht und mich an aller Wahrheit zweifeln läßt.
John hatte vor dem ersten Kuß gesagt: »Sie sehen nach Abenteuer aus, aber Ihr Tagebuch enthüllt einen anderen Charakter. Es ist wirklich ein trauriges Tagebuch, weil die wirklichen Werte Sie umtreiben.«

31. Mai
Eines Tages werde ich einen Roman über eine Frau schreiben, die Männer liebte, während diese in Schwierigkeiten, besiegt, unglücklich, erfolglos waren, und sie liebte, bis sie über das Leben triumphierten, ihr Schicksal vollendeten, ihren Ehrgeiz befriedigten, und die danach ihr Interesse gänzlich an ihnen verlor. Denn sie war nicht so sehr eine Frau als vielmehr eine Künstlerin – eine Schöpferin von Leben, mit Kampf, Aufbau, nicht mit Höhepunkten befaßt.
Es ist schon seltsam, wie ich Gustavo mit unerschütterlichem Vertrauen unterstützte, als er keinen Pfennig hatte, unbekannt, allein, ohne Freunde, fallengelassen und glücklos war. Ich habe ihn nie geliebt, bei Gott, nein, ich fand viel Zuneigung, Ermutigung, Geduld, Zärtlichkeit und Toleranz für ihn – genügend, um ihn aufzuwärmen, wenn er buchstäblich und symbolisch am Erfrieren war. Und aus all diesem erwuchs ihm seine Kraft, und er ging hinaus, um Leute zu sehen, und begann, Freunde zu finden. Heute bieten sich ihm alle möglichen Angebote und Hoffnungen dar. Er ist im Begriff, La Argentina zu treffen, seine Lieder auf Platten aufzu-

nehmen und seine Musik in London und in Berlin gespielt zu bekommen. Und er möchte, daß ich überall die Hauptrolle spiele, weil er meint, zusammen könnten wir Wunder bewirken. Ich bin jedoch zufrieden, jetzt von der Bildfläche zu verschwinden. Er steigt auf. Meine Arbeit ist getan. Was für ein Ungeheuer bin ich? Liebe ich Menschen oder Gedanken und Arbeit – meine Schöpfung?

Er sagt, ich hätte mich in einem Jahr unglaublich verändert. Er hatte mich für eine süße Spanierin gehalten, gefügig, aufmerksam; ein richtiger Fußabtreter, wie der Spanier es gern hat. Heute sieht er mich selbständig und bereit davonzufliegen – der geflügelte Fußabtreter. Ich necke ihn, lache über ihn, wirble seine Vorstellungen durcheinander. Er ist halb ärgerlich, halb gequält. Ich bedanke mich bei ihm, denn ich bin ihm wirklich dankbar für all das, was er mir beigebracht hat. Die »mensonge vital« [lebenswichtige Lüge], die ich ihm verschafft habe, seine Illusion über meine wahren Gefühle, ist durch die wunderbare Kraft gerechtfertigt, die dadurch über sein Leben gekommen ist.

Ich weiß jetzt, daß die Wahrheit nicht immer *kreativ* ist. Es gibt etwas anderes – die »mensonge vital«, die Illusion, wenn sie im richtigen Augenblick angewandt wird. Die Wahrheit an sich ist nicht wertvoller oder nicht richtiger als die Unwahrheit, die Loyalität als die Illoyalität, die Aufrichtigkeit als die Unaufrichtigkeit; die Weisheit liegt darin, daß man weiß, wie und wann man sie richtig anzuwenden hat. Ibsen, der kein solch altmodischer Schriftsteller war, wie wir gerne meinen, tadelt den Mann, »die Wildente«, der kommt und das Leben seines Freundes zerstört, das wunderschön auf einer Lüge aufgebaut war, die schon seit langem niemandem mehr schadete und sich zu etwas Gutem gewandelt hatte. Er hat nichts, was er an die Stelle der nun sich ausbreitenden Trostlosigkeit setzen könnte außer einer Art moralischer Genugtuung, die in sich nicht sehr hilfreich ist.

1. Juni

Als ich Hugh von meiner Romanidee erzähle, scheint er entzückt zu sein: »Das erste bißchen einer heiteren Neuigkeit, das ich in den letzten paar Monaten erhalten habe.«

»Heitere Neuigkeit?«

»Nun, erklärt diese Idee nicht *dich* und all deine Freunde? Und selbst John, der, obwohl erfolgreich, hier ohne Lilith einsam war, so daß du jetzt, da er dich nicht mehr braucht, das Interesse an ihm verlierst?« Er ist halb ernst, halb schnodderig.
Ich lache. »Nun ja, wenn es dich glücklich macht.«
»Tut es. Es ist die Art Erklärung, die ich in letzter Zeit brauche. Wie du weißt, war ich eifersüchtig und traurig.«
»Ja, ich weiß.«
»Komm schon, schreib den Roman – es ist eine tolle Idee!« Er lachte wie ein Junge.
Kurz davor hatte ich Hugh »gestanden«, daß ich eine übervolle Woche gehabt hätte, mit Besuchen von John, Gustavo, Mr. Wald und M. Liphart, und daß ich bereit sei, meine »Strafpredigt« von ihm entgegenzunehmen; wenn er wirklich verärgert sei – solle er sich nicht bremsen und mich schelten. Ich wußte, ich verdiente es. Und ich wartete. Besänftigt sah Hugh mir ins Gesicht und sagte ruhig: »Ich wollte nur, sie würden mir nicht all meine Zigaretten wegrauchen.«
Und danach behielt er humorvoll den Zigarettenbestand im Auge. Am Montag blieb das Päckchen auf dem Tisch unberührt, obwohl John anderthalb Stunden mit mir verbracht hatte. Hugh fiel das auf und sagte fröhlich: »Das ist ein schlimmeres Zeichen als alle die anderen.« Ich lachte nicht. Plötzlich wurde er still und sagte dann: »Liebling, ich habe mich bemüht, nett und geduldig zu sein, aber ich bin froh, daß John abreist. Ich werde allmählich eifersüchtig auf ihn.«
Heute bin auch ich froh, daß John abgereist ist. Ich bin nicht genau wie die Frau in meinem Roman, weil ich wirklich liebe, doch heute wird mir klar, daß Hugh mich mehr braucht als John – daß er sein ganzes Glück auf mich gesetzt hat.
Schon zwei Tage lang ist mir alle Lebensfreude verlorgengegangen. Wie platt alle Leute auf mich wirken! Vorher retteten mich Höflichkeit, Mitgefühl und Sympathie davor, mir mittelmäßige Leute vom Leib zu halten und sie zu verachten. Und neulich habe ich trotz des Interesses an der gemeinsamen Arbeit alle Fehler Gustavos entdeckt, habe erkannt, daß mir sein Gesichtsausdruck nicht gefiel oder sein kleiner Wuchs oder sein Spanischsein, das mich vorher bezaubert hatte. John

hat starken Einfluß auf mich gehabt. Er hat mir den Spaß an gewöhnlichen Dingen zerstört.
Abends. Sie ist ernst – meine Krankheit. Ich weigere mich, für eine Wohltätigkeitsveranstaltung zu tanzen. Niemand weiß, was mit mir los ist. Es ist noch schlimmer, nicht über John reden zu können, über den *wirklichen* John. Jeder führt unsere Begeisterung nur auf seine Arbeit zurück. Bei Mutter bin ich unruhig und explodiere fast. Nichts hilft mir – weder der Sonnenschein noch die Wärme noch die Party der Nonnen im Garten, die ich von meinem Fenster aus beobachte, noch Bücher noch meine Arbeit.
Mit dem Gesicht zur Sonne und von ihr geblendet, wandle ich den Boulevard Montparnasse hinunter, während mein schwarzer Umhang hinter mir her flattert. Meine Traurigkeit ist so stark, daß mein Körper schmerzt.

3. Juni
Gustavo übt auf meinem Klavier Tonleitern, um sich für sein Gespräch mit La Argentina vorzubereiten. Ich konnte mich mit meiner Schreibmaschine in mein Schlafzimmer verziehen. Ich öffnete mein Tagebuch. Übe auch ich gerade Tonleitern auf eine richtige Arbeit hin? Und wann werde ich mit der richtigen Arbeit beginnen? Schon nutzen sich die Lobpreisungen ab, die ich bekommen habe, und ich betrachte unbarmherzig mein Tagebuch.
Drei oder vier Male habe ich jetzt Hugh verletzt, als die Bank ihn fast ertränkte. Er würde das Beste am Leben an sich vorüberziehen lassen. Wenn ich weiß, daß er im Unrecht ist, kämpfe ich, ziehe ihn auf meine Schiene. Ich weiß, daß es ihm ein paar Stunden lang zuwider, daß ihm elend zumute sein wird. Ich lasse jedoch nicht locker. Wir streiten, wir reden, wir weinen, wir schlafen einer in des anderen Armen ein. Er gesteht, daß er verärgert war, weil er wußte, daß ich recht hatte. Meine einzige Belohnung ist gelegentlich seine Anerkennung für das Wunder des Lebens, das ich geplant und aufgebaut und wofür ich gekämpft habe. Ich bin die Hindernisse leid. Im geheimen wünsche ich mir Unabhängigkeit, um nicht um Schönheit und Leben ringen zu müssen, in der Lage zu sein, alles selbst in die Hand zu nehmen. Ich fühle in mir eine gefährliche Macht, die sich jeden Tag schwerer der Verskla-

vung einer Bank, der schmählichen Autorität von Menschen unterwirft, die einen Penny von dem wert sind, was Hugh und ich wert sind.
Ich könnte Geld verdienen, ich könnte Hugh helfen. Er würde es nicht zulassen, würde auch nicht unser morgendliches Frühstück aufgeben. Und ich sehe unendlich viele Dinge an mir vorbeirauschen, an die ich nicht herankomme. Prisonnière [Gefangene]. Ich liebe Hugh, ich bete ihn an – ich liebe auch das Leben. Ich habe eine Gabe zum *Wünschen,* immer mehr Wünsche zu erfinden, nie irgendeine Sättigung oder Dumpfheit zu kennen. Und ich bin mit der fehlenden Begabung zu *Verzicht* verflucht.

4. Juni
Hugh, der vielleicht eine Gefahr für sein Glück spürt, umwirbt mich mit unendlicher Zartheit. Trotz meines Geheimnisses und meines Verrats sind wir unglaublich miteinander verbunden. Seine Liebe und sein Vertrauen wachsen von Tag zu Tag mehr. Und ich spüre, daß die andere Liebe gänzlich außerhalb unseres Lebens liegt, als wäre ich eine gesonderte Frau für John und eine andere für Hugh. Die andere Liebe kann diese nicht verringern oder verändern. Und tief in meinem Inneren bin ich überzeugt davon, daß diese eine, Hughs, die dauerhafte, die ewig währende ist, für menschliche oder irdische Zerstörung nicht erreichbar. Wenn ich daran denke, werde ich fast wahnsinnig. Wie kann ich erklären, daß meine Zärtlichkeit tiefer ist als je zuvor, ich in Augenblicken der Leidenschaft absoluter bin, daß ich ihn mit neuen Ausdrucksformen der Schönheit blende, daß ich liebenswerter bin und ich *edel* fühle und aussehe … und trotzdem eine Lügnerin bin?
Mein Geheimnis vergiftet mich nicht! Ich fühle mich wunderbar und stark und im Recht. Ich beuge mich heute vor den Tatsachen meines merkwürdigen Ichs – einer Frau, die mit einem Leben nicht zufrieden war, sondern mehrere Leben umfaßte – in einem längeren Zeitablauf. Ich habe kein Zeitgefühl. Es gibt keine Schranken für mich. Ich lebe *jetzt* mehrere Verkörperungen, alle in einer.

Ich möchte hier einiges abschreiben, was Hugh über mich in seinem Tagebuch gesagt hat und was mir gefällt. Während unserer Reise durch Italien: »Und das ist ein weiterer Grund für mich, Anaïs zu verehren – mehr als alle anderen Frauen, die ich je gesehen oder gekannt habe, ist sie vor allem wunderbar weiblich. Das ist ihre Schönheit, die von innen kommt: ihre schönen, feuchten, traurigen Augen, ihr weicher, fein gezeichneter Mund, ihre edle Nase und ihr Kinn, ihre weiche Haut, so weiß, daß sie geradezu aufleuchtet, ihr feines, hoch über dem Kopf zusammengebundenes Haar, ihre göttinnengleiche Anmut … Mit ihr zu reisen ist wie eine fortwährende Vier-ter-Juli-Parade, so sehr wird sie von jedermann angestarrt. Frauen und Männer, seien sie Engländer oder Franzosen, Italiener, Deutsche oder Russen, fühlen sich unglaublich zu ihr hingezogen, und Hunderte Male haben mir schon Leute jeder Nationalität erzählt, daß an ihrer Schönheit etwas Besonderes sei, was sie noch nie zuvor gesehen hätten. Niemand scheint wirklich in der Lage zu sein herauszufinden, was an ihr dran ist, und jede Nationalität sieht in ihr offenbar ein wenig von dem Besten der eigenen Rasse.«

Von meinem Zuviel an Trinkgeldern auf Reisen irritiert, sagte Hugh: »Du bist keine Reisende – du bist ein Philanthrop.«

Nach einem sehr vollen Tag fragte ich Hugh, was ihm durch den Kopf gegangen sei, was ihm gefallen, was ihm mißfallen, was er kritisiert, was er gelobt habe, etc. Aber er war schläfrig und wenig ansprechbar. Er sagte, ihm sei gar nichts durch den Kopf gegangen und dann neckend: »Was veranstaltest du da – eine Sezierung?«

»Nein«, sagte ich, »eine Autopsie.«

Auf einem Bahnhof habe ich mich auf einer Gepäckwaage zu wiegen versucht, und die Zeiger bewegten sich nicht. Hugh meinte, daß die Waage das einzige sei, auf das ich während der Reise keinen Eindruck machte.

28. Juni

Fünf Tage in London zu Johnnies Hochzeit, fünf Tage, die ich ganz damit verbracht habe, Hughs Familie zu gefallen, mir seine Tante Annie und seine Cousine Bettie zur Freundin zu machen etc., und dies war das Ende eines einsamen schrecklichen Monats, der mich fast zum Wahnsinn trieb. Ich bin krank. Mutter und Joaquin sind nach Hendaye gefahren.

John schickt mir ein Buch statt eines Briefes. Wohin soll ich mich wenden? Meiner Arbeit, mir selbst zu. Ich habe für den Augenblick auf der Spitze teuer bezahlt! Ich kann nirgendwo Ruhe und Abkühlung finden, obwohl ich schreibe und an dem neuen Heim arbeite. Zum erstenmal in meinem Leben *langweilt mich jedermann.* Nach diesen Gesprächen mit John, der Anspannung unserer Neugierde, dem Fieber unserer Gedanken sieht die ganze Welt trübe aus.
Mein Hang zur Beobachtung setzt sich fort, leider mechanisch, genauso unvermindert zeigt sich meine äußere Heiterkeit, meine Empfänglichkeit; und mein *Körper* tanzt! Wie lange wird das dauern? Ich sehne mich nach der fortwährenden »glühenden Hitze«, und es mangelt mir an der Kraft, eine gemäßigtere Temperatur und Einsamkeit zu ertragen.
Meiner Traurigkeit liegt die ewige Frage nach dem Wert einer menschlichen Erfahrung, eines Zweifels, einer Enttäuschung zugrunde. Mein ganzes Leben – das kreative, intellektuelle, emotionale – kulminierte in einer Minute menschlicher Verehrung – wie kurz war diese Minute, wie vergänglich, und wie unzufrieden hat sie mich zurückgelassen!
In der Kunst kann ich allein vorankommen. Was ich gebe oder zu geben versäume, ist allein meine Angelegenheit. In bestimmten Augenblicken, wenn ich mich entsetzlich einzelgängerisch fühle und vor menschlicher Liebe zurückschrecke, weil ihre *Fülle,* so wie ich sie sehe, mir verweigert wird, stelle ich mir vor, daß ich allein bleiben möchte, daß ich die Partnerschaft verachte, die uns durch menschliche Liebe aufgezwungen wird.
Doch einen solchen Verzicht kann ich nicht aufrechterhalten. Ich liebe. Ich ziehe einen Augenblick, einen einzigen Augenblick glühender Hitze vor und danach Vernichtung.
Gilbert übersetzt; Gustavo versucht, seine mittelmäßige Musik zu verkaufen; Horace läßt sein Auto neu lackieren; Boussie vegetiert in einem erstarrten Sozialismus dahin und besucht noch immer Jouvets mittelmäßigen Stücke. Joaquin hat ein Brevier und ein Buch über das Leben der heiligen Teresa gekauft; Godoy schreibt unkonventionelle Appelle an Foch; die Prinzessin ist mit ihrem Liebhaber in Aix-les-Bains; Mr. Wald folgt eine naive junge Engländerin überall hin und er-

zählt von ihren »Reaktionen« auf Paris, die mich nicht interessieren.
Ich bin höllisch einsam.

29. Juni
Nachdem ich gestern in mein Tagebuch geschrieben hatte, zog ich mich fein an, um eine formelle Verabredung einzuhalten – Mittagessen mit einem Millionärskunden von Hugh. Nach dem Essen erschlaffte ich wieder, gab meiner körperlichen Schwäche nach, kam im geheimen selig nach Hause zu meiner Schreiberei, meiner Einsamkeit, zu derselben alten bitteren Enttäuschung vor dem leeren Briefkasten. Ich beschäftigte mich damit, meine alten Tagebücher abzuschreiben und neu zu ordnen, jene von 1919 bis 1929. Dann schrieb ich eine seltsame mystische Geschichte, die John nicht gefallen würde, weil er eine geistige Gesundheit und normales Denken bewundert, die jedoch Hugh gefiel. Und dann habe ich gelesen [Hermann Alexander] Keyserling, ein wundervoller Denker – und kennzeichnete seine Ausführungen mit Ausrufen der Befriedigung.
Ich habe das Leben und den Schmerz wieder im Griff. Ich habe zum erstenmal richtig geschlafen, seit John weg ist. Mein Kopf war voller Bilder, Ideen, Erfindungen, eine Welt für sich; und ich spürte eine dunkle Macht, mit der, so schien es mir, nichts, das ich in der Welt *ersehnte,* mir verweigert werden konnte, da ich es mit meinem Geist selbst schaffen und damit leben konnte. War es nicht Johns Geist, den ich liebte? Da er mir nur wenig von sich geben konnte, würde ich die Lücken mit anderen Gedanken füllen – mit Proust, Léon-Pierre Quint, mit Keyserling, mit selbst erfundenen Geschichten.
Abends. Hugh sagt: »Deine Geschichte ist gut, doch nichts im Vergleich zu deinem Tagebuch. Ich glaube wirklich, in dieser Form hast du Vollkommenheit erreicht, und du wirst nie etwas anderes machen. Das wird dein Lebenswerk werden.«

30. Juni
Habe den ganzen Tag an John gedacht, und obwohl ich nicht ganz verstehen kann, warum er mir nicht schreibt, werde ich es ihm nicht übelnehmen und mich mit all den

Dingen befassen, derentwegen er mich ein paar Tage lang geliebt hat.

Als ich allein und träge nach einem Spiel mit Hugh im Tennisclub (dem schicken »Circle de Bois« [de Boulogne]) saß, beobachtete ich spielende Kinder und sah ein kleines Mädchen, das ich gerne hätte – ein unheimliches Kind, das im geheimen über seine eigenen Gedanken lächelte und das leichtfüßig umherrannte, um sich die Hände zu trocknen, die es in den See getaucht hatte.

Ich muß besiegt sein, dachte ich traurig, denn ich fange an, mein Leben an jemand anderen weitergeben zu wollen. Bis jetzt habe ich nie Kinder gewollt. Ich nannte sie »Unterbrechungen«, »Entsagungen«, da ich nur zu gut wußte, daß sie vielleicht weder wie Hugh noch ich würden, ja vielleicht nicht einmal eine Erweiterung oder Entwicklung unserer Ideale, sondern eine reine Wiederholung gewöhnlicher Muster. Doch dieses Kind faszinierte mich. Es lockte mich aus mir selbst heraus – das war vielleicht der Segen. Ich jagte hinter ihrem zerbrechlichen Ich in Gelb-Rot her; meine ganze Müdigkeit war verflogen. Sie war glücklich, weil sie nasse Hände hatte, sie war glücklich, weil die Sonne sie trocknete, sie war glücklich, weil sie rannte. Plötzlich stand sie mit aufgerissenen Augen, verwirrt und mit weit geöffneten Armen vor mir, ihr kleines gelbes Kleid flatterte. Ich spürte eine Sekunde lang Kampf, als ob das Kind eine Art Kapitulation forderte. Und obwohl mein Körper von Leidenschaft, Hunger und Schmerz wund war, lächelte ich, und das Mädchen mochte mein Lächeln und rannte weg und rannte zurück um meinen Stuhl herum, bis seine Mutter es rief.

Ich werde mich nie irgend etwas ganz hingeben. Ich werde nie mir selbst entfliehen, weder durch die Liebe noch durch Mutterschaft noch durch Kunst. Mein Ich ist wie der Gott der schwachen Gläubigen, die ihn immer überall sehen und nie der sie verfolgenden Vision entkommen können.

Ich habe für mich Vollkommenheit und Größe ersehnt, eine beträchtliche Einbildung, und jetzt werde ich von dem Gewicht meines Ehrgeizes erdrückt. Ich würde die Last gern an ein Kind weitergeben.

Meine Geschichte ist offensichtlich allgemeingültig. Ich habe gelesen, daß die Krankheit unseres Jahrhunderts Unzufriedenheit sei. Wir haben gegen Fesseln angekämpft – es gibt keine Fesseln mehr –, und wir sind noch immer unzufrieden. Genau. Warum sich Sorgen machen. Keyserling glaubt offenbar, wir können nichts Wertvolles ohne dieses Fieber zustande bringen. Als ich also den Montparnasse hinunterging, um ein paar kleine Besorgungen zu machen, blickte ich zu dem grauen Himmel auf und schwor, mich über meine Unzufriedenheit zu freuen. Und da begann es zu regnen. Und ich sah wieder hinunter und dachte: »Wird John im Herbst kommen?«

7 Uhr 30. »Pussy mach dich fertig fürs Theater, Mr. Silver hat uns eingeladen.«
»Tut mir leid, Lieber, meine Erkältung ist nach meiner Tanzstunde schlimmer geworden. Bitte, schieb es auf morgen.«
Ich kann den Anblick *keines* Mannes ertragen. Ich wende – fast verärgert – das Gesicht von den Männern ab, die mich auf der Straße bewundern. Ich will kein Theater, kein Tanzen sehen. Ich habe mein Tanzen heute gehaßt. War ich schon jemals so lange so schlimm?

1. Juli
Ich habe Mr. Wald gefragt, ob er *Orlando* von Virgina Woolf gelesen habe.
»Nein. Es gibt eine Gruppe, die ich kenne, die es mir verleidet hat. Sie spielen sich gegenüber jedermann, der *Orlando* nicht gelesen hat, dermaßen auf, so wie sie es bei jedem machten, der Proust nicht gelesen hatte, und sie sind solche entsetzlichen Snobs, was die Literatur angeht, daß ich einen Widerwillen entwickelt und weder Proust noch *Orlando* gelesen habe.«
»Ich wußte von solchen Klüngeln nichts«, erwiderte ich. »Ich dachte, sie existierten nur um der Stellung, des Geldes und des Namens willen. Ich habe soviel gelesen, wie ich Lust und Laune hatte. Ich würde diese Leute hassen. Zumindest haben sie Ihnen ein gutes Buch verleidet.«
»Es gibt auch eine solche Gruppe, die Erskine ergeben ist, und eine andere, die ihn haßt. Ich muß gestehen, meine Freunde gehören zur letzteren.«
»Und Sie?«

»Ich habe keine Meinung«, sagte er. Aber nachdem ich sehr »literarisch« über John gesprochen hatte, gestand er, Erskine eigentlich nicht zu kennen, er sehe jedoch, daß dieser ein Mensch sei, der entweder große Hingabe oder Haß wecke – was der Fall mit allen großen Persönlichkeiten sei.
Dieses Buch, und damit meine ich das meine, sollte nicht von John handeln. Aber ich brauche Material für seine Biographie. Ich schicke ihm mit einer kleinen Karte Ségurs *Mariage Charnel* [*Fleischliche Vereinigung*], ein Denkmal der Zurückhaltung. »Ich glaube, Sie haben das nicht von Galland bekommen, da Ségur bis jetzt nichts Interessantes geschrieben hat. *The Enchanted Garden* [*Der verzauberte Garten*] war vorzüglich – in Ihnen stecken so viele Seiten. Vergessen Sie nicht, ich würde gern *Hearts Enduring* [*Geduldige Herzen*] lesen und wissen, wie *Onkel Sam* auf die Menschen wirkt. Anaïs.«
Und inzwischen zerbreche ich mir den Kopf, um zu verstehen zu versuchen, warum er nicht schreibt.

3. Juli
Was finde ich, leider Gottes, heraus? Daß ich mich im Kreise gedreht habe, daß ich wieder auf die *Poesie* gekommen bin. Ich habe jene, die es hören wollten, ängstlich befragt: Was ist mit meinem Schreiben los? Es gerinnt nicht zu einem Roman oder einer Erzählung. »Hör dir das an«, sagte ich zu Gilbert. »Wie würdest du das nennen?« Und ich habe ihm vorgelesen, was ich über das Kind geschrieben habe. »Es ist Poesie«, meinte er, »reine Poesie.« John hat dieses Wort benutzt, auch Max Wald, ebenso Hugh.
»Es gibt zwei Arten von Poesie – strikte Poesie, die wie ein Blitzlicht auf eine kristallisierte Stimmung oder eine Idee ist, und die weniger formelle Art, die breit ist, sich entfaltet. Die deine ist von der zweiten Art. Du solltest sie in freie Verse setzen.«
Da liegt also das Problem. Ich bin in meiner Haltung noch immer lyrisch, und deshalb sind meine Romane lächerlich. Ich bin noch nicht reif. Ich war lyrisch, wenn es sich um John, um Nebel, um meine Entdeckung der Freuden der Sinne, vor ein paar Tagen um ein Kind handelte. Von einem Roman verlangt man eher eine Einheit mit einem zentralen Thema, das sich in Einzelheiten entfaltet, als ein Gefühl überraschter Er-

regung, das nur von der Persönlichkeit zusammengehalten wird. Ich habe nicht den Eindruck, vorangekommen zu sein, außer daß meine poetische Haltung jetzt auf einer sehr fleischlichen Basis aufbaut.
Ich verstehe nicht, was passiert ist. Ich kann nicht das *Kind* in mir aufgeben, und ich kann nicht den *Dichter* aufgeben, obgleich ich eine Frau bin. Die Prinzessin sagt mir: »Was ich an Ihnen mag, daß der Frau, der verführerischen Frau, immer das Kind zugrunde liegt – direkt und natürlich und *wahrhaftig.* Ich möchte daraus ein Kunstwerk machen. Im ersten Bild habe ich nur die Poesie eingefangen. Jetzt sehe ich die Frau. Sie sehen diese andere Frau (Prostituierte in grellrotem Samt, mit glänzenden blonden Haaren, schweren Augen und Mund, in einem Riesenspinnennetz gefangen), sie ist dramatisch, eindrucksvoll, doch man wird sie leid. Sie zeigt nur eine Seite. Auch Sie will ich dramatisch und aufregend machen, auf andere Weise.«
Mein Körper ist gereift, nicht langsam und allmählich, eher durch ein plötzliches Wunder. Meine Brüste sind so voll, so fest und spitz, daß sie weh tun. Alle Rundungen sind dabei, weich zu werden, sich zu füllen. Das ist in weniger als einem Monat passiert.

5. Juli
Habe Johns Schwester Rhoda zum Tee geladen. War nervös, aufgeregt, angespannt, weil sie *seine* Schwester ist, und sie würde ihn in ein paar Tagen sehen, und ich wünschte mir so sehr, daß sie mich gern hätte – und danach war ich ausgelaugt und wieder schrecklich traurig. Ich kam nach Hause und zog das geblümte Chiffonkleid an. Ich arbeite sehr hart an der Einrichtung unseres neuen Heims, an meiner Geschichte und daran, Hugh glücklich zu machen.
Offenbar hat Anna Rhoda erzählt, daß ich nicht wie andere Frauen sei, daß ich mich nicht für Rezepte, Dienstboten, Einkaufen-Gehen interessierte, daß mir an den gleichen Dingen wie ihrem Vater lag – und daß ich wie ein Mann sei. Sie selbst zeigt sich sehr häuslich.
Das Heim wächst in meiner Vorstellung. Ich liege wach und denke mir Neues aus, bei Ecken, Nischen, Farbzusammenstellungen.

»Sie haben einen wunderbaren Ehemann«, sagt Rhoda Erskine. »Und Sie sehen beide so glücklich zusammen aus. Anna meint, Sie seien ein vollkommenes Paar.«
Wenn sie John erzählt, daß wir einen glücklichen, geschäftigen, zufriedenen Eindruck machen, wird er erkennen, wie wenig Wahrheit an die Oberfläche des Lebens dringt.

6. Juli
Letzte Nacht konnte ich nicht schlafen und habe unser neues Heim zu Ende eingerichtet. Das heißt, ich habe es mir vorgestellt. Teppiche, Vorhänge, Möbel, Bücher, Lampen, alles bekam seinen Platz. Bei dem Problem der Türen kam ich nicht weiter, die absolut notwendig und dennoch häßlich sind. Ich wälzte mich im Bett hin und her und dachte und dachte nach, bis das Bild in mir wuchs, das sich aus einem intensiven Wunsch nach Farbe und Fülle bildete – ein Bild aus bunten, mit künstlichen Steinen besetztem Glas und wie meine Stühle in den Grundzügen orientalisch geformt, und das Holz sollte in einem etwas helleren orientalischen Blau als der Teppich gestrichen sein; gegen die goldenen Wände würde sich das wunderbar machen. Ich sehe das Ganze jetzt als einen mystischen Ort – als etwas, was sich aus den Wehen eines Traumes herausgeschält hat. Ich baue mir mein Gefängnis aus Samt, Goldfarbe, Seide, farbigem Glas, weichen Kissen und einem königlichen Bett. Ich verwandle meine Wünsche für die ganze Welt in einen einzigen wunderschönen Ort. Und die ganze Zeit kann ich nicht schlafen und spüre, wie der eingekerkerte Ärger an mir nagt.
Als ich heute morgen nach wenigen Stunden Schlaf aufgewacht bin, sah ich mich dem ewigen Niedergang all meiner phantastischen Vorstellungen gegenüber: einem Tennismatch und einem Festmahl, das ein Vizepräsident für die Spieler veranstaltete: »Und bitte, daß bloß Mrs. Guiler kommt.«
Ich werde ein unbeschreibliches grünes Kleid tragen, das die Russin nach meinem Entwurf genäht hat, ein feinsinniges, hintergründiges Kleid, das die Figur zugleich enthüllt und verbirgt, im wesentlichen orientalisch mit umfangreicher Stickerei, das für alle Leute, die da sein werden, unverständlich sein wird.
Hugh liest *Harper's Magazine*, zu dessen Sklavin Richard

mich gemacht hat, und ich unternehme kleine Besorgungen, um Gilbert, dem gegenüber meine Haltung sich gewandelt hat, einen Gefallen zu tun. Sein Buch *Cities and Souls* (Städte und Menschen) hat mich erobert.
Wir sind uns jedoch uneins bei Philosophen wie [Will] Durant und Keyserling.
»Das sind Schaumschläger«, behauptet Gilbert. »Tischen einem nur überspannte Gerichte in gefälligem Stil auf. Ich gehe lieber zu den Ursprungsquellen zurück.«
»Ich nicht – vorausgesetzt, ich bin überzeugt von der Intelligenz meines Händlers einer Ware aus zweiter Hand, vorausgesetzt, er versteht richtig zu sammeln und zu sortieren und das Wesentliche auszuwählen, bin ich bereit, mich den Philosophien aus zweiter Hand anzuvertrauen. Ich habe ein Gespür für das Wesentliche, und ich weiß, wenn ich es bekomme. Ich weiß, Keyserling hat eine gute Sammlung. Ich weiß und gebe es offen zu, ich werde nie die Zeit finden, Kant, Spengler, Schopenhauer oder Nietzsche zu lesen. Ich mache gern Gebrauch von dem indirekten Wissen, das ich aus kritischen Studien gewinne.«

Hugh und ich: Unsere Ähnlichkeit gründet sich auf der poetischen Haltung und auf unserer höllischen Düsternis. Dafür liebe ich ihn. Alle Frauen mögen ihn wegen seines Lächelns, seiner Offenheit, seiner Wahrhaftigkeit, seiner Manieren, seiner Männlichkeit, er weiß, daß sie nur die Hälfte von ihm sehen und daß der Rest sie überraschen und verblüffen würde. Äußerlich ist er ein netter, liebenswerter Mann, direkt und einfach. Nicht in Wirklichkeit. Wenn er in mich hineinsieht, erkennt er seine Unruhe, seine Fähigkeit zur Leidenschaft, seine Möglichkeiten, etwas zu wollen, zu schaffen, zu zerstören … deshalb versteht er mich, auf ewig und immer, unermüdlich, und lebt den größeren Teil seines Lebens *durch* mich. Deshalb liebt er mich wie sein Leben, obwohl ich ihn manchmal mehr zum Leiden bringe, als diese anderen friedlichen Frauen je fertigbrächten.
Unterdessen gewinnt meine Vorstellung von Proust an Klarheit; was er schreibt, ist so wahr, so echt, daß mich seine Soirées und Besuche langweilen. Quint hat ein Kunstwerk vollbracht, das von dem Interesse am Gegenstand unabhängig

ist. Er hat eine so erhellende und tiefsinnige Biographie geschrieben, daß sie in meiner Vorstellung mindestens so bedeutend wie Prousts eigenes Werk ist.
Prousts Themen entmutigen mich, obwohl ich zugebe, daß seine Art, damit umzugehen, einzigartig ist. Durch ihn habe ich das Empfinden, in der Gesellschaft gelebt zu haben und sie zu kennen und zu hassen.

Wenn ich manchmal anderen Frauen nahekomme, wird mir meine Ähnlichkeit mit ihnen klar (die ich in anderen Momenten leugne), auch die mit meinem Vater. Er war ein verbaler Liebhaber des »Ideals«, gefangen von seinem Schein, seinem Charme, seinem ewigen Prestige, aber unfähig, es umzusetzen, da ihn immer eigensüchtige Motive und seine physischen Gelüste leiteten; ein Sophist der höchst schädlichen Sorte, ein Sophist, der sich gänzlich in sich selbst täuschte.
Eine solche Ähnlichkeit mit ihm ist meine einzige *menschliche Angst.* In den Hauptzügen ähnelt sich unser Leben keineswegs, doch unsere Selbsttäuschungen haben ähnliche Züge. Niemand hat leidenschaftlicher als ich die Aufrichtigkeit gesucht, weil ich an *mir zweifle.* Gibt es eine Verbindung zwischen den Vernarrtheiten meines Vaters und meinen Verzückungen? Keine, keine, keine. Die ganze Basis ist anders – die *Seele* (armes abgenutztes Wort), der *Sinn.*

Seit ich Gustavo ansatzweise meine wahre Meinung über ihn offenbart habe, führt er mir ansatzweise seine anderen Seiten vor. Wir streiten mehr oder weniger am Telefon. Das Feuerwerk seiner Brillanz wärmt mich nicht mehr, kein Knistern, kein Sprühen und keine Leuchtkraft mehr. Seine musikalische Verheißung stimmte überhaupt nicht. Als er begriff, daß ich die Männlichkeit bei ihm vermißte, daß ich seine Hilflosigkeit vor dem Leben bemerkt hatte, die bei einem Genie entschuldbar ist, die jedoch bei ihm von seiner »cocotte«-Natur kam – in anderen Worten, daß er sich gern aushalten läßt, nicht nur von Frauen, sondern von den Ehemännern und Liebhabern der Frauen –, dachte er, er könne meine Entdeckung zunichte machen, indem er sich systematisch aufplusterte und sich brüstete. Die Männlichkeit ist eine Eigenschaft, bei der ich mich nie täusche. Ich habe beobachtet, wie er sich brüstete – wie

ich auch alles andere gesehen habe, und ich ließ ihn zum letztenmal Blumen von dem Geld kaufen, das er sich zehn Minuten vorher im Café von mir geborgt hatte; dort zahlte auch ich die Rechnung.
Langsam jedoch wog ich meine Dankbarkeit gegen das Wunder ab, daß ich in seinem Leben bewirkt hatte – indem ich ihn aus absolut hoffnungslosen Situationen in eine vielversprechende erhob –, gegen elektrische Heizkörper und warmherzige Ermutigungen, gegen Kaffee und ein fortwährendes Glattstreichen seiner vielen gesträubten Federn.
Leider enden diese Experimente nicht so glatt wie die letzten Sätze, die man über sie verlieren kann. Für mich ist hier Schluß. Für ihn wird es noch ein paar weitere Anrufe geben und vielleicht ein paar Beschuldigungen, weil ich mich unter Johns Einfluß von ihm abgewandt habe, was zum Teil stimmt.

8. Juli
Der Gedanke der Befreiung, der in jedem Jahrhundert nur eine andere Form annimmt, erscheint mir jetzt als gegen uns selbst gerichtet, gegen die selbstkonstruierten Institutionen der Ehe, gegen die Tyrannei des selbsterfundenen Gewissens. Wir entdecken plötzlich, daß unsere Fesseln Vorstellungen und Haltungen in uns selbst sind so wie unser Ideal von Loyalität und Sittlichkeit. Logischerweise haben wir daraus die Schlußfolgerung gezogen, daß sich unsere geistige Haltung ändern sollte.
Eugene, der unter einem morbiden Haß auf die Häßlichkeit litt, fand im modernen Roman eine Haltung der Gefühllosigkeit, und da er nun seinen wunden Geist in der heilenden Abgestumpftheit gebadet hat, fühlt er sich befreit. John, dessen Sinne jetzt ungefesselt sind, ist entzückt über das Gefühl der Schmerzlosigkeit, der Unbarmherzigkeit.
Befreiung von Schmerz, Gewissensbissen – ja, ich selbst habe auf solchen Hügelspitzen gestanden, selbstbeherrscht, vernünftig, als ich wußte, daß alles nur in der Phantasie existierte und daß wir uns von allem Störenden befreien konnten, indem wir unseren Geist versperrten.
Gefährliche Vergnügen ... weil sie das Empfindungsvermögen ausschalten. In der Minute, da wir aufhören, Eifersucht, Abneigung, Furcht, Zögern zu empfinden, verlieren wir damit

die Möglichkeit, in unterirdische Welten geführt zu werden. Mit dem Verlust des Schmerzes verlieren wir auch die intensiveren Freuden.
Lilith ist geschickt zwischen den Drachen durchgeglitten, schlau und behend, aber ich will verschlungen werden und alles herausfinden, was sich in den Drachenbäuchen verbirgt. J'ai l'impression qu'elle se soucie moins que moi de creuser le sens des choses [Ich habe den Eindruck, daß es sie weniger kümmert als mich, den Sinn der Dinge auszugraben]. Auch John gräbt gern. Er fragt, was der Sinn unseres Lebens sein kann. Offensichtlich lacht Lilith über solche Fragen und schiebt sie mit einem vollen Aktions- und Bewegungsprogramm beiseite.
Hugh nimmt mir mein Aufbegehren gegen drei auf Tennismatchs und Banketts verschwendete Tage nicht übel. Er versteht, daß ich immer intensiver, immer ausschließlicher die »echten Dinge« suche, jetzt da er meine Ergebenheit nicht mehr so braucht, um sich eine Position in der Bank zu schaffen. Wenn es ihm immer noch hilft, daß ich von den Vizepräsidenten bewundert und von jedermann in der Bank, von den Angestellten bis zu den Stenographen, gemocht werde, braucht er es zumindest weniger, und ich beginne eine Möglichkeit des Entkommens zu sehen.
Hugh meinte, er bedaure mich nicht so sehr, wie er sollte, weil *ich immer dabei für mich etwas herausholte,* worauf ich antwortete: »Du weißt nicht, wieviel mehr ich aus dem Leben herausholen würde, wenn ich meiner eigenen Phantasie überlassen wäre.« Und da es darauf keine Antwort gab, schlief er ein, nachdem er geschworen hatte, sich nie wieder auf ein Turnier einzulassen, weil er dabei abnahm.

9. Juli
Gestern habe ich in einem Taxi über die »Drachen« geschrieben, als ich Besorgungen für das Haus machte und mich darauf vorbereitete, die Neue Familie zu empfangen. Wir holten sie vom Bahnhof ab, aßen bei uns zu Abend und machten mit ihnen eine Mondscheinfahrt im Auto. Und die ganze Zeit war mir zumute, als sei mein Kopf vom Körper getrennt, als sei er ein Ballon, der selbständig, durch eine Schnur mit ihr verbunden, über die Erde flog. Das einzige, was meine Aufmerksam-

keit für eine Weile gefangenhielt, war die Schönheit der Wicken auf dem Tisch und der leere Briefkasten. Die Wicken sind noch immer da, in einen kühlen Anschein von Sonne getaucht (mir war nur an einem Tag in diesem Sommer richtig warm), und ich bin dabei, mich wieder in das »wirkliche« Leben zu stürzen – Kleideranprobe, Einkaufen mit der Neuen Familie, Abendessen mit ihnen.
Hugh neckte mich, als ich ihn nach seiner Meinung über das von mir Geschriebene fragte. »Ich mag Drachen-Geschichten«, sagte er.

28. Juli
In der ersten Juliwoche fand mich die Neue Familie etwas benommen vor und ließ mich ziemlich wach und verletzt zurück. Ich habe mir für sie die Beine ausgerissen, wieder litt ich darunter, wie sehr sie mich unterbewerteten und wie sehr sie Hugh und unser Leben mißverstanden. Was für ein langes Martyrium ist das, diese Beziehung. Ich habe ihnen wirklich die andere Wange hingehalten, damit Hugh sie nicht verlieren würde. Ich habe die größte Großzügigkeit in meinem Leben entfaltet – meine einzige Handlung absoluter Güte. Und Hughs Vater starb, indem er uns Unrecht tat, uns falsch beurteilte, durch mich hat Hugh sich mit ihm versöhnt, hatte ihm vergeben, und es gab nichts, was er hätte bedauern müssen. Es wird das gleiche bei seiner Mutter sein. Die Psychologie von dem allen ist kompliziert und lohnt nicht, entwirrt zu werden.
Wir verbrachten ein Wochenende zusammen im Le Fouquet, wo unsere unterschiedlichen Vorstellungen fast eine Explosion hervorriefen. Und dann kamen wir in unser neues Zuhause zurück, und ich stürze mich in die Ausstattung. Gesegnet sei die Arbeit.
Wir sind Mittwoch, den 17. Juli, umgezogen. Die Wohnung war noch nicht fertig und voller Arbeiter. Bis Sonntag habe ich mich keinen Augenblick außer zu den Mahlzeiten hingesetzt, die wir in einer Pension fast nebenan zu uns nahmen.
Ich mußte die Concierge zähmen und bestechen, die Umzugsleute dirigieren, mit zwei Dienstboten, Elektrikern, Installateuren, einem Fensterputzer und hundert anderen Leuten umgehen, mußte vierzehn Bücherkörbe und sieben

Schrankkoffer auspacken und mich gleichzeitig um Mutters Wohnung kümmern. Drückende Hitze, die mich beglückte, die jedoch die anderen verstimmte.
Erste Nacht – nur das Bett gemacht. Kein heißes Wasser oder Telefon oder Gas oder Licht. Ich war kaputt, aber heiter und hungrig, und ich fühlte mich sehr stark, weil das ganze ordentlich vonstatten gegangen und tausenderlei Hindernisse schnell überwunden worden waren.
In wenigen Tagen hatte ich alle elektrischen Begriffe und alle Klempnereinzelheiten und Holzsorten kennengelernt. Ich ließ meine ganzen Schränke anfertigen. Ich kaufte Farbe und probierte einiges aus. Schon am ersten Abend war die Wohnung aufgeräumt. Bei Hugh fehlte nie ein Knopf. Ich hatte ein Notizbuch, meine mit Schildchen versehenen Schlüssel hingen an einem Bund. Ich befragte den Architekten, besprach mich mit der Concierge, erspähte die Mängel, ließ sie reparieren, folgte den Arbeitern, verteilte Trinkgelder, lächelte, bot Bier an, schaltete gekonnt Betrug aus, verlor nicht einmal die Beherrschung und lernte in einer Woche, mit diesen schwitzenden, stinkigen, groben Kerlen umzugehen.

30. Juli

Körperliche Erschöpfung, aber geistiger Höhenflug, mich meine Kräfte benutzen zu spüren, und zwar endlich ganz an spürbarer Arbeit. Mein armes Tagebuch ist eine solch dunkle, verschwommene Leistung. Tanzen war etwas Helles, aber weniger subtil. Bei dieser Gestaltung des Heims benutze ich Phantasie, ein Gefühl für Farben, Form, Behagen, für schönen Lebensstil. Der einzige undankbare, lästige Teil der Arbeit ist der Kampf gegen die Faul- und Dummheit der anderen und das Reparieren-Müssen ihrer Fehler.
Jetzt bin ich im Bett, allein. Hugh mußte für zwei Tage nach London fahren. Ich habe eine böse Erkältung, die ich nicht beachte. Ich fühle mich merkwürdig, einsam. Die eine Seite in mir verursacht, die andere stellt unbeantwortbare Fragen. Nachts entwerfe ich lange Briefe an John, die er nie lesen wird.
Heute bin ich glücklich, weil ich alles allein herausfinde. Niemand hat je weniger dafür *studiert*. Ich hatte nie eine richtige Ausbildung, habe nie zeichnen, Farben mischen, dekorieren,

bauen oder rechnen gelernt, ich schaffe alles allein mit meinem eigenen Kopf. Ich habe gelernt, Farben zu mischen und neue zu schaffen, die die Maler überraschen. Ich habe Möbel entworfen, habe schnell mit den Proportionen umgehen können etc. Ich kann ausrechnen, wieviel Holz für den Bau eines Schranks notwendig ist (und ich habe nie eine Arithmetikprüfung bestanden). Die Männer, die für mich arbeiten müssen, sind überrascht, daß ich ihr Handwerk verstehe, daß ich nie meine Meinung ändere und immer genau weiß, was ich will.
So gleiche ich mit kleinen Talenten meine großen Mängel aus. Ich war heute auch glücklich, weil Gilbert mir mit einem zutiefst dankbaren Brief auf meine Anmerkungen zu seinen letzten Gedichten geantwortet hat und meint, ich sei die einzige, die ihn verstehe. Ich möchte so gut verstehen wie schöpferisch sein. Ich bin so erfreut, daß mein Urteil über seine Gedichte ungewöhnlich zutreffend ist, so erfreut, als hätte ich selbst etwas geschrieben.
Heute abend, bevor ich zu Bett ging (ein sehr, sehr großes, breites Bett mit einem maurischen Kopfende, das ich in einem Antiquitätenladen gekauft hatte und für das man mir inzwischen den doppelten Preis geboten hat), blickte ich auf den Rand des Bois, der an den unteren Teil unseres Fensters grenzt (alles andere ist reiner Himmel) und dachte: Ich habe den Wunsch zu schreiben verloren, weil es weh tut.
Irgendwie hat das ganze Hämmern, Holzsägen, Bodenschrubben, Durcheinander und die harte körperliche Arbeit alles Denken erstickt, und ich zögere, es wieder hervorzuholen.

1. August
Ich tröste mich mit der Beobachtung, daß Proust mit zwanzig ein Buch geschrieben hat, *Plaisirs et les Jours* [*Tage der Freuden*], das so sentimental und armselig ist wie *Aline.* Wenn ich mit dreißig nicht einen einigermaßen ordentlichen Roman zustande bringe, gebe ich mich selbst auf und bleibe nur eine Tänzerin und die Frau eines stellvertretenden Zweigstellenleiters …
Gerade habe ich mein Frühstück auf einem vierbeinigen Tablett zu mir genommen. Ich sehe ein paar Zentimeter Baum-

spitzen und einen Hof und anderthalb Meter bewölkten Himmel. Mein geräumiges königliches Schlafzimmer gefällt mir. Der nach meinem Entwurf angefertigte Toilettentisch mit drei Spiegeln symbolisiert die Bedeutung, die ich dem Äußeren beimesse, aber es wird auch einen Schreibtisch geben. Dieser Teil der Wohnung wird mein Refugium werden. Ich kann gegen die Welt zwei Türen schließen und sie verriegeln.

9. August
Während ich einen Goldfaden auf ein saphirblaues Kissen nähte, dachte ich über den geistigen Wert von Ausstattung nach. Mir wird klar, daß ich durch sie Sicherheit, Kühnheit und Autorität gewonnen habe. Ich, die ich noch vor einem Monat weinen konnte, weil ich mein Dienstmädchen ausschimpfen mußte, habe im Umgang mit Arbeitern Härte gelernt.
Neben all der ausgesprochen tiefen Freude, die mir das Zusammenstellen von Farbe, Stoffen, Holz und Stein vermittelt, entzückt mich ein sichtbar schönes Erzeugnis. Das riesige Wohnzimmer ist schon fertig gestrichen, türkisfarben mit mehr Veroneser Grün als gewöhnlich, damit es mit dem blaugoldenen Kamin harmonisiert. Die große Hindulampe hängt. Während das Sägen und Hämmern und Streichen weitergehen, nähe ich Kissen, oder ich male Zimmerentwürfe auf das Papier, das ich für den berühmten Roman benutzen sollte.
Letzten Sonntag fand ich auf meinem Frühstückstablett Johns Brief. Ich hatte Bauchkribbeln wie bei Lampenfieber. Ich konnte ihn eine Weile nicht öffnen. Ich hätte nicht so aufgeregt sein sollen. Es war ein ruhiger, konventioneller Brief, nur mit der Hand geschrieben statt diktiert wie sonst seine Briefe. Neuigkeiten über seine Aktivitäten, Liliths Reise zu ihren Eltern und »Mit bestem Gruß – John«. Nichts zwischen den Zeilen, nicht einmal für meine Vorstellungskraft, nur diese ungemeine Ruhe, Zurückhaltung, deren Sinn ich nicht ganz fassen kann.
Er ist hier in meinem Tagebuch.
Plötzlich spürte ich, daß es seine Art war, klug zu sein – mit dem Leben, komplizierten Beziehungen keine Risiken einzugehen. Ich bin weder sentimental noch kühn, und ich selbst hätte auch nichts Direkteres geschrieben, dennoch – etwas

aussagekräftiger. Meine Antwort fällt also *natürlicher,* echter, furchtloser aus. Nun, ja. Schotten haben keine solche Angst vor ihren eigenen Vulkanen, die sie im Griff haben, aber vor denen anderer Menschen und besonders vor solchen Leuten wie mir.
Ich hatte mich nach einem Brief ohne Emotion oder Gefühl gesehnt, dennoch nach derselben intellektuellen und menschlichen Nahrung, die mir John vor dem Kuß zukommen ließ.

11. August
Hugh sollte für drei Tage nach Nizza fahren, und er war unglücklich, weil ich nicht mit konnte. Ich schickte ihn, mit Zärtlichkeit und Liebe und Fürsorge befrachtet, los. Meine Liebe zu ihm ist meine Religion. Ich liebe ihn mit Worten; wenn ich ihn ansehe, sage ich zu mir selbst: Schau, wie schön sein Kopf ist, wie groß er ist, wie sensibel seine pelzigen Hände, wie hoch seine Stirn. Ich liebe ihn mit meinen Sinnen. Ich liebe ihn, indem ich unser gemeinsames Leben, vergangene Liebe neu schaffe. Ich liebe ihn mit meinem Verstand, bewundere ihn. Ich liebe ihn dankbar wegen seines breiten Verständnisses, seiner Liebe zu mir. Ich *will* ihn lieben, weil er geliebt werden *sollte.* Ich hasse mich für alles, das ihn leiden läßt. Ich habe Augenblicke, da ich weiß, daß keine vielfachen Leben oder Lieben seiner Liebe wert sein können, da ich mir verzweifelt wünsche, das Überfließen meiner exzessiven Natur und Phantasie kontrollieren zu können. Ich liebe ihn *wirklich,* nur ihn.
Solange er mich will, werde ich die Seine sein. Seine Wahrhaftigkeit darf nicht mager, kleinlich belohnt werden. Ob ich wohl den Mut habe, wenn die Zeit kommt, andere Freuden, andere Ekstasen aufzugeben, so wie er es für mich tut, denn vermißt er nicht die ganze Süße, die andere Frauen ihm geben könnten?

12. August
Ganz auf mich selbst zurückgezogen. Einen Monat lang habe ich jetzt niemanden gesehen außer den Männern, die für mich arbeiten. Ich werde wieder ungesellig, schrecke davor zurück, alte Kontakte neu zu knüpfen, wundere mich über meinen

früheren Wunsch nach Gesellschaft und finde in der äußersten Einsamkeit ein bittersüßes Gefühl, eine Traurigkeit und eine Freude, die ich nie mit anderen Menschen kenne.
Warum hatte John nicht einen Brief wie ein Gespräch schreiben können, ein nettes Gespräch. Armer John – er muß sich beim Schreiben an mich unbehaglich gefühlt haben. Weil er dachte, ich erwartete entweder ein Kunstwerk oder einen Hinweis der Zuneigung, und was zum Teufel erwartet er von mir?
Ich habe meinen Brief ganz natürlich angefangen. Jetzt kann ich ihn nicht beenden. Ich möchte immer den Menschen das geben, was sie haben wollen – und es ist mir unmöglich zu wissen, was John haben will.
Ist es möglich, daß Johns Bildung, seine Klarsicht, seine Phantasie sich nicht auf sein eigenes Leben erstrecken, daß sie nicht in all seinen Handlungen durchschimmern, daß er Helena von Troja vielleicht besser verstanden hat, als er je mich verstehen wird?
Da die Sonne schien, ging ich hinaus und kaufte mir eine Kette für 11 Franc 25. Hugh sagt, wir sind dabei, reich zu werden. Ich fühle mich schon reich, so wie ich ungemein kleine Dinge genieße und die großen wie dieses Haus zutiefst schätze. In meine Liebe zu Hugh mischt sich Dankbarkeit für seinen Mut, mich geheiratet zu haben – und für die Art, wie poetisch er mir Dinge schenkt, die nicht nur einen materiellen-, sondern auch einen mystischen Wert haben.
Gilbert schreibt: »... möchte Dich sehen, bin enttäuscht über meine literarische Karriere ...« Ich antworte: »Warum solltest Du? Du mußt sie drangsaliert oder indiskrete Fragen gestellt oder darauf gedrungen haben um der Sicherheit willen, als Hilfe für Deine Ehe; das ist etwas, was literarische Karrieren nicht aushalten. Sie sind auf so mystische Weise außerhalb und jenseits unseres menschlichen Willens.«

13. August

Wenn ich in meinem besten Kostüm und behandschuht im Taxi sitze und die Champs-Élysées hinunterfahre, habe ich Momente, da ich mich ausgeglichen fühle, der Welt zugewandt, triumphierend, mächtig – und diese erfreuliche Empfindung hält an, bis ich an mein Ziel gelange: ein Besuch, wo

ich lieblicher und kleiner sein werde als meine wirklichen Gedanken; eine Zusammenkunft mit dem Pelzhändler, wo ich seinen schmeichelhaften Bemerkungen glauben und leichtgläubiger als die meisten Frauen mit einem guten kritischen Urteil sein werde.
Heute habe ich einen Astrachan-Pelzmantel anprobiert, der meine Mittel überstieg. Er stand mir wunderbar, wie für mich gemacht. Er kostete achtundzwanzigtausend Franc, und mich würde mal interessieren, ob mir das irgendwann als eine kleine Summe erscheinen wird. Die Bemerkungen des Pelzhändlers waren künstlich: ein Modell entworfen, gezeigt und mit Beifall bedacht, keine Frau wagte, es zu kaufen und zu tragen, wie gut ich ihn zu tragen verstehe.
Ich hörte jedoch die geflüsterten, nicht für meine Ohren gedachten Bemerkungen der Mannequins: daß ich den Mantel wie ein Mannequin trug. Ja, natürlich. Viel Erfahrung bei Jaeckel, Fifth Avenue. Kleine billige Geschichte eines sensationellen Aufstiegs: Mantel-Mannequin wird Frau eines stellvertretenden Zeigstellenleiters.

15. August
Hugh kommt einen Tag früher zurück, weil er sein Wegsein nicht mehr aushielt. Er macht sich klein, so daß sein Kopf auf meiner Brust ruhen kann, und er seufzt und flüstert mir seine Liebe zu und umwirbt mich. Ich habe meinen unbeendeten Brief an John weggelegt und lausche dem Bericht über die Erweiterung des Kreditgeschäfts, der Quelle allen Behagens und aller Vergnügen.
Gilbert kam mich auch besuchen, und ich hörte alles über Kathleen, ein englisch-dänisches Mädchen, das er im November heiraten wird und das die Literatur über alles liebt und sich ganz dem eigenen Schreiben hingibt, dem aber, wie Gilbert sagt, »bestimmte äußerliche Dinge fehlen, die du ihr beibringen wirst, wie ich hoffe. Ich weiß nicht richtig, wie ich es beschreiben soll. Und meine Poesie hat sie auch nicht verstanden.«
»Aber sie ist jung, erst einundzwanzig Jahre alt, und verfügt über das wichtigste«, sagte ich, »Aufrichtigkeit.«
»Ich weiß jetzt«, sagte Gilbert, »was deine Zurückhaltung bedeutete, als ich dummes Zeug über das geistige Dasein eines

Mönchs redete, das alles enthält – du hattest die ganze Zeit das Menschliche im Sinn. Wie sehr ich es jetzt spüre!«
Er sah menschlicher aus, verhalten glücklich, und er überlegte im geheimen, wie er Kathleen noch mit dem ausrüsten konnte, was ihm bei mir gefällt, um alles zu haben. Ich habe eine Ahnung, ich werde sie gern haben. Sie ist die vierte Frau, die der Ehemann zu mir gebracht hat, damit sie »Äußerliches« lernt.

Johns Brief:
Hiermit schicke ich Ihnen das kleine Stück *Hearts Enduring* [Duldende Herzen], von dem ich Ihnen erzählt habe. Und vielen Dank für das Buch, das vor ein paar Tagen gekommen ist. Wie lieb von Ihnen, mich mit den Gedanken und Ideen auf dem laufenden zu halten, die in Paris so selbstverständlich erschienen, die den meisten Wilton-Bewohnern jedoch immer fremd bleiben werden. Mir hat der Roman ungemein gefallen, ich habe mich gefragt, warum Sie unbedingt wollten, daß ich ihn lese. Ich gestehe, ich war verwundert. Er erschien mir einfallsreich, allerdings weniger subtil als die Dinge, die Sie sonst mögen. Es steckt natürlich eine Menge Wahrheit darin, mit einem fast professionellen Dogmatismus dargelegt, wie ich fand. Das nächste Mal, von dem ich hoffe, daß es bald sein wird, müssen wir darüber sprechen.
Ich erkenne an der Adresse, daß Sie und Hugh in Ihre neue Wohnung gezogen sind, in jenen herrlichen Stadtteil. Meinen Glückwunsch. Ich bin froh, daß ich den Ort gesehen habe, so daß ich mir Sie, so wie Sie sind, dort vorstellen kann.
Wir haben hier schnell zu unserer Routine zurückgefunden. Nie erschien uns die Farm so schön, Pauline fand gleich eine gute Schar von Dienstboten, und so gingen wir den Sommer an. Graham nimmt an dem sechswöchigen Sommerseminar der Columbia-Universität im Juli und August teil. Er hat viel gemalt, und er und Anna sprechen ständig von Paris und sehnen sich zurück.
Seit unserer Rückkehr war ich entsetzlich beschäftigt, aber glücklich. Ich habe jenen neuen Roman *Sincerity* fast beendet, von dem ich Ihnen die Handlung erzählt habe. Er soll im Oktober oder November herauskommen. Sobald das geschehen ist, habe ich versprochen, ein Libretto für eine Oper zu

schreiben, die George Antheil komponieren und in Deutschland aufführen soll. Wenn es wirklich dazu kommt, habe ich vielleicht Lust, im nächsten Frühjahr nach Deutschland zu fahren, sobald ich mich hier loseisen kann. Ich würde gern nach Bordeaux gehen und einen Ehrendoktor anzunehmen. Im Augenblick sind meine Pläne jedoch vor allem Wünsche.
Bis vor ungefähr zehn Tagen habe ich fünf Tage in N.Y. verbracht. Dann ist Lilith zu ihren Eltern in Colorado gefahren, und seitdem bin ich hier. Heute abend reise ich für vierzehn Tage zum Spielen nach Chautauqua. Ich werde jedoch meine Schreibmaschine mitnehmen.
Pauline geht es sehr gut – fängt sogar an, etwas füllig auszusehen. Der Winter in Paris tat ihr gut, und sie behauptet noch immer, sie würde gern zurückgehen und bleiben. Die Reise hat uns allen etwas gebracht. Ich habe Hugh geschrieben, daß ich Ihnen auf keine angemessene Weise für all Ihre Freundlichkeit mir gegenüber in dem Jahr danken kann. Wenn ich das nächste Mal komme, werde ich ein sensationeller Pariser sein und zurechtkommen, ohne so häufig Ihre Geduld in Anspruch zu nehmen. Unterdessen werde ich auf eine wirkliche Chance warten, Ihnen zu zeigen, wie sehr ich all das schätze, was Sie beide für uns getan haben. Schreiben Sie mir über Ihr Tanzen und Ihre Schauspielerei und alle Neuigkeiten? Die Briefe schicken Sie am besten an die Schule, 49 East 52, N.Y. Und grüßen Sie bitte Hugh und Ihre Mutter und Joaquin. Wir sprechen ständig über Sie alle.

Lieber John,
Ihr handgeschriebener Brief und *Hearts Enduring* haben mir gefallen. In dem Stück haben Sie sicherlich die Wirkung erzielt, die Sie wollten. Ich weiß nicht, ob Sie eine Möglichkeit hatten, herauszufinden, wie stark der visuelle Eindruck ist, selbst beim Lesen (weil nämlich jede Geste etwas bedeutet), und wie die Sätze einem im Kopf haften bleiben. Es ist wirklich tief bewegend – ich hoffe, daß ich eines Tages darin spielen kann. Gerade jetzt könnte ich es den Produzenten nicht zeigen, da ich durch meine Weigerung, in *Salome* zu spielen, gänzlich mit dem Theater gebrochen habe. Ich habe vorübergehend auch das Tanzen aufgegeben. Immer wenn wir darüber sprachen, sagte Hugh ja, sang jedoch schottische Lieder,

wobei er ungebührlich ihre Wehmut betonte, und ich weiß, was das bedeutet. Er dachte auch, daß ich, wenn ich jeden Abend tanzte, nicht frühmorgens aufstehen und ihm beim Frühstück Gesellschaft leisten könnte.
So habe ich mich der Inneneinrichtung zugewandt. Als Ihr Brief kam, stand ich auf einer Leiter und arbeitete mit Farbe und Pinsel, und das Papier, das ich für den Roman gekauft habe, wird zum Zeichnen benutzt. Ja, ich schreibe auch, im Club vom Bois, während Hugh Tennis spielt. Ich habe Ihrer Biographie eine Menge hinzugefügt.
Sagen Sie Pauline, daß ihre Angst um Hughs Glück völlig gerechtfertigt war. Hugh mußte einen Tag lang unrasiert bleiben, während ich den Griff seines Rasierpinsels lackierte.
Sie haben recht, John, ich habe lieber Subtileres als die *Mariage Charnel,* sehr oft hole ich mir meine Ideen überall, wo auch immer ich sie finde, und manchmal in Büchern, die ansonsten von keinerlei Wert sind. Ich glaube, das machen Sie auch, und deshalb habe ich Bücher an Sie weitergegeben, die an sich keinen großen Wert haben, die jedoch ein bißchen Wahrheit oder das Saatkorn einer Idee hatten. So wenige Bücher sind ganz und gar gehaltvoll. Gelegentlich habe ich nichts gegen die nackte, kunstlose, wissenschaftliche Analyse, die die Franzosen um der Klarheit willen benutzen – und Sie? Natürlich ist mir Ihre Art lieber, die so etwas wie lyrische Klarheit ist. Ich war der Meinung, Sie doch sicher auch, daß die Beschreibung der Frau, die das Zimmer betritt, um ihren Liebhaber zu treffen, wunderschön sei. Ségur verdient jedoch keine weitere Aufmerksamkeit von Ihnen, gewöhnlich ahmt er D'Annunzio und Anatole France gleich zusammen nach. Er hätte eine bessere Mischung finden können.
Ich hatte auf ein paar Zeilen aus Ihrem Tagebuch gehofft, damit ich weiß, was Sie denken, doch Sie schreiben, daß Sie »entsetzlich beschäftigt« seien. Heißt das, Sie haben weniger Zeit, da hineinzuschreiben?
Ich hoffe, ich habe alle Neuigkeiten an Sie weitergegeben, die Sie wollten. Ich habe Ihnen nicht erzählt, daß ich meine Beschränkung des spanischen Tanzes damit ausgleiche, daß ich mehr seine orientalischen Seiten entwickle; daß Joaquin und ich herausgefunden haben, daß Musiker wirklich denken, aber in Noten, und daß sie deshalb bei einer Unterhaltung

nicht sehr intellektuell wirken, daß ich eine Geschichte über eine Frau geschrieben habe, die an einem traurigen, verregneten und nebligen Abend eine lange Busfahrt unternimmt. Von der Temperatur beeinflußt, lassen die Leute, ohne auszusteigen, ihre Haltestellen vorbeiziehen. Auch von der Temperatur beeinflußt, fängt die Frau an, allen über sich die absolute Wahrheit zu erzählen. Sofort drängeln alle zum Halteknopf.
Wird Liliths schlaues Stück aufgeführt?
Ich vermute, Sie haben Ihren *Mercure* vermißt. Er ist aus Versehen an die Bank geschickt worden. Ich gehe heute hin, um denen Ihre Adresse zu geben.

Votre Amie [Ihre Freundin]

Seit ich ein Kind war, hatte ich immer eine Begabung für Haltungen und Posen, eine bestimmte Art zu gehen, zu sitzen, die den Künstlern gefiel und zu Bildern aufforderte. Ich merke, wie dies, seit ich tanze, noch stärker zutage tritt. Das macht mich glücklich. Niemand hält es für natürlich, aber das ist mir egal.
Ich fange an, Unwirklichkeit, Künstlichkeit zu lieben, die die moderne Kunst so vollkommen ausdrückt. Einige ultramodernen Räume sehen symbolisch, unmenschlich, unmöglich aus ... und das gefällt mir. Ich ersehe darin zukünftige Zeitalter, weit weg, fast unvorstellbar heute, genauso wie man sich das Heute vor sechshundert Jahren nicht vorstellen konnte.
Ich liebe die korallenfarbenen Glasbäume ebenso wie die echten, das unwirkliche Türkis meines Wohnzimmers ebenso wie die echten Farben des Himmels und des Meeres, meine exotischen, nicht rein orientalischen Möbel ebenso wie authentische Sachen aus den Basaren. Wo es an Echtheit mangelt, wird eine Lüge das ihre tun – eine schöne Lüge.
Komplexität. Ich fange an, sie zu suchen, oder sie zumindest nicht zu bekämpfen, so wie es alle geistig gesunden Menschen machen.
In *wirklichen* Dingen suche ich nur geistige, intellektuelle Werte. Dort kann ich keinerlei Künstlichkeit oder irgendeinen Ersatz ertragen. Ich hasse Godoys Salon und Godoys literarischen Freunde und alle anderen literarischen Salons. Ich weiß jetzt, daß ich sie nur mochte, weil ich in ihnen bewundert wurde.

18. August
Je vous présente [Ich stelle Ihnen vor] Madame Melnikoff – eine russisch-japanische Frau, neununddreißig oder vierzig Jahre alt, eine Schneiderin, eine Künstlerin, ein Genie in ihrem Beruf, sprunghaft, undiszipliniert, immer zu spät, drei Viertel unserer Verabredungen nicht einhaltend, drogensüchtig, arm, gerettet, als sie dabei war, sich umzubringen, undankbar, gierig, erfinderisch, inspiriert, die einzige Frau, die mich anzuziehen versteht und die ich jetzt unterstütze und die ich all meinen Freunden empfehle.
Zusammen kreieren wir Kostüme, die wirkliche Kunstwerke sind.
Jetzt finde ich heraus, daß ihr Vater, Malioutine, ein grober ungebildeter Mann, ein großer Künstler der Inneneinrichtung und im Entwerfen von Möbeln war, für den die Prinzessin Tenitschew eine Werkstatt schuf und eine Schule gründete. Er ist tot. Die Möbel stehen in Museen, und man hat mir Zugang zu dem einzigartigen Buch mit seinen Entwürfen verschafft. Eine Offenbarung. Bäuerliches Fundament, verschlungene Ornamente, eine hochgezüchtete Stilisierung, an ein Märchenland, den Orient, Byzanz erinnernd und doch nur russisch.
Wieder vermittelt mir Rußland mehr als alle anderen Länder Farbe, Form, Temperament, klare Inspiration. Ich kann die Kunst nicht einfach so benutzen, wie ich sie vorfinde. Das Bäuerliche daran paßt nicht zu mir, doch seine Schönheit bewegt mich und treibt mich an, mein eigenes Schaffen zu finden zwischen dem Verfeinerten und dem Unwirklichen, dem Modernen und dem Traditionellen. Aus all dem wird mein mystisches Märchenheim erwachsen.
Zeit ist mehr als kostbar für mich, und dennoch bedaure ich nicht die vielen Stunden, die ich mit der Ausarbeitung jener Entwürfe verbracht habe und die ich weiterhin mit der Ausschmückung eines jeden Gegenstands in der Wohnung zu verbringen beabsichtige.
Prinzessin Trubetzkoj hat zwei Jahre auf ihre Möbel verwandt. Das werde ich nicht machen. Es gibt genügend anderes zu tun, ich möchte jedoch mit meinen eigenen Händen eine äußere Widerspiegelung meiner Visionen schaffen, einen Stuhl oder eine Tür als ein Symbol, das die Bedeutung, das

Gefühl, die Schönheit eines ganzen Landes beschwört wie eine Reise nach Ägypten, eine Nacht in Indien; obwohl ich vielleicht nie einen dieser Orte sehen oder jenes Gefühl erleben werde, liegt dort der Schlüssel zu dem Traum.
Alle ungelebten Emotionen enden in einer geistigen Leere, wie es in den verschrobenen Schriften so vieler Angelsachsen nur allzu offenbar wird – James Barrie, Stella Benson, Walter de la Mare, die so wunderbar verrückt, phantastisch, merkwürdig sind. Nur in einer ausdruckslosen Rasse wird der am wenigsten ausdrückbare Wahnsinn derart kultiviert. Wir, die Südländer, die keine verbalen Hemmungen kennen, impulsiv, natürlich, phantastisch sind, haben uns als verhältnismäßig gesund und als unbedeutendere Poeten erwiesen. Was passiert, wenn man eine Idee im Kopf, einen Traum, einen Wunsch nicht physisch und menschlich auslebt?
Die Psychologen sind es leid, die durch Frustration verursachten Schäden ausfindig zu machen. Barrie, Benson unter anderen waren nicht frustriert, ich weiß jedoch, daß die Phantasien in ihnen wucherten, weil sie nicht in der frischen Umgebung leichter Unterhaltungen verdampften (nein, da die Angelsachsen entweder das Gegenteil von dem sagen, was sie empfinden, oder brummeln) oder sich zu Taten wandelten, die die rein literarischen Entladungen aufgelöst hätten.
Wir reden. Unsere Träume lösen sich in Nichts auf.
Werde ich auf diese Weise die Welt sehen und all das, wonach ich giere, nur durch die Phantasie mit einer Binde über den Augen (weil Hugh meint, sie ziehen Schwierigkeiten an) und einer kleinen Kette um den Hals (ich muß um sechs Uhr zu Hause sein), und was wird geschehen?
Ich werde den angelsächsischen Wahnsinn kennenlernen – Ekstasen einer unendlichen Phantasiewelt, während ich still an Hughs Seite dasitze und er raucht.
Ich habe nur Angst vor meinem Körper.
Ich habe die französische Literatur erschöpfend studiert, ihre ganze Neurotik aufgesogen und alles sonstige, was sie mich lehren konnte. Ich wende mich mit Freuden wieder dem Englischen zu und habe das Glück, mir Ford Madox Ford in der Bücherei beschaffen zu können, wo ich viel gehaltvollere Nahrung für den Geist finde. Die anderen waren rein für den Körper. Ford befriedigt beide.

Ich mag Fords Stil – kompliziert und klar, erdichtet, wenn die Gelegenheit es erfordert, undiszipliniert, übermäßig. Mir gefallen die Unterströmungen. In französischen Büchern gibt es keine Unterströmungen bis auf solche, die elektrisch, physisch zerstörerisch sind, mit funkelndem Vokabular als Verzierung für die Jagdszenen.
Hugh, der auch seine kleine Kette trägt (seine Bankarbeit, das Bedürfnis nach Geld, auch für mich, Gott sei's geklagt) sehnt sich ausschließlich nach einem Heim und Literatur. Das ist jedes Wochenende dran. Montags verschlingt er die Börsenberichte gieriger als sein Brötchen und ist von den Kursnotierungen des Tages gepackt.

5. September
Die Neue Familie ist angekommen. Sie waren überwältigt von der Wohnung, sie waren förmlich vom Stuhl gerissen; zehn Minuten lang hat mich die Mutter wirklich bewundert. Der Kater platzte vor Stolz. In dem chinesisch-roten Zimmer haben wir Donnerstag abend bei dem Bühnenlichteffekt sogar für sie getanzt.
Jetzt erkenne ich, daß ich ein Kunstwerk geschaffen habe – etwas ganz Persönliches und Besonderes. Ethel formulierte die Ängste meiner Freunde, als sie sagte: »Als du den orientalischen Charakter erwähntest, stellte ich mir etwas Veraltetes und Plüschiges vor. Ich habe mir nie diese vollkommene Mischung aus Modernität und Wohnlichkeit plus Atmosphäre vorgestellt.«
Die Wohnung ist unzweifelhaft eine erstaunliche Vermengung von Behagen, Luftigkeit, Frische, Benutzbarkeit und Fremdartigkeit. Ich bin glücklich, schrecklich glücklich. Diese Kreativität hat mir geholfen, die Depression zu überwinden, die mich nach Johns Abreise niederdrückte. Ich besiegte meinen eigenen Charakter und schuf etwas Schönes. Hugh fragt sich, wie ich solch feinsinnige Ideen äußerlich verarbeiten, wie die Wohnung ein solcher Ausdruck von uns, unseren Gefühlen und Träumen sein kann.
Das Nachdenken beginnt von neuem. Ich bin wieder in meinem Loch und schreibe weiter geschichtenlose Dinge und frage mich, was mit meinem poetischen, jedoch wirkungslosen, erfolglosen, nicht druckbaren Zeug los ist.

Und dennoch, es ist alles so folgerichtig und schön miteinander verbunden – mein Zuhause, meine Kleidung, mein Leben, Hugh im Zentrum von allem, mein Tanzen und meine unveröffentlichte Schriften! Ich arbeite um der Arbeit willen und ohne Beweis des Wertes dessen, was ich tue.

7. September
Mut – manchmal verläßt er mich wegen der intensiven Hitze und Johns Vorliebe für formelle Briefe inmitten meiner fieberhaften Einkäufe für die Wohnung. Ich gehe zu Sherry, trinke eine eisgekühlte Schokolade, rauche eine Zigarette, starre all die amerikanischen Frauen an, die mich an Lilith erinnern, und komme ausgelaugt und doch ruhelos nach Hause. Ich brauche nicht die Arbeit – ich habe mich überarbeitet. Ich werde es durchziehen, bei allen heidnischen Göttern, und ein starker, triumphierend kreativer Mensch werden und weniger Frau sein, was zu schmerzlich und zu gefährlich ist.
Ich sitze an meinem, von mir selbst entworfenen Schreibtisch dem Fenster und den Bäumen gegenüber. Die Näherin unterbricht mich, damit ich über die Länge der Vorhänge entscheide. Überall um mich herum sprießt etwas hervor, wächst, und alles ist schön, wohingegen ich jeden Tag schwächer werde und mehr Hunger habe. Hier ist ein Heim, hier ist Hughs Glück, hier ist mein Schreiben, hier ist mein Tanzen. Mir ist zumute, als gäbe ich alles her so wie ich meine Ideen mit einer Gleichgültigkeit weitergebe, die Hugh wütend macht – weil, wie ich ihm sage, »ich genügend andere Ideen im Kopf habe«.
Edith ist zurückgefahren mit einer blauen Entsprechung meines türkisfarbenen Kostüms mit dem schwarzen Hut. Ethel hat meine alte Armbanduhr und andere Dinge. John hat mir meine Zufriedenheit genommen. Ich bekomme nie etwas zurück.
Unsinn! Ich habe einen formellen Brief bekommen, der den Dank für meine Freundlichkeit einschloß. Freundlichkeit, zum Teufel damit. Begeisterung, Hingabe, ein Überfließen von allem Möglichen, was Männer selten von intelligenten oder klugen Frauen bekommen. Ich bin zu verflucht großzügig. Den Menschen gefällt meine Art zu fühlen, aber es ist ziemlich beschwerlich. Man kann es nicht einordnen, man

kann es nicht laufenlassen, wenn man eine Frau und eine Geliebte und ein neugieriges Publikum hat; und wenn man im Grunde nur ein ehrlicher Schotte ist, fühlt man sich unbehaglich. Also schreibt man einen formellen Brief an seinen lieben kleinen Faun, und dieser verwandelt sich in eine gesetzte Nestbauerin für ein perfekt verheiratetes Paar – und schreibt bittere Dinge und starrt auf die Hunderte von Liliths, die mit ihren Augen, ihrem Haar, ihrem Gang, ihrer siegreichen Miene durch Paris laufen.

8. September
Auf das, was ich gestern geschrieben habe, bin ich nicht sehr stolz. Es war ein Augenblick der Schwäche. Meine »Krankheit« [das Vermissen von John] kehrt unerwartet zurück, wenn ich meine, ich sei kuriert. Es verblüfft mich ziemlich. Ich finde nichts, das unsere Gespräche ersetzen könnte – jene langen Gespräche über seine Probleme und Lilith –, und ich frage mich mit einer gewissen Boshaftigkeit, wieso John gerade mit mir über diese Dinge gesprochen hat statt mit anderen Freundinnen, und warum ich lieber von ihm alles über Lilith hörte statt über meinen wunderbaren Charme von Gustavo. Die ganze Zeit hatte ich nichts von alldem bemerkt – wir waren beide entsetzlich aufrichtig. Wenn er mir ein Kompliment machte, war es zufällig. Wenn ich ihm eines machte, geschah es nur auf dem Gebiet der Literatur. Wenn ich jetzt über all das nachdenke, verengen sich meine Augen, und mein Mund verzieht sich nach links oben, und ich bin entsetzlich amüsiert und entsetzlich traurig zugleich. Wenn ich noch einen formellen Brief bekomme, werde ich wohl endgültig kuriert sein. Ich stelle einen weiteren Test für ihn auf: Wenn John in diesem Herbst nicht nach Paris kommt, bin ich kuriert – geschworen mit weit offenen Augen an einem frischen Samstag morgen.

9. September
Hugh und ich fuhren aufs Land, um unsere strapazierten Nerven zu heilen. Wir lagen im Heidekraut. Wir rauchten. Wir lasen Huxley, liebten uns, redeten. Als Krönung aßen wir bei billiger Musik in einem maurischen Restaurant – und ich liebe billige Musik. Sie wirkt wie Champagner auf mich,

macht mich beschwipst und glücklich und sogar witzig. Ich stellte Hugh dumme Fragen. Warum konnte ich nicht einfach so reden, wie ich schrieb, so gut, wie ich schrieb? Warum ärgerten mich all die kleinen Sarkasmen Huxleys über meine Lieblingsideen? Warum war ich so auf Perfektion aus, daß ich mich selbst ständig auf den Prüfstand stellte? Bin ich aufrichtig? Bin ich ganz? Weiß ich, was wertvoll ist? Es ist nur ein Hauch von einem Unterschied, der mich von den Sophisten, den Sentimentalisten, den Wichtigtuern, den Egoisten trennt. Es ist so leicht, sich in diesen Dingen zu verlieren; ich beobachte mich und nehme Huxleys Figuren [in *Barren Leaves, Parallelen der Liebe*] als eine Warnung.
»Iß ein Lammkotelett«, schlug Hugh vor, »und sorge dich nicht. Du bist schon in Ordnung.«
»Bin ich nicht«, antwortete ich, und mein Kopf brummte von der billigen Musik. »Wenn du das sagst, bin ich noch lange nicht überzeugt.« Eine auffallende Frau, die in unserer Nähe saß, nahm meine Aufmerksamkeit gefangen. »Da sitzt eine exotisch aussehende Frau.«
Hugh nahm sie eine Sekunde lang in Augenschein. »Aus dem Montparnasse-Dschungel.« Ob billige Musik wohl auch auf ihn ihren Einfluß hat?
Ein kühler Morgen. Die Bücher stehen in den neuen Bücherregalen; diese Zeremonie genoß ich am meisten von allem, und ich verwehrte jedem, mir zu helfen. Johns Bücher sind in dem besten Teil. Ich bin wieder stark. Bereit, wenn nötig, ein weiteres Haus zu bauen. Wie kann man an das Hirn glauben, wenn ein Atemzug von Kiefer und Heide, ein Spaziergang mit langen Schritten und ein Tag Sonnenschein einen von fast allem kurieren kann?

11. September
Zum erstenmal stehe ich auf und finde nur drei Dinge auf meiner Liste, die ich tun muß und die bis heute nachmittag warten können. Die Behausung fängt an, wohnlich auszusehen, obwohl sie schon vor zwei Wochen interessant aussah. Ich kann mit leichtem Grübeln beginnen. Ich habe wegen einer Sache einen Entschluß gefaßt: Johns Kuß war eine Laune; wenn er in diesem Herbst kommt, dann mit Lilith, und ich werde mich gut im Griff haben und platonisch sein.

Es ist alles vorbei. Es war wunderbar. Daß ich jetzt darüber hinwegkomme, ist es auch. Schon merkwürdig, wie ich jetzt das Empfinden habe, daß ein paar Minuten lang Johns Liebe festzuhalten die einzige Erfahrung ist, die ich keinesfalls missen könnte. Nichts kann daran heranreichen oder an meine Liebe zu Hugh.
Alles andere wäre ein mittelmäßiges Echo auf diese beiden Erfahrungen. Alle anderen Gefühle ähneln ihnen im Grunde. Alles vorstellbare Leben ist in diesen beiden Aspekten der Liebe enthalten. Eine Wiederholung könnte ich nicht ertragen: Es gibt nur einen Hugh und nur einen John. Für mich gibt es keine anderen Männer, die des Kennens wert wären. Eigentlich sollte ich zufrieden sein. Darauf will ich von jetzt an aufbauen, ohne zurückzublicken und ohne *Mittelmäßigkeit.*
Der Morgen ist frisch, und aus dem Bois dringen Wohlgerüche. Mein Schreibtisch ist bereit. Mein Zuhause gebaut. Hugh liebt mich und ist glücklich. Ich habe schöne Kleider im Schrank, ein Paar Perugia-Sandalen, Eustion-Parfums auf meinem Toilettentisch. Ich werde *arbeiten.*
Jetzt da ich mit niemandem eine Verabredung habe, meide ich die Cafés, wenn ich allein bin, und gehe zu den kleinen Bäckereien, wo nichts los ist. Die Kellnerin hört mit dem Strümpfestopfen neben der Kasse auf und bringt mir eine Tasse Kaffee, die auf den Brotkrumen, die andere hinterlassen haben, nicht sicher steht. Die Blumen in der kleinen Vase sind verwelkt. Kinder kommen für ihr goûter [Nachmittagsimbiß] mit Schokoladenbrot herein. Das Weiß der Bäckereiwände ist wie das Weiß eines Sanatoriums – und hier erhole ich mich wirklich von dem Fieber der rauchigen Cafés, wo offenbar alle Männer einsam sind und ich die einzige Frau war, die sie glücklich machen konnte.
Ich habe schon früher gesagt, daß ich keine intellektuelle Auseinandersetzung mit der Kindheit leiden kann – die ersten Zähne, als es zum erstenmal laufen konnte, weinte, sprach etc.
[Francis de] Miomandre fertigt einen Wasserfarben-Roman, jenen Roman, den die meisten Schriftsteller nicht umhin können, über ihre Jugend zu schreiben, in dem ich klar sehen kann, daß er von den Visionen eines gewissen sentimentalen,

zartbesaiteten jungen Mannes besessen ist, der hin und wieder mit den unvermeidlichen anämischen Idealen und der Kühnheit, Gedichte zu schreiben, in seiner Erwachsenenwelt auftaucht.

Jene Männer, die eine Begabung haben, Augenblicke eines Lebens voll weißglühender Hitze zu schaffen, sind genau die Männer, die nicht wissen, wie sie ihnen Dauer verleihen sollen. Ihre eigene Begeisterung flammt hoch und erstirbt, und man kann von ihnen nichts anderes außerhalb dieses intensiven Augenblicks erwarten. Und wie leer sind die Augenblicke dazwischen! Sie sind dumpf, sie sind träge, sie sind in einer Periode des »Aufwärmens« wie bei einer Seidenraupe, die sich auf die strahlende Minute vorbereitet. Wer möchte in die Fänge eines solchen Trugbilds launischer, krampfartiger Schönheit geraten?

Joaquin hat an einem Morgen in der kleinen Wohnung am Port Royal sein Trio gespielt, das ich so liebe. Ich sang die Worte, die jede Note für mich bedeutete. Er war verblüfft.

»Hast du dir eine solche Bedeutung nicht gedacht?« fragte ich.

»Ja, aber in *Noten*. Alles, was ich erlebe, alles, was ich weiß, sind *Noten*, keine Worte.«

»Wie eine direkte Sprache, die nicht zu bewußten *Wörtern* wird. Eine direktes Sich-Ergießen, anders als bei mir, von Gefühl in Ton statt von Gefühl in Worte. Das deine könnte man mit dem Wasser in der Flasche eines Alchemisten vergleichen, das meine mit Sand. Du arbeitest mit flüssigem Stoff. Ich mit festem. Ich muß das Wasser oder den Klang in Sand oder Wörter verwandeln, um ganz zu verstehen.«

Wer das nicht weiß, beschuldigt Musiker, nicht zu denken, nicht intellektuell zu sein; sie sind es jedoch in einer anderen Sprache, die für sie auf jener Ebene bleibt, bis wir, die Wortemacher, übersetzen (sie hassen Übersetzungen).

Ein solches Gespräch hatten Hughs Mutter und ich in London. Sie sorgte sich um Johnnies Frau – und gab mir eine Ruhepause.

»Es heißt, ihr Vater sei Waliser. Ich habe gehört, die Waliser seien ein unzuverlässiges Volk. Weißt du etwas über sie, Anaïs?«

»Tut mir leid – nichts. Ich erinnere mich nur daran, gelesen zu haben, daß die Waliser einmal zu England gehörten und nun nicht mehr.«
»Ich frage mich, *warum* sie getrennt sind«, sagte Hughs Mutter in einem Ton, in dem Frauen sagen: »Ich frage mich, warum er sich von ihr hat scheiden lassen.«
Ich hätte nicht schreiben sollen, daß in Bäckereien nichts passiert. Neulich kam in die eine an der Place Blanche ein kleiner vierjähriger Junge und wollte ein Schokoladenbrötchen. Die Dame bediente ihn mit deutlicher Zuneigung. Als er weg war, redete sie über ihn: »Er ist nicht wie die anderen Kinder. Seine Mutter tanzt im Moulin Rouge. Der Kleine singt, spielt in Filmen mit – neulich spielte er einen Königssohn –, er machte alles, was man ihm sagte. Jeden Morgen kommt er und holt sich sein Schokoladenbrötchen. Er macht keine großen Umstände, wenn wir ihn bitten zu singen. Er ist kein gewöhnlicher Junge.«
Das kleinste Bißchen bringt mein Gleichgewicht wieder durcheinander. Neulich abend löste die Musik bei mir fieberhafte Träume von Leben aus, das ich nie kennen werde. Im selben Augenblick bin ich klarsichtig genug zu wissen, daß zehn Leben, wie ich sie mir vorstelle, nicht eines mit Hugh wert sein würden – und doch sehne ich mich. Ich sehne mich, und alles, was ich mir wünsche, gerät in Konflikt mit Hughs kostbarem Glück; alles außer zu Hause still zu schreiben wie eine Eule, eine Maus, unsichtbar wie in einem Harem. Ich kann davon allein nicht leben. Ich werde es versuchen. Ich habe doch eine Menge Quellen: mich selbst, kleine Erleuchtungen, die mir einen Augenblick lang die Illusion von weißglühender Hitze geben, und den Mut, heiter und großzügig durch Erfahrungen zu gehen, die ich nur in meinem Tagebuch kritisiere. Erst gestern abend war Hugh erstaunt, wie rückhaltlos ich einige absolut farblose Bankleute unterhielt.
Zusammen mit all diesen Abschweifungen oder eher mittendrin holte ich einen kleinen Werkzeugkasten heraus und schraubte den Toilettendeckel wieder an, der sich gelöst hatte, und schliff eine überflüssige Rosette von einer Eisenlampe. Ich bin nicht immer mit sinnlosen Dingen beschäftigt.

15. September, Palace Hôtel de Caux, Caux/Montreux, Schweiz
Werden wir nicht lyrisch. Ich sitze auf einem großen Balkon, der mit den dunstigen Wolken hoch über dem Genfer See gegenüber einem Halbkreis extrem majestätischer Berge hängt. Wir haben gefrühstückt. Hugh sieht schon sehr ausgeruht mit frischer Gesichtsfarbe und schottisch aus. Ich habe ein Buch entdeckt, von dem ich wünschte, ich hätte es geschrieben. Ich habe einen spontanen Brief an John verfaßt. Hugh hat sich ausgemalt, daß er mit vierzig in den Ruhestand gehen würde, und mein Plan war, zur Verringerung der Ausgaben unsere Wohnung in Paris aufzugeben – und dort nur einen Monat im Jahr zu verbringen, um ins Theater und ins Konzert zu gehen. Dann würden wir uns ein kleines Chalet hier oben mieten und schreiben und vielleicht nach Indien ziehen und nach Ägypten fahren und schreiben; einen Balkon, von dem man das Mittelmeer überblickte, und schreiben. Wir würden uns nur die Leute suchen, die wir kennen wollen, um uns für all diejenigen zu entschädigen, die wir nicht kennen wollen. Unterwegs könnten wir John und Lilith treffen, die auch auf Reisen wären. John und ich würden vielleicht miteinander reden.
Ich bekäme vielleicht mein Tagebuch veröffentlicht. Ich würde nur für meine Freunde tanzen. Vielleicht die Salome spielen für einen wohltätigen Zweck, von oben bis unten bekleidet.
Ein wunderbares Leben.
Wir wollen nicht lyrisch werden. Der Nebel schwebt hinweg. Der Seedampfer zeichnet eine weiße Schlangenspur auf dem gänzlich glatten Wasser. Wir sind in unseren Tennissachen, um später zu spielen. Ich habe das außergewöhnliche Buch Hugh gegeben [*Le Dieu des Corps, Gott der Körper* – Jules Romain]. Mein Brief an John liegt sicher unter dem Löschpapier.
Hugh machte sich gestern Sorgen, weil er soviel Zeit mit dem Lesen von Huxleys *Barren Leaves* [*Parallelen der Liebe*] vertat. »Es ist wohl der Schotte in mir. Ich finde, ich sollte meine Zeit besser nutzen. Ich sollte schwerverdauliche Philosophie lesen.«
»Es gibt eine Zeit für alles«, erwiderte ich. »Gut verwässerte Philosophie wie in *Barren Leaves,* konzentrierte Philosophie

und Huxleys feinsinnige Ernüchterung – sie sind alle nützlich.«

Wir kennen einige Gesellschaftssnobs. Hugh sagte, sie seien ekelhaft. Ich gestand, ich hielt mich für einen intellektuellen Snob. Hugh protestierte. Er versuchte, sich all der unintelligenten und gutherzigen Leute zu entsinnen, zu denen ich freundlich gewesen war. Er mußte zugeben, daß ich sie, obgleich ich sie im Krankenhaus besucht und Schühchen für ihre Babys gestrickt hatte, so bald und so dezent wie möglich habe fallenlassen. Und selbst die intelligenten, die sich nicht weiterentwickelten – Eduardo, Enric, Gustavo –, ließ ich fallen.

»Der Unterschied ist«, sagte Hugh mit seiner üblichen Ferienheiterkeit, »daß ein Gesellschaftssnob sich nicht um echte, sondern um unechte Werte kümmert, wohingegen dein Snobsein – da du auf dem Wort bestehst – auf einem aufrichtigen Wunsch nach Fortschritt begründet ist. Du schiebst nur wertlose Dinge beiseite.«

»Das ist ein Trost. Ich fühle mich besser, wenn ich es glaube.«

Hugh wird in unseren Ferien richtig gesprächig. Er wendet sich der Literatur zu. Er liest eine Menge ... und gerade, als er beginnt, interessant zu werden, ist es Zeit abzureisen.

Im Hotel ist eine Lady Godiva – zumindest eine halbe. Ich bezweifle, daß die andere Hälfte wirkungsvoll wäre, außer aus einer gewissen Entfernung. Sie ist etwas massiv, und zu Pferde würde sie schlingern. Der Mann jedoch, der mit ihr ißt, ist mit dem Ganzen offenbar zufrieden, obgleich es ihn nicht davon abhält, meine schmächtigen Besitztümer zu studieren und sich auf Italienisch in Ausrufen zu ergehen, während ich vorbeigehe und die Lady am Tresen Postkarten kauft.

19. September

Was für eine Ekstase, was für süße, qualvoll süße Augenblicke hat mir mein Schreiben verschafft. Vorgestern saß ich mit Hugh auf dem Balkon und sah mein abgeschriebenes Tagebuch durch und stieß auf etwas ziemlich Phantastisches, das ich einmal in Paris geschrieben habe. Plötzlich sagte ich: »Liebling, ich habe eine Idee, wie ich das Tagebuch nutzen sollte.«

Das ist schon früher passiert, so daß Hugh sich nicht weiter beunruhigte. Ich fing jedoch auf der Stelle an. Einzelne Geschichten, die durch die Ähnlichkeit der Persönlichkeit miteinander verbunden waren. Und Tricks! Ich hatte noch nie so viele Ideen. Als wir einen Spaziergang machten, knisterte und gärte ich. Ich erzählte Hugh diese und jene Geschichte. Plötzlich, wie durch ein Wunder, floß es aus mir heraus.

Ich habe heute geschrieben. Die ersten, schnell hingeschriebenen Entwürfe waren alle gut. Nicht billig, nicht viel anders als das Tagebuch.

Ich habe John geschrieben – über andere Dinge, *Le Dieu des Corps,* Mann, und daß ich weit davon entfernt war aufzugeben, wie er es eine Zeitlang fürchtete. Zwei Zeilen über das Fieber, das mich erfüllt.

Hugh ist für zwei Tage nach Mailand gefahren. Ich habe die erste und längste Geschichte beendet. Die zweite ist zu drei Vierteln fertig, die dritte halb. Jetzt weiß ich, daß ich auf dem richtigen Weg bin. Mein Gesicht glüht, meine Augen sind müde.

Und ich muß wie eine richtige Dame hinunter zum Essen gehen.

Ich weiß, ich habe eine Qualität, die ich meinem Tagebuch verdanke. Ich schiebe die konventionellen und nichtigen Einzelheiten beiseite und begebe mich schnurstracks ins Zentrum, um das Wesentliche, nur das Wesentliche meiner Erfahrung herauszuziehen.

Wie ich dazu kam, in einer Kaffeetasse zu sitzen.

Neulich morgens, als wir fast fertig gefrühstückt hatten, kam der Milchmann und brachte mir ein dickes Paket, das meinen Pelzmantel enthielt. Ich stellte das Tablett an das Fußende meines Bettes, sprang aus dem Bett, zog das Nachthemd aus und griff nach meinem Hemd, denn ich wollte mich so schnell wie möglich anziehen, um den Mantel anprobieren zu können. Hugh gab vor, von einem heftigen Begehren übermannt zu werden und sprang auch aus dem Bett. »Zieh dich noch nicht an, kleine Pussy. Ich möchte mit dir spielen.«

»Nein, nein, nein«, antwortete ich und beeilte mich, in mein Hemd zu kommen. Bevor ich es halb an hatte, kam Hugh lachend auf mich zu. Ich begann, hin und her zu laufen, auch lachend, so daß ich mein Hemd nicht anziehen konnte, es je-

doch festhielt, so daß ich vorn bedeckt war. Schließlich sprang ich verzweifelt, um Hugh zu entkommen, rückwärts und saß auf meinem Bett, auf dem Tablett in der Kaffeetasse, und Hugh mußte mich hochheben.
Eine große Liebe kann durch kleine Sätze zusammengehalten werden. Hugh nennt mich: Pussy-Weide, Weißer Hase, Foxy [Füchschen], Hündchen (wenn ich etwas auf dem Tisch vergieße). Er sagt, meine Augen seien zu groß für mein Gesicht – und mein Mund zu klein, als daß man damit essen könnte. »Wie ernährst du dich?«
Ich nenne seine Männlichkeit »Toby« – »Nieder, Toby«, sage ich, wenn sie sich nach oben reckt. Ich nenne ihn »Cootie« [Trottel], weil er so an mir klebt; »Tomcat«, »Little Boy«, wenn er mir unwiderstehliche Augen macht. Ich sagte: »Wende bei mir nicht dieselben schmutzigen Tricks an, die ich bei dir anwende.« Um das Niederschlagen meiner Augenlider nachzuahmen, tut er so, als ziehe er ein Rouleau herunter. Wenn er will, daß ich ihn liebe, kommt er miauend an, leckt meinen Nacken, schnurrt, kratzt. Ich knabbere an seinen weichen Ohren. Seine Stirn hat einen besonderen, fruchtigen, holzartigen, milchigen Geschmack. Er hat einen Trick, ganz schnell in die Luft zu küssen. Das klingt wie fallende Wassertropfen. Ich sage: »Da ist ein Leck.« Und stopfe es mit meinem eigenen Mund. Wir nennen sich lieben »spielen«, meine Sehnsucht »ein Rinnsal«.
Hughs Vorstellung ist, daß der Test für eine große Liebe Ausdauer ist. Anders läßt sie sich nicht festmachen.
Was ich dann für ihn hege, *ist* eine große Liebe. Sie übertrifft und überdauert alles. Ich habe nicht eine Sekunde an ihrer überaus großen Stärke gezweifelt. Andere Gefühle haben sich hindurchgedrängt, ohne einen Einfluß darauf zu haben. Sie ist fast *religiös,* mystisch.
Ich hätte jedoch gern ein Leben, nur ein Leben, mit John gehabt.

20. September
Heute früh kam Hugh von seiner Geschäftsreise zurück. Ich saß draußen auf dem Balkon und schrieb meine »mystische« Geschichte, während er nach dem Frühstück schlief. Ich las sie ihm nach dem Mittagessen vor, und er weinte darüber.

Dann rief er aus: »Das ist vollkommen, absolut vollkommen. Es ist das schönste, was du je geschrieben hast.«
Ich empfinde eine Freude, die ich nur auf den zweiten Platz nach der Liebe einreihen kann.
Die Saat davon war in meinem Tagebuch. Ich hatte einmal eine billige Version davon in Port-Royal geschrieben. Die neue Version hatte mich zwei Tage lang umgetrieben; die Idee wollte nicht klar genug werden und wollte mich doch nicht loslassen. Schließlich brach heute morgen alles mit einem Schlag durch, und ich schrieb, ohne ein Wort zu verändern, bis zum letzten Satz.

21. September
Ich war so glücklich hier, und ich will nicht nach Hause fahren. Hugh, gebräunt, mürrisch drein blickend, aber sich wohl fühlend; meine Bücher, mein Schreiben, die »Gerinnung«; die wunderbaren statischen Berge, der Friede, der vom See aufsteigt; unsere Spaziergänge durch die Berge, Tennis (ich spiele jetzt gut, hart und fest); vor allem die innere Klarheit und Kraft, der Fluß der Gedanken; das Gefühl für meine Begabung – für meine gesegnete Einsamkeit in der Welt, meines Besitzes der Welt, meine Beherrschung der Liebe, der Einsamkeit und all der Dinge, die mich unterkriegen wollen.

23. September
Wir kamen abends zu Hause an. Es war weich und luxuriös und schön, ich war jedoch noch immer weit weg, wanderte über die Bergwege.
Ich habe heute morgen zeitig angefangen: Besichtigung von Mutters Wohnung, neu, frisch gestrichen; habe neue Teppiche ankommen sehen, den Speiseplan aufgestellt. Das war mir alles eigentlich egal. Ich wollte die Berge, meine Ideen und mein Schreiben. Ich werde schon wieder auf den Boden kommen. Das Dienstmädchen ist sauber und hübsch und bringt mir auf einem Tablett die Post.
Im Schrank warten entzückende Kleider. Und mein Pelzmantel trotzt den düsteren Wintern.
Aber ich will wieder zurück in die Berge, zu meinen Ideen und meinem Schreiben.
Abends. Das Haus verhext mich. Die Lampen sind an. Es ist

von einer träumerischen Schönheit durchdrungen, einer exotischen weiten Ferne, einer Fremdartigkeit. In mir wird der Wunsch wach, wieder zu leben, als Frau zu verführen und zu bezaubern, zu lieben und unklug zu lieben. Die phantastischen Schatten, die die farbigen Lampen auf die rotlackierten Wände werfen, die wässrige Wirkung der Decken, das sanfte Schimmern des Lamé, die leichten Vertiefungen der Kissen, das Strahlen der Hindulampe, die Weichheit der Teppiche – das alles wirkt auf mich, besänftigt mich, hüllt mich ein.
Heute abend könnte ich nicht in die Berge zurückfahren.

24. September
Ich bin nicht in die Berge, aber wieder an die Arbeit gegangen. Ich habe meine mystische Geschichte noch einmal geschrieben und auch die andere, die (ironischerweise) Treue heißt. Habe geschrieben, bis mir der Rücken weh tat. Dann spazierte Hugh herein und war überrascht, daß ich nicht auf ihn gelauert hatte. Mittagessen, eine Zigarette, ein kleines Gespräch, ein Schläfchen. Schrieb wieder, bis mir die Augen brannten. Kaffee. Arbeit an der Wohnung.
Mme. Melnikoff meint, mein Leben sei außergewöhnlich, ich dürfe mir dessen jedoch nicht bewußt werden, sonst bringe es mir Unglück. Einfache russische Philosophie. Wieso, zum Teufel, meint sie, mein Leben sei außergewöhnlich? Einfach durch ein Wunder? Wurde es nicht bewußt, absichtlich als außergewöhnlich geplant? Ich lachte. Die Kleider, die sie mir näht, werden von dem neuen äußeren Rahmen inspiriert. Ich habe ihr nicht gesagt, daß der Rahmen, an dem ich bewußt und sorgfältig gearbeitet habe, mich beeinflußt.
Ich habe jedoch kein triumphierendes Gesicht (ich kränkle etwas vor mich hin, seit ich zurück bin). Der Anwalt jedoch, mit dem ich Silvester geflirtet hatte, vergißt mich nicht und hat versucht, mich zu sehen. Hugh hat ihm erzählt, daß ich in der Schweiz geblieben sei. Ich hatte nichts dagegen.
Ich versuche, komisch zu sein – habe eine tiefe Quelle des Humors in meiner Hand, in mir selbst gefunden. In allen meinen Geschichten lache ich über ein paar vertraute kleine Schwächen und Tricks und Gedanken. So gesehen, bin ich ein ziemlich komisches Geschöpf: absurdes Überfließen von Energie, Begeisterung, Gier nach dem Unerreichbaren, den

Mond anbetend (aber nicht auf die stille Art), Verehrung des Genies, impulsiv, emotionale Hochs und Tiefs wie die Rutschbahn auf Coney Island; und bei alldem die ordentlichen kleinen Angewohnheiten und üblichen Fähigkeiten der mittelmäßigen Frauen und Zärtlichkeit, die meine vorübergehenden Anfälle von Wahnsinn besiegt.
Ich trickse mich selbst aus und benutze zunächst die erste Person so, daß ich meinem kapriziösen Ich, das sich weigert, anderer Leute Geschichten zu erzählen, nicht in die Quere komme.
Hier, Puss, Puss, sage ich jeden Tag. Jetzt hör mal zu. Ich werde mir jetzt selbst in der ersten Person eine Geschichte erzählen.
Und eines Tages werde ich sagen können, hier, Puss, Puss, ich werde mir selbst eine Geschichte in der dritten Person erzählen.
Und bis dahin wird Puss, Puss gezähmt und wie andere Schriftsteller sein, die lieber keine zu intime Verantwortung für ihre Gedanken übernehmen.
Geliebtes Tagebuch, je t'épluche! [Ich nehme dich auseinander!]
Eines Tages wirst du froh sein. Ich verschaffe dir eine Möglichkeit, lichtere Regionen zu erreichen – in deiner neuen Form. Wie klar mir das jetzt alles ist. Ein Buch mit Versen aus deinen lyrischen Seiten und ein Buch mit Geschichten. Muß Weihnachten fertig sein.
Und das Leben beginnt von neuem. Ich meine das gesellschaftliche Leben, mein schlimmstes Problem, weil ich es im allgemeinen hasse und nicht ohne es leben oder schreiben kann. Jeden Tag versetzt mir nun Hugh einen Schock folgender Art: »Da ist ein Vizepräsident, den wir einladen müssen, Liebes.« Ich hasse keine Leute von vornherein – nach meiner Arbeit und einer gewissen Einsamkeit ist dies wieder wie ein Sturz in eiskaltes Wasser. Es ist etwas, wofür ich ausgesprochen ungeeignet bin. Ich bin nicht geschickt im Small talk. Mich überkommen in den ungeeignetsten Augenblicken völlig unerwartet Anfälle von Schüchternheit. Vorher ist immer mein erster Instinkt: Flucht – wie ein gejagtes Tier. Dann denke ich entweder an Hughs Zukunft oder an das Glück, jemanden wie John zu finden; oder als allerletztes und niedrig-

stes: Man wird mich mögen, bewundern. Schließlich ziehe ich mich sorgfältig an und bekomme eine Menge von jedem – besonders Geschichten. Eine echte Verbundenheit, nein.
Ich bin auch Polsterin geworden. Habe einen Stuhl mit bläulichem Lamé bezogen. Mein Werkzeugkasten ist sehr vollständig und sehr eindrucksvoll. Ich habe sechzehn Arten Nägel und weiß, wie ich sie zu verwenden habe.
Hugh hat eine Begabung der Anerkennung, fortwährend, inspirierend, warm. Das ist der Boden, auf dem ich gedeihe. Es ist ein seltenes Talent und sollte zu den kreativen gezählt werden. Ich erkenne jetzt, wie er fortwährend mein Schreiben, meine Art, zu dekorieren und mich anzuziehen, mein Tanzen unterstützt. Warum strebe ich immer danach, Menschen nach dem eigenen Bild verändern zu wollen? Warum will ich unbedingt, daß Hugh ausdrucksstark, künstlerisch kreativ, brillant, einnehmend ist? Sein Verständnis ist unendlich, unerschöpflich; sein Genie ist von der ruhigen Art. In ihm steckt nichts Aggressives oder Leuchtendes, sondern er ist gleichmäßig, stetig und tief.
Wir kommen nicht zusammen, wenn es um Klarheit und Schnelligkeit geht. Manchmal erstaunt mich das Nebelhafte, das seine Erinnerungen an die Kindheit und Jugend überdeckt. Fast keine Bewußtheit seiner selbst, keine Wünsche – eine Unbestimmtheit und ein Sich-treiben-Lassen. Ein Wunder an Bemühen verschafft ihm zusammen mit Dickköpfigkeit, Klugheit, Vorsicht, persönlichem Charme und dem Vertrauen, das er einflößt, seine Erfolge im finanziellen Bereich. Er sieht vornehm aus, spricht gut, hat eine schöne Stimme, ist gebildet. In unserer Ehe lockt Verantwortung aus ihm plötzlich alle möglichen Arten stählerner Qualitäten hervor. Herrliche Willensstärke, obwohl er physisch schwächer ist als die meisten Männer.
Er hat einen ungeheuren Mut bezeugt, indem er mich heiratete – wobei er meinetwegen seine Familie und die Unterstützung seines Vaters verlor. Das war allerdings auch eine lang währende Entscheidung, und fast wäre sie nicht rechtzeitig zustande gekommen. Er hätte etwas versäumt, was er sich am meisten wünschte, einfach weil er niemals wußte, was er wollte.
Selbst jetzt habe ich niemals mehr solches Schwanken gese-

hen, bei Mahlzeiten, Krawatten, allen möglichen nichtigen Dingen. Und die Zeit bedeutet bei seinen ruhigen, unbestimmten Verhaltensweisen nichts. Er ist nur in seiner Arbeit direkt, sicher und entschlossen.

29. September
Ein Brief von John, geschwätzig, mir gefallen wollend, aber konventionell. Vorsicht? Mangel an Phantasie. Ich habe ihn Hugh weitergereicht. Hugh sagte: »Ich sehe voll Freuden, daß John dich nicht versteht.«
Dies traf mich wie in einem Aufflammen harter Wahrheit, der ich mich äußerst feige zu entziehen suchte. Ich wußte es vom ersten Augenblick der Vertrautheit an – daß John mich nicht versteht. Viermal sprachen wir, wie ich fand, verschiedene Sprachen. Die Korrespondenz hat dies klar zutage gelegt.
Dieser Tatsache ins Auge zu sehen ließ mich genauso leiden wie seine Abreise. Mein Trost ist, Hugh so glücklich zu sehen, weil er der einzige ist, der mich versteht.
Wir lassen nach dem Abendessen den Plattenspieler laufen, hören Segovia auf seiner wunderbaren Gitarre – »The Hebrew Melody«, Fallas »Jota« –, Hugh liest. Wir haben über seine stillen Meditationen und seine Angewohnheit zu grübeln geredet. »Achtzig Prozent davon ist Denken an die Bank, der Rest, Liebling, ist nicht einmal Nachdenken. Es ist ein unbestimmter Zustand, und ich möchte, daß du mir hilfst, da herauszukommen. Er macht mich manchmal einsam.«
Diese Entdeckung erstaunte ihn. Er lehnte sich zärtlich, ängstlich und demütig nach vorn, um sich zu entschuldigen.
»Ich«, meinte ich, »rede natürlich vielleicht zuviel – ich quassele – das verärgert dich vielleicht.«
»O nein, ich liebe es – ich könnte ohne das nicht leben. Es macht dich interessant, kleine Puss.«
Vielleicht kann er in fünf Jahren in Pension gehen. Er möchte studieren, lesen, Gedichte schreiben. Diese Aussicht auf ein Gelehrtenleben entzückt mich. Abgeschlossenheit. Leben auf dem Land. Dazwischen reisen. Unser Leben ist zu schön, zu schön.
Wir wollen zusammen nach Oxford fahren. Ich werde arbeiten, um einen Doktor in Philosophie zu bekommen. (Ich, die

ich nur ein halbes Jahr auf der High School war und sonst nichts.)

30. September
Gilbert kommt mit einer recht schönen philosophischen Weltsicht zurück. Er hat von Waldo Frank folgende Worte über Amerika, die auf alles passen und die als Untertitel für mein ganzes Leben dienen könnten. »Akzeptiere mit dem Geist. Versteh mit dem Hirn. Setze um mit Kunst.« Er teilt mir mit, daß ganz Europa als Quelle der Philosophie tot sei, bis auf Spanien, das einen starken und entscheidenden geistigen Wert in sich berge (wie, zum Beispiel, seine Macht, die Behaglichkeit aufzugeben, seine Macht, die Mystik zu verstehen).
»Du meinst nicht das Geistige im religiösen Sinn«, fragte ich argwöhnisch.
»Nein«, antwortete Gilbert. »Wenn es nicht der Katholizismus wäre, wäre es etwas anderes. Spanien hatte einfach die Fähigkeit und das Temperament, die Seele zum Glühen zu bringen. Deshalb ist es noch immer vital.«
»Wir können Frankreich nicht außer acht lassen.«
»Es hat noch immer eine intellektuelle Bedeutung, doch es ist alles mehr oder weniger statisch ... Wir fangen an«, meint er, »uns unserer selbst bewußt zu werden, dann der Menschheit, dann des Ganzen. Nur so können wir funktionieren. Man wird uns immer der Egozentrik beschuldigen.«
»Ja, weil einige von uns vergessen, unser Selbstverständnis auf andere zu übertragen. Oder wir tun es nicht schnell genug.«
Ich hatte ihn im Sinn. Das ist natürlich nur eine Phase. Ich bin da durchgegangen. Ich hielt die Grenzen meiner Selbstkenntnis für die Grenzen des Universums. Gefährliche Sache, die Bewußtheit unseres Selbst. Man vergißt, daß man einen Menschen seziert, um zu sehen, wie Menschen gemacht sind. Man entwickelt ein persönliches Interesse an den Herzschlägen, ein Mitempfinden für Schmerz – gefährlich! gefährlich! Ich ertappe mich selbst dabei.
Gilbert jedenfalls denkt hart nach – er versucht, das Ganze zu sehen. Bald wird er da sein, wo ich bin: das heißt, wenn Verstehen anfängt, weniger wichtig zu werden als die Umsetzung, wenn man sie erst einmal gemeistert hat und die Arbeit

beginnt. Man redet weniger, man ist weniger aufs Zuhören aus; man will arbeiten.
Ist die Leidenschaft der kreativen Arbeit überlegen? Die daraus entstehenden Freuden ähneln einander. Sie sind beide Höhepunkte. Sie sind schicksalhaft miteinander verwoben. Sie können nicht eingestuft werden. Warum vermag die Leidenschaft schöpferisches Tun zu vernichten, während schöpferisches Tun keine Leidenschaft vernichten kann? Wir können ohne kreatives Schaffen leben. Wir können nicht ohne Leidenschaft leben. In den Momenten der Leidenschaft habe ich meine Ideen, meine Philosophie, die Existenz meines Gehirns vergessen.
Ich kann keines davon aufgeben, und dennoch glaube ich, daß beide voll ausgelebt werden können, ohne einander zu schaden. Ich glaube, kein schöpferischer Mensch sollte ein Einsiedler sein. Ich bezweifle, daß er ein großer Liebhaber, ein ganzer Liebhaber sein kann. Das Gehirn ist ein verdammt selbständiges und auch anstrengendes Ungeheuer. Die Leidenschaft erfordert eine bestimmte Blindheit.
Meine leidenschaftlichen Freundschaften – sieh mal, wie ich sie mit einem anstrengenden Hirn verderbe. Und John macht wahrscheinlich das gleiche. Vielleicht enttäusche ich ihn gerade jetzt.
Über diesen letzten Punkt hatte ich noch nicht nachgedacht. Ich spazierte die Boulevards hinunter. Ich sah mich unerwartet in einem Ladenspiegel. Frohlockendes Gesicht, blitzende Augen, beschwingter Gang mit meinem vom Wind geblähten Umhang, und ich schoß über den Atlantik: Oh, John, Sie wissen nicht, was Ihnen entgeht.
Ihm entgeht überhaupt nichts – er unterhält sich mit Lilith. Er wagt tatsächlich mir zu schreiben, daß sie über sein Buch überrascht sei, daß er so wahr über Dinge schreibe, von denen er keine Ahnung habe, »und wenn ich ihr sage, ich habe eine Ahnung, läßt sie dieses für sie typische Lachen los und küßt mich«.
Das sind die Dinge, über die wir einst so fröhlich geplaudert haben. Ich habe das Interesse daran verloren.
Heute, als Gilbert viele unwichtige Gedanken aussprach, wurde mir klar, daß er laut dachte. Und mir wurde auch klar, wie ich mein Gerede *seziere,* wie ich mein Tagebuch mit Kla-

gen, übertriebenem Analysieren, Zweifeln, Zögern fülle, so daß ich zu anderen geläutert, präzise und klar komme. Ich reinige mein Gehirn, bevor ich ausgehe. Ich würde es hassen, nach meinem Tagebuch beurteilt zu werden. So viele schlechte Stimmungen und Klagen sind hier hineingestopft, die ich nie mit mir herumschleppe. Armes Tagebuch! Getreue Sezierererin.

1. Oktober
Heute morgen zwei Stunden geschrieben (eine Geschichte), die fünfzehn Minuten Kampf mit mir selbst einschließen, ob ich sie neu schreiben soll; ich hasse das!
Einladungen flattern ins Haus, von Godoy, den Salons, Freunden, die von ihren Sommerreisen zurück sind. Am Horizont dräut die Möglichkeit eines Abendessens mit dem Präsidenten der Bank.
Mein Liebling schläft nicht gut – seine Gesundheit ist angeschlagen. Also versuche ich, ihn noch mehr zu lieben, mit ihm wach zu bleiben. Wir unterhalten uns. Gestern gab ich ihm einen Rat zu einem Bankproblem; er nutzt meine Kenntnis des Charakters der Männer, mit denen er arbeitet.
Mir wurde klar, daß ich durch ihn gelernt habe, die Poesie der Macht zu verstehen, die Sicht großer Männer im Geschäft, ihre Sucht, bewundert zu werden, was auch immer für ein Nutzen dem beigemessen wird. Ich sträubte mich gegen das Buch *So Big* [Edna Ferber], in dem man auf einen Mann herabsieht, nur weil er »Anleihen verkauft« statt, zum Beispiel, Architekt zu sein. Die Überlegenheit eines jeden Künstlers ist für mich jetzt ein Witz. Ich wollte, Hugh könnte darüber schreiben. Er ist dafür geeignet. Er verbindet mit seiner Arbeit sogar schöne geistige Werte; er setzt dabei all die Talente ein, die gewöhnlich auf die Kunst begrenzt sind.

2. Oktober
Ich sitze fertig angezogen an meinem Schreibtisch, bereit fürs Geschäft. Es ist ein grauer Tag, und der Winter kriecht näher, doch es macht mir nichts aus. Ich bin noch immer gesättigt von Hughs Begeisterung über die Wohnung gestern abend, als alle Lampen an waren. »Es sieht unwirklich aus, wie die Bil-

der von Dulac für das *Rubáiyát*, wie eine Schauspielkulisse; es sieht wundervoll aus!«
Er setzte sich in verschiedene Ecken, um die verschiedenen Wirkungen zu genießen.
»Du hast es mit deiner täglichen harten Arbeit geschaffen«, sagte ich und strich über seine angespannte Stirn.
»Du hast es mit deiner genialen Begabung gemacht«, antwortete er.
Nachts weckte mich ein Sturm. Ich lag da und dachte über Zärtlichkeit nach und wie sie die Leidenschaft übertreffen kann. In den Tagen der Leidenschaft habe ich mich egoistisch, stürmisch, fast zerstörerisch gefühlt. Ich suchte endlose Höhepunkte, Stillung eines riesigen Hungers, aufreibender, phantastischer Wünsche. Zärtlichkeit ist nicht beherrschend und fordernd. Sie ist eine Gabe. Damit umgebe ich Hugh, mit süßen Worten, mit Sorge um seine Gesundheit, sein Behagen, sein Vergnügen, mit der Würdigung seiner Bemühungen, seiner Arbeit; Mitempfinden für seine Müdigkeit, Mitleid mit seinem Schweigen und seiner Apathie, mit Liebkosungen, Knuddeln, Streicheln, leichtem Summen, als wäre er ein Kind, mit Lächeln; ich passe am Fenster sein Nachhausekommen ab, suche Bücher für ihn aus, lausche seinen Ausführungen über die Bank ... eine riesige, überwältigende Zärtlichkeit, die in sein Leben so viel feinsinniger einsickert als die Leidenschaft.
Und heute morgen dachte ich, als ich aufwachte, ich sei erst sechsundzwanzig.

Ich habe in *Harper's* gelesen: »Indem er (der Amerikaner) sich der Bestrahlung der älteren Kultur aussetzt, nimmt er vielleicht einige Qualitäten auf, an denen es der jüngeren mangelt: Verstehen der Komplexitäten organischen Wachstums, Sympathie für den Prozeß langsamen Reifens; Mißtrauen gegenüber einfachen Erklärungen; Ungeduld gegenüber der reinen Aktion um der Aktion willen ohne Rücksicht auf das Ziel; Achtung vor dem abstrakten, unerprobten Gedanken.«
Komisch – gestern habe ich versucht, mich von solchen Vorstellungen abzuwenden, indem ich das Genie des Präsidenten der Bank und meines eigenen Mannes würdigte.

3. Oktober
Habe gestern vor dem Essen noch eine Geschichte geschrieben, einfach so. Das ergibt acht Geschichten in etwa zwei Wochen. Natürlich waren Teile davon schon geschrieben. Diese wird erst einmal »Angst vor Nizza« heißen. Und gestern abend konnte ich nicht einschlafen, weil mir eine andere eingefallen war. Alles übrige, was ich wirkungsvoll, aber gleichgültig betreibe, scheint mir dagegen winzig.
Ich freue mich auch auf Mutters und Joaquins Ankunft heute abend. Habe ihrer Wohnung den letzten Schliff gegeben.
Mein Ehrgeiz ist – und ich weiß, ich werde es schaffen –, klar über undurchdringliche, namenlose und gewöhnlich unbeschreibbare Dinge zu schreiben, den subtilen, sich verflüchtigenden Gedanken eine Form zu geben, geistigen Werten Nachdruck zu verleihen, die gewöhnlich in einer unbestimmten, oberflächlichen Art erwähnt werden, sie mit einem Licht zu umgeben, dem die meisten Menschen folgen, das sie jedoch nicht wirklich *verstehen* können.
Ich werde in diese Welt mit klaren Augen und durchsichtigen Worten blicken. Keine dramatischen Scheinwerfer, keine Beschwörungsformeln an die geheimnisvolle Allmacht, nebelhafte Sprache, Hexenkunst. Nein. Klarheit, höchste Klarheit.

4. Oktober
Wunderbare und aufregende Familienzusammenkunft. Wir küssen uns immer wieder und treiben die im Regen wartenden Gepäckträger und Taxifahrer zur Verzweiflung. Joaquins Liebe erfüllt mich mit tiefer Freude. Aber was für eine Überraschung, sein Tagebuch – auf spanisch, religiös, lyrisch, sehr schön. Und was für eine Überraschung die Wohnung für sie ist! Ein farbloses spanisches Dienstmädchen und zwei Kanarienvögel sind mit ihnen gekommen. Mutter macht sich über mein riesiges Bett lustig und meutert dagegen, daß sie einen Kilometer darum herum gehen muß, um Hugh einen Guten-Morgen-Kuß zu geben. Sie haben sich in unserem Heim ausgebreitet und haben heute morgen alles erneut berührt und kommentiert.
Ich habe den Verdacht, Joaquin geht in seinem Tagebuch so frei mit der spanischen Sprache um wie ich mit der englischen und schafft sich dadurch seine eigenen Formen. Er hat im

Spanischen die Sprache für seine Gedanken gefunden, wie ich im Englischen die Sprache für meine. Es mußte einen Unterschied zwischen uns geben. Wir bewegen uns in verschiedenen Sphären. Und doch sind wir noch immer eng, merkwürdig miteinander verbunden.

6. Oktober
Hugh und ich haben einen wunderschönen Tag verbracht. Sahen eine Komödie, die ich genoß bis an den Rand von Tränen – erkannten danach, daß französische Stücke den Eindruck von zivilisierter Gereiftheit hinterlassen, ein angenehmes Gefühl.
Wir fuhren in der Dämmerung die Champs-Élysées hinauf. Der Salon de l'Automobile ist gerade eröffnet worden. Er war mit goldenen und roten Lichtern beleuchtet. Die Springbrunnen sprudelten, auch sie waren angestrahlt. Es wimmelte von Autos, Menschen spazierten vorbei und stellten sich zur Schau oder saßen im Le Berry oder im Fouquet, und schicke Frauen hellten in ihren weißen Pelzen die Menschenmassen auf. Die Aufregung und das Theatralische des Rahmens teilten sich mit. Das Fieber ging auf mich über. Ich wollte in eine russische Teestube gehen. Ich blickte hungrig in die Gesichter. Plötzlich sehnte ich mich nach dem gesellschaftlichen Leben, das ich abgebaut hatte.
Hugh wollte lieber nach Hause fahren. Ich richtete unser sonntägliches Abendessen. Dann stellte ich den Plattenspieler an, und es ertönte ein Tango. Ich begann allein danach zu tanzen, und ein überwältigender Schmerz durchfuhr mich, ein heftiges, unbefriedigtes Begehren, genauso brennend wie immer, die Erinnerung an jenen anderen Tango und die Abschiedsumarmung – so lange her; aber warum so stechend, wenn ich das Erlebnis aus meinem Denken gestrichen habe, weil es eine Enttäuschung war?
Ich habe John gestern geschrieben, wenigstens ohne Scheu, ja sogar mit männlicher Kühnheit, Offenheit und Direktheit; ich habe geschworen, er solle mich kennenlernen, ob es ihm gefällt oder nicht, denn ich kann sein Mißverstehen nicht ertragen und ziehe den Haß vor. Weiß nicht, was er über mich denken wird. Ich schnellte über die Tasten, selbstverständlich, beiläufig, schneidend, vier Schreibmaschinenseiten lang.

Knallte ihm all meine Stimmungen hin, Intellektualität, Mystik, Humor, ein bißchen Bosheit, ein bißchen Lieblichkeit – bodenlose Verwegenheit, da es kein grundsätzliches Verständnis gibt, und meine Worte können einen anderen Sinn für ihn haben. Ich wandte mich an das Genie, an seine Klarsicht, an seinen Verstand und stoße vielleicht auf den Amerikaner in ihm, irgendein Vorurteil, das er vielleicht wegen meines Französischseins hat. Was weiß ich.
Es ist schrecklich, daß mein Instinkt so deutlich nach seiner Liebe ruft.
Was ich schwer ertrage, sind Vergleiche. Ich bin stolz genug zu glauben, daß ich ein starkes Wesen bin und als ein solches getadelt oder gerühmt werden sollte. Ich betreibe keinen Kult mit mir, weil ich im ganzen meine Gaben und meine Mängel nur allzu gut kenne, sondern eher einen Kult mit meiner Individualität, die ich schmerzlich gehegt und gepflegt habe. Ich bin das Risiko der Ignoranz eingegangen, indem ich eine Ausbildung aufgegeben habe, die im Konflikt zu meinen Idealen stand, und ich keinerlei Meinung respektierte, die mein Verstand nicht aufnehmen wollte, indem ich es vorzog, alle Theorien und Tatsachen selbst neu zu entdecken, indem ich die Einsamkeit unterlegenen Freunden vorzog und tapfer ich selbst war mit einer wahren Sucht nach Entwicklung.
Warum sollte ich schwieriger zu verstehen sein als Helena von Troja oder Ginevra?

7. Oktober
Graue Tage und im Gegensatz dazu *glüht* einfach unser Zuhause. Joaquin übt in meinem Arbeitszimmer. Mir wird klar, wenn ich allein lebte, hätte ich überhaupt kein gesellschaftliches Leben – würde wie eine Eule leben. Entweder bringt mich Joaquin hinein (seit er wieder da ist, hat er telefonisch all seine Freunde zu uns nach Hause gezerrt) oder Mutter oder Hugh. Joaquin ruft Godoy an. Godoy fordert uns alle auf zu kommen und uns sein neues Gedicht über die Jungfrau anzuhören. Ich lehne mich zurück. Jeder versucht, den Faden zu erneuern – das gigantische Spinnennetz. Ich sollte die Prinzessin und Boussie anrufen. Und inmitten unseres Besuchs bei Godoy drifte ich ab in eine einsame Stimmung, so weit weg, daß ich mich selbst zwicke, um mich zurückzubringen.

Neulich abends nach dem Besuch bei Godoy hat mich Hugh zum Lachen gebracht. Wir zogen uns aus, und Hugh sagte halb humorvoll, daß er das Gedicht von neunundvierzig Seiten etwas lang finde, daß er jener Leute etwas müde sei, die einem immer etwas vorlesen müßten. Eine Minute später hatte ich seine Bemerkung vergessen und sprang auf und sagte: »Oh, ich habe vergessen, dir etwas vorzulesen, was ich heute in mein Tagebuch geschrieben habe.«
»O Gott«, stöhnte er und ließ sich aufs Bett fallen. »Ich habe einen von ihnen mit nach Hause gebracht.«

9. Oktober
Ich weiß jetzt, warum die Pariser Winterabende immer so stark auf mich gewirkt haben; ich hatte viele Male versucht, dies zu analysieren, und schaffte es nicht. Sie erfüllen mich mit gemischten Gefühlen von Angst und Erregung, von Depression und Ruhelosigkeit, denn die kurzen Tage, die um fünf Uhr enden, sind wie eine Aufforderung, schneller und intensiver zu leben.
So anders als die Empfindungen an langen Sommertagen, bei Tagträumen, bei sonnenbeschienenen Spaziergängen und Gedanken. Aus diesen frühen Wintertagen steigt ein Hauch von Sinnlichkeit auf. Die Dunkelheit treibt einen in Teestuben, in Taxis, nach Hause, und plötzlich überfällt einen künstliche Wärme und läßt den ausgekühlten Körper in einem genußvollen Schock schmelzen.
Und ich sitze in der Ecke eines Taxis mit der Wange auf meinem Pelzkragen, rauche und spüre, wie mein Herz sich fröstelnd zusammenzieht, weil es dunkel ist und ich heute keine gute Geschichte geschrieben habe.

11. Oktober
In meiner mystischen Geschichte findet sich eine Frau, die sich nach einer realen Welt sehnt, in einem Bus wieder, der in andere Welten fährt, und die dann plötzlich zur Oper zurückgebracht werden will. Meine Angst, mich fortzubegeben, war immer wirklich, mich »fortzubegeben« von menschlichen Zuneigungen, von dem Leben zu Hause, von Vergnügen und oberflächlichen Beschäftigungen. Heute war ich weit weg, und es erschreckte mich. Ich habe den ganzen Morgen ge-

schrieben (Roman über Lyndall und Vivien) und den ganzen Nachmittag, bis Miralles kam, um mit mir mein Programm zu proben, und mir *war das Tanzen völlig egal.*
An den Abenden gibt es immer etwas Musik bei uns. Joaquin spielt. Ich lerne seine Lieder. Wir lachen. Und mittendrin breche ich auf und schreibe in einer Ecke oder auf dem Klavier in mein Tagebuch, denn dort steht die beste Lampe. Ich lache über ihre Scherze und Neckereien und schreibe weiter, und ich weine, weil Joaquin ein Stück aus *Pelleas* spielt, und schreibe weiter. Hugh sagt, man könne mich in einen Baum hängen und ich würde auf den Blättern weiterschreiben.

14. Oktober
Mr. ... aus Barcelona ist hier. Wir haben Sonntag abend auswärts mit ihm gegessen und ihn dann ins Theater geführt. Mr. ... ist immer sehr nett zu mir, macht mir unentwegt Komplimente, er versteht jedoch nicht unser Zuhause oder irgend etwas anderes außer der Bank. Er und Hugh hatten eine Menge zu bereden. Ich hörte zu, wobei ich an meinen Geschäftsroman dachte, aber o Gott, um elf hätte ich die ganze Welt in die Luft sprengen können, um diesen Abend zu beenden. Um Mitternacht rauchte ich bis an den Rand des Selbstmords, indem ich fast erstickte; um ein Uhr stieß ich fest Hughs Arm an. Ich hatte alle Leute, die im Le Berry um uns herum saßen, beobachtet. Um 1 Uhr 30 zog ich mich lustlos aus und wünschte, Hugh wäre Künstler, selbst einer von der untersten Stufe, Hauptsache Künstler. Und heute morgen bin ich geläutert aufgewacht und der monströsen alten Bank heimlich dankbar, da ich ihr demnächst eine Reise nach Spanien verdanken werde.
Abends. Dieses enge Zusammenleben mit mir selbst, so wie andere mit Ehemann, Ehefrau, Mutter oder Bruder zusammenleben, ist eine merkwürdige Sache. Mir erwächst daraus eine fortwährende Heiterkeit. Die Einsamkeit verschafft mir den Gärungsprozeß, den andere durch aktive Ereignisse bekommen. Und dann kommt wirklich mein »Feuer« in Gang, und ich bete zu einem unerbittlichen und tauben Gott, mir Unterbrechungen zu ersparen.
Wie auch immer, ich arbeite mit oder ohne Unterbrechungen.

Ich habe den ganzen Morgen abgeschrieben und plante, einen gründlichen und offenen Roman über einen Schriftsteller zu schreiben. Nach dem Mittagessen verschaffte ich mir eine Magenverstimmung, indem ich das erste Kapitel schrieb. Warum es ein Kapitel nennen? Ich schreibe eigentlich wie Proust ein gewaltiges Ganzes, das nicht ein Buch oder ein Roman werden wird, sondern eine Verbindung von mehreren Dingen, so wie es das ganze Leben ist.
Das, was ich »die spanische Eröffnung« nenne, das Leben Viviens und Lyndalls und die Geschäftsgeschichte sind alle ein Ganzes, weil sie alle demselben Kopf entspringen.

16. Oktober
Mußte aufhören, damit meine Augen sich erholen konnten. War so unglücklich, daß ich vor meiner Schreibmaschine saß, rauchte und nachdachte und jede andere Betätigung mir zuwider war. Stellte entsetzt fest, daß ich keine selbstverständliche Begabung für den gesellschaftlichen Verkehr habe und ich in Übung bleiben muß. Fand mich zurückhaltend, scheu, abwesend und mit kleiner Stimme angesichts all der Freunde, die wir wieder zu sehen beginnen. So soll der Kampf wiederholt werden. Nun ja, es macht Spaß, sich selbst zu beherrschen.
Gestern abend kam Wald in blendender Verfassung und erzählte die komischsten und farbigsten Geschichten über Leute, die ich gern kennenlernen würde. Er macht mir keine Angst. Ich sagte ihm, daß es besser sei, offene Feinde zu haben als Freunde, die einen für etwas gern haben, was man nicht sei, und einen in jeder Hinsicht mißverstehen. Er gewann mich durch seine Bewunderung für die Wohnung. Er blieb lange, Mutter und Hugh waren müde, und ich sah, daß er unser Leben als mehr oder weniger öde einstufte oder zumindest als konventionell, weil wir um sieben Uhr früh munter und um zweiundzwanzig Uhr abends schläfrig waren. In seiner Welt wird man erst nachts munter.
Was mich natürlich davon abhält, mich an anderen Menschen voll zu erfreuen, ist mein geringer Umgang mit ihnen in diesen Monaten, als ich vor allem mit meiner Arbeit befaßt war. Max Wald sagte gestern abend, er ziehe inzwischen die »weltlichen«, die menschlichen Leute den asketischen vor – es sei

denn, der Asket sei ein geborener Asket wie einige der heiligen Eremiten.
Niemand hätte im vergangenen Winter menschlicher und weltlicher sein können als ich. Ich liebte die physische Ausdrucksform meines Tanzens; ich liebte es, durch das Begehren anderer bewegt zu werden; ich liebte meine Triumphe in den Salons, liebte es, gemalt zu werden, liebte es, Freunde zu haben. Ich war unglaublich eingebildet, verführerisch, hungrig und lebendig. Wohin führte mich das alles? Zu Leidenschaft und der Zerstörung all der feinsinnigeren Werte; am schlimmsten zur Zerstörung Hughs.
Was passiert dann? Ich werde wieder ich selbst. Ich finde, daß die Ekstase einen bitteren Nachgeschmack hat. Ich finde zu meinem nach innen gerichteten Leben, zu meinem Schreiben zurück. Jene Woche in der Schweiz brachte mich zu meiner ersten Einstellung gegenüber dem Leben zurück – zärtlich und idealistisch, nicht mich selbst suchend.
Bin ich eine natürliche Asketin? Ist das nur eine Phase? Was ist mein wahres Ich? An erster Stelle die Schriftstellerin bis zu der Erkenntnis, daß die Leidenschaftlichkeit nur Nahrung für den Schriftsteller ist.
Ich frohlocke nach meinen Unbesonnenheiten und dem Umherstolpern und der unrühmlichen Weltlichkeit, weil mir das alles geholfen hat zu verstehen. Dies kann ich an einem ruhigen Tag schreiben, wenn mein Körper von Krankheit still und matt und nur der Geist wachsam ist.
Mon Dieu, was ist meine Bestimmung? Ich habe nur vor einem Angst: als Schriftstellerin nicht bedeutend genug zu sein; und ich hätte meine ganze Zeit dem widmen können, eine bedeutende Frau zu werden oder eine Kurtisane. Was wäre ich, wenn meine Anbetung von Hugh mir nicht Halt gäbe? Entfliehe ich ins kreative Schaffen nur aus Liebe zu Hugh? Mit großer Ironie beobachte ich, daß Hugh am glücklichsten ist, wenn ich mein Leben in Gedanken verbringe und dadurch den menschlichen Augen verborgen bleibe. Da bin ich sicher, sicher vor der Liebe, vor dem Rausch des Bewundertwerdens, vor dem gesellschaftlichen Kontakt. Und ich wache inmitten meines fiebrigen Traumes auf und sage: Wenigstens schade ich jetzt niemandem.
Die meisten Menschen stehen nicht vor einer solchen Ent-

scheidung. Ich ja, weil ich alles ganz mache: Wenn ich für die Leidenschaft lebe, kann alles andere explodieren und verschwinden. Ich würde es nicht bemerken. Wenn ich für mein Schreiben lebe, kann die reale Welt zum Teufel gehen! Ein Paradox, da mein Schreiben aus der Wirklichkeit entspringt, einer Wirklichkeit, die zu handhaben ich nicht mehr bereit bin.
Und dennoch fasziniert sie mich, weiß Gott.
Abends: Hugh freut sich wie ein Kind, weil ich ihm sage, daß ich beobachtet habe, wie seine geistigen Fähigkeiten im Geschäft genau von der klaren und schnellen Brillanz sind, die ich bei ihm vermisse, wenn er zu Hause ist. Er ist so bescheiden! So erfreut, wenn ich ihn würdige.

17. Oktober
Aus dem Bett aufgestanden wegen eines Geschäftsessens im Café de Paris. Ziehe meinen Pelzmantel an (den unerreichbaren Pelzmantel zu achtundzwanzigtausend Franc, einiger Füchse entblößt und auf achtzehntausend heruntergesetzt). Ein Direktor von Ford und seine Frau. Und was passiert mit mir? Ich fasse eine große Zuneigung zu den beiden; was für eine gewinnende und attraktive Persönlichkeit der Direktor hat, eine Mischung aus reinem Angelsachsen mit spanischem Schliff, den er sich beim Reisen angeeignet hat, eine singende Art, Englisch zu sprechen.
Er spricht über seine Arbeit. Ich höre zu. Weiß jetzt eine Menge über Fords, Verkäufe, rigorose Disziplin; Spanien benötigt insgesamt nur dreißigtausend Autos im Jahr und könnte unter diesen Umständen keinen Ford oder Citroën selbst produzieren.
Ich langweile mich, doch der Mann ist des Kennenlernens wert. Mich amüsiert, daß er meint, ich sei hübsch, allerdings nicht besonders intelligent. Ich kann einfach in Gesellschaft nicht meinen Verstand zur Schau stellen. Natürlich ist dies eine Verbesserung im Vergleich zu meinen Reformversuchen an den harmlosen und idiotischen Knaben der Columbia University, die mir den Hof machten. Und Mutter mußte mir mit schmerzlicher Stimme sagen: »Du wirst dir deine ganzen Heiratschancen verderben, wenn du weiterhin unbedingt nur mit ›literarischen Männern reden willst‹.«

Nichts verboten Wissenschaftliches an mir jetzt – das Allerneueste in alberner Weiblichkeit, nicht die klammernde Rebe, sondern die *zustimmende.*

19. Oktober
Was ich dem Tanzen verdanke, war mir früher nie klar, ist mir jedoch gestern mit Macht aufgegangen. Ich habe jetzt einen Monat vom Schreiben gelebt. Es macht mich unmenschlich, intellektuell und melancholisch. Ich wende mich buchstäblich vom Leben ab.
Gestern fühlte ich mich wieder allein, egozentrisch, asketisch und traurig. Dann mußte ich mich anziehen und zu meiner Tanzstunde gehen. Ich wurde auf der Stelle eine Frau. Das Pochen des Blutes brachte das Pochen der Gedanken zum Schweigen. Was ich im Spiegel sah, verblüffte mich. Einen lebendigen, von der Musik und dem Tanzen verwandelten Körper, der aus der Kühle und Stumpfheit der vergangenen Wochen so vibrierend und lebendig wie immer hervorbricht. Es ist eine richtige Wiederauferstehung.
Ich darf nie vergessen, daß ich ohne das nicht im Gleichgewicht bin, daß ich außerhalb davon meine Weiblichkeit verliere. Warum muß ich so exzessiv sein, mich immer in eine Richtung neigen, kann ich nie zwischen Abgründen sicher stehen, sondern muß immer stolpern?

21. Oktober
»Kommen Sie zu meinem Wohltätigkeitsbasar«, schreibt eine Dame. »Wann werden Sie mich besuchen?« fragt eine andere, die eine Gesellschaftslöwin ist. Ich kann ihnen nicht sagen, daß ich gerade einen Stuhl mit Lamé beziehe und mit bunten Steinen verziere, mir meine Finger platt hämmere, in meinem Kalender die Tage zähle, die ein Brief von John wohl brauchen wird, an zwei sperrigen Romanen arbeite und mit atemlosem Interesse *Elmer Gantry* lese, halb ängstlich, halb ehrfürchtig, meist wie vom Donner gerührt von der Kraft seiner Satire und der ungeheuerlichen Wahrheit und Heftigkeit. Und ich kann ihnen auch nicht sagen, daß ich die Prinzessin sehen will, deren Temperament und Individualität so unbequem und so anregend sind. Jeden Tag hasse ich gewöhnliche Frauen mehr.

Am Samstag haben uns Horace und Frances besucht, lieb und erfrischend und uninteressant; freuten sich an der Wohnung, waren sprachlos über meine in Sandalen steckenden Füße, wobei sie ihr Urteil nach der Art gut harmonierender Paare bis zur Schlafenszeit aufhoben. Seltsame Meinungen kommen in einem solchen Augenblick zum Vorschein, ein Aufeinandertreffen von zwei Denkweisen zum Guten oder zum Schlechten.

Ich bin nicht mildtätig. Ich habe vergessen zu sagen, daß Frances weich und angenehm und sehr beruhigend aussieht und daß ich mir fast wünschte, sie könnte mich etwas leiden, tut sie aber nicht. Ich habe nicht mehr die apostolische Strenge gegenüber jene, die anders sind als wir, jedoch einen unmittelbaren Drang, sie gegen Hughs ideale Meßlatte zu verteidigen. Weil, wie ich gestern abend zu Hugh gesagt habe, Selbstbeherrschung nur eine unstete und vorübergehende Angelegenheit ist – unser richtiger Charakter kann uns jeden Tag verraten. Wir haben nur *Augenblicke* edlen, idealen Lebens; meistens haben wir Ziele, und das Beste, was wir tun können, ist, für sie zu kämpfen. Die Perfektion ist leider, wie wir wissen, eine sterile Sache, ohne Leben, statisch, ein Zustand. Hugh glaubt daran. Ich weiß nicht, was ich glaube. Ich liebe die Vollkommenheit, die Schönheit, das Ideal, aber ich liebe nicht *nur* sie. Ich liebe seltene Empfindungen. Ich liebe es, alles zu erfahren, was wirklich, häßlich, wild ist. Ich esse das Leben *ganz* auf, ich greife nicht zur Auswahl und zierlichen Häppchen. Geistige Neugierde? Vielleicht. Meine Vorstellung von der Perfektion beginnt so auszusehen: Statt einer Auswahl der schönen Dinge im Leben umfaßt sie die ganze Welt, wird beherrscht, verstanden und zur Schöpfung benutzt. Dabei spreche ich als Schriftstellerin, nicht als Frau. Denn, noch einmal, ich möchte, daß die Frau mit Leib und Seele dem schöpferisch Schaffenden diene.

Meine Heiligkeit besteht aus der Verehrung alles Schöpferischen und aus dem Bemühen, weder menschliches Glück noch menschliche Wahrheiten zu zerstören, die lebenserhaltend sind, selbst wenn sie nicht ganz wahr sind. Ich erzähle denen, die damit nichts anfangen können, nicht mehr die Wahrheit. Ich erzähle sie mir meistens selbst, weil sie mich immer verändert, etwas mit mir macht.

Nachmittags: Amüsante Situation mit dem jungen Dekorateur, den ich für den Entwurf der Couch herbitten mußte. Er ist fünfundzwanzig Jahre alt, sieht sehr gut aus, hat wunderbare Manieren und ist elegant gekleidet. Er bleibt viel länger als notwendig, kommt jeden Tag mit einer nichtigen Entschuldigung, tut alles, um den Preis für mich zu drücken, und wir reden dann stundenlang über Inneneinrichtung.
Heute äußerte er schließlich eine humorvolle Bemerkung über meine auf zwei flachen Koffern aufgetürmten Kissen am Fenster ... meinte, er bewunderte besonders meinen eleganten Diwan. Ich erwiderte ihm, daß er vor allem genauso weich sei wie das Ding, das er mir vorschlug.
Ich war amüsiert und ärgerte mich über mich, weil ich mich für unser geschäftliches Gespräch herausgeputzt hatte. Sind das literarische Experimente?
Jetzt hör mal zu, mach Literatur aus etwas anderem.

23. Oktober
Die Leidenschaft vereint natürlich nicht. Was vereint ist, wie Hugh mich heute morgen mit der Stimme eines kleinen Jungen gebeten hat, ihn heute abend zum Arzt zu begleiten, um ihm die Hand zu halten, während er geröntgt wird. Was vereint, ist, wenn Hugh und ich gemeinsam das Problem eines aufrührerischen weißhaarigen Mannes in seiner Abteilung lösen. Was vereint, ist die zärtliche Sorge, die ich auf sein Glück verwende, und das Überfließen von liebevollen Worten zur Linderung seiner Schlaflosigkeit oder seiner Magenschmerzen.

24. Oktober
Einmal arbeite ich jetzt an dem einen Roman, ein anderes Mal an dem anderen, und zwischendurch habe ich eine kleine Geschichte geschrieben. Und dann überfiel mich Niedergeschlagenheit, weil mir bewußt wird, daß ich nicht ohne Johns Billigung leben kann. Ich habe solche Augenblicke von mangelndem Selbstvertrauen, daß ich, wenn ich bestimmte Wörter sehe, die ich in meinem Brief an ihn benutzt habe, das Blut mir zu Kopf steigen spüre und ich alles dafür geben würde, wenn man mich weiterhin mißverstanden und gemocht hätte. Ich habe die Religion aufgegeben, sonst würde ich heftig, ver-

zweifelt um eine günstige Antwort beten; ein weiterer formeller Brief würde all meinen Hoffnungen ein Ende bereiten. Aber ich *muß* auf eine Enttäuschung gefaßt sein. Oder ich werde nie, nie geheilt werden.
Abends. Der Dekorateur kommt – um fast nichts zu sagen. Und bleibt. Und wir lachen, weil die Couch jedesmal weiter schrumpft, um in den Grenzen meines Einkommens zu bleiben.

27. Oktober
Mein »großer Mann« hat ein Buch geschrieben [*Sincerity*], das mich enttäuscht hat. Wenn er mittelmäßige, armselige Charaktere mit einer satirischen Absicht beschrieben hätte, hätte ich das verstanden, eine solche Klarsicht scheint jedoch nirgendwo durch. Es hätte eine große Komödie werden können – wenn das Handeln der drei Helden es zugelassen hätte –, und das Versagen, zu keiner Aufrichtigkeit zu gelangen, hätte tragisch sein können, aber nicht die Abgestumpftheit der Helden, die nur Sprachrohre für eher oberflächliche Gedanken sind. Isabel lernt in Europa nichts, außer wie man hauchdünne Negligés trägt und daß der Ekstase in der Liebe bestimmte Rituale vorausgehen – die »fadeur« [Fadheit] ihres Charakters ist quälend. Winthrop wacht allerdings am Ende des Buches auf (und das sieht John schließlich ähnlich). Die moralisch verbrämten Auseinandersetzungen, das Bedürfnis, etwas außerhalb des Normalen zu tun, um nicht in der Friedlichkeit steckenzubleiben (deshalb schenkt er den Kindern der Stadt ein Schwimmbad), ermüdete mich, offengestanden.
Ich mußte mir bei der Beurteilung des Buches eine unendliche Mühe geben. Ich hatte das Gefühl, John säße aufgeregt wie ein Junge neben mir und sagte, er wünschte sich so sehr meine Anerkennung, und er läse mir den Entwurf für das Buch vor, der zunächst sehr schlau klang wie die Idee von *Onkel Sam.* Ich mußte mich losreißen, seine Augen und seinen Mund vergessen, während er las, seine Begeisterung für seine Worte. Ich mußte sehen. Ich konnte mir den Geist nicht mit seiner Gegenwart verschleiern.
Und genau das fehlt seinen Seiten, seine Gegenwart, seine Größe. In der Armseligkeit von Isabels Erlebnis, ihren simplen Theorien, in der Leere jener zehn Jahre im Ausland

erkenne ich ihn nicht. Zehn Jahre persönlicher Freiheit, und sie findet nur einen Carl und einen Adligen, von denen sie lernen kann, und sammelt ein oberflächliches Wissen über körperliche Liebe und kehrt zu einem Winthrop zurück. Und da gibt es einen Winthrop, der zehn Jahre lang mit einer Mary leben kann, die weder einen Buckel hat noch krummbeinig oder blöd ist, und sie sind kein Liebespaar; er ist sowieso kein Mann, kein wirklicher. Wie wenig Wärme und Spontanes und wieviel trockenes Gerede! Wie konnte John mit ihnen leben, wie er es tat, auf dreihundertfünfzig Seiten ohne Ironie, ohne zu ersticken? Nein. Er nimmt sie ernst. Er legt das subtile, diabolische Problem der Aufrichtigkeit in ihre Hände.
Und ich weine fast vor Verzweiflung und Scham, weil ich zu sehr eine Frau bin, eine zu verfluchte Frau, als daß ich mich hinstellen und John sagen würde, was ich denke.
Ich habe auch versucht, es von einem philosophischen Standpunkt aus zu betrachten. Die Aufrichtigkeit ist als eine unbeugsame Doktrin wie alle Ideale zerstörerisch. Was auch immer die Intelligenz nicht formt, geschmeidig, anwendbar macht, ist ein Fehlschlag. Die Aufrichtigkeit ist kein logisches Ereignis. So weit ist John – nur John. Das ist das Beste, was ich sagen kann. Doch ich komme auf die Frage zurück, warum er durch beschränkte Figuren redet. Die Komödie besteht aus dem lächerlichen Durcheinander, das die Menschen aus Ideen schaffen, wenn sie sie nicht verstehen. Die Tragödie ebenso. Doch diese drei Figuren veranstalten ein Durcheinander, das mir weder komisch noch tragisch erscheint. Ich kann darin einfach keine *Größe* sehen. John hatte zunächst eine Inspiration, dann schrieb er die Geschichte mit gelehrter Präzision, er liebt seine Themen, seine Symbole, *bringt sein Argument an*. Die armen Figuren bewegen sich blutleer wie so viele, die von Ideologen geschaffen wurden (Shaw und Ibsen, zum Beispiel), doch er wird nicht mitgerissen, seine Figuren werden nicht mitgerissen, und ich werde nicht mitgerissen.
Und zerknirscht schlage ich mir auf die Brust, dreimal, dreimal, reumütig und kummervoll und sage jedes Mal: Je suis femme, je ne lui dirais rien, je suis femme, je ne lui dirais rien. Pardonnez-moi, Seigneur! [Ich bin eine Frau, ich werde ihm nichts sagen. Vergib mir, Herr!]
Habe heute ein Stück von Elmer Rice gesehen, vollkommen,

vollständig und absolut, ein haarsträubender Realismus, doch ohne Wirkung, ohne Bedeutung. Es mangelte ihm an der großen tragenden Idee oder an einem einzigen Thema, das es über den akkuraten Bericht stellen würde. Es heißt *Dans la Rue* [Auf der Straße] und ist von Carco übertragen. Nichts fehlte: das Haus, die kleine Treppe davor, »stoop« wie wir es in New York genannt haben, eine schreiende Frau, die ein Baby bekommt, miteinander kämpfende Katzen, Polizisten auf Patrouille, die grue [Prostituierte], der Voyou, der Taxifahrer, die untreue Ehefrau, die tugendhafte junge Dame etc. – aber es war tot.
Und um mein literarisches Aussortieren für diese Woche zu schließen, muß ich mein Romänchen über Lyndall und Vivien verdammen; es endet so abrupt und ist so schlecht entwickelt, daß ich die einzige bin, die versteht, worum es geht.

28. Oktober
Hugh fährt nach Mailand. Wir küssen uns zärtlich, als ginge er auf eine lange Reise, und lachen, weil niemand weiß, daß es nur eine Trennung von zwei Tagen ist. Er sagt, es schmerze ihn, von mir wegzugehen. Schließlich macht er mir Komplimente über meine Augen, nach sechs Jahren störrischer Weigerung, weil er meinte, jeder rede über meine Augen, er daher nicht, und außerdem ziehe er sowieso meinen Mund vor.
Beim Lesen von Armen Ohanians Memoiren schlafe ich ein. In mir muß irgendwelches asiatisches Blut stecken, denn ich begebe mich in dieses Leben so selbstverständlich, als hätte ich es immer gekannt. Dank der heidnischen Götter werde ich mich am Donnerstag mit Vanah Yami treffen wegen des Unterrichts in orientalischen Tänzen.
Ich nähe Meter um Meter von türkisfarbenem Samt für das Wohnzimmer.
Ich schiebe einen Brief an John auf.
Ich sage Jeanne, sie solle kochen, wozu zum Teufel sie Lust habe – Essen interessiert mich nicht. Wenn ich eine alte Jungfer wäre, würde ich mich mit Bananen und Feigen ernähren.
Abends: Meine Einklebebücher sind charakteristisch; eines für die Dekoration, eines für Tänzer und Tanzkleidung; eines für Kleider und Kleiderentwürfe; eines für literarische Artikel; eines für Babybilder, orientalische Phantasien, Madonnen und alle die Porträts, die Künstler von mir in New York ge-

macht haben; und eines für schon gemachte und geplante Reisen. An irgendeinem einsamen Nachmittag, wenn ich keine Tanzstunden, keinen Besuch, keine Lust zu schreiben und nichts zum Nähen habe, arbeite ich an ihnen. Ich arbeite, bis die Klebstofftube leer ist.
Ich will mich von allem Glauben befreien, von dem Glauben an John wie an andere, von diesen Augenblicken der Blindheit, die meine Intelligenz davon abhalten, sich zu erweitern und zu wachsen. Wie naiv ich bin! Ich gehe von einer Vergötterung zur anderen über, ich gebe mich hin, ich idealisiere, ich beleuchte, ich verwandle, ich bete an. Und wenn ich eines Tages die Augen öffne, fühle ich mich stärker, weil ich mich von dieser Fessel befreit habe.
Ich habe es gewagt, John zu kritisieren, sein Buch, seine Arbeit, sein Leben, seinen Mangel an Verständnis – und ich fühle mich von ihm befreit. Er hat mich nur fünf Monate lang beherrscht.
Ich weiß nicht, was dieser Schrei bedeutet, außer daß ich befreit werden wollte. Komisch, wie die Befreiung immer durch den Intellekt kommt, wie ich durch ein Urteil meines Verstandes den Tumult meiner Sinne besänftige.
Wenn John in einem Anfall von Genie ein Verständnis für Europa und mich zeigen könnte, wäre ich froh, meinen Kopf wieder zu beugen. Gibt es irgend etwas, was ich tun kann? Er wird nur von seiner Umgebung unterdrückt. Doch, nein! In *Elmer Gantry* hat Lewis einen Ausbruch von großartiger Ironie; er benutzt genau denselben Hintergrund und dieselben Leute und schafft ein Epos über die amerikanische Heuchelei. Was kann man machen, wenn ein Genie versagt wie er in seinen letzten beiden Büchern? Kritik ist hoffnungslos; er würde sie von mir nicht annehmen. Als ich einen Kommentar über *Onkel Sam* zu äußern wagte, sagte er, ich könnte es nicht verstehen, weil es amerikanisch und ich Europäerin sei. Das gleiche kann er über *Aufrichtigkeit* sagen.
Und selbst wenn er auf mich hörte, was könnte ich ihm geben? Er braucht das Leiden, um menschlich zu werden, er muß von dem Gift des Puritanismus befreit werden, von dem Amerika, wie er es sieht (das neue Amerika – das von Waldo Frank, Sinclair Lewis, Sherwood Anderson – kennt er nicht). Er braucht zutiefst Europa – und nicht das Moulin Rouge.

Wie unfair er in seiner Beschreibung von Europa ist, selbst aus dem Blickwinkel einer mittelmäßigen Frau! Wie wenig subtil! Während ich schreibe, sehe ich seine großen blinzelnden Augen, die von schweren Lidern überschattet sind – ich dachte, er verstehe alles. Mich zumindest nicht. Mich hat er überhaupt nicht verstanden. Ich bin Französin, Spanierin, Christin, Jüdin und Orientalin. Wenn er mich verstanden hätte, hätte er genug gelernt.
John, John – ich glaube, es würde weniger weh tun, wenn Sie mich als Mann enttäuscht hätten, aber Sie dürfen nicht in der Größe Ihres Geistes versagen. Ich habe Sie deswegen zu sehr geliebt.

1. November
Ich hatte heute abend einen Augenblick reinen, einfachen Glücks. Hugh und ich saßen am Kaminfeuer. Joaquin saß zu meinen Füßen, stocherte im Feuer und redete mit mir. Auch Mutter war da und wärmte sich ihre mit Pantoffeln bekleideten Füße. Etwas von dem Heilige-Familie-Frieden kam über mich, eine Ehrerbietung gegenüber dem kostbaren Heim, das alle, die man liebt, unter seinem Dach birgt. Und um dieser Augenblicke willen hörte ich auf, eine unzufriedene Wanderin zu sein, und ich war in fast religiöser Weise dankbar.
Meine Bewunderung für Joaquin ist etwas Besonderes. Er ist fast mein Kind gewesen, das mich ständig in Anspruch genommen hat. Er hat mir meine Fürsorge durch eine gleichwertige Hingabe vergolten. Ich erfahre von Elvira, was er über mich denkt. Jetzt wünsche ich mir fast, es gäbe keine fünf Jahre Unterschied zwischen uns und ich könnte mich ihm vollständig anvertrauen. Aber abgesehen davon und von der Religion – wie wunderbar verstehen wir einander. Seit wir hierher gezogen sind, verbringen wir mehr Zeit zusammen, weil ich ihn mit zu Spaziergängen im Bois nehme und wir reden können. Manchmal reden wir nach der Anspannung seines Komponierens und meines Schreibens fröhlich ziemlich dummes Zeugs – machen sogar Wortspiele.
Während ich jetzt schreibe, geht Mutter zu Bett, studiert Joaquin seine Harmonien, liest Hugh ein Buch, das mir so sehr gefallen hat, und ich denke über die Möglichkeiten nach, eines Tages häuslich und ruhig zu werden.

Meine spanische Geschichte ist eine untergründige, nach innen gerichtete Angelegenheit ... autobiographisch mit fünfzig Prozent Phantasie. Ich habe »Appearances« [Anschein] als Novelle beendet. Sie ist gut mit einem unerwarteten Schluß. Jetzt habe ich [vorläufige Titel]:
The Idealist[1] [Der Idealist]
Pity [Mitleid]
Three Old Countesses [Drei alte Gräfinnen]
The Russion Who Didn't Believe in Miracles [and Why] [Der Russe, der nicht an Wunder glaubte]*
Mystical Story* [Mystische Geschichte]
Apartment for Rent [Wohnung zu mieten]*
Fear of Nice* [Angst vor Nizza]
Faithfulness* [Treue]
Dancer [Tänzerin]
Essay on the Journal [Aufsatz über das Tagebuch].
Wenn ich eine wirkliche Französin wäre, wäre ich nicht traurig darüber, daß ich John so geschickt über sein Buch geschrieben habe – indem ich Kritik in Ironie verpackt, ihm Absichten und Kraftreserven zugebilligt habe, die er gar nicht hat, im Sinne »des im Zweifel für den Angeklagten«; ich habe ihm nämlich gesagt, was er – gleichsam im Unterbewußtsein – zu tun beabsichtigte, was aber, wie ich weiß, gar nicht der Fall war.
Wenn er als Künstler aufrichtig ist, wird er sagen: »Nein, das habe ich nicht beabsichtigt.« Wenn er unehrlich ist, wird er mein Lob annehmen. Oder er bekommt vielleicht einfach die Ironie nicht mit und akzeptiert die Komplimente. Ich befürchte, er versteht es einfach nicht; er ist im Herzen so naiv – und nicht gerade scharfsinnig. Und ich bleibe freundlos mit nichts als intellektueller Befriedigung zurück, die ein armseliger Ersatz ist. Mon Dieu, ich habe lieber meinen Freund. Der Brief bleibt hier.
Habe meine Vorstellungen von Gott durchdacht. Hugh meint, was ich zu diesem Thema beizutragen hätte, sei schwach. Auch das bleibt hier.
Während Hugh am Kamin sitzt, gehe ich ins rote Zimmer,

[1] Veröffentlicht in *Waste of Timelessness and Other Early Stories,* ebenso alle mit * versehenen Geschichten.

stelle den Plattenspieler an und beginne meine *Sentimentale Reise* um die Welt; die Tangos, so sinnlich, beschwören die Atmosphäre von Teestuben und den suchenden Blick fremder Männer; die spanischen Tänze tragen mich auf die Bühne in einer ägyptischen Stadt, auf dem Weg zu anderen Engagements in Indien; das cubanische Lied läßt meine Zeit in Havanna wiederaufleben; und Segovias Gitarre weckt alle möglichen zarten Erinnerungen. Und unterdessen sehe ich durch den transparenten Lamé-Vorhang wie durch einen Nebel Hugh, der friedlich am knisternden Feuer liest, während die Lampen kurze Lichtkreise und Schatten werfen und der Rauch von Hughs Zigarette aufsteigt – alles so ruhig, so unwirklich, fast unerreichbar, so weit weg von dem dämonischen Fieber, das mich umtreibt und mich dazu bringt, Tangos zu tanzen, um mich anderer Tangos zu erinnern.
Ich öffne die Vorhänge, komme still herein. Hughs Kuß ist so kühl und seine Hand so freundlich und so warm. Und nach einer Weile gehe ich zurück ins andere Zimmer, nun im Dunkeln, und setze mich neben den Spiegel und bedecke meine Augen, um mir andere Leben und andere Augenblicke ins Gedächtnis zu rufen.
Irgend etwas in mir verwünscht den ganzen Frieden.

5. November
Tee. Schokoladenkuchen. Freunde. Die Wohnung ist zu einer Kuriosität und einem Museum geworden. Ich habe einmal über ihre mystische Bedeutung gesprochen und wie ich die Leute danach beurteile, wie sie sie verstehen. Was bedeutet es also, daß sie *jedermann* gefällt, daß ich mich als eine beliebte Einrichterin entdecke, daß jeder mir sein Heim anvertrauen würde. Beliebtheit! Unerwartet und verblüffend!
Eine konventionelle Philosophin öffnet mir die Augen für die Schwäche einsamer Studien – und für die Unmöglichkeit, Philosophie ohne Einführung zu verstehen. Ich lausche ihrer belehrenden Stimme. Obgleich sie ganz friedlich und ausgeglichen ist, verzaubert sie mich. Sie ist halb Holländerin, halb Mexikanerin.
So, jetzt habe ich etwas zum Beunruhigen gefunden. Ich kann den Gedanken nicht ertragen, daß mir bei meinem wahllosen Lesen die Philosophie entgeht.

Sie weiß, daß Schriftsteller oft nicht reden können. Gut für sie. Ich stimme zu, wobei ich vorgebe, objektiv zu sein, obwohl ich dies durch grausame persönliche Entdeckungen kennengelernt habe. Sie stellt die Musik über alle anderen Künste genau wie ich. Sie hat Latein gelernt. Sprachen? Oh, ich liebe Gedanken, ganz gleich in welcher Sprache. Doch wenn man eine Sprache lernt, entwickelt man dabei besondere Gedanken. Ja, das stimmt. Einige spanische Gedanken sind so spanisch, daß keine Sprache außer Spanisch sie vermitteln kann. Was sind lateinische Gedanken? Ich weiß es nicht. Ich sollte Latein lernen. Nein. Ich lerne lieber die moderne Sprache der Hyperrealisten.

6. November
Ich habe eine Zuneigung zu Vanah Yami gefaßt, einer orientalischen Tänzerin, und sie ist heute gekommen, um mich tanzen zu sehen und zu entscheiden, ob ich eine interessante Versuchsperson sei. Von Lampenfieber nervös, habe ich schlecht getanzt, aber es gelang ihr, die Möglichkeiten zu sehen. Wir fangen Freitag an. Wir sprachen länger als notwendig miteinander. Sie hatte mich offenbar gern, wohingegen ich mich innerlich wegen meines mangelnden Gleichgewichts und meines kindischen Benehmens verfluchte.
Ich ärgerte mich, weil ich heute nicht geschrieben habe. Ich hatte beabsichtigt, mich so gründlich zu disziplinieren, daß ich ohne Inspiration würde schreiben können. Was für ein Ansinnen! Niemand war je unausgeglichener. Und trotzdem sitze ich jetzt wie eine Geschäftsfrau da und *schreibe,* ob ich will oder nicht. Und hätte heute fast meinen Roman mit einem törichten Kapitel verdorben.

7. November
Gestern morgen ist mir ein klarer Plan für eine spanische Geschichte eingefallen, jetzt definitiv die eigene Geschichte des Romanschriftstellers. Und ich schreibe eine, die mystisch und gleichzeitig klar wie Wasser sein soll.
Zum Nachmittagstee ließ ich Boussie zwei Geschichten lesen. Die mystische verstand sie nicht, aber »Faithfulness« [Treue] fand sie sehr lebendig; sie war sich mit Hugh einig, daß ich mich um mehr künstlerische *Objektivität* bemühen müsse.

O weh! So ging ich voller Vertrauen zu meiner Orginalität in dem, was ich tue, zu Bett, da Kritik mich nun mal nicht umbringt. Zugleich war ich traurig. Die Technik. Werde ich darüber stolpern? Ich nicht. Wir werden's sehen.
Heute morgen habe ich mich ungestüm an das höllische *Neuschreiben* gemacht. Ich kann nichts dafür, daß ich jedesmal, wenn ich an alten Dingen arbeite, Ideen für neue bekomme.

12. November
Ein Tag, der in die Annalen eingeht. Hugh kommt zum dritten Mal nach Hause; er ist außer sich wegen des Wall-Street-Zusammenbruchs. Jedesmal habe ich ihn ermutigt. Er macht sich übermäßige Sorgen, wir könnten unser Kapital verlieren. Statt mir mit ihm zusammen Sorgen zu machen, war ich von einem tiefen Mut erfaßt, den ich versuchte, auf ihn zu übertragen. Was, wenn das Schlimmste passiert? Es ist nur ein äußeres Unglück. Es wird gut für uns sein. Ich werde arbeiten. Unser Leben wird schlichter werden, strenger, von den gesellschaftlichen Künstlichkeiten, von Kompromissen gereinigt. Worauf es ankommt, ist unser anderes Leben, sagte ich. Außerdem, was bist du eigentlich, Dichter oder Geschäftsmann?
Nicht so logisch, das Ganze, es kam jedoch vor allem darauf an, daß ich stark und ungerührt war, distanziert, in der Lage, Werte zu beurteilen, gegen eine Verzweiflung anzukämpfen, die nur durch den Einfluß der Männer um ihn herum gediehen ist; ich verstehe ihre Ängste, weil sie *nichts anderes* haben, wofür sie leben.
Zum erstenmal verstand ich die ganze Macht der Philosophie. Hugh ist schwach, weil er außerhalb von ihr urteilt und lebt. Heute ist er wegen der Börsenverluste eines anderen fast zusammengebrochen. Er stellt fest, daß wir bis jetzt noch nichts verloren haben, aber er kann den bloßen Gedanken daran nicht ertragen. Nichts anderes zählt. Nicht ich, nicht unsere Liebe, nicht die Reichtümer unseres Lebens. Im Augenblick sehe ich keine Spur von dem, was sonst seinen Geist besetzt hält. Er zählt nur Geld. Wo ist die Vergangenheit? Er ist in die Werte einer anderen Welt untergetaucht. Mon Dieu, kann diese andere Welt einen solchen Einfluß auf ihn haben? Zum

erstenmal erkenne ich, daß es so ist. Es überwältigt mich. Ich spüre, daß ich allein die anderen Schätze trage. Eines Tages spreche ich eine Sprache, die er vielleicht nicht mehr versteht. Schon heute berührt ihn mein glühendes und mächtiges Reden nicht. Wir gehen zusammen und blicken auf zwei Ruinen – er auf die Ruine seiner Spekulationen, ich auf die Ruine seiner philosophischen Rüstung.

Er hat seine Mut-Tage gehabt. Jetzt bin ich an der Reihe. Wir helfen einander, doch bin ich traurig, weil er so von etwas beherrscht ist, von dem ich frei bin.

Mein armer Liebling ...

Abends. Ich war so glücklich gestern abend, weil Gilbert von meinem Aufsatz über das Tagebuch überwältigt war und meinte, alles Übrige, was ich schriebe, sei ihm eine Offenbarung etc. Ja, ja – überrascht von den komischen Dingen, die man bei *mir* nicht erwartet. Mit was für einem Stimmchen ich sie ihm vorlas, und bei jeder Seite schaute ich hoch, um zu sehen, ob er gelangweilt aussah!

Wir nannten es, ironischerweise, das Anaïs-Festival – weil es nicht gerade so häufig geschieht und ich so wenige Möglichkeiten habe, mir Gehör zu verschaffen. Als ich hochsprang und, wirklich verblüfft, einen Ausruf von mir gab, bemühte ich mich, ein kindliches Lächeln des Frohlockens zu unterdrücken – versuchte, selbstverständlich auszusehen.

Heute morgen habe ich an »des Schriftstellers eigener Geschichte« gearbeitet, das Ergebnis der Ermutigung – verdammt hart und kitzlig. Wenn *das* fertig ist, komme ich zur Erholung auf etwas Menschliches und Leichtes zurück.

Elvira Velasco glaubt, ich hätte sie so gern wie sie mich. Es ist ein schreckliches Mißverständnis. Sie ist aufrichtig, ich nicht. Sie fühlt sich durch die Reinheit meines Gesichts, die Liebenswürdigkeit meiner Handlungen zu sich hingezogen. Ich höre ihr zu, bewundere ihr Tanzen. Als ich feststelle, daß sie aktiv, warmherzig, aber beschränkt ist, ziehe ich mich zurück. Zu spät. Sie ist an mich gewöhnt. Vielleicht ist sie etwas verstört durch das, was sie in meinem Denken entdeckt, es ändert jedoch nichts an ihrem liebevollen Interesse, das sich von einfacheren Dingen nährt. Und ich fühle mich bar jeglicher Menschlichkeit, weil ich nicht auf schlichte Weise lieben kann.

Unter ungeheuren Anstrengungen habe ich mit Logik, dem Wunsch, gerecht zu sein, fair zu sein, die natürliche und heftige Eifersucht überwunden. Sie war tief in meinem Temperament verankert. Sie steckt auch in Hugh. Ich habe versucht, mich von der meinen zu befreien.
Ich habe sie zuerst wegen Elviras Schönheit empfunden. Frauen in meiner Situation versuchen herabzusetzen, zu verkleinern. Ich tat das Gegenteil. Ich versuchte all das herauszufinden, was diese Schönheit ausmachte, fand sie intelligent, liebenswert, versuchte, sie gern zu haben. Ich behielt einen klaren Kopf, weigerte mich, sie und ihren Mann abzulehnen oder Hugh ihrer Gesellschaft zu berauben. Ich ging so weit, daß ich meinte, Hugh *verstehen* zu können, wenn er jemanden Hübscheres als mich liebte.
Ich hasse die Eifersucht, die Formen, die sie annimmt. Ich habe unter ihr in anderen Frauen gelitten. Jetzt bemitleide ich jene, die sie nicht beherrschen können. Doch die meine war so ausgeprägt, weil ich so sehr nach Schönheit und Talent strebe und sie eher als irgend jemand sonst erkenne und schätze. Ich bin oft und schmerzhaft eifersüchtig gewesen. Wenn ich es nicht verhindern kann, daß mich gelegentlich die Eifersucht überkommt, hindere ich sie zumindest daran, giftig zu werden, Schaden anzurichten, meine Anerkennung zu verblenden oder mein Handeln zu verändern.
Elvira meint, ich sei wunderbar frei von Eifersucht – zum Beispiel, was das Tanzen angehe, weil ich großzügig sei und ihr Talent anerkenne. Ich bin froh, ich bin froh.

13. November
Traurige Tage für jedermann. Viele ruinierte Leben und Selbstmorde. Schließlich habe ich meinen Liebling dazu gebracht, stark zu werden. Als er sagte, jetzt komme die wahre Beherztheit in mir zum Vorschein, erinnerte ich ihn daran, daß *er* mir durch seine Arbeit die Muße gegeben habe, mit der ich eine innere Welt aufgebaut hätte. Wir bemitleiden jene, die nichts anderes haben. Die Velascos kommen, um getröstet zu werden, obwohl ihre Situation zehnmal besser ist als unsere eigene. Es ist jedoch ein läuternder Schlag gewesen. Manchmal habe ich, nachdem ich mit Hugh so protzig geredet hatte, innerlich geschlottert. Alle Ausgaben zurückgeschraubt. Mut-

ter und Joaquin sind jetzt ganz auf uns angewiesen. Keine Ersparnisse für Unfälle, Krankheit oder Reisen. Nur das Gehalt, das nie ganz gereicht hat.
Ich benutze ganz bewußt die Angst, um mich zu prüfen. Ich treibe mich an, das schon Geschriebene zu korrigieren; ich spare; ich nehme mich zusammen. Ich will Tanzunterricht geben, kämpfen, helfen. Was mich angeht, bin ich froh, daß ich mich wieder beschränken muß – meine ganze Kindheit verlief so –, ich mache mir jedoch um Hugh, Mutter und Joaquin Sorgen. Ich selbst hatte zu viele Vergnügungen, ich habe alles bekommen, von dem ich geträumt habe. Ich bin verwöhnt worden.
Ich habe das natürlich vorausgesehen. Wir waren zu glücklich.

15. November
Bei einem rein »gesellschaftlichen« Konzert überkommt mich ein Anfall von Nervenschwäche. Bei dem Anblick von Leuten, Freunden, Bekanntschaften schrecke ich zurück, und Lob irritiert mich.
Es ist das Schreiben. Ich verschließe mich damit. Ich werde eine andere Frau. Jeden Tag füge ich nur ein oder zwei Seiten zu des »Schriftstellers eigener Geschichte« hinzu, eine jede vollgepackt mit dichtem, unerbittlichem Denken. Hugh behauptet, mein Stil sei billig. Ich achte nicht darauf. Ich schreibe weiter – halte nicht inne in meinem Bemühen, das Unnennbare zu benennen, die untergründigsten Gedanken zu beleuchten. Ich verfolge meine Gedanken so intensiv, daß ich die Sprache beiseite schiebe, die Bedeutungen verdrehe, die Sätze durcheinanderwirble, als wollte ich meinen eigenen neuen Sinn ausgraben – nicht einen *neuen*, sondern einen Sinn, der in Sätzen eine feste Gestalt annimmt, die die Menschen wie einen Katechismus wiederholen, Sätze, an die sie gewöhnt sind.
Ich werde beim Schreiben einsam, bedürftig nach dem Gespräch mit einem Genius. Ich grabe in mir selbst, sage Dinge, die gesagt werden müssen und nicht *attraktiv* sind, die niemandem gefallen werden – richtige Arbeit nach meinem Herzen –, trocken, uncharmant, auf Genauigkeit, Wahrheit und Tiefe bedacht.

Wenn meine Augen nicht mehr können, räume ich den Schrank auf, inspiziere Hughs Unterwäsche, rufe den Elektriker an, rede mit dem Dekorateur (er macht mich krank). Ich gehe einkaufen. Nehme die U-Bahn. Wir kehren zum einfachen Leben zurück. Ich hatte vergessen, was es hieß, geschubst zu werden. Inmitten meiner Besorgungen fange ich wieder an, an den Mann in meinem Roman zu denken, einen Schriftsteller – die Bedeutung seiner Worte erreicht nur einige von denen, für die sie geschrieben wurden.
Ich eile direkt nach Hause, und ohne Hut oder Mantel abzulegen, schreibe ich eine Seite.
Ich *weiß*, daß mein Stil sich verschlechtert. Ich bin so begierig, schwierige Dinge zu sagen, daß die englische Sprache keine Chance hat. Außerdem taucht in Augenblicken der Anspannung die echte Ausländerin wieder auf. Ich benutze französische Wörter – spanische Zusammensetzungen. Und das englische Wort, das mir am besten gefällt, ist »verdammt«, weil ich so deprimiert bin.
Unterdessen ist unser »Kapital«, sind unsere armseligen Ersparnisse fast dahin, und Mutter Guiler muß mit einer Garantie für unser Darlehen zur Hilfe eilen. Solange die Papiere nicht verkauft sind und unser Verlust nicht endgültig ist, werde ich nicht weinen. Nicht einmal dann. Ich werde zu beschäftigt sein. Wir werden den Orientalischen Palast verkaufen müssen und aufs Land übersiedeln.
Vielleicht kommt ja alles ins Lot: Die Aktien werden wieder steigen. Es ist seltsam, dieser kleine Vorgeschmack von Armut, Angst und Furcht nach dem Gefühl von Behagen und Sicherheit.
Zum Glück ist Hugh jetzt tapfer. Ich habe ihm ein paar schöne Reden gehalten. Er meint, die Krise habe sich gelohnt, weil sie zeige, aus was für einem Holz ich geschnitzt sei, und er mich noch mehr liebe. Und wie gewöhnlich, nachdem ich der Welt mein nettes Gesicht zugewandt habe, komme ich hierher zurück und zeige meinen wahren Mangel an Beherztheit.

19. November
Ich habe Ruhe und Klarsicht bewahrt. Hugh getröstet. Wir haben schreckliche Tage hinter uns. Dann ist alles aufwärtsgegangen. Die Aktien erholen sich. Wir sind gerettet.

Trotzdem, ich werde Tanzunterricht geben. Wir werden strenger, mehr dem Gehalt Hughs gemäß, leben, und die ganze Erfahrung war heilsam. Wie bemitleidenswert die anderen sind, die nicht jung sind oder Kinder haben.

Eine merkwürdige Erfahrung. Ein riesiges Festmahl, von Farrère und Les Amis des Lettres Françaises zu Ehren Godoys veranstaltet. Schick. Jedermann da.

Statt nun beeindruckt oder bewegt zu sein, merkte ich plötzlich, wie ich die hohlen Reden, die politischen Schmeicheleien, die taktvollen diplomatischen Gesten, die Gemeinplätze der sogenannten bedeutenden Männer, die Unehrlichkeit jener Literaturliebhaber verurteilte. Ich durchschaute Claude Farrère, Paul Fort und andere, Männer, die Worte nicht ernst nehmen, die aus der Literatur ein Geschäft machen.

Ich saß zwischen zwei ältlichen Männern und dachte nach. Sonst *dachte* niemand nach. Sie benahmen sich wie unter einem Einfluß kollektiver Reibung. Sie redeten mit einer Art ansteckendem Fieber, Denken genannt, das jedoch von der öffentlichen Meinung geprägt ist. Ich hielt weniger von Godoy, weil er solche Ehrung suchte und sie akzeptierte. Man braucht die Kritik und die Ermutigung von einigen wenigen echten Persönlichkeiten, nicht von einer Menge.

Jene, die ihre verderbliche Wirkung kennen wie Falla, lächeln darüber und gehen weg, um ihre Arbeit fortzusetzen. Solche Ehrung ist ein *Hindernis* für die Arbeit.

Ich saß allein da und sah, daß keiner dieser Männer es wagte, selbst zu denken. Plötzlich empfand ich Angst, eine verspätete Furcht, daß ich zu der Herde mit dazu gehören könnte. Unter Anstrengung hatte ich abseits gestanden und hatte das deutliche Gefühl, daß ich weiter abseits stehen, meinen Instinkt gegen die Menge pflegen würde. Ich hatte das Gefühl, daß meine Individualität meine Rettung war, daß das, wovor ich wegrannte, die Welt war; nur so konnte ich meine eigenen Gedanken unverseucht entwickeln.

Die Versuchungen sind ja ansprechend. Es ist so schön, Freunde zu haben, von vielen Leuten bewundert zu werden, berühmt zu sein.

Gott sei Dank wurden nur mein Gesicht und mein Tanzen

gerühmt – mein Schreiben kaum. Mein Publikum besteht aus genau fünf Menschen. Heute schwöre ich, in meiner Abgeschiedenheit fortzufahren, nie bekannt werden zu wollen, meine Arbeit fortzusetzen wie eh und je, ohne irgendeine allgemeine Ermutigung.

Was würde ich tun, wenn man mir zu Ehren ein solches Festmahl wie das für Godoy gestern abend bereitet hätte? Gott, es würde mich so krank, so traurig machen, ich könnte nie wieder schreiben.

Godoy, Sherwood Anderson und John haben die Welt ihre Werke beurteilen lassen und waren damit zufrieden. Und sofort haben sie gleichsam als Bestrafung des Genius aufgehört, mit der Kraft und der Unabhängigkeit eines Geistes zu denken, der frei war von dem Wunsch zu gefallen.

Nach dem Bankett bemitleidete die Familie mich, weil ich zwischen zwei alten Männern hatte sitzen müssen, wohingegen Hugh eine junge und attraktive Partnerin hatte, aber ich war Meilen entfernt und fühlte mich alt, gleichgültig und unverwundbar.

Hugh war über meine Haltung gestern abend überrascht. Ich sagte zu ihm, als er davon sprach, wie müde und ausgelaugt er sich von den Ereignissen der letzten Woche fühle: »Stütz dich auf mich, Liebling. Ich fühle mich so schrecklich stark.«

Ich habe mich von dem Bedürfnis nach John befreit. Im geheimen hätte ich immer noch gern ein oder zwei Freunde. Ich brauche sie wirklich – wenn ich jedoch nicht den Besten bekommen kann, bleibe ich allein. Was kann mich jetzt noch niederwerfen? Das frage ich mich. Ist meine Stärke echt oder basiert sie auf einem Traum, und wird sie dahingehen wie alle anderen Momente vorübergehender Weisheit?

Und außerdem gibt es bei Stärke immer einen Mangel an Barmherzigkeit und Mitleid. Sobald ich stark werde, bin ich weniger eine Frau. Ich bestehe nur aus Gehirn.

Ich glaube, mein Vorrat an Mitleid ist umfangreich genug. Ich konzentriere mich besser auf meine kritischen Fähigkeiten, die zu häufig durch die Frau gemäßigt werden. Wenigstens mir selbst gegenüber muß ich verkünden, daß die Bücher von Miomandre, *L'enfant charmant* [*Das charmante Kind*], das Entzücken der Salons, in der Kindheit gelesen werden sollten; daß die Romane von André David, dem hübschen Poeten, für

acht Cent in Ramschläden versteigert werden sollten; daß Royère sich nicht sicher sein kann, was er eigentlich meint, und daß es sinnlos wäre, ihn zu fragen; daß Paul Fort (vor dem ich mich wegen seines Ansehens zu Tode gefürchtet habe, als ich ihm das erste Mal begegnet bin) Gedichte schreibt, an denen nichts Neues ist.
Sehen! Was für ein Segen, nachdem man so viele Jare von naiver Heldenverehrung geblendet war. Sehen! Nach zehn Jahren, in denen der bloße Anblick eines Schriftstellers mir das Blut in den Adern gerinnen ließ, mich zum Stottern brachte, mich sprachlos machte und mir zwei schlaflose Nächte bereitete. Von Angesicht zu Angesicht, Auge in Auge, diese Männer sehen, die ich für Liebhaber der Literatur hielt, sie ihr näher glaubte, als ich es war.
Es gab eine Zeit, da ich John kaum zuhören konnte, wenn er redete. Ich zitterte physisch vor ihm; als ich in sein Haus trat, war es, als beträte ich eine Kirche. Ich war wie eine Wilde, abergläubisch von Blitzen beherrscht, von den Hexengesängen genarrt, von Masken verschreckt. Was für eine Glaubensfähigkeit! Ich lache jetzt. Und ich höre auf zu lachen. Ich bedauere etwas das Ende all dieser aufregenden Unwirklichkeit, in der ich gelebt habe.
Hugh meint dazu, daß mir all dies ziemlich spät aufgefallen sei, aber ich hätte eben versucht zu reifen, ohne zynisch zu werden – das heißt, ich hätte erkannt, daß es unmöglich sei, das Ideal zu erreichen, obwohl ich an die Existenz des Ideals glaubte.
Ich merkte jedoch traurig an, daß meine vorrangige Sorge um meine Selbstvervollkommnung gefährlich ist. In dieser Krise war ich so darauf bedacht, nicht schwach zu werden, nicht zusammenzuklappen, daß ich vergaß, mit den Sorgen und Verlusten anderer mitzuempfinden.

21. November
Rührendes Bemühen, John zu schreiben, ohne ihn zu verletzen, Rückkehr meiner alten Einsamkeit, und ich rufe ihm zu, *bitte* solche Größe zu zeigen, daß ich mir das wirklich wunderbare Gefühl bewahren kann, das ich für ihn empfand.
Und ich flehe Hugh an, mit mir nicht mehr über Finanzen zu reden.

Der Kampf, aus mir etwas Großes zu machen, ohne egozentrisch zu sein, ist kaum zu ertragen.
Ich wollte immer mit Leuten zusammen sein, die mir überlegen sind; der Hunger danach ist nie vergangen. Ich konnte nichts von Lehrern lernen, die mich nicht im Griff hatten. Ich konnte nicht mit Gleichaltrigen reden, die nicht mehr wußten als ich. Ich habe unentwegt nach Weiterkommen, nach Wachsen gestrebt. Ich bedurfte, heftiger als irgend jemand sonst, eines *großen* Geistes, der älter war als der meine. In solchen Augenblicken werde ich, die ich so undiszipliniert bin, die fügsamste und aufmerksamste aller Schülerinnen. Wenn ich achte, lerne ich. Solange ich Miralles für in seiner Kunst bewandert hielt, war ich fügsam. Als ich mehr lernte, als er weiß, entfernte ich mich. Geistig bin ich *immer* unzufrieden. Johns Geist blendete mich, doch ihm fehlt das Talent zur Freundschaft. Seine Begabung belebt nicht alles in seinem Leben; er hat es versäumt, mich bis ins Innerste kennenzulernen, weil er keine Briefe schreiben kann.
Ich werde mich auf die Kunst des *Verstehens* konzentrieren; ich werde daraus eine Wissenschaft und eine Religion machen. Ihre ersten Ausdrucksformen habe ich schon erprobt: in der Lage sein, den Menschen zu sagen, was man versteht – das ist so schwer.
Als John das erste Mal zu mir kam und von Pauline und Lilith erzählte, verstand ich. Ihm gefiel, was ich über ihn geschrieben hatte. Er kam wieder. Warum konnte er nicht wenigstens um seiner eigenen Erhellung willen dieses mein so seltenes Engagement von mir ermutigen. Es war alles, worum ich gebeten hatte – daß er dort bleiben möge. Er hat nicht einmal die magische Kraft, sich, um bei mir zu sein, in Briefen hierher zu bewegen. Ich habe aufgehört zu erwarten, er hätte mich verstanden. Mit verstanden meine ich *anerkannt* – er hat mich nicht anerkannt. Sei ehrlich, Kind! Er ist zu beschäftigt.

Ich halte mich für stark, unverwundbar, intellektuell unabhängig, und heute habe ich im Bus *geweint*, weil ein Mann neben mir saß, der etwas wie John aussah. Und dann wurde ich wieder stolz und gestand mir selbst, daß John nicht wußte, was er bekam, daß er es vielleicht später erkennen und daß es bis dahin keine Bedeutung mehr haben wird, weil ich geheilt sein werde. Mit der Zeit bringe ich das zustande, was ich will. Ich wollte frei von John sein, deshalb hoffe ich, daß er den ganzen Winter weg bleibt.

25. November
Mein größtes Vergnügen sind jetzt die Symphoniekonzerte, zu denen wir jeden Sonntagnachmittag gehen. Hugh, Joaquin, Mutter und ich. Joaquin hat mich dazu gebracht, seine Liebe zu Debussy zu teilen. Gestern überwältigte mich die Schönheit von »Fêtes« und »Dialogue du Vent et de la Mer«. Ich fülle mich mit Musik, und sie hallt noch lange Zeit danach in mir wider.
Ich habe Hugh gestern abend von meiner Intuition erzählt, ich sollte meine Fehler pflegen – Einzelheiten beiseite –, weil ich das Gefühl habe, daß ich mit dieser Teilblindheit etwas Besonderes zustande bringen werde … eine Unverwundbarkeit, wie männliche Gemüter sie erreichen können, eine Frau jedoch selten, und daß diese besondere Sicht (wie die Merejskowskis), da sie von einer Frau kommt, andere Frauen beeinflussen könnte.
Die Frau ist durch das Blut an die Erde gebunden. Das Blut hemmt ihre Sicht. Sie muß immer gebunden bleiben, weil das ihr Schicksal ist, sie muß jedoch auch klarsichtig sein. Ich spüre, daß ich mich jetzt von der ausgesprochen persönlichen Analyse, die weiblich ist, einer Weltanschauung zuwende, die die des Mannes ist; und ich möchte in diese Weltanschauung die Finesse und Schärfe, die Sensibilitäten und das Gespür einer Frau einbringen.

27. November
Vanah Yami glaubt, ich hätte des dispositions particulières pour la dance [besondere Tanzbegabung]. Wir üben im Badeanzug vor ihrem Spiegel. Wir liegen auf dem Boden und gucken uns ihre seltenen Bücher über kambodschanische Tänze an. Sie zeigt mir ihren Dachgarten, ihre Häschen, ihre Katze und ihr Götzenbild, das in die Sonne blickt. Ihre Umgebung und ihre Kleidung sind einfach und phantasielos. Sie lebt ihr Tanzen nicht aus. Sie war gestern ziemlich verblüfft, als ich in meinem schwarzen Turban erschien. »Aber – er steht Ihnen vorzüglich!« Sie ist finanziell unabhängig und

nimmt nur Schüler, die sie interessieren, so daß ich dem vertrauen kann, was sie sagt. Was für eine fortwährende Versuchung, sich mit so vielen Dingen so leicht zu tun und sich dafür zu begeistern? Ich habe das Gefühl, den Osten durch seinen Tanz zu durchdringen. Ich habe auch das Gefühl, ich sollte zu Hause und bei einer Sache bleiben. Dennoch erwarte ich ungeduldig ihren Besuch und ihre Tanzstunden. Sie erklärt mir die orientalischen Tänze, daß der Bauchtanz die wunderbarste animalische Sache sei, die sie je gesehen habe, daß unehrenhaft aussehende Frauen ihn bis an den Rand des Wahnsinns vollführten und alle Männer wild machten. Auch, was weniger bekannt ist, daß er sein männliches Gegenstück hat: Ein Mann trägt einen Gürtel, an dem ein Gummiphallus befestigt ist, der tanzt und sich bewegt, wie der Mann tanzt und sich bewegt, und die Frauen wild macht. Als Gegensatz zu diesem Irdischen haben die Orientalen zahllose Tempeltänze, mystische Grußrituale und Anrufungen.

Diese Art des Tanzes paßt mir irgendwie besser als die spanische, weil sie weicher ist. Mein spanisches Tanzen war immer ein bißchen zu weich. Ich möchte beides vermischen und erwerben, da beides in mir ist.

Manchmal wünsche ich mir, ich hätte nur eine Gabe. Ich habe Angst vor dieser Verzettelung, es sei denn, man hätte da Vincis Energie und Genie, um alle Dinge bis zu Ende zu verfolgen. Wenn ich eine große Schriftstellerin *und* eine große Tänzerin sein kann, tant mieux [um so besser]. Ich werde es versuchen.

Mit dreißig komme ich zur Ruhe.